1987 年摄于西湖游船

90 年代在求真斋书房笔耕

京剧票房活动拉京胡

22 岁和吴新楣小姐结婚照

全家福

20世纪60年代六个子女合影：笑影（大女）、有成（长子）、晴影（二女）、义影（三女）、新影（小女）、燕平（次子）

与父亲及兄弟姐妹合影

与孙子任南、外甥陈凯、陆洋、弘林、外甥女王琳合影

1986 年参加莎士比亚学术会议与复旦大学索天章教授合影于柏林墙前

与美国莎士比亚研究专家 Levith 教授合影于书房

与著名剧作家顾锡东先生合影

与著名学者汪飞白教授合影

与著名外国文学专家贺祥麟教授合影

与著名儿童文学专家蒋风教授合影

与著名表演艺术家宋宝罗先生合影

与著名文艺理论家王元骧教授及梅兰芳研究专家池浚博士合影

与原杭州大学校长郑小明教授合影

张一帆博士、池浚博士、美国"杨贵妃"魏丽莎教授手握我赠的书法
合影于北京

曹禺夫妇来杭州大学讲学和中文系教师合影

1978 年于大连参加外国文学教材协作会议

980 年杭州大学中文系外国文学教研室主办的纪念巴尔扎克、托尔斯泰科学讨论会合影

1984 年于上海参加中国莎士比亚研究会成立大会合影

暑避柳條風

涼避蓮葉雨

明燿先生正之

冯增荣書

著名书法家冯增荣所赠之对联

著名书法家任平所赠之书法

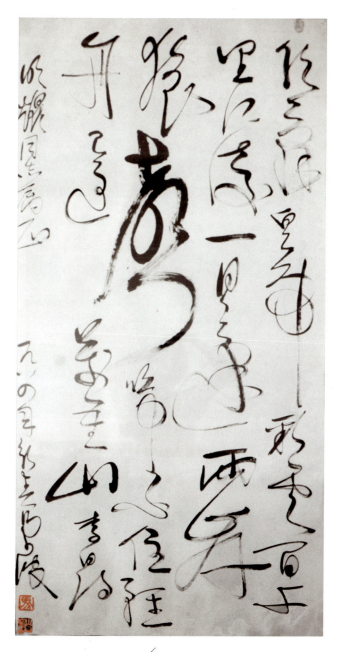

著名戏剧专家马少波所赠之书法

著名书画家洪瑞所赠之画

著名书画家柳村所赠之画

著名书画家施祖铨所赠之画

著名书画家吴山明所赠之画

著名书画家吴奇峰所赠之《野趣图》

著名油画家黄钟所赠之《西湖南线看风景》

著名书画家郑熹为《猪八戒新传》创作
的封面画

书法习作

1994 年习作《鱼乐图》

习作《鸡趣图》

求真齋之存

任明輝署

浙江大学出版社
ZHEJIANG UNIVERSITY PRESS

图书在版编目(CIP)数据

求真斋文存 / 任明耀著. —杭州：浙江大学出版
社,2014.9
ISBN 978-7-308-13584-9

Ⅰ.①求… Ⅱ.①任… Ⅲ.①社会科学－文集
Ⅳ.①C53

中国版本图书馆 CIP 数据核字(2014)第 167108 号

求真斋文存

任明耀　著

责任编辑	宋旭华	
封面设计	项梦怡	
出版发行	浙江大学出版社	
	(杭州市天目山路 148 号　邮政编码 310007)	
	(网址:http://www.zjupress.com)	
排　　版	浙江时代出版服务有限公司	
印　　刷	杭州杭新印务有限公司	
开　　本	880mm×1230mm　1/32	
印　　张	17.75	
彩　　插	8	
字　　数	553 千	
版 印 次	2014 年 9 月第 1 版　2014 年 9 月第 1 次印刷	
书　　号	ISBN 978-7-308-13584-9	
定　　价	58.00 元	

序

屠 岸

任明耀先生是我所敬重的学者、记者、作家、教授。他早年就读于暨南大学时,曾受教于名师钱锺书、李健吾、刘大杰、曹未风、施蛰存、周煦良、吴逸民、张耀翔等。他投稿《大公报》,得著名戏剧家洪深赏识。他与黄宗江结交,而成莫逆。明耀先生敏于求知,勤于笔耕,学贯中西,卓然成家。他深谙京剧三昧,又精于莎翁研究。他的关于莎士比亚的论著,关于梅兰芳的评述,深得学界同仁的赞赏。他对外国文学的钻研,不限于莎翁,比如,他写过狄更斯的论文,写过博马舍的论文。他不但有自撰的著作,还有外国文学的翻译,如英国作家勃特勒的《The Way of All Flesh》过去被译为《众生之道》,明耀与人合译此书,书名为《如此人生》,更有创意的译本,足见明耀先生学养之广博之深厚。

我与明耀先生在北京和上海举行的莎士比亚戏剧节和莎士比亚国际戏剧论坛相识。我聆听过他关于莎剧研究的发展,佩服他的真知灼见,多年来与他有书信来往。我对他的为人为学,留有鲜明的印象。

明耀先生是深深懂得感恩的人。中国有句古话:"一日为师,终身为父。"明耀曾是李健吾的学生,所以他说:"李健吾是我大学时代的恩师。"他保存了李健吾给他的二十四封信,并加以整理,写成专文,予以发表。他并由此想到保存和整理作家艺术家的书信的事,认为这是抢救文化的一项当务之急。

今天,人们通讯大都用电脑"伊妹儿"、手机短信,很少人用手写信了。"提笔忘字"也成为当今的一种流行病。有一种说法,叫"最后的手稿"(或"手迹"),不是指哪一位个人,而是指这个时代。手写的书信和文稿等这样的东西,以后恐怕只有到博物馆里去才能见到了,正如甲骨文、帛书、竹简等的命运一样。明耀先生建议收集、整理作家、艺术家的手写书信,值得文化界的普遍重视。

明耀先生这本书中有一篇文章:《感受大师的胸怀》,副题是"读钱锺书的书信五封"。文章开头说:"钱锺书是大家公认的文化名人,文学大师。我有幸在20世纪40年代,在上海暨南大学外文系读书时,当过他的学生。"依然是不忘恩师。文中全文引录了钱锺书给他的五封信,并加以说明,从中可以看到钱锺书的为人与治学。钱对自己的学生任明耀绝不摆老师的架子,称明耀为"学兄"、"学弟",还美称其为"豪杰之士",却谦称自己的授课为"不良教学";为学生指导勃特勒和博马舍著作的版本选择,循循善诱。可以看出,钱锺书不是故作"谦谦君子",他的言词都出于真诚。另外,钱锺书在必要的时候也对学生作出坦率的批评,有时更升级为严厉。任明耀写了一篇对钱的访问记,送给钱审阅。文章开头有句:"我最近访问了蜚声中外的钱锺书先生",钱拿起笔来在"蜚声中外"四字旁划上两条杠杠,并批了一句:"什么蜚声中外?"

钱锺书在给任明耀的最后一封信中,有这样的字句:"承过访,甚感。前日得来信,我倒后悔这次会晤了。我常说:'一捧便俗','一吹便伪';在这一点上,我们一对偻老夫妇(引者按:指钱锺书和杨绛夫妇)和许多人(例如你所熟悉的李先生)的人生观根本不同。……蒙你过爱,要记录印象,但朋友间私人谈话,公之于世,便不是以朋友身份过访,而是以记者身份犯了禁了,以后再难见面了。"虽然文字控制在分寸之内,但愤怒之情,已溢于言表。

明耀称钱"蜚声中外",按理,钱是当之无愧的。但钱认为是过誉,是溢美,不能容忍。明耀写了采访记,意欲发表,钱更难承受,声称"犯了禁了,以后再难见面",无异于对任下了绝交书。

明耀不以为意,将钱信公开发表,加以诠释,这说明明耀胸怀坦荡。此举使钱锺书的为人、为学,有了更全面的呈现。这是明耀为后来者留下的历史见证,勿使湮没,做了件有意义的事。

明耀先生嘱我为本书写序。本不敢应命,但又有违于老友的信任,乃不揣谫陋,力疾命笔。不当之处,尚祈明耀兄与读者指正。

二〇一三年八月八日于北京

写在前面的几句话

我有一个小书斋,大概十平方米左右。有四个书架,分列在两侧墙边上,还有一张沙发放在我的写字台对面,空间虽小,却是我接待中外来宾的地方。当我坐在书桌边写讲稿、写学术论文、写中外书信、写童话、寓言等作品的时候,我会神采飞扬,这是我最快乐的时光。

我将小书房命名为"求真斋",所以这本书的书名就叫《求真斋文存》。每当我写讲稿、论文的时候,心中想的就是追求真理。如果不追求真理,何必在大学讲坛讲课和写文?

可是追求真理,并不容易,想当年在"一句顶一万句"的年代,我已成了一个木头人,不敢发表自己的独立见解。当我目睹一些知名专家、学者,在历次政治运动中受到批判、斗争的时候,我就心惊肉跳。幸亏我是一位平凡的高校教师,没有资格著书立说,也不敢发表有创见的文章。

粉碎"四人帮"以后,迎来了改革开放的大好局面,知识分子才真正迎来了百花齐放、百家争鸣的春天。当我从杭州大学"五七"干校结业,重回学校,登上讲坛讲课的时候,我已年过半百,感到时不我待。必须珍惜时间,跟上时代,奋起直追。当时我和老伴商定,每晚当我备课写讲稿的时候,她只能看哑巴电视,不能发出声响。老伴识大体,勉强同意了我的要求。

我有自知之明,我从小是一个愚鲁的顽皮儿童,在小学读书的时候,是一个留级大王(经常留级)。我生性好动,又很不安分,看到老师在弹风琴时,觉得十分好玩,又好听。每当老师离开的时候,我就会去偷弹风琴,为此,我常常受罚"立壁角",出尽洋相。

有一次，我在家中发现了一只大乌龟，不知它从何处而来，只见它在天井里爬来爬去，十分有趣。我发现它的龟壳十分坚硬，这引起了我的好奇心，龟壳下面究竟藏着什么好东西？乌龟为什么那么长寿？我越想越奇怪，一定要弄个明白。于是我去找来了一把榔头，开始在龟壳上敲打起来。我开始轻轻地敲，乌龟不动了，但是坚硬的龟壳岿然不动。我于是使出全身力气，狠狠地在龟壳上敲打起来，我越打越重，龟壳终于被我打开了。我仔细一看，除了一堆血肉模糊的龟肉外，什么宝贝也没有发现。我的好奇心满足了，可是好端端的一只大乌龟惨死在我的手下，至今想起来，我才知道自己干了一件大大的蠢事。这件事引起了我的思索。由于我生性好奇，养成了爱好学习、追求知识、追求真理的好习性。在初中时代，我平时爱看戏，在老师的鼓励下，我居然不知天高地厚，写出幼稚的剧本贴在墙报上。高中时代，我的兴趣更广泛了，我参加演讲比赛，参加歌咏队，演出话剧，扮演配角，爱好打乒乓球，成为健手，甚至在全校联欢会上，说起相声，扮演小丑。特别喜欢学拉京胡，学唱老生、青衣……而且敢于向报社投稿，发表自己的意见，简直成了"马郎荡"（杭州方言，意思是什么都懂一点，样样都不精）。

1944年抗日战争时期，我考进了暨南大学，但我的秉性未改，我读的是外文系，理应好好学习ABC，但我还选修了"微积分"、"变态心理学"，由此扩大了我的知识面，而且还学得津津有味。我还大胆向上海《大公报》投稿，发表自己的不同见解，简直成了一名"百搭"。大学毕业以后，我在一家报社当记者，又为一家报社写社论，还在一所中学担任高三英语教师，忙得不亦乐乎。

新中国成立以后，开始在两所私立中学担任校长，以后调杭州高级中学任语文教师。1956年开始在高校中文系从事教学研究工作，一教就是几十年。开设的课程多种多样："中学语文教学法"、"儿童文学"、"现代文学与习作"、"大学英语"、"外国文学"、"外国戏剧"、"莎士比亚"等，直到1987年退休回家。由于我教得杂，我写的东西也杂七杂八，各种文学形式都写，尤其对京剧艺术情有独宠。退休以后，先后出版了三部京剧著作：《京剧奇葩四大名旦》、《艺海沉浮——宋宝罗回忆录》（整理）、《梅兰芳九思》。

　　岁月悠悠如流水，我从一个顽童，不知不觉已变成为一名年已九十多岁高龄的耄耋老人。我感到已活到人生边上了，来日不多，我将要"回家"了。我深感人生苦短，在地球上转了一圈，总想留下一些"足迹"，才不至于愧对一生。为此我收集以往未收入集子的各类"杂碎"汇集成册，目的不是追求名利。出版以后，赠送我的子女留作纪念，其余只是赠送亲朋好友，留个纪念，并期待着他们对我的指教。文学泰斗钱锺书有一句名言："死者如生，生者无愧"，但真正能做到谈何容易！我又常常想到现在世界上人口爆炸，资源有限，这成了一个严重的问题。老年人活得太久，没有多大意思。如果活着只是为了吃饭享乐，成了"老不死"，那也是一种罪过。我不能做到安乐死，但如果身患重病，治不好了，插上许多管子，终日躺在床上，像一个植物人那样，不如请求医生给我打一针，让我早日"回家"，和天国的亲人朋友重新团聚，这不是最大的幸福吗？如果能像汉语拼音大师、百科全书式的周有光老先生那样，活到106岁，身居斗室，身体健康，脑子清楚，至今还在笔耕，不断出版精品、发表美文，为人类文化留下宝贵的财富，那又另当别论。他成了国家的宝贝，老年知识分子的样板，我衷心祝愿他长寿再长寿。我祈求上苍让我在睡梦中离世，不声不响，不连累他人，那便是最大的幸福了！但能享受到这样幸福的老人毕竟是不多见的。话说多了，已离题了，不是几句，而是啰嗦了，罪过，罪过！

2013年3月定稿

于浙大西溪校区启真名苑

目　录

第三辑　弘扬国粹京剧艺术

第四辑　童话寓言创作

第五辑　童话小品翻译

第六辑　暨南情深

第七辑　读书和生活

第一辑
外国文学研究

　　我的外国文学论文大部分已编入我的专著《说不尽的莎士比亚》（香港语丝出版社 2001 年版）中，这里选编了其中一些代表性论文以及后来新写的论文，作为我学术道路上的一些小小的痕迹。

我爱莎翁

我最早接触莎士比亚,是 20 世纪 40 年代后期在上海读大学外文系时期。那时候著名莎学专家曹未风教授给我们讲授《莎士比亚》,他在课堂上给我们详细分析了 *As You Like It*(《皆大欢喜》)这部著名喜剧。由于年代久远,我已记不清分析的详细内容了,可是剧本中生动的故事情节,深深吸引了我,特别是曹先生那口流利的英语朗诵把我迷住了。如此优美动听的语言,使我这个初次接受莎士比亚的青年学子终生难忘。

大学毕业以后数年间再也没有机会接触莎士比亚,到了 50 年代中期,我调到高等学府承担外国文学教学的时候,才又接触了莎士比亚,可是由于没有担任莎士比亚的教学任务,所以依然没有登堂入室研究莎士比亚。粉碎"四人帮"以后,我专门开设了"莎士比亚"的课程,才真正开始进入研究莎士比亚这座文艺殿堂。80 年代中期,我先后参加了国内和国际的莎研活动,我对莎士比亚更加如痴如醉。我在莎士比亚这个巨人面前,才真正感到自己的渺小,

莎士比亚距今已有 400 多年历史,为什么全世界莎士比亚热至今不衰?拨乱反正以后,中国学术界也掀起了研究莎士比亚的热潮,不但莎学研究著作频频出版,颇有创见的莎评文章也像雨后春笋般地在各地学术刊物上发表。更可喜的是中国莎学专家也开始登上国际莎学论坛了。正如德国诗人歌德所称道的那样:"说不尽的莎士比亚!"一个作家竟至到了"说不尽"的地步,一定有他特别的迷人之处。

我认为莎士比亚的迷人之处,至少有两点给我印象最深:

一、艺术上的多姿多彩

艺术最忌单一。光从莎剧类型看，就有历史剧、喜剧、悲剧、传奇剧等。他的历史剧的主旋律是鞭挞暴君、歌颂明君，历史感强，使人的灵魂感到震撼。观看他的悲剧，人物的悲惨命运使我们内心激荡不已；观看他的喜剧，有情人皆成眷属，使我们感到无限喜悦；观看他的传奇剧，奇幻的色彩又使我们感到美不胜收，仿佛进入了童话世界。莎士比亚认为戏剧是反映人生的一面镜子，每个人都可以从这面镜子中看到自己的影子。我亦酷爱自己民族的戏曲，曾与莎剧作过比较研究，发现两者之间有不少共同之处。但中国戏曲重在唱情，缺乏跌宕多姿的戏剧情节；莎剧以其曲折动人的故事情节取胜，紧紧扣住观众的心弦。中国古典戏曲所描写的人物，大多局限在帝王将相、才子佳人；莎剧所描写的人物则从帝王到乞丐，几乎囊括了文艺复兴时代社会生活中的各个阶层，个个人物栩栩如生，即使是小丑，在他那疯疯癫癫的语言中，也闪烁着无穷的智慧，使人回味无穷。因此我认为，在改革开放的今天，要振兴我们的民族戏曲，必须向外国的优秀戏剧学习。

二、思想上的无穷启迪

我以为莎士比亚的不朽，还在于他剧中的许多无比美妙的人生格言。剧中的名言警句使我受益匪浅。举例来说，莎士比亚的四大悲剧之一《李尔王》，这个故事大家都熟悉。这部悲剧实质上是一部哲理悲剧。不但有哲理性的情节结构，也有哲理性的人物形象。那位糊涂透顶的李尔王，作茧自缚，不是太可悲了么！他的悲剧完全是他自己一手造成的。谁叫他不听真话爱听奉承的假话呢？他的小女儿考狄利娅曾对父王说："我所以失去您的欢心的原因，并不是什么丑恶的污点，淫邪的行为，或者不名誉的举止；只是因为我缺少像人家那样的一双献媚求恩的眼睛，一条我所认为可耻的善于逢迎的舌头，虽然没有了这些使我不能再受你的宠爱，可是唯其如此，却使我格外尊重我自己的人格。"这话说得多么好啊！如果每个人都像她那样尊重自己说真话的人格，我们将避免多少失误，避免伤害多少不该伤害的好人啊！

这类名言警句俯拾即是。我再随手举一、二例：

莎士比亚名剧《安东尼和克莉奥佩特拉》中，有这样两句警句：

"高居于为众人所仰望的地位而毫无作为正像眼眶里没有眼珠，只留下两个可怜的空洞的凹孔一样。"

这句名言对一切身居要职的人们，不是可以当作座右铭么！

"可是神啊，你们一定要给我们一些缺点，才使我们成为人类。"

这话说得多么婉转而含蓄，谁能说不是真理！我时常用这句话来鞭策自己。如果我要成为人类中的一员，必须承认我有缺点，甚至有不少的缺点。我想，如果人人都懂得这个真理，世界不是会减少许多悲剧，使世界变得更美好么！

当今世界上不少先进的工业化国家，在中学时代，就让学生学习莎士比亚戏剧。高等学校普遍开设莎士比亚课程，即使是理工科大学，也设置莎士比亚选修课，以陶冶学生的情操。1986年，在西柏林召开的第三届国际莎士比亚年会，就是由西柏林一所理工科大学承办的。该校校长在开幕式上致辞说："我们所培养的学生，要使他们具有人道主义的爱心，必须学习一点莎士比亚。为此，我们愿承办这次具有重要意义的国际学术会议。"听了他的发言，我激动不已。当今不少国家每年举办莎士比亚学术研讨会或莎士比亚戏剧节，以纪念这位文学巨匠。国际莎士比亚协会每隔四五年举办一次全球性的国际学术会议，通过研讨活动，不但提高了学术水平，更增进了各国人民之间的友谊。

由此看来，在我国人民中间，提倡读一点莎士比亚，对提高我们的精神文明建设，该是何等的必要！在商品经济大潮面前，提高我国全民族的文化素质，更是刻不容缓的事！

（载《民主》1993年第5期）

说不尽的莎士比亚

——谈《安东尼和克莉奥佩特拉》的艺术技巧

　　《安东尼和克莉奥佩特拉》中男女主人公安东尼和克莉奥佩特拉之间的爱情描写,不同于莎士比亚其他剧本中男女主人公之间爱情描写那样,一见钟情、热情奔放,不能控制自己的感情。他们都是经过政治风浪,爱情波折,在各方面相当成熟的成年人。安东尼原是有妇之夫,女王也不是一个初涉情场的豆蔻少女。他们丝毫没有一般男女青年在热恋时往往具有的盲目性。他们之间的爱情带有深厚的政治色彩,他们不是一见钟情而是经过深思熟虑的,又是经过严峻生活考验的,因此一旦相爱,就爱得更加深沉,更加难以自拔。男女双方如同一对相思鸟,一旦失去对方以后,另一方也就难以生活下去了。莎士比亚将这一对男女的爱情故事,放在广阔的政治斗争的背景下来描绘,更显得独具一格。罗马三执政的斗争席卷欧、亚、非的很大一部分,埃及乃是小恺撒与安东尼争夺的一个焦点。安东尼和克莉奥佩特拉分别对罗马和埃及负有重要的政治责任。政治责任与他们的热恋发生了矛盾,因此,我们在他们身上看到极为复杂的心理状态,他们通过几次波折,终于双双殉情而死,成为莎士比亚悲剧中一出具有极为庄严雄伟风格的悲剧。①

　　《安东尼和克莉奥佩特拉》在艺术技巧上有独特的成就。本文想从艺术技巧的角度对这部悲剧谈一点自己的看法。

---

　　①　关于对安东尼和克莉奥佩特拉的形象分析,请参见拙文:《惊心动魄的爱情大悲剧》,载《外国文学欣赏》1986 年第 3 期。

一、悲中有喜悲更悲

从古希腊的三大悲剧作家到文艺复兴时期的戏剧作家,他们所创作的悲剧,从来不是一悲到底的。他们深谙观众心理学,一悲到底的悲剧反而达不到悲剧的审美效果;如果观众的神经一直处在紧张悲哀的情绪之中,到头来反而会疲劳起来,悲不起来。莎士比亚继承了这一优秀传统,进一步发挥悲喜交叉的艺术手段,从而收到了震撼人心的悲剧效果。莎士比亚在写最悲的悲剧中,也没有忽视穿插一些喜剧因素进去。四大悲剧是这样,《安东尼和克莉奥佩特拉》也是这样。我这里要谈的是两场戏:

第一场戏是第一幕第三场。这是一场很有风趣的戏。按照这场戏的气氛来写,哪像是一场大悲剧? 女王的侍女查米恩多么天真活泼,她要求预言者替她算个命,预言者句句都是好听的话。比如他说:

"你将来要比现在更美好!"——果真如此么?

"你将要爱别人,甚至被别人所爱。"——这句话倒说中了。

"你将来要比你的女主人活得长久。"——果真如此,因为她死在女王的后面。

"你的前半生的命运胜过后半生的命运。"——这句话后来也验中了。

伊拉丝的命运怎样呢? 预言者说:"你们的命运都差不多。"

这预言不幸都言中了。当初这两位年轻的女侍,嘻嘻哈哈,根本不把预言者的预言当作一回事。她们对未来都有美好的憧憬,她们又说又笑,气氛非常活泼,直到女王上场,气氛才有所转变。这一场为悲剧的展开拉开了序幕。预言者的预言绝不是信口雌黄,胡说一气。他的预言早就为我们暗示了一场大悲剧即将到来。这种先抑后扬的手法,是戏剧创作的一大要素,中外戏剧都这样。中国的京剧《霸王别姬》也有类似情况。虞姬舞剑一场,优雅自如,给我们以美的享受。舞剑以后剧情急转下下,虞姬用剑自刎使悲剧气氛骤然增加。最后结局是霸王自刎乌江,英雄美人同归于尽,使人无限感慨,并给人以启迪。

另一场戏是第五幕最后一场。观众怀着紧张的心情正在担心女王将如何死去时,突然恺撒的卫士带领一个小丑持篮上场来了。小丑一上场马上转变了紧张的气氛。女王心中明白这位小丑的到来是给她送"自由"来了。这是女王早就布置好的一着棋,可是小丑对这着棋子的用意毫无所知,他不知道女王要他在尼罗河里捉这些毒蛇干什么用。他跟女王的对话是饶有风趣的。一个无知,一个有心。因此对话常对不上号,幽默风趣,油然而生。

比如,小丑上场对女王说的第一句话是:

"不瞒你说,捉是捉来了,可是我希望你千万不要碰它,因为它咬起人来谁都没有命的,给它咬死的人,难得有活过来的,简直没有一个人活得过来。"

这句话的本意跟女王的用意恰好背道而驰。如果不去碰它,女王要他捉毒蛇来干啥呢?女王进一步问他,可有什么人给它咬死过?他的回答更妙了。他一忽儿说,"它咬死了一个老实的女人";一忽儿说,"老实女人也可以撒几句谎";一忽儿说,"她死得才惨呢";一忽儿又说,她把毒蛇怎样咬她的情形活灵活现地全讲给人家听啦。真是牛头不对马嘴,不知所云。女王哪有心思听他的胡说,要他出去,他离开以前又说了一句:

"但愿这条虫子给您极大的快乐!"

小丑的心地倒是老实巴交的。他捉来这些毒蛇,绝不是来送女王的命的,而是真心诚意想给女主人增添快乐的。女王要跟他"再会"了,他还要再说一句:

"您可要记着,这条虫子也是一样会咬人的。"

多善良的小丑啊!这能算是啰嗦的话吗?女王很不耐烦,又要跟他"再会"了。可是小丑还要啰嗦下去,真没法儿。等到女王问他,这条虫儿会不会咬她时,他的回答更是妙不可言:

"您不要以为我是那么蠢,我也知道就是魔鬼也不会吃女人的,我知道女人是天神的爱宠,要是魔鬼没有把她弄坏。可是不瞒您说,这些婊子生的魔鬼老是跟天神捣蛋,天神造下来的女人,十个中间倒有五个是给魔鬼弄坏了的。"

真是废话连篇,可是在废话中也包含着一些哲理。这是莎士比亚的艺术手法之一。他的许多哲言名句往往都是通过小丑口中说出来的。女王第四次跟小丑"再会"了，他最后的祝愿词更富有意思，"是、是，我希望这条虫子给您快乐"！然后下场了。这句话是反话还是正话，是咒语还是祝辞，令人遐想。小丑上场的穿插，看似闲笔，其实是剧情发展的关键所在。没有这个小丑上场，女王还死得了吗？至少也不会像现在那样死得壮烈。小丑下场以后，剧情急转直下，气氛马上紧张起来，最后达到了悲剧的高潮。一张一弛，莎士比亚的高超艺术，令人叹为观止。

二、奇妙无比的语言艺术

莎士比亚的迷人之处特别表现在他的语言美，戏剧艺术实际上是语言的艺术。人物之间的对话，不仅是思想的交流，而且也是语言艺术的交锋。莎士比亚的语言美主要表现在人物性格的刻画上。剧中女王克莉奥佩特拉的性格描写最为出色。安东尼因罗马政局不稳要告别女王回罗马去的时候，女王的内心是多么矛盾、痛苦和烦恼啊！她的难受首先表现在她的部下艾勒克萨斯去给安东尼的传话上。她要用语言去讽刺安东尼，挖苦安东尼。她命艾勒克萨斯去探视安东尼的情况时交代说："要是你看见他在发恼，就说我在跳舞；要是他样子高兴，就对他说我突然病了。"这是存心要跟安东尼捣蛋的话。其次，她的难受直接表现在她跟安东尼的对话上。当安东尼上场要向她解释一番时，她听不进去，她容不得安东尼的辩解。当安东尼刚开口叫"我的最亲爱的女王"或"克莉奥佩特拉"或"最可爱的女王"或"哟，爱人"时，都立即被女王挡了回去。她像连珠炮一样向他击来，她骂他是"不怀好意的"，"花言巧语"，"最伟大的说谎者"，直到安东尼说明回国的原因是因为"内乱的刀剑闪耀在我们意大利全境"，她也不肯原谅他。直到他说明自己的妻子富尔维娅已经死了的消息，她还要气他说："请你转过头去为她哀哭，然后再向我告别，就说那些眼泪是属于埃及女王的。"安东尼要凭着她的宝剑起誓，她还是不相信他对她的忠诚，甚至还骂他在演戏做假，"越演越有精神了"，这是多么可爱的性格。嫉是爱，骂也是爱，安东尼深深懂得女王此时此刻的心情是痛苦的，她才感到事情的严重性，觉得非离不可了。这时候,她原该头脑清晰,说话有条有理了,殊不知她到了这个节骨眼上,反而心乱如麻,说话也颠三倒四起来。为了欣赏莎氏的美妙语言,我引原文如下:

> Courteous Lord, one word.
>
> Sir, you and I must part——but that's not it;
>
> Sir, you and I have lov'd——but there's not it;
>
> That you know well: something it is I would,——
>
> O, my oblivion is a very Antony,
>
> And I am all forgotten.

我试译如下:

多礼的阁下,一句话。

(这里的"多礼"其实是讽刺安东尼的"无礼"! 她的一句"阁下",把他二人之间的距离拉远了。)

先生,你我必须分手——不,那不是分手。

(她根本不想说分手二字,这太伤她的心了。她称他为先生,无疑将他的身份降了一格,把他们之间的距离又拉开了一步。)

先生,我们曾经相爱过,——不,那不是曾经相爱过;

(因为他们至今仍然相爱着,又称他一声"先生",无非想气气他。)

你非常明白:我想说的那句话——

(这是女王心乱如麻的生动表现,她连那句话也一时说不上来了。什么话? 安东尼心里明白。)

啊! 我的健忘症正像安东尼。

(这是对安东尼最大的讽刺和挖苦。)

我把什么也忘得一干二净了。

(她还在迁怒安东尼,用反话来刺痛他。)

这段出色的语言,不但音调优美,而且整个儿地把女王焦急不安、气愤难熬的心情表现出来了。作为一个热恋着的女人,这段颠三倒四的话是毫不奇怪的。这正说明她对安东尼的爱是多么深沉,然而她毕竟又是一个深明大义的女王,她知道在此严重关头,硬把安东尼留在身边是不明智的,她只好请求安东尼原谅她,不要听她的"不足怜悯的痴心的哀求"。并祝愿他:"愿所有的神明和您同在吧！愿胜利的桂冠悬在您的剑端,敌人到处伏在您的足下。"(见第 19 页)如此一正一反的描写,才把女王的丰满形象矗立起来了。如果她一味胡闹下去,或者她的思想一讲就通,甚至满口讲起大道理来,这样的形象就是虚假的,不足信的。

女王的可爱,不仅表现在她对安东尼爱情的无限忠诚上,而且还表现在她对司库塞流克斯和恺撒的态度上,她爱憎分明,立场坚定。

她对塞流克斯在恺撒面前叛卖自己的行为是那么切齿痛恨。她对塞流克斯在得胜者恺撒面前如此摇尾乞怜,颠倒是非的奴才相,表示了极大的愤慨。女王深感自己手下人那种见利忘义的行为,要比国破家亡还更痛心。因此她不得不请他马上离开。她对他说:"你倘是一个人,你应该同情我的。"言下之意,像他这样的叛徒连做一个人的资格也没有。

至于女王对恺撒的态度,写得极有分寸。从表面上看,她好像对这个得胜者也是卑躬屈膝的。不是吗？她既向恺撒下跪,又口称恺撒是"全世界唯一的主人"。可是她的内心深处是十分刚强的,她根本瞧不起恺撒。尽管恺撒对她许下诺言:"只要你顺从我的意志,你就会知道这一次的变化是对你有益的。"甚至还对她表示深刻的同情:"相信我,恺撒不是一个唯利是图的商人,会跟人家争夺一些商人手里的货品,所以你安心吧,不要把你自己拘囚在你的忧思之中;不要这样,亲爱的女王,因为我们在决定把你怎样处置以前,还要先征求你自己的意见。吃得饱饱的,睡得好好的;我们对你非常关切而同情,你应该始终把我当作你的朋友。"(第 123 页)女王一眼就看出他那包藏虎狼之心的坏心肠。她在政治上经受的风浪不少了,她绝不会像一般初出茅庐的年轻姑娘那样,一听到男方的甜言蜜语就会"芳心大乱"。她深知自己目前所处的不利环境,因此对恺撒的态度必须有礼有节,她没有当场骂他是"伪君子",可是她的内心早就明白,这次战败以后,她和她的孩子们如被遣送到罗马去,绝不会有好下场。不但会使自己蒙受羞辱,而且还会使恺撒志得意满,更加骄傲起来,这是她绝不肯干的。安东尼既为她殉情而死,难道她甘心当安东尼的敌手——恺撒的"阶下囚",供他随意玩弄、羞辱吗？不,一百个不！她一定要做一个光明磊落的人,她绝不轻意上他的当。她吩咐贴身侍女查米恩说:"我的姑娘们,替我穿上女王的装束；去把我最华丽的衣裳拿来；我要再到昔特纳河去和玛克·安东尼相会。伊拉丝，去。现在，好，查米恩，我们必须快点；等你侍候我穿扮完毕以后，我就放你一直玩到世界的末日。把我的王冠和一切全都拿来。"(第125页)女王这翻掷地有声的话，写得多么激动人心！这番气壮山河的言辞，使女王的形象更加高大起来。她绝不是一个只讲究儿女情长的一般女子，而是一个疾恶如仇的强者；她也不是一个具有媚骨的妖冶女王，而是一个有骨气、有勇气、有远见的统治者。她具有埃及女王的伟大气魄，同时，她也具有为爱情而赴汤蹈火在所不辞的大无畏的精神。莎士比亚运用他那精妙无比的语言，把女王这个人物塑造成为一个活生生的女性，既令人可爱，又令人可畏，更令人可敬。

　　莎氏在描写人物方面，方法多变，有时直写，有时侧写；有拟人化，有象征性；千姿百态，各具风采。在众多的人物塑造上，有主有次。有重彩浓墨，有轻描淡写，不是平均使用力量。像对罗马三执政之一的莱必多斯的描写，就远远不如安东尼和恺撒那样多了。安东尼和恺撒之间则更突出了安东尼。莎氏驾驭语言塑造人物的高超能力，使人叹服。有人评价莎士比亚是语言魔术师，确是名副其实。他的语言能上能下，能粗能细；既能刻画性格，又能推进剧情；既善于捕捉戏剧性，又富有节奏感。他像魔术师那样，用警言妙句，时而使你热情奔放，豪情满怀；时而又使你忍俊不禁，捧腹大笑；时而更能使你低首沉思，感叹不已。对于这样的语言大师，批评家的看法并不一致，有的批评家批评莎士比亚在某些地方"滥用辞藻，玩文字游戏"[①]。那样的批评显然是不公允的。我以为，莎氏熟练地运用他那丰富、生动、贴切的语言来塑造人物的手法，正是使他不朽的原因之一。

三、说不尽的莎士比亚

　　莎氏剧本的艺术魅力是永远说不尽的。四大悲剧是这样，四大喜剧是这样，《安东尼和克莉奥佩特拉》也是这样。特别是对人物的理解，几百年来一直在争论着。对《安东尼和克莉奥佩特拉》中三个主要人

---

① 　参见《莎士比亚研究》第2辑,浙江文艺出版社1984年版,第261页。

物——女王、安东尼、恺撒的理解,有各种不同的意见,他们的形象永远
是说不清的,也永远是统一不起来的。这就是莎士比亚的奇妙之处。
剧本的内涵也是这样,不可能用三言两语就谈清楚。说它是"爱情悲
剧"、"性格悲剧"、"感情悲剧"等,都未尝不可。但是我认为,我们在阅
读和观赏莎氏剧作时,除了欣赏他的高超艺术外,其中的警句妙语,特
别是令人赞叹和深思。不少警句是格言、是哲理、是真理,这些警句是
莎氏剧本的珍宝。我们绝不能等闲视之。这些警句对我们如何处世、
如何为人、如何治家、如何立业、如何交友、如何治国平天下等,都有启
发和教益。因此早就有人把莎氏的警句编为字典,成为人们生活中必
不可少的生活教科书和学习工具书。下面我从《安东尼和克莉奥佩特
拉》中摘录几段警句下来,请读者去思索、揣摩、品味,这就算是本文的
结束语吧:

"谁告诉我真话,即使他的话里藏着死亡,我也会像听人家恭维我
一样听着。"(第 12 页)

"直接痛快地把一般人怎样批评我的话告诉我,不要吞吞吐吐地怕
什么忌讳……只有这样才可以使我们反躬自省,平心静气地拔除我们
内心的莠草,耕垦我们荒芜的德性。"(第 12 页)

"一个人未在位的时候,是为众人所钦佩的,等到他一旦在位,大家
就对他失去了信仰。"(第 12 页)

"我的诚实决不会减低我的威信;失去诚实,我的权力就无法行
使。"(第 31 页)

"音乐是我们忧郁的食粮。"(第 39 页)

"悦耳的喜讯不妨极口渲染,不幸的噩耗还是缄口不言,让那身受
的人自己感到的好。"(第 43 页)

"高居于为众人所仰望的地位而毫无作为,正像眼眶里没有眼珠。
只留下两个可怜的空洞的凹孔一样。"(第 51 页)

"可是神啊,你们一定要给我一些缺点,才使我们成为人类。"(第
114 页)①

---

① 以上引言均见《莎士比亚全集》(十),朱生豪译,方重校,人民文学出版社 1978 年版。

你听,莎士比亚的话讲得多妙啊!他在 300 多年前就告诫我们:人如果没有缺点,还能成为人类吗?可悲的是,世界上无数悲剧的造成,都由于少数人自以为是"完人"、"一贯正确",而又强加于人,结果使多数人遭殃。这样的历史悲剧我们再也不能重演了!

借用歌德的一句名言,真是"说不尽的莎士比亚"啊!

(载《杭州大学学报》1987 年第 4 期)

情趣无穷的《驯悍记》

一

莎士比亚的喜剧像璀璨的珍珠,使人眼花缭乱,又令人忍俊不禁。其中《驯悍记》我认为是一部妙不可言的欢快喜剧。

对于这部喜剧的评价历来是有争议的。有的批评家认为这部喜剧宣扬了封建的妇女道德观,是不足取的,即使从艺术角度来看,也有缺点,如在序幕中那位补锅匠斯赖在半途中不声不响地消失了,颇不合情理。有的批评家认为这部喜剧仍然含有深刻的哲理在内,艺术上也有很多可取之处。辩证地评价这部喜剧,是一件很有意义的事。

像其他戏剧作品一样,莎士比亚的这部早期喜剧也是根据其他作品改编的。根据国外有关资料所载,这部喜剧的出现最早可以追溯到1584年,原来是一部根据广泛流传在民间的故事编成的闹剧,据说由莎士比亚于1594年为新建的宫内大臣剧团重新改编而成此剧,他点石成金,在内容上有所增减,在艺术上有所创新,使这部古老的闹剧重新焕发光彩。

这部喜剧共五幕,外加序幕,篇幅可谓长矣。这样的安排在他其他剧作中是不多见的。莎翁出手不凡,尽管是序幕,也写得颇为别致。序幕共两场:第一场是补锅匠斯赖跟酒店女主人吵着上场。女店主要求斯赖赔偿他打碎的杯子,可是斯赖死活不肯。由于他喝酒过度,干脆躺在地上睡着了。贵族和他的一群猎奴上场以后,见这个醉汉躺在地上,就打算作弄他一番。贵族要他的猎奴将斯赖抬到贵族家中去,并将他打扮成贵人模样,另一方面要他的猎奴装扮成斯赖的仆人好好服侍他。

此时刚好有一戏班路过这里,贵族就请他们来串演一幕戏文,好让这位"贵人"醒来以后听戏,同时贵族又指派他的僮儿巴索洛缪扮成贵妇人模样,做"贵人"的夫人,待他醒来时要装成哭哭啼啼,以为丈夫疯癫了好多年以后才清醒过来,所以才高兴得哭起来了。第二场斯赖在贵族华丽的卧室中醒来以后,只见一些仆人小心侍候着他,使他大为吃惊以为自己中了邪。可是扮成仆人模样的贵族却在旁口口声声说他是个不折不扣的贵人,还说他有一位美貌无比的夫人,补锅匠以为自己在做梦,可是眼前的一切又如此真实可信。仆人们说他已睡了 15 年如今才真正醒来了,等到小僮扮的贵妇上场时,斯赖当然更吃惊了。他见如此美貌的贵妇竟是他的夫人,不免欲火炎炎。这时候,仆人上来报告说,那戏班要演出一段有趣的喜剧替他解闷。于是他和他夫人在喇叭吹奏声中一起往下欣赏这喜剧的表演①。下面的五幕戏该是戏班演出的内容。

莎士比亚为什么要写上这个序幕是令人思索的。如果没有这个序幕,下面的五幕戏也写得十分完整了。我以为莎翁要安排上这个序幕,绝不是画蛇添足,而是要引起观众的强烈兴趣。另外,这既是戏中戏,当然是作者虚构的故事。尽管故事是虚构的,可是从剧本所描写的主题来看是令人深思的。我们对剧本的主人公悍妇凯瑟丽娜究竟应该怎样看待?作者是歌颂她还是批判她?我想,莎士比亚的高妙之处,就在于他所创造的人物不是自己先下结论,而是让后人去评说,这也许正是"说不尽的莎士比亚"的原因之一吧!

二

戏剧矛盾是围绕主人翁凯瑟丽娜展开的。帕度亚富翁巴普提斯塔有两个性格完全不同的女儿。长女凯瑟丽娜是个悍妇,不少青年人见她望而生畏,不敢向她求婚。次女比恩卡是一个既美貌又温柔的姑娘。全剧有两条结构线索展开矛盾冲突。一条主线是维络那绅士彼特鲁齐

---

① 原先序幕还有下文:补锅匠一面看戏,一面加以评论,到晚上他饱餐一顿,仆人们又将他灌醉,抬到他原先野外醉倒的地方。

向凯瑟丽娜求婚的故事；另一条副线是三位男子向比恩卡求婚的故事。两条线交叉进行，错落有致，使戏剧冲突一浪高过一浪，情节愈来愈引人入胜。凯瑟丽娜既是一个性格暴躁的悍妇，彼特鲁乔如何能将她制伏？三个男人向一个姑娘求婚，究竟谁胜谁败？这些"悬念"都叫人非看下去不可。"悬念"解决了，似乎可以皆大欢喜终场了，可是终场以后还有不少问题并没有解决。当观众离开剧场的时候，他们仍然陶醉在有趣的剧情之中。他们仍然在热烈讨论剧中每个人物的性格，特别在议论悍妇凯瑟丽娜怎么会被彼特鲁乔制伏得服服帖帖？彼特鲁乔不用骂声，也不用吵架，更不用武力，而是采用"饥饿疗法"和"疲劳作战"就使她唱出了一首"男尊女卑"的赞歌，这难道是可信的吗？这难道就是莎士比亚提倡的"妇道"吗？我以为，我们不能被悍妇和彼特鲁乔的表面现象所迷惑。也许正因为各人对此剧的主题和人物理解不同，因而1949年以来这出喜剧一直未在舞台上演出。据说上海的戏剧界曾经打算演出此剧，后来由于种种原因未能演出，直到1986年春在上海举行的莎士比亚戏剧节上，才首次由上海人艺和陕西人艺将其搬上中国话剧舞台并获得专家和观众的好评。可见一部有争议的戏剧在舞台上演出，更能引起观众的强烈兴趣。

莎士比亚多方位地描写了凯瑟丽娜的"凶悍"，这与她后来变成非常驯顺的"羔羊"形成了强烈的反差。在中国戏剧舞台上像这样的悍妇形象并不多见。

初看凯瑟丽娜的一言一行，真可谓是"其凶无比"的雌老虎，她无论对其父亲、对其妹妹、对所有的求婚者都有点"蛮不讲理"。她开口骂人，动手打人，对这样的"悍妇"，谁还敢问津？莎士比亚描写她的"凶悍"，可谓集"凶悍"之大成。可是我们首先要问的是，她的"凶悍"有没有道理？如果没有道理，她就不可能得到观众的同情和谅解。平心而论，她的"凶悍"都是有一定道理的。比如：

她对父亲的"凶悍"——因为父亲不把她当作亲生骨肉看待，而是当作"货物"待价而沽。谁的聘礼多就嫁给谁，这种市侩式的买卖婚姻，难道还有一点父女之情么？

她对妹妹比恩卡的"凶悍"——因为妹妹自恃貌美、求婚的人多和父亲对她的偏爱,瞧不起这个"嫁不出去的姐姐",这难道还有一点手足之情么?

她对求婚者的"凶悍"——因为她看穿了这批求婚者都不怀好心,因而骂他们是"臭男人",不是骂得很有理么?她言辞尖厉,骂得他们望风而逃,不是大快人心么?

可见这位"悍妇"是一位很有勇气、很有见识的姑娘,她的"凶悍"是假,她的"纯真感情"是真;她的"凶悍"是手段,她的反抗精神和反传统偏见是目的;对如此有胆有识的姑娘,难道不值得赞扬么!所以我们绝不能被"凶悍"的表象所蒙蔽,而应该看到她表象后面的实质,这样才能对她有正确的评价。

剧中最精彩的描写自然是彼特鲁乔向凯瑟丽娜的求婚场面。这一对欢喜冤家唇枪舌剑,一来一往,把戏剧冲突逐步推向了高潮,使我们既感到惊叹不止,又感到情趣无穷。

彼特鲁乔既风闻凯瑟丽娜的"凶悍",但敢于向她求婚,这就不得不令人佩服他非凡的勇气,这样的男子汉就值得凯瑟丽娜去爱。如果一个胆小鬼,遇上另一位求婚者霍坦西奥被打得头破血流的场景,一定会被吓倒,可是彼特鲁乔对此非但不害怕,甚至从内心深处赞佩凯瑟丽娜的"勇敢",而更加爱她了。真可谓奇女子碰到了怪男子,好戏有得看了。

彼特鲁乔未雨绸缪,这是他取得成功的重要原因,他未见悍妇以前,早就做好了思想准备。对如此悍妇开始不能硬碰硬,而应该采取"软功"来对付。你看看他的"软功"有多么的高明:

> 如果她开口骂人——就说她唱的歌儿像夜莺一样曼妙。
> 如果她皱眉头——就说像浴着朝露的玫瑰花一样清丽。
> 如果她默不作声——就恭维她能言善辩。
> 如果她说"滚蛋"——就向她道谢。
> 如果她不愿意出嫁——就向她请问吉期。

他初见凯瑟丽娜就以爱称"凯特"叫她,并立即要求她做他的妻子,悍妇见他如此开门见山、单刀直入向她求婚,也感到意外。她不但骂他

"大笨鹅"、"黄蜂",甚至还动手打了他。可是他坚持"骂不还口,打不还手",还一口咬定他们二人是"天造地设的一对佳偶"。这初次交锋就使悍妇软了下来。然而聪明的悍妇不但要听其言,而且还要观其行。她继续用恶毒的语言大骂他是"疯疯癫癫的汉子"、"轻薄的恶少"、"胡说八道的家伙"。可是他深深懂得"骂就是爱"的道理。男女相爱从骂开始而达到"海誓山盟"结成佳偶的实例并不少见。他深刻了解悍妇对他的谩骂是假象,对他动了心是真情。于是他更加下了决心要娶她,并立即决定星期日就举行婚礼。如此说干就干,高速度的求婚不得不使悍妇大为吃惊,大为动心。

从表层现象看,彼特鲁乔似乎有点蛮干,然而他洞察悍妇的内心世界,深信他的求婚必然取得成功。他很懂得妇女的心理,知道如果一味软下去一定会导致失败。接下来的矛盾冲突,彼特鲁乔由被动变主动,由软变硬,不断使悍妇在他的进攻面前步步后退,直至完全被制服为止。

值得玩味的是彼特鲁乔所采取的策略是异想天开的。

结婚的日子到了,新娘已经打扮停当,可是新郎却迟迟没有露面,这一招把新娘都气哭了。悍妇从来不哭,这第一回合就将她的威风杀下去了。等到新郎破衣烂衫、疯疯癫癫上场来时,更使她气得发疯。可是新郎不管三七二十一,结婚酒也不吃,就将新娘带走了。自此以后她节节败退下来,直到被她的丈夫制服为止。这其中有"饥饿疗法",也有"疲劳作战",更有"指鹿为马",所有一切作弄悍妇的恶作剧,她都全部接受下来。这一切到底说明了什么呢?我以为凯瑟丽娜具有"慧眼识郎君"的本领。她知道彼特鲁乔所有这些非理性行为都是假象,这些行为的实质,都集中在一个"爱"字上。由于他爱得深,她才不计较彼特鲁乔的出格行为。在现实生活和自然界中,男女相爱的表现方式是多种多样的。从来没有一对青年男女相爱的模式是一模一样的。我想,最能使悍妇感动的,莫过于彼特鲁乔敢于冲破一切阻力向她求婚,而且来势猛烈,态度坚决,火箭式地从求婚马上到结婚。如果男方没有强烈的爱情,能办到吗?再说,彼特鲁乔在新婚那天,敢于冲破传统习俗,故意穿得破破烂烂、行动乖张,并且敢于在大庭广众之下亲她的嘴,难道不是一种爱的表示吗！再说，彼特鲁乔到家后对她的一连串"折磨"，说到底，也是为了一个"爱"字。当然，这种"爱"的方式是不值得提倡和仿效的。对于这对古怪男女独特的恋爱方式，应该如何来正确理解呢？历来众说纷纭，莫衷一是。导演在处理这对男女的恋爱方式时，也各显神通。可是我很赞同英国导演高本纳先生的观点。他为上海人艺导演《驯悍记》时，强调用现代人的观点来体现莎翁的人文主义思想。对如何理解这两位男女主人翁时，曾经讲过这样一番话：这是一个男女关系的爱情戏，但不要演成谁征服和驯服了谁，而是要体现这两个人物是"两颗孤独寂寞的心彼此都有爱的需要，互相接近，互相鼓励，以共同面对一个复杂和艰难的世界"①。按照这样的观点去理解这两个男女主人翁，我以为一切纠缠不清的问题都可以迎刃而解了。

这里要特别指出的是，莎士比亚在描写这对青年男女爱情的同时，也表露了他的妇女观和恋爱观。男女相爱必须是心灵相通，这对男女正因为他们的两颗心是相通的，所以碰撞以后才能达到如此和谐的地步，即使对方有些缺点，也无足轻重了。台湾著名作家琼瑶有一段著名的话："夫妻共同生活包括容忍、欣赏，要连对方的缺点也爱进去，才有资格说婚姻。"②证之凯瑟丽娜和彼特鲁乔的婚姻不是也这样吗？如果两颗心是不相通的，不管表面上如何亲亲密密，实际上却是同床异梦。从莎士比亚所描写男女相爱的场景看，我们不能不赞叹莎士比亚是深谙妇女心理学的。至于莎士比亚的妇女观，莎士比亚通过凯瑟丽娜的口多次说出了他的观点，下面这段话是十分典型的："一个女人对待她的丈夫，应该像臣子对待君王一样忠心恭顺；倘使她倔强使性，乖张暴戾，不服从他正当的愿望，那么她岂不是一个大逆不道、忘恩负义的叛徒？应当长跪乞和的时候，她却向他挑战；应当尽心竭力服侍他、敬爱他、顺从他的时候，她去企图篡夺主权，发号施令；这是一种愚蠢的行为，真是女人的耻辱。"③这种妇女观以现代人的眼光看，显然已经背

---

① 见《首届中国莎士比亚会刊》《用现代人手法表达莎士比亚》一文。
② 琼瑶谈《几度夕阳红》，《钱江晚报》1989 年 7 月 25 日。
③ 《莎士比亚全集》（三），第 299 页，以下引文均见该书《驯悍记》译本。

时。特别是指着太阳说月亮,硬要妻子服从的行为,更是荒唐可笑。这种"妻子应盲目服从丈夫"的观点,只能培养妻子成为奴隶,跟当今妇女要求男女平等,要求解放的时代潮流,完全是背道而驰的。从这里,我们明显地看到莎士比亚人文主义思想的局限性。然而我们从历史唯物主义的观点来看莎士比亚的妇女观,那是不足为怪的。因为当时的英国人,一般都希望秩序井然,以便发展工商业。家庭是社会的重要组成部分,必须提倡夫唱妇随的伦理观念,否则,国家和家庭都得不到安宁,社会生产力自然也得不到发展。莎学家德特立的说法比较合乎情理。他认为在这出戏里,莎士比亚是从宇宙性质的整体概念的角度来看待夫妻关系的。伊丽莎白时代的人们认为宇宙万物都是等级森严的,只要有一处等级被破坏,便会造成混乱。由此观之,莎士比亚的妇女观不可能超越当时的历史范畴,只能达到伊丽莎白时代的水平线。

三

比恩卡的故事是《驯悍记》中一条不可或缺的副线。由于这条副线的穿插,才使剧情错落有致,戏剧冲突高潮迭起。

比恩卡是凯瑟丽娜的妹妹,偏偏她又天生丽质,性格温柔。这一对性格完全不同的姊妹,处在同一家庭的氛围中间,自然矛盾百出。偏偏那位顽固的父亲又坚持按顺序出嫁这两个女儿。长女人称悍妇,没人敢向她求婚,次女偏偏有三位男子向她求婚,如此错综复杂的矛盾,到底如何解决才好?观众着实为作者捏一把汗,可是莎士比亚以高超的艺术技巧,将矛盾一个个地顺利解决了,使剧中人皆大欢喜!

先有葛莱米奥和霍坦西奥向比恩卡求婚,以后又插进来一个从彼萨来的老绅士的儿子路森修,他也偷偷爱上了比恩卡。三男追一女,情况变得更加复杂起来。路森修又不是直接向她求婚,而是化名和他的男仆特拉尼奥互换身份,特拉尼奥扮装他的主人模样向比恩卡求婚,如此若明若暗的求婚方式,更使情况复杂起来:三个男子再加幕后策划人路森修同追比恩卡,岂不成了多角恋爱!其中有的真追,有的假追,真真假假,钩心斗角,搞得观众眼花缭乱,又兴味盎然。经过一番曲折巧妙的斗争,终于有情人终成眷属,路森修和比恩卡相爱了。霍坦西奥自知追求已经无望,就退而求其次,向一位寡妇求婚。连同悍妇凯瑟丽娜的一对,这三对青年男女都各自找到了心爱的人。从路森修和比恩卡的相爱经过来看,男女双方必须建立在情投意合的基础之上,从霍坦西奥这个人物身上,可见自知之明是多么的重要!强扭的瓜不甜,霍坦西奥是深知此理的。这三对年轻人的婚姻纠葛,构成了喜剧情节的多姿多彩。这也可以说是莎士比亚独创喜剧艺术的手法之一。但这三对年轻人的婚姻纠葛有主有次,有详有略,有明有暗,使人有美不胜收之感。剧中的两条故事线索交叉进行,既是对照,又有不同的含义。两者水乳交融,不能分隔。如果没有这条副线的陪衬,必然会使这部喜剧减色不少。

四

乔装打扮是喜剧的惯用手法之一,中外喜剧都一样。因为乔装打扮容易产生误会,真假难分,更容易增加笑料。《驯悍记》中三位求婚男子为了取得比恩卡的好感,他们想尽心计要博得比恩卡的欢心。葛莱米奥尽管非常富有,又兼"邻居素识"的优势,自以为必胜无疑,可是由于他"胡须都已斑白",首先败下阵来。

三幕一场是非常精彩的场景。霍坦西奥和路森修成了最后的竞争对手,他们化装成不同的身份进入府中争当比恩卡的家庭教师。他们实际上不是在教书,而是通过这一手段暗中向比恩卡传递爱的信息。

路森修寒士打扮,以拉丁文哲学教师的身份来给比恩卡教授拉丁文。霍坦西奥以音乐教师的身份来给比恩卡教授音乐。路森修一边教拉丁文,一边向比恩卡表达自己的爱慕之情。聪明的比恩卡同样以拉丁文为掩护来表达她的意见。她是如此巧妙地解释刚教给她的那段拉丁文:

Hac ibat Simois,我不认识你;hic est Sigeia tellus,我不相信你;Hic stetret Priami,当心被他听见;regia,不要太自信;celsa senis,不必灰心。①

---

① 《驯悍记》译本第 250 页。

　　这段模棱两可含糊不清的表白,看来使人有点摸不着头脑,可是路森修心领神会,他知道最后一句话是关键,"不必灰心",已表达了她愿意接受他的爱情。

　　那位音乐教师对他们的一举一动颇为敏感和怀疑。他成竹在胸,以教音阶为名,向比恩卡传递了爱慕之意。比恩卡读着那古怪的音阶符号和解释,干脆回答他说:"这是什么音阶? 哼,我可不喜欢那个。还是老法子好,这种稀奇古怪的玩意儿我不懂。"①这不是"闭门羹"又是什么呢? 看了这趣味盎然的求爱场景,不由得不使我们想起中国戏曲《唐伯虎点秋香》的有趣场景,唐伯虎为了追求秋香,不惜扮成书僮模样混进府去当差。可见中外戏剧家对爱情的追求,都喜欢用乔装打扮的形式来描写,然而一般说来女扮男装的多,男扮女装的极少见。中国戏曲中女扮男装的戏数不胜数,如《女驸马》、《孟丽君》、《梁山伯与祝英台》、《桃李梅》、《铁弓缘》、《木兰从军》等。男扮女装的表演形式在《西游记》的戏曲故事中时有所见,其他如《花田八错》中的鲁智深,他男装女扮为的是捉拿小霸王周通。但这些都不是为了爱情描写的需要。在莎剧中男扮女装也很少见。《驯悍记》序幕中那位僮儿的男扮女装就是一例;另外在《温莎的风流娘儿们》中那位没落骑士福斯塔夫,为了逃避追踪,曾化装成巫婆逃了出去,也算一例。但这一切乔装打扮都是为了情节发展的需要,不是为了爱情描写的需要。这种现象颇值得研究。弗理伯格博士(Dr. Freeburg)曾指出,女扮男装不仅能使情节复杂,而且对于人物刻画也有好处。她对剧中其他人物来说,是一个男人,而观众则知道其中底细,和她一道享受将别人蒙在鼓里的乐趣。除此以外,我以为女扮男装不像男装扮女装那样容易被人识破。而且这种非正常现象在现实生活中也时有发生,故而也容易被观众所接受。"真即是假,假也是真",观众就喜欢在真假难辨之中接受审美的情趣。要是把人物写得太露太直,还能引起观众发笑吗?

---

　　①　《驯悍记》译本第 252 页。

<h1 style="text-align:center">五</h1>

《驯悍记》的演出，历来是观众十分感兴趣的问题。有一千个导演，就有一千个莎士比亚。在欧美各国数百年来对此剧的演出，风格大不相同，对人物的理解也不相同，因此观众的反映效果也不一样。这也许正是莎剧屡演不衰的原因。如果我们回到 16 世纪初，与伦敦的绅士们一起在那既无幕布也无布景的舞台底下，欣赏莎翁这出妙趣横生的《驯悍记》，我们会自然地发现，这不过是关于一个工于心计的男人征服悍妻，最后使她完全顺从的应时故事。然而，我们在 1986 年首届中国莎士比亚戏剧节上看到上海人艺演出的《驯悍记》，可以发现它却以崭新的风貌呈现在观众面前，男女主人翁皮图秋（即彼特鲁乔）和喀特琳娜（即凯瑟丽娜）已成为一对热情奔放、蔑视传统、自尊自信的恋人。他们对金钱不屑一顾，慷慨大方，在向传统挑战的过程中，彼此求得了和谐。有的评论家称这次演出是注入了现代人的血液的莎翁喜剧。这次别具一格的演出形式，跟《驯悍记》的导演，来自莎翁故乡的高本纳先生的精湛导演是分不开的。他说：莎翁写作此剧，是在一个无情的年代。面对今天的观众，我们应该尽力从字里行间挖掘出剧作本身的潜在意义，用现代人的观点来体现莎翁的人文主义理想。① 他的话讲得何等的好啊！因此，高本纳先生独具匠心地将皮图秋和喀特琳娜处理成叛逆者的形象。

高本纳对原剧在三处地方作了大胆的创新，使人物形象更加鲜明，情节更加合理。

第一，"婚礼"那场戏，原本属于闹剧性质，导演把它改编成反传统的戏，丰富了剧本的内涵，婚礼开始时，皮图秋却迟迟不露面，正当众人惶惑不安时，他却身着破衣，打扮得奇形怪状出现了。他完全不顾贵族社会的礼仪，对在场贵族冷嘲热讽，大闹婚宴，把喀特琳娜"强抢"而去。喀特琳娜也无视贵族家庭和社会的约束，凶悍、泼辣地怒骂那些贵族。

---

① 参见《一出注入现代人血液的莎翁喜剧——记上海人艺演出的〈驯悍记〉》，《文汇报》1984 年 4 月 6 日。

一对蔑视传统的男女走到一起，一对渴求真正爱情的孤傲的心碰撞在一起，自然会产生真挚的爱情。皮图秋向喀特琳娜求婚时，起先有点玩世不恭，随着交谈的深入，他发现喀特琳娜有一颗不受传统束缚的心。她爱憎分明，光明磊落，心灵美好，他终于爱上了她，而喀特琳娜对皮图秋的求婚，先报之谩骂，接着就为他的机智、直率、幽默所吸引，终于萌生了爱心。这样的婚姻自然有一定的思想基础的，这跟一见钟情式的婚姻不可相提并论。

第二，对鲁禅西欧（路森修）和毕安卡（比恩卡）的重新处理。在原剧中，这对男女的爱情故事只是作为陪衬来描写的，但在这次演出中，导演和演员大胆地将这对男女改成好财喜色之徒。最后彼此由于过分贪吝放荡，导致了婚姻的失败。特别令人赞佩的，导演把原作中原来由悍妇道出的那段如何恪守妇道的台词作了巧妙的"移植"，改由鲁禅西欧来说，从而将这两对情人作了鲜明的对比，提高并回答了究竟是谁驯服谁的问题。这就大大深化了原作的主题。

第三，序幕的重新安排。对这场序幕如果不作相应的变动，岂不是有点不伦不类。导演对此作了大胆的创新。原作中的那位补锅匠斯赖变成了一个身着牛仔裤的中国青年水手。他从观众席中走上舞台，这时舞台上的演员正在排练《驯悍记》。这位口说上海话的水手毫不客气地打断了他们的排练，使观众耳目一新，顿时产生了亲切感，一下子活跃了场内的气氛，这样的改动，岂不比莎士比亚原来的构思更富有时代感吗？

由此可见，对于莎士比亚剧作，不是不可以根据现代人的审美需要，作大胆的创新。只有这样才能使莎剧常演常新，永远充满勃勃生机，甚至可以根据自己的国情，做些合理的加工或变动。根据世界各国当前莎剧演出的实际情况来看，都对莎剧原作做了一些更改、加工，真可以说是千姿百态，万紫千红。

由此而想到，评论界对莎剧的评论，也应该突破旧框框，不要被前人和洋人的意见所束缚，大胆走自己的路，评出有中国特色的莎评来！

（载《莎士比亚在我们的时代》，吉林大学出版社 1991 年版）

论《李尔王》的哲理性^①

在莎士比亚的四大悲剧中,我认为《李尔王》是一部哲理性最强的悲剧。有哲理性的主题,有哲理性的情节结构,有哲理性的人物形象,也有哲理性的名言警句,所以也可以说它是一部哲理悲剧。剧本快结束的时候,一个一个坏人倒下了,一个一个好人也倒下了。这些人物虽然都倒下了,然而悲剧所蕴藏的哲理,令人惊叹不止,至今仍然闪耀着智慧的光芒,给人以启迪。

A　哲理性的主题

悲剧的哲理性,首先表现在剧本所反映的主题。多元化的主题,使悲剧更令人回味无穷:

1.安邦治国问题

莎士比亚通过李尔王的悲剧,形象地对君王如何纳听忠言治理国家,提出了自己的观点。他从人文主义的角度出发,以当时的历史背景为条件,描写李尔王分土授国是极不明智的举动。这是李尔王造成悲剧的最根本的原因。英国数百年历史发展的经验,阐明了这样一个真理:分土授国必然会造成封建割据、王权削弱的局面。分土授国也必然会助长一些人的政治野心,引起国内纷争。莎士比亚在历史剧和悲剧中表明了他的一贯思想:国家必须统一,王权必须集中,民间疾苦必须关心。只有这样,国家才能走上繁荣昌盛的道路。否则,必然会走上分

---

① 本文是作者向柏林第三届国际莎士比亚大会提交的论文《〈李尔王〉研究在中国》的第二部分。

崩离析,国弱民穷的道路。莎士比亚创作这部悲剧时,正是詹姆士一世执政初期,他担心英国会重新出现封建割据的局面,因而在剧本中反映了这一主题,使执政者记取这个历史教训,引以为戒。

2. 辨别真伪问题

如何辨别真伪,是衡量明君和昏君的重要标准之一,也是直接关系到安邦治国的问题。为政者高高在上,往往容易脱离群众,喜欢听奉承话;他们听不得逆耳之言,因而堵塞言路,闭目塞听,造成失误的局面。他们常常把假话当成了真话,把真话当成了假话;把好人当作了坏人,把坏人当作了好人。他们忠奸不分,是非不分,往往为自己种下了祸根,为国家带来了灾难。人间不少不该发生的悲剧都是由于为政者昏庸而造成的。李尔王的悲剧,难道不也是这样吗?

3. 伦理道理问题

莎士比亚十分赞赏封建的伦理道德观念:父母应该无条件地爱护自己的子女,子女也应该无条件地关心自己的父母,这样才能国泰民安,共享荣华富贵。可是当时的社会现实,却充满了尔虞我诈,唯利是图的行为,剧本深刻地反映了那个时代的面貌:封建伦理道德已经荡然无存,父不像父,子不像子,人心不古,世风日下。谁有权势,谁就有一切,谁丧失权势,谁就丧失一切,还讲什么伦理道德! 为权势之争,甚至可以干出灭绝人性的勾当,由此而造成一系列人间悲剧。这样的人间悲剧,从古到今难道还会少吗?

B 哲理性的情节结构

不少评论家认为《李尔王》的情节结构不合情理。认为有些情节安排不可理解。其实莎士比亚在情节安排方面下过不少工夫,其中还包含着不少深刻的哲理在内。例如前四幕的情节发展,非常自然而又顺理成章,到了第五幕,行将达到“好人得好报,恶人得恶报”的大团圆结尾时,莎士比亚运用他的生花妙笔,把一切矛盾集中起来,忽然来了个“突变”,变成了一出大悲剧。当大幕徐徐拉下时,观众的情绪难以平静下来。剧中那么多人为什么会先后死亡? 他们死得活该? 还是死得冤枉?

　　对于高纳里尔、里根和爱德蒙的死,谁也不会同情他们,因为他们坏事做尽,死得活该。

　　然而李尔王、考狄利娅为什么也要死呢? 在莎士比亚前后都有剧作家将此悲剧故事改成喜剧作尾。莎士比亚却坚持把它写成悲剧,有其深刻的含义在内。大家知道,世界上的事情往往很不公平:好心并不能得好报,这是常事。李尔王考虑自己年纪大了,把国土一分为三,分给三个女儿去治理,从主观愿望上说,不能不说是好心的。结果由于小女儿说了真话,李尔王一气之下将国土一分二,分给了两个说假话的坏女儿,结果自己遭到了毁灭,这教训是何等的深刻。小女儿考狄利娅本性善良,处处为父亲着想,可算是心地纯洁的孝女典型,可是到头来她也死了。这到底为什么呢? 他们二人之死,性质不同,但都出于“好心”。李尔王的死,使人有“哀其不幸,怒其昏庸”的复杂感情。考狄利娅的死,却是令人悲愤的。好心不得好报,如此世道,怎能长此下去? 这就是剧作家要我们思辩的课题。

　　在情节结构上更富于哲理性的是下面三场戏。

　　(1)“荒野”场。李尔、肯特、弄人、爱德伽四人在茅屋前对话。他们当中有的真疯,有的假疯,有的半疯。他们的对话可以称得上是“疯子的对话”。可是谁能说他们的疯话没有真理在内? 以疯话当真话,能不悲乎?

　　(2)“审判”场。这场戏看似情节荒唐,实质是悲剧性的。李尔气愤难平,只好用假想代替真实对两个负心的女儿审判,以解其恨。以假当真的感情发泄,不是比悲更悲么?

　　(3)“落崖”场。这场戏看来情节同样荒唐,实质上也是悲剧性的。爱德伽戏弄父亲的目的,难道真的要戏弄父亲吗? 其实他用心良苦,他要把他的父亲从绝望中解救出来,只好采取此招。葛罗斯特想以跳崖了结一生来洗涤他的悔恨之心。一个以真当假,一个以假当真;假假真真,悲剧的味道不是更浓么!

　　这三场戏都是象征性的,在剧情发展中起着关键的作用,其中的哲理性更是发人深思的。

C　哲理性的人物形象

莎士比亚塑的人物性格,丰满而富于哲理。他善于从对比描写中突出人物的人性,让观众从中去思索人生的哲理。

1.李尔和葛罗斯特对比

李尔是剧中主角,是一国之君。他干了分土授国的蠢事,上了两个女儿的当,结果吃了苦头。葛罗斯特是剧中另一条故事线索的主角。他身为伯爵,由于轻信谗言,上了私生子爱德蒙的当,结果也吃了苦头。同样是主角,但两人地位不同;同样是上当,但性质各有不同,其危害也就大不一样;前者是一国之君,如果昏庸无能,喜听好话,不但能使家破人亡,甚至会危及国家的前途,民族的命运,后果将是十分严重的。后者是大臣,其昏庸的结果,危害程度显然要比前者小得多。同样是死亡,但前者是悲愤而死,令人叹惜;后者是含笑而死,令人宽恕。莎士比亚在对比描写中,鲜明地刻画了他们各自不同的个性,尽管他们的归宿相同,但观众对他们的态度是大不一样的。

2.李尔和弄人对比

李尔有权有势,自以为是;弄人无权无势,机智聪明。李尔上当受骗以后疯疯癫癫,弄人自始至终疯疯癫癫。但前者是真疯,后者是假疯;前者在暴风雨中呼天抢地,后者在李尔最困难的日子里关心他、跟随他、保卫他;李尔发疯时,弄人却头脑清晰,随时点醒他;李尔清楚过来时,弄人却隐退了。这对人物一正一反,一尊一卑,互相映照,相辅相成,使他们的性格更加鲜明。谁是聪明人？谁是糊涂人？不言自明。特别令人玩味的是:为什么地位高反而愚蠢？地位低反而聪明？常言道,"高贵者最愚蠢,卑贱者最聪明",正是这对人物,不是很有一点思辩意味吗！

3.姐姐和妹妹的对比

这又是一对正反两方面的人物。两个姐姐口蜜腹剑,阴一套,阳一套,她们讲的话比蜜还甜,李尔在精神上完全被她们俘虏了。妹妹态度真诚,说话老老实实,不搞口是心非。你听听她讲的话多么坦率:"我的姐姐们要是用她们整个心来爱您,那么她们为什么要嫁人呢？要是我有一天出嫁了,那接受我的忠诚的誓约的丈夫,将要得到我的一半的爱,我的一半的关心和责任;假如我只爱我的父亲,我一定不会像我的两个姊姊一样再去嫁人的。"[①]这样明白如水的话,李尔可一句也听不进去。从这个对比描写中,我们清楚地看出:两个姊姊爱父是假,谋取权势财产是真;妹妹爱父是真,对权势财产则毫无兴趣。两个姊姊心狠手辣像豺狼,妹妹心地善良像羔羊。同是同胞姊妹,性格为什么大不一样?特别耐人寻味的是,一些千真万确的忠言,有些人就是听不进去,相反,对那些明明白白的假话,他们倒句句听进去了。这样的怪事,从古到今我们难道见得还少吗?

4. 高纳里尔和里根对比

两个坏女人争风吃醋,手段毒辣是一个样,但性格上仍有差别。对待父亲,里根比高纳里尔更凶,可是她讲的话比她姊姊更甜;在情场上,高纳里尔的手段似乎比里根更毒。在伦理道德上,姊姊更无一点手足之情,甚至亲手毒死自己的亲妹妹。可见当利害冲突关系到她们自己的切身利益时,即使是同胞手足,也可以翻脸无情。令人惊叹的是,这一对坏姊妹,在莎士比亚笔下并没有描写成一模一样,这也许正是莎士比亚戏剧艺术富于魅力的地方。

5. 爱德蒙和爱德伽对比

这对同父异母兄弟,性格大不相同。爱德蒙是恶的化身。他对待父亲采取欺骗手段,对待爱德伽采取仇视态度,对待爱情又采取一箭双雕的玩弄态度。爱德伽是爱的化身,他即使受到诬陷,被父亲赶出家门,也不计较;虽然后来历经磨难,对父亲的爱心仍然不变,还暗中保护着父亲。然而他对坏人却疾恶如仇,可见他的爱是有原则的。如果爱是没有原则的,善恶不分,丑恶不分,这个人物还称得上是爱的化身么?这一正一反的形象,对比极为鲜明。

6. 康华尔公爵和奥本尼公爵对比

这一对贵族子弟同是李尔王的女婿,但性格各异。康华尔公爵和

---

①　参见《莎士比亚全集》(九)《李尔王》译本,人民文学出版社 1978 年版。以下引文均见该书,不一一注明。

李尔王的两个女儿一样,权欲之心极重;他积极参与了两个女儿的罪恶
勾当,也是他亲手挖去葛罗斯特的眼睛。由于他残忍过度,结果遭到可
耻的下场——被他的手下人杀死。奥本尼却富有人道主义精神,同情
李尔王和葛罗斯特的遭遇。特别在法军侵犯国境之际,他挺身而出,保
卫了国土的安全,这是莎士比亚十分赞赏的行动,因此他才有资格接替
王位。在这里我们不得不指出莎士比亚思想上的矛盾。他一方面同情
考狄利娅为父报仇出兵英国的正义行动,另一方面他又赞赏奥本尼打
败法军的爱国行动。可是莎士比亚在描写奥本尼这个人物时是煞费苦
心的,他没有描写奥本尼要加害于李尔父女。俘虏考狄利娅并加害李
尔父女的刽子手却是爱德蒙。如此巧妙的安排,我们不得不佩服莎士
比亚艺术手腕的高明。

7. 肯特伯爵和葛罗斯特伯爵对比

同样是伯爵,性格也不一样。肯特是忠臣的典型。他敢于向李尔
王直谏,即使自己遭受放逐,忠心仍然不变。葛罗斯特是轻信的典型,
容易上当受骗。但一旦清醒过来,又敢于认识自己的错误。这种知错
就改的精神,使我们对他的遭遇有所同情。他乐极而死,但又蕴藉着深
沉的悲剧因素。

8. 奥斯华德和弄人对比

奥斯华德是高纳里尔的管家,是恶奴的典型。他狐假虎威,助纣为
虐,结果死得活该。弄人的地位虽然同样低下,可是他有一颗可贵的同
情心。莎士比亚在他的悲剧、喜剧中都出现过弄人或小丑的形象。他
们表面上像傻子,在深层意识上都具有劳动人民的优秀品质。他们的
形象是可笑、可亲而又可爱的。我们笑其傻乎乎的动作,然而在内心深
处又不能不佩服他们的睿智和对人生的洞察力。正如中国戏曲舞台上
有的小丑那样,他们虽然形象丑,心灵却美得很呢。如京剧《女起解》里
的崇公道,他虽是丑角,然而他对苏三的不幸遭遇,满怀同情之心,他的
心灵美和形象丑,形成了强烈的反差,收到了更好的审美效果。

从以上八对人物的对比描写中,我们可以看出莎士比亚描写人物,
绝不从概念出发,而是从生活的实际出发,那多姿多态的人物形象,那
富于哲理性的人物语言,构成了绚丽夺目的社会画面,真使人眼花缭

乱,美不胜收。

D 哲理性的名言警句

莎士比亚的戏剧几百年来流传不衰,其中一个原因是他的戏剧充满着不少名言警句。许多人把他的名言警句摘抄下来当作座右铭。也有人把他的名言警句编进了字典,便于人们随时查考。如《牛津名言辞典》里,他的许多名言警句就占了 66 页。有的干脆编了一本分门别类的《莎士比亚名言警句辞典》。他的许多名言警句变成了世界人民家喻户晓的处世格言,已成了一笔巨大的精神财富,将世世代代流传下去。

《李尔王》中不少名言警句富于深刻哲理,能让人仔细玩味。这些名言警句为作品增添了艺术魅力,使人物更有风采。

如考狄利娅在第一幕里对父王说:

"……凡是我心里想到的事情,我总不愿在没有把它实行以前就放在嘴里宣扬……我所以失去您的欢心的原因,并不是什么丑恶的污点,淫邪的行为,或者不名誉的举止;只是因为我缺少像人家那样的一双献媚求恩的眼睛,一条我所认为可耻的善于逢迎的舌头,虽然没有了这些使我不能再受你的宠爱,可是唯其如此,却使我格外尊重我自己的人格。"

这话说得多么的好啊!"一双献媚求恩的眼睛","一条善于逢迎的舌头",把那些好拍马屁的家伙的丑态,刻画得淋漓尽致。世上有多少人经不起那双媚眼和那条舌头的搬弄,干出了多少糊涂事来啊!一双媚眼,一条舌头,小可以冤枉自己的亲人,大可以祸国殃民!这类悲剧我们见得还少吗?

又如李尔在暴风雨中叫道(见三幕四场):

"安享荣华的人们,睁开你们的眼睛来,到外面体味一下穷人所忍受的苦,分一些你们享用不了的福泽给他们,让上天知道你们不是全无心肝的人吧!"

这话充满了人道主义的精神,颇能代表莎士比亚的思想。富人应该关心穷人,把享受不了的东西分一些给穷人去享用,这是一种仁爱精神,这种精神对全世界全人类都适用,不但过去适用,今天适用,将来也适用。而且"享受荣华"的高高在上者,体会一下穷人的苦,更富有现实意义。这样,就有可能使人间的不平和悲剧尽量减少到最低限度。

又如弄人的不少话是"话中有话"的。他的话粗听起来,似乎有点不知所云,不可理解;但细细琢磨却是很有道理的。如他在一幕四场,眼看李尔王分土授国的错误,马上叫了起来:

听了他人话,

土地全丧失;

我傻你更傻,

两傻相并立;

一个傻瓜甜,

一个傻瓜酸;

一个穿花衣,

一个戴王冠。

在这段诗中,弄人一针见血,指出了李尔王分国的错误,是一种傻瓜的行为,并且预言他将来的日子是"酸"的。可见傻瓜不傻,而戴王冠的李尔倒变成真正的傻瓜了。

再如反面人物爱德蒙,他的话并不是句句都无道理。在一幕三场,他有一段独白:

"……为什么我要受世俗的排挤,让世人的歧视剥夺我应享的权利?……为什么他们要叫我私生子?为什么我比人家卑贱?我的健壮的体格,我的慷慨的精神,我的端正的容貌,哪一点比不上正经女人生下的儿子?为什么他们要给我加上庶出、贱种、私生子的恶名?"

早在 17 世纪初,莎士比亚就为私生子鸣不平,不能不说他具有大智大勇的精神。私生子就其本人来说是无罪的。这恶名加在他的身上是毫无道理的。平心而论,爱德蒙以后走上犯罪道路,世俗的偏见难道没有一点责任吗?这个问题难道不值得我们深思吗?

有些警句,使人捉摸不定。如李尔王死前的最后一句话:

"……瞧着她,瞧,她的嘴唇,瞧那边,瞧那边!"

李尔王为什么要瞧着已死去的女儿?为什么要瞧着她的嘴唇?"瞧那边"指什么地方?为什么要"瞧那边",各人有各人的理解,仁者见仁,智者见智,谁也说服不了谁。我想,这也许正是莎士比亚的语言迷人的原因吧。

真是,说不定的莎士比亚!

真是,道不尽的《李尔王》!

(载《杭州大学学报》1990 年第 2 期)

莎剧中的一颗璀璨明珠

——《阳台会》赏析

在中外著名戏剧中有不少精彩的片段,是令人难忘的。中国戏曲中的折子戏,大都属于全剧中的精彩片段。如京剧中的《女起解》、《借东风》、《小宴》等都是。如果说,《梁山伯与祝英台》中的"楼台会"是中国戏曲中一颗明珠,那么《罗密欧与朱丽叶》的"阳台会",完全可以和"楼台会"媲美。它是莎剧中一颗璀璨夺目的明珠。

莎士比亚不仅是一位杰出的语言大师,而且也是一位心理学家,他对青年男女的心理颇有研究。他在剧中描写青年男女之间的真纯爱情,几百年来一直震撼着人们的心弦。罗、朱之间的爱情不是一帆风顺的,中间存在的困难要比一般青年男女之间的恋爱困难大得多,他们不但要冲破封建家庭的包办婚姻,而且更要冲破封建世仇的藩篱。然而对真诚相爱的青年男女来说,他们"刀山敢上,火海敢跳"。罗、朱在一次舞会上邂逅就一见钟情。他们爱得非常深沉。从此以后,他们双双落进了爱河,再也不能自拔。

莎士比亚在"阳台会"这一场景中,精心设计了朱丽叶三上三下的方式,来描写这一对情人的爱恋是多么的深挚。

当朱丽叶第一次在阳台上出现的时候,她根本没有想到罗密欧早已躲在阳台下的暗处了。她叹着气对着上苍吐露了她的心声:"为什么你偏偏是罗密欧呢? 只要你宣誓做我的爱人,我也不愿再姓凯普莱特了。"朱丽叶进一步表达了她的心态:"姓不姓蒙太古又有什么关系呢? 它不是手,又不是脚,又不是手臂,又不是胯,又不是身体上的任何其他部分……要是换了别的名字,它的香味还是同样芬芳。……"朱丽叶的话说得多么坦率,多么真诚,男女之间的相爱,这跟姓氏、门第有什么相干呢？这时候，罗密欧不能再缄默了。

下面请看看他们开始时的对话是何等自然：

朱：我的耳朵里还没有灌进从你嘴里吐出来的一百个字，可是我认识你的声音；你不是罗密欧，蒙太古家里的人吗？

（声音可以马上认识，可见他们之间心灵上的默契。）

罗：不是，美人，要是你不喜欢这两个名字。

（为了爱人，他连自己的名字也可以不要。）

朱：告诉我，你怎么会到这儿来，为什么到这儿来？花园的墙这么高是不容易爬上来的；要是我家里的人瞧见你在这儿，他们一定不让你活命。

（她连问两个为什么，等不及罗的回答，就立即担心罗的性命难保。这是多么真实的心理描绘。）

罗：我借着爱的轻翼飞过园墙，因为砖石的墙垣是不能把爱情阻隔的；爱情的力量所能够做到的事，它都会冒险尝试，所以我不怕你家里人的干涉。

（在爱情面前如果胆小如鼠，能称得上是纯真的爱情吗？）

朱：要是他们瞧见了你，一定会把你杀死的。

罗：唉，你的眼睛比他们20柄刀剑还厉害；只要你用温柔的眼光看着我，他们就不能伤害我的身体。

（朱的眼睛比20柄刀剑还厉害，在情人眼中，确是道出了他对朱的爱是多么执着！）

朱：我怎么也不愿让他们瞧见你在这儿。

罗：朦胧的夜色可以替我遮过他们的眼睛。只要你爱我，就让他们瞧见我吧；与其因为得不到你的爱情而在这世上捱命，还不如在仇人的刀剑下丧生。

（为爱而死而在所不惜，这就是罗向朱表白的决心。）

正当朱、罗之间热烈表达他们的爱恋之情，朱由于乳媪在内室呼唤，她不能不跟罗暂时告别了。她临别时说出了内心中最重要的一句话："愿你不要负心"，就下场了。话不在多，这简单的一句话包含了朱对罗的殷殷期待之情。

当朱第二次上场时,她向罗再说三句话,其中心意思就是一句话,只要罗愿意跟她结婚,"我就会把整个命运交托给你,把你当作我的主人,跟随你到天涯海角"。

这第二次交谈,实际上全是朱一个人说的,因为乳媪在内接二连三地呼唤,她来不及像第一次相见时细细表白她的爱情,就匆匆离去了。可是她离去前却扔下了一句意味深长的话:"一千次的晚安!"晚安要道"一千次",说明了她对罗的爱是多么的深沉。

当朱第三次上场时,他们之间的爱火燃烧得更旺了。朱急不可待的要求罗说明明天何时派人去看他好,罗说 9 点钟吧。这应该说是"特别快车"了,可是对朱来说,"捱到那个时候,该有 20 年那么长久"。这就是热恋中少女的急切心态。

天快亮了,罗不得不离开了。离别对热恋中的青年男女来说是何等的痛苦,最后朱不得不说:"晚安,晚安,离别是这样甜蜜的凄清,我真要道晚安直到天明。"

这个场景的描写,有两点特别值得注意。

第一,描写这对恋人的心理状态是何等细腻。

罗把朱出现在阳台上时的一刹那,形容成那就是东方、那就是太阳。这是十分符合罗当时的心理的。朱用纤手托住脸的姿态是平常人的姿态,可是从罗看来,他愿是那只手上的手套,好让他亲一亲她脸上的香泽。这种假想只有热恋中的男子才会产生的。

在这场景中,莎士比亚以他出色的语言描写朱的心理尤为精彩,特别是描写朱的矛盾心理,更令人叫绝。

朱第一次出现在阳台上,听到罗对爱情的表白,要他起誓。罗凭着一轮皎洁的月亮起誓,她又马上认为月亮每月有盈亏圆缺的,变化无常不吉利,不要他向月亮起誓。那么用什么来起誓好呢?她临时变卦不要罗起誓了。这种出尔反尔的矛盾心态,真实地流露了她不平静的情绪。

当朱第二次上场时,她的矛盾心理更加突出,乳媪在内不断呼叫"小姐",朱一面回答"等一等,我来了",一面又叫罗"停止你的求爱,让我一个人独自伤心吧",一面又说:"明天我叫人来看你",这种语无伦次的话,生动地说明她已心乱如麻,深深地爱上罗了。

当朱第三次上场时,她已把罗比作自己的"囚犯",紧紧抓在自己的手中再也不肯放手。天快亮了,她一面希望他快快离开,一面又把罗比作心爱的鸟儿,暂时让它跳出她的掌心,然后又用一根丝线把它拉了回来。这样的比喻多么贴切!正如朱自己所说的那样:"爱的私心使她不愿意给它自由。"这真是一句至理名言。如果让自己心爱的鸟儿,任意在天空中自由飞翔,还有什么真正的爱情可言。

第二,这场戏中乳媪虽未出场,可是她的三次呼唤,不但形象,而且使剧情层层递进。如果没有这个未出场的人物,必然会使这精彩场面暗淡无光。

由此可见,当我们欣赏莎剧时,一要注意人物的内心描写;二要注意人物的安排。细细品味这两者,你才会体会到莎士比亚剧作结构的高妙和语言的精美。

(载《中文自学指导》1994 年第 2 期)

莎士比亚戏剧是取之不尽的宝库

莎士比亚戏剧是一座艺术宝库，世界各国的文艺工作者都从这座宝库中吸取题材和灵感，重新改编或制作富于时代色彩的艺术作品，受到了世界各国人民的喜爱。

1995 年夏，中国引进了美国迪士尼公司根据莎士比亚《哈姆雷特》改编的动画片《狮子王》，这部影片引起了中国观众的极大兴趣。该片向全球发行时，共有 10 多种语言版本。其中华语版在香港放映时，创下了 200 万美元的动画片票房纪录。该片在上海放映时，不但受到孩子们的极大欢迎，也得到大人们的喜爱。据统计，儿童观众占观影人数的三分之一，成年人占三分之二。上海一家电影院放映了 10 天，就创下了 1000 多万人民币的票房收入。有人评价《狮子王》是当代动画版的莎士比亚作品，也有人评价说："向来被视作小儿科的动画片扬眉吐气了，拍出了令大人们不得不刮目相看的具有雄浑大气的巨片。"许多观众认为该片取得巨大成功的原因是故事情节生动，富有人生哲理，画面优美，音乐动人，造型别致，语言幽默。《狮子王》可谓是重新改编莎剧制作的一部成功作品，为中国当代莎剧新编开拓了广阔的视野。

一

中国利用莎剧故事改编成戏剧的传统由来已久，最早可以追溯到 20 世纪 20 年代。改编的形式主要有两种：

A. 改编成中国式的话剧

这种改编不但将剧本中的人物改成了中国人的名字，而且将故事内容也中国化了。早在 1913 年，中国著名戏剧家郑正秋首先把《威尼斯商人》改编成《肉券》在上海演出。受到了许多观众的欢迎。以后,又有人在《肉券》的基础上改编成《女律师》,同样受到热烈的欢迎。此后,利用莎剧故事改编成中国话剧蔚然成风,计有:

(1)《窃国贼》(《哈姆雷特》)

(2)《黑将军》(《奥赛罗》)

(3)《姊妹皇帝》(《李尔王》)

(4)《巫祸》(《麦克白》)

(5)《女律师》(《威尼斯商人》)

(6)《驯悍》(《驯悍记》)

(7)《李误》(《错误的喜剧》)

(8)《铸情》(《罗密欧与朱丽叶》)

(9)《仇金》(《雅典的泰门》)

(10)《沉珠记》(《泰尔亲王配力克里斯》)

(11)《医生女》(《终成眷属》)

(12)《维也纳大公》(《量罪记》)

(13)《指环恩怨》(《辛白林》)

(14)《从姊妹》(《皆大欢喜》)

(15)《象话》(《冬天的故事》)

(16)《孪生姊妹》(《第十二夜》)

(17)《假面具》(《一报还一报》)

(18)《情惑》(《维洛那二绅士》)

(19)《飓媒》(《暴风雨》)

(20)《怨偶成佳偶》(《无事生非》)

这些早期改编的莎剧作品,使中国人民初步认识到莎剧的丰富多彩,同时也丰富了中国早期话剧舞台上的演出剧目。这对于促进中国话剧的发展起到了积极作用。

在莎剧中国化方面做出过重要贡献的有两位重要的戏剧家:一位是李健吾教授,他在40年代根据《麦克白》改编的《乱世英雄》(由著名导演黄佐临导演)和根据《奥赛罗》改编的《阿史那》,曾在中国剧坛引起轰动。他认为改编莎剧,除了基本的灵魂要与莎剧原作产生共鸣外,改编者还必须注意两点：一是到历史里体现他的高贵，二是到语言里提炼他的诗意。有人在评价李健吾改编的莎剧作品的成就时说：他只借重原著的骨骼，完全以中国的风土创造出崭新的人物、氛围和意境。那是化异国神情为中国本色的神奇，不留一丝一毫的斧凿痕迹。另一位是顾仲彝教授，他根据《李尔王》改编成现代讽刺悲剧《三千金》（由著名导演费穆导演），由于题材富于现代色彩，演出时也取得了很大成功。

B. 改编成戏曲形式

中国戏曲是中华民族艺术的瑰宝，在中国具有深厚的文化土壤。戏曲以她特有的艺术魅力，赢得了中国和世界观众的赞赏。具有远见卓识的中国戏剧工作者，早在 20 世纪 20 年代就从莎剧中寻找题材改编戏曲，如将《哈姆雷特》改编成川剧《杀兄夺嫂》上演，受到观众的热烈欢迎。对莎剧改编戏曲历来有不同的意见，持反对态度的有三类人群：一是观众，他们在舞台上看惯了中国古代历史人物的故事，一下子要他们看古代洋人的故事，很不习惯；二是莎剧爱好者，他们担心改编戏曲会把莎剧原貌改得面目全非，糟蹋了莎士比亚；三是戏曲演员，他们演惯了传统戏，与这类新戏格格不入。他们说："我从小学戏，师傅从来没给咱说过这些戏，前辈艺人也从未演过洋戏，叫我怎么演？"

然而，从中国戏剧发展史来看，将著名话剧改编成戏曲上演已是屡见不鲜的现象。如郭沫若的《虎符》、《南冠草》、《蔡文姬》，曹禺的《雷雨》、《日出》、《原野》等，曾先后改编成京剧、昆剧、越剧、沪剧、汉剧、评剧等各种戏曲形式上演，同样受到广大戏曲观众的欢迎。可以说，在中国戏曲观众要比话剧观众多得多，所以，凡是受到观众欢迎的话剧，一旦改编成戏曲，自然会赢得更多的观众，既然中国话剧可以改编成戏曲上演，外国戏剧为什么不可以改编成戏曲上演呢？上海的海派京剧早在 20 世纪 30 年代就大胆采用外国故事编成京剧上演了。如汪笑侬的16 本京剧《瓜种兰因》、夏月润的 8 本《拿破仑》、张春华的《侠盗罗宾汉》等。这些题材新颖的京剧一上演就轰动了上海滩。因此，闻名全球的莎士比亚戏剧更可以改编成戏曲上演了。实践证明，将莎剧改编成戏曲上演是中国普及莎士比亚的一条康庄大道。1986 年在中国北京、上海分别举行的首届莎士比亚戏剧节期间，莎剧改编成戏曲的剧目为数不少,计有京剧《奥赛罗》、昆剧《血手记》(《麦克白》)、越剧《第十二夜》和《冬天的故事》、黄梅戏《无事生非》。这五个戏曲剧目的演出,使中外观众耳目一新,一时间也好评如潮。有评论家在论评越剧《第十二夜》时指出:"演出的成功在于将莎剧原作所蕴含的追求个性解放、爱情自由的浪漫主义精神与越剧本身明丽、潇洒的风格巧妙地结合了起来,造成内层和外层的基本和谐。舞台上这些洋味十足的欧洲少男少女,让中国观众亲切地感受到了文艺复兴时期的时代风貌。"日本莎士比亚专家、"前进座剧团"导演看了此剧以后也赞赏地说:"用音乐的形式演莎士比亚的戏,在世界上也是一种新的尝试。越剧通过演莎士比亚走上了世界舞台。"京剧《奥赛罗》在表演手法上作了新的尝试,无论在唱腔、化妆、布景等方面,都有新的创造,观众评价甚高。美国夏威夷大学的魏莉莎博士(Dr. Elizabeth Witchman)率先用英语演唱了传统京剧《凤还巢》、《玉堂春》,使中、美两国观众大开眼界,特别使美国观众感到京剧艺术的美妙无穷。既然美国人可以用英语唱京剧,中国人为什么不可以也用英语唱京剧呢? 著名京剧女花脸齐啸云女士原先学习的是英国文学,后来改行唱京剧,她在一次莎士比亚诞辰纪念会上,与另一位著名演员张云溪同台用英语演唱《奥赛罗》片断,博得了观众的热烈赞赏。齐啸云认为用京剧演莎剧,既可以帮助演员更好地领会莎士比亚语言艺术的魅力,也有助于外国朋友更好地理解中国戏曲艺术的魅力。一位外国观众看完她的演出以后,紧握她的手说:"非常好,非常有趣! 我们仿佛一下子懂得京剧了。"

　　昆剧《血手记》的演出,更加激起了观众对莎剧的兴趣,这出戏对原著《麦克白》作了较大的改写,而变成了一出地道的中国戏。此剧采用了许多昆曲特有的艺术手法,使戏曲一开场就紧紧吸引住观众。例如开场的三个女巫,由三位丑角扮演,他们以矮子功来表演人物的内心世界是别开生面的。1988 年 8 月该剧在英国爱丁堡戏剧节演出时,世界各地来的观众们都为之惊讶和激动,出现了争看昆剧的动人场面。观众惊异地发现演出者对莎剧原作精神的忠实还原,同时,昆剧乐队的美妙演奏和演员的美妙唱腔,也使他们着迷。有评论家指出,该剧虽不同于莎剧原文演出,但并没有歪曲这出悲剧的想象力,而是经过润色,更具有欣赏性了。英国文化协会在昆剧《血手记》演出的第二天,举行了盛大的酒会,主持人说:"两年前我们为日本歌舞伎《麦克白》的成功演出在此举行过酒会,今天中国昆剧《血手记》的成功演出,又使我们再次为《麦克白》欢呼,干杯! 我们协会近年来变成了《麦克白》凯旋的协会了。"由此可见,用戏曲形式改编莎剧,不但受到中国观众的欢迎,同样也使外国观众大加赞赏。

二

利用莎剧故事改编成戏曲,已成为中国戏曲界人士的共识,莎剧和中国戏曲有不少相通之处,改编莎剧对发展中国戏曲大有好处:

(1)改编莎剧可以丰富戏曲剧目

中国戏曲目前处于不景气的局面,其中一个原因是剧目的缺乏。自改革开放以来,中国观众的思想也日趋开放,他们既愿意看更多优秀的传统戏、新编历史剧和反映现代生活的戏曲,同时也渴望观赏外国的优秀戏剧。由于莎剧题材丰富,人物众多,情节生动,中国戏曲工作者乐愿将莎剧改编成戏曲,即使是一个剧本,也可以改编成若干折子戏,如《威尼斯商人》既可以改编成一部戏,也可以突出夏洛克的贪婪,改编成《肉券》;也可以突出鲍细霞的机智改编成《女律师》。由此观之,从莎剧吸取创作题材是取之不尽的,有的戏剧家说:"在这座丰富的宝库中,即使捡一粒沙子出来,也可以变成闪闪发光的金子。"

(2)莎剧情节的生动性可以丰富戏曲表演形式

中国戏曲偏重唱腔,往往忽视故事情节的生动性。但新时代的观众已经不满足于在剧场里听演员大段的唱腔,他们既要听优美的唱腔,也要看曲折生动的情节。莎剧之所以至今仍然受到人们的喜爱,其中一个重要原因就是情节的生动性,莎剧故事情节的发展,往往既出人意料而又在情理之中,使人赞叹不已。中国戏曲往往只有一条故事线索,风格较单纯,悲剧往往一悲到底,喜剧往往是"大团圆",不像莎剧具有悲喜剧混合的特点。莎剧在情节处理上大有讲究,他的悲剧往往能达到"悲中有喜悲更悲"的意境,他的喜剧也在笑声中包含着深刻的哲理,他的历史剧更给人以深刻的历史反思。所以,中国戏曲工作者在改编莎剧过程中往往能触发灵感,感受其无穷魅力。

(3)改编莎剧可以深化中国戏曲的主题

莎剧的现实主义精神至今仍有借古喻今的作用,具有强大的生命力。中国戏曲的主题意识比较单一,不像莎剧主题意识具有多义性。中国戏曲十分强调道德的作用,"善有善报,恶有恶报"可说是中国戏曲的永恒主题。可是现实生活往往并不是这样,因此将莎剧改编成戏曲,往往能够深化中国戏曲剧目的主题。

(4)改编莎剧可以丰富中国戏曲的人物画廊

中国戏曲舞台上有许多鲜明人物形象,如红脸关公、白脸曹操、黑脸包公、花脸张飞等,可算是家喻户晓,可是这些形象有两个明显的缺陷:一是脸谱化,正面或反面人物的个性一看脸谱就可以猜到个"八九不离十";二是单一性,所谓单一性是指人物性格不是多方位地表现他们丰富的内心世界和矛盾性格。也就是说,好人样样都好,坏人样样都坏,性格层次单一化、绝对化。然而在现实生活中是没有绝对的好人和坏人的。而莎氏笔下人物形象多姿多彩,性格丰富,没有十全十美的好人,也没有十恶不赦的坏人。他塑造的每一个形象都给人以真实感,都是活生生的人,都有他们的七情六欲,各国艺术家都能对莎剧人物有不同的理解。例如夏洛克,有人说他不通人性,但也有人同情他遭受种族歧视之苦;有人赞赏哈姆雷特是人文主义的英雄,但也有人将他塑造成令人讨厌的哈姆雷特。中国戏曲可以从琳琅满目的莎剧人物中,吸取创作灵感,京剧《奥赛罗》、昆剧《血手记》、越剧《第十二夜》、黄梅戏《无事生非》的成功演出,便是明证。这些莎剧中的人物经过中国戏曲的改造,更加光彩夺目,不仅使中国观众感到新颖别致,也使外国观众着迷惊叹。

(5)莎剧中的歌舞场面可以丰富中国戏曲舞台的画面

莎剧中有不少歌舞场面,这些歌舞场面为莎剧增光添色,使观众倍感赏心悦目。中国戏曲在很大程度上可说是歌舞剧,其中的歌舞场面往往是剧中的精彩之处。如《贵妃醉酒》中的醉舞,《梁山伯与祝英台》中的蝶舞等,都具有很强的观赏性,而莎剧中的歌舞场面可以为中国戏曲提供美丽的画面,如《仲夏夜之梦》中的歌舞场面,《冬天的故事》中乡间舞蹈的场景,改编成戏曲以后,舞台效果会更加美妙动人。即使非歌舞场景,也可以变成动人的歌舞场景,如《麦克白》中的三个女巫的预言在改编成昆剧以后,变成了三个小丑的舞蹈,令观众惊喜。

(6)莎剧的语言美可为中国戏曲提供美妙的唱词

中国戏曲讲究唱腔的优美动听,故而要求唱词华美。中国不少传统戏曲的唱词都像是优美的抒情诗。特别是文人编写的剧本,无论唱词和念白,都具有较强的文学性、令人陶醉。莎士比亚是伟大的诗人、剧作家,他的剧本文辞华丽,诗意盎然,移植到中国戏曲来是非常合适的,这是中国戏曲改编莎剧的有利条件。同时,莎剧的语言美还表现在具有深刻的哲理性,不少莎剧中的语言可以作为我们的人生格言。中国戏曲如能将莎剧中的美妙语言编入中国戏曲的唱词和念白中去,岂不是更能增强戏曲的魅力吗?

当然,莎剧改编成中国戏曲不是没有困难的。一方面戏曲要克服因循保守思想,提高对莎剧的理解水平,创作思想上更要进一步开放;另外,在改编过程中,如何使莎剧风格和中国戏曲水乳交融、紧密结合,还有待于进一步实践和探讨。现在的主要问题是,改编以后的戏曲往往把莎士比亚味淡化了。另外,如何把莎剧中的美好语言融入戏曲中也存在着一定的困难。

《狮子王》的成功经验,给全世界的戏剧工作者提供了范例,我们相信,充分利用莎剧这座宝库来制作具有现代意识的各类文艺作品是大有前途的。多年来,我国文艺工作者将莎剧改编成话剧、戏曲、木偶戏、连环画、通俗故事,已经取得了很大成绩,今后还应该继续努力挖掘这座宝库,为建设精神文明做出新的贡献。

世界需要和平,人类需要爱、友谊和真诚。莎剧中所阐扬的真、善、美,是永恒的。中国人民需要莎士比亚! 世界人民需要莎士比亚!

(载《南京师大文学院学报》2006 年第 3 期)

论莎士比亚戏曲化

一、重要的信息

1986年初春一个温馨的夜晚,莎士比亚名剧《第十二夜》由上海越剧院三团正式搬上了越剧舞台。他们为了庆祝这一胜利,在排练厅里举办了"莎士比亚之夜"联欢活动,当晚会的帷幕刚一拉开,排练厅里的人们就纵情高呼:"莎士比亚!莎士比亚!"这是一个重要信息:莎士比亚剧作已被中国戏曲界的人士所接受,从此,莎士比亚的剧作已从中国的话剧舞台,昂首阔步地走向中国戏曲舞台了。在1986年举办的中国首届莎士比亚戏剧节上,莎士比亚戏曲化形成了一个高潮,它以各种地方戏曲的形式,展示了莎士比亚剧作丰富多彩的画面,在中国戏曲发展史上揭开了崭新的一页。在这个盛大的节日里,我们在京、沪两地看到了京剧《奥赛罗》、昆剧《血手记》(根据《麦克白》改编)、越剧《天长日久》(根据《罗密欧与朱丽叶》改编)、《第十二夜》、《冬天的故事》、黄梅戏《无事生非》等。尽管专家们对这些剧目的演出有这样那样的看法和意见,可是大家不得不承认这是历史性的一步。从此,莎士比亚将走到中国人民中间,成为中国人民的知音。

我们回顾一下历史,最早将莎士比亚改编成戏曲形式的是秦腔,它早在二三十年代就开始迈出了第一步。在新中国成立以前,各地有些零星剧团已把莎剧改编成戏曲上演,如活跃在杭嘉沪一带的国风苏昆剧团的周传瑛,曾把《哈姆雷特》改编成昆剧《疯太子》搬上了舞台,他在剧中还扮演了主角哈姆雷特。以后,由于人们对将莎氏剧作改编成戏曲形式尚缺乏信心和经验,因此改编活动沉寂了相当长一段时间。新中国建立以后,人们对莎士比亚的逐步认识,开始在戏曲界引起了思索:能不能把莎氏剧作搬上戏曲舞台?直到春风重新吹遍了整个文艺界,戏曲界的同志才真正行动起来,尝试将莎氏剧作搬上戏曲舞台。最早搬上戏曲舞台的莎剧是京剧《奥赛罗》。到了 1986 年初春,为迎接中国首届莎士比亚戏剧节的召开,出现了以多种地方戏曲形式改编莎剧的高潮,使这次莎士比亚戏剧节呈现出万紫千红的局面。这次活动的影响是深远的,国际莎协会主席布洛克·班克教授曾在美国出版的《莎士比亚季刊》1988 年第 2 期上,撰写了近万字的长文:《莎士比亚在中国复兴》。他介绍了这次大会的盛况,认为这次大会"剧目丰富,多姿多彩,而且具有中国特色,但仍然明显地保持了与英国伊丽莎白一世和詹姆士时代的联系"。另外如德国在《莎士比亚西方年鉴》一书中,也有对这次活动的专文报告。此后各省的地方戏曲也尝试改编莎剧上演。如浙江东阳小百花婺剧团根据《麦克白》改编的《血剑》上演以来,博得了中外专家和观众的好评,就是一个明证。又如安徽黄梅戏《无事生非》在首届莎士比亚戏剧节打响以后,安徽省内不少戏曲表演团体陆续将莎剧改编成戏曲上演。如安庆市以黄梅戏、京剧形式排练了《罗密欧与朱丽叶》,合肥市将《威尼斯商人》改编成庐剧,易名《奇债情缘》演出。此外,安徽省还有些地方戏曲剧团试演了莎剧片断。实践证明以戏曲形式改编、演出莎剧,不仅丰富了地方戏曲剧种的剧目,扩大了观众的视野,也满足了观众多层次的欣赏要求。再如首届莎士比亚戏剧节以后,吉林省民间艺术团首次以二人转的形式移植《罗密欧与朱丽叶》,受到东北农民的赞赏和欢迎。以上情况说明了莎氏剧作以中国戏曲形式,逐步搬上舞台,让广大戏曲观众领略这位欧洲文艺复兴时期最伟大的戏剧家的风采,已成为不可阻碍的潮流。我们深信当第二届莎士比亚戏剧节来临的时候,将会有更多的地方戏曲改编的莎氏剧作搬上舞台,为戏剧节增添光辉。

如何将莎剧改编成戏曲上演?如何使莎味和戏曲融为一体?如何更好地改编莎剧同时又能体现原作神韵,莎士比亚戏曲化有何重大意义等等有关莎士比亚戏曲化的问题,已经引起戏剧理论界的广泛关注和兴趣。近几年来,报刊上也发表了不少很有见解的文章。这些理论问题的探讨,对加深这一问题的认识,推动莎士比亚戏曲化健康发展,无疑是有促进作用的。

二、莎剧为戏曲剧目提供了广阔的天地

中国戏曲是民族艺术的瑰宝,目前处于不景气的局面,这是人所共知的现象。戏曲不景气有历史的原因,也有社会的原因,但是其中一个重要原因是剧目老化,经过前人创造保留下来的京剧传统剧目约有一千多出,可是目前在舞台上经常露面的只有十几出戏。如老生戏不是《失空斩》就是《群英会》,旦角戏不是《玉堂春》就是《拾玉镯》,花脸戏不是《秦香莲》就是《赤桑镇》,老旦戏不是《钓金龟》就是《断太后》,小生戏不是《罗成叫关》就是《小宴》。由于剧目的老化和贫乏,自然失去了观众。再加上老戏老演,缺乏新意和时代感,因此年轻人不愿看,老年人也看厌了。在当今改革开放的年代,人们需要欣赏多姿多彩的剧目,既要看传统题材的,也要看历史题材的。现在,人们更需要吸收外来的新鲜空气。人们多么需要外国的优秀戏剧来丰富我们的舞台艺术,扩大人们的视野,陶冶我们的情操。尤其是莎翁剧作数量达 38 种,体裁形式多种多样,有历史剧、悲剧、喜剧、悲喜剧、传奇剧等,人物从帝王将相到贩夫走卒,各式人等齐全,地点从英国乡间小镇到异国他乡,时间从古代到近代,这一切为戏曲工作者提供了广阔的天地。即使从一个剧本来看,由于内涵丰富,情节复杂,也可以改编成若干折子戏。如《威尼斯商人》由三条故事线索交叉而成,其中一磅肉的故事早就被秦腔改编成独立的戏曲故事演出了。由此看来,从莎剧吸取创作题材是取之不尽的,也是大有作为的。

三、莎剧的生动性,为丰富戏曲表现形式提供了土壤

莎士比亚戏剧的生动性是得到全世界公认的。对莎士比亚的赞美也是说不尽的。莎士比亚时代剧作家本·琼生说过一句名言:"莎士比亚不是属于一个时代的,而是属于所有时代的",更是被历史证明了的。莎氏剧作为什么至今仍然熠熠生辉?其中一个重要原因是莎剧情节的生动性,使人百看不厌。从高层知识界人士到普通百姓,无不喜爱莎士

比亚。他们对莎士比亚不但热爱,而且极其崇敬,甚至有一种真诚的信仰。他们不但研究莎士比亚的特殊风格的词句,而且连莎士比亚戏剧中最不惹人注意的人物他们都熟悉。他们甚至会一场一场地背诵原文。至于评论文章,浩如烟海,正如歌德的一句名言所说,真是"说不尽的莎士比亚"! 中国当代杰出的戏剧家曹禺也是莎士比亚的崇拜者。他在中国莎士比亚研究会成立大会上所作的开幕词,可以说代表了中国人民的心声。他说:"莎士比亚就是一颗硕大无比的,无比甘甜的果实。不,他是一棵果实累累的大树。莎士比亚是数千年来人类发展进程中的巨人之一。我们热爱他、尊敬他、研究他,演出他的剧本。中国无数的人们为他的舞台上的伟大成就和他神妙的诗句拍手叫绝。我们被他吸引着,紧紧地吸引着。"

　　莎士比亚剧作的生动性主要表现在它的情节出奇制胜。莎剧的情节结构大都是在二、三条甚至更多的情节交叉或平行中发展的。因此当戏剧在舞台上演出时,往往给我们眼花缭乱、美不胜收的感觉。它的开头往往开门见山、矛盾突出、悬念丛生,迫使观众急于要往下看。它的结尾又往往出人意料,给我们遐想和深思。观众往往带着叹息的心情,依依不舍地离开了剧场。这些方面为中国戏曲提供了有益的借鉴。无可否认,中国的传统戏曲,大都情节比较简单,很多是一条故事线索发展下去的,有的甚至没有情节可言,如《天女散花》、《黛玉葬花》完全以歌舞为主,根本找不到一点故事情节。为此,把莎剧改编成戏曲上演,大可以使观众耳目为之一新。另外,我们从戏剧审美的角度来看,我国戏曲的悲剧往往一悲到底。一个悲剧角色,从开头到结尾往往是从愁眉苦脸开始,发展到哭哭啼啼,最后一命呜呼结束。这种使观众一直处于沉郁、紧张状态下,取得的效果往往并不理想。莎氏悲剧中的情节处理大有讲究。他往往以悲喜交叉的方式来合理安排情节的发展,达到"悲中有喜悲更悲"、"喜中有悲喜更喜"的目的。比如《安东尼和克莉奥佩特拉》这部悲剧中的埃及女王克莉奥佩特拉决定以死来抗拒恺撒对她的污辱,气氛已经到了非常紧张的地步,突然上来了一位小丑。小丑的上场马上转变了紧张的气氛。女王心中明白这位小丑的到来是给她送"自由"来了,这是女王早就布置好的一着棋。可是小丑对着这送人性命的棋子毫无所知。他压根儿不知道女王要他在尼罗河里捕捉这些毒蛇干什么用，他跟女王的对话是饶有风趣的。一个无知，一个有心；一个风趣，一个悲哀，因此对话常常对不上号，幽默风趣，油然而生。这种巧妙的处理，如果移放在中国戏曲里，不是能使观众感到一点愉悦之情吗？又如女王的死法，非同一般。既不是用带子勒死，也不是服毒而死，更不是用剑自刎，又不是跳水而死，而是将毒蛇放在自己的胸脯咬死自己。这不是令人又震惊、又可怕、又悲哀的么！然而女王对此毫无惧色，没有感到一点痛感，而是含笑死去的。这又是多么悲壮的一幕。试想，如果像中国戏曲舞台上梁山伯或祝英台那样哭哭啼啼而死，还有一点悲壮之美么！

　　像以上这一类例子在莎剧中俯拾即是。向莎剧的生动性学习，无疑为使中国戏曲变简单为复杂、变单纯为生动提供了最好的借鉴。

四、莎剧的现实主义因素为深化中国戏曲主题提供借鉴

　　莎剧的现实主义因素无论在他的历史剧或是悲剧、喜剧、悲喜剧、传奇剧中，都有借古喻今的作用。剧中的故事背景虽极大部分是古代的、异域他乡的，可是实际上是影射英国现实的，富有时代气息的，这方面跟中国戏曲很有相通之处。我们从莎氏四大悲剧来看，都深切感受到时代脉搏的跳动。《哈姆雷特》表面上描写的是丹麦王子哈姆雷特的个人悲剧，实际上莎士比亚以人文主义的政治理想为灵魂，借用历史故事"王子复仇"为躯壳，深刻地反映了王室中进步的资产阶级利益的代表与落后的封建割据大领主之间你死我活的斗争，使这个古老故事的"复仇"主题，提高到新的历史高度，对"脱节了的时代"给予更深沉的控诉。《麦克白》表面上描写了由于麦克白的极大野心，因而造成了他个人的悲剧。可是它的深层含义绝不仅仅是描写一国国王的命运，同时也描写了人民的命运，历史发展的命运，阐明了这样一个颠扑不破的真理：暴君的统治必然使人民揭竿而起。麦克白遭受到悲剧的下场，这是历史发展决定了的，谁也违背不了这个历史辩证法。《奥赛罗》表面上描写了奥赛罗和苔丝特梦娜之间的爱情悲剧，然而它不单单描写男女之间的个人悲剧，它和莎士比亚的其他悲剧一样，都含有多主题性，其

中包括爱情和妒忌的主题,轻信与背信的主题,异族通婚与反种族歧视的主题等。对于其基本主题历来的看法颇不一致,但不少学者认为这是一个背信弃义的主题。《李尔王》表面上描写了李尔王的家庭悲剧。他听信了大女儿、二女儿动听的甜言蜜语,把说真话的三女儿赶走。结果他自己尝到了人生的苦果。它的现实性已经大大超过了狭隘的李尔王的个人悲剧,而是阐述了一个人如果不辨真伪,只喜欢听好听的假话,不喜欢听不中听的真话,到头来小可以破家,大可以亡国。古今中外这样的历史悲剧难道还少吗?

这四大悲剧的现实主义因素至今仍然催人猛醒,动人心魄,震撼人的灵魂。出于个人私欲的谋王篡位能有好结果么? 暴君能有好下场么? 背信弃义的叛变行为在现实生活中还会少么? 至于只愿听好话,不愿听真话而造成的悲剧在现实生活中更是屡见不鲜的。著名剧作家顾锡东从《李尔王》得到启发,写下了越剧《五女拜寿》,屡演不衰。这个例子也生动地说明了我们的剧作家可以从莎剧中的现实主义因素中,吸取无穷无尽的创作素材。反过来看一看中国的戏曲,不少优秀传统戏曲也具有强烈的现实主义因素,所以至今仍然受到广大观众的喜爱。可是中国戏曲的主题意识往往比较单一,不像莎剧的主题意识具有多义性;另外,中国戏曲的现实主义因素往往比较浅显,不像莎剧的现实主义那样深沉;另外,我们也不得不承认中国戏曲那种"私订终身后花园,落难公子中状元"和"恶有恶报,善有善报"的老套套,已经使80年代的观众的欣赏心理难以接受了。莎氏剧作没有那种老套套,其中的哲理名言,至今仍像璀璨的明珠闪闪发光,使观众受益无穷。其中的现实主义精神,人文主义思想和多层内涵仍然使观众感到很新鲜。试举《雅典的泰门》为例,那一段对金钱诅咒的名言:"这东西(指金子),只这一点点儿,就可以使黑的变成白的,丑的变成美的,错的变成对的,卑贱变成高贵,老人变成少年,懦夫变成勇士",你说会过时么? 因此将莎剧改编成戏曲形式,不仅可以使我国戏曲剧目大大丰富,也可以使戏曲剧目的内涵丰富,加强主题的多义性。

五、莎剧中的人物形象可以丰富戏曲舞台中的人物画廊

中国戏曲舞台上创造了许多栩栩如生的人物形象,早在中国观众心目中扎了根。如红脸关公、白脸曹操、黑脸包公、花脸张飞等,可以说是家喻户晓的。其他如越剧中的梁山伯和祝英台,昆剧中的杜丽娘,黄梅戏中的七仙女,秦腔中的李慧良,评剧中的杨乃武和小白菜,京剧中的红娘、诸葛亮、包公、吕布、康氏、崇公道等,这些人物形象都以各人的丰姿在观众心目中留下了深刻的印象。可是中国戏曲在塑造人物方面有两个明显的缺陷,一是脸谱化。正面或反面人物一看脸谱,就可以猜出个"八九不离十"。二是单一性。所谓单一性就是人物性格不是多方位地表现他们的内心世界和他们的矛盾性格,也就是说,好人样样都好,坏人样样都坏。然而在现实生活中,这种"绝对的好人"或"绝对的坏人"是很难找到的。莎剧中的人物不但各种身份、地位、职业的人包罗万象,而且数量之多,尤其惊人。据有人统计,至少有数百人之多。在这个庞大无比的人物画廊中,尽可能供我们的戏曲作家和演员去选择,去重新塑造加工。而且莎士比亚笔下的人物形象丰满,一点都没有"脸谱化"的感觉。他们都是活生生的人,都是有七情六欲的普通人。他们有人类共有的喜、怒、哀、乐。他们不是"绝对的好人",也不是"绝对的坏人",所以跟观众的心灵是相通的,有些动人的形象,确能震撼人的心灵。特别是莎氏笔下的女性的形象,写得特别可爱。德国诗人海涅还专门写了一篇有名的文章专评"莎士比亚笔下的女角"。这些人物如果搬到中国戏曲舞台上来,必然更加光彩在目,熠熠生辉。例如《冬天的故事》中的女主角、温柔的赫米温最后突然复活,意外地移步走动时,使不少中国观众惊叫了起来,这是可能的吗?然而又是可能的。如此美妙的人物形象和艺术构思怎不叫观众着迷,惊叹莎氏艺术的高超!像这类可爱的女性在莎剧中比比皆是。

再以中国戏曲的行当来扮演莎氏笔下的男女主人公,更有默契相通之处。如以黑脸来扮演奥赛罗、老生来扮演安东尼、青衣来扮演朱丽叶、花旦来扮演鲍细霞、小生来扮演罗密欧、小丑来扮演福斯塔夫、武生来扮演麦克白……都符合人物不同的身份和性格,对得上号的。莎剧

中的悲剧人物用戏曲中的生行、净行来表现，一定会更加有声有色。莎氏笔下的女性人物，用戏曲中的青衣、花旦来表现也更加妩媚动人。莎氏笔下的小丑用戏曲中的丑行来应工，更有发挥的余地。莎氏喜剧、悲喜剧、传奇剧中的人物，戏曲中各种行当都可以应工，包括文丑、武丑、彩旦等。我们试举福斯塔夫为例，这位好色而又愚蠢的封建没落骑士，跟中国戏曲舞台上的猪八戒形象，颇有相似之处。如果用戏曲中的丑角来表现他的一举一动，一颦一笑，必然会收到喜剧的效果，使观众大笑不止。再以朱丽叶这个人物为例，京剧四大名旦的流派都可以来表演这个美丽动人的形象，以不同的唱腔特色来表演朱丽叶的细腻、真挚的感情。如朱丽叶的雍容华贵可以梅派应工，朱丽叶的活泼可爱可以荀派应工，朱丽叶的欢快蹦跳可以尚派应工，朱丽叶的深沉悲哀可以程派应工。以动人的唱腔艺术来表现这位动人的艺术形象，不是能收到更好的审美效果么！我以为，中国戏曲中的各个行当，都可以在莎剧中的人物画廊中找到适当的角色。

六、莎剧的歌舞场景为中国戏曲舞台提供最美丽的画面

莎剧中的喜剧，悲喜剧和传奇剧大部分有歌舞场景的穿插，这些歌舞场景绚丽多彩，给喜剧增加了欢乐的气氛和梦幻色彩。这是莎剧的一大艺术特色。这一特色和中国戏曲的某些场景极为相似。戏曲离开了歌舞也就失去了戏曲的特色和艺术魅力。试想《贵妃醉酒》如果离开了杨贵妃的歌舞，还有什么迷人之处？《天女散花》如果离开了天女的红绸舞，还有什么艺术魅力可言？《霸王别姬》如果离开了虞姬的歌唱和舞剑，还有什么悲剧色彩？莎剧的艺术魅力除了人物形象的逼真、丰满和生动外，就算歌舞场景使人迷恋了。你看那《仲夏夜之梦》的歌舞场景，不但抒情气味特别浓厚，而且还具有浪漫主义的梦幻色彩，简直是一首抒情的长诗，一曲动人的歌剧。又如《冬天的故事》中那乡间的舞蹈场景，又是多么的令人陶醉呀。这些歌舞场景都可以直接移植到戏曲中来。又如《哈姆雷特》中的比剑场面，移用到戏曲里来就是很出色的武打场面。《威尼斯商人》中的许多场景跟京剧的《铁弓缘》很相似，那位女扮男装的鲍细霞和李秀英的女扮男装简直有惊人的相似！

莎剧中的历史剧其中不少场景可以改编成戏曲中的歌舞场面和武打场面。总之,每一出莎士比亚剧本都为改编成戏曲提供了丰富多彩的歌舞场景,这为莎士比亚戏曲化提供了极为有利的条件。根据现有的改编本来看,不少歌舞场面是成功的。特别值得一提的,有的改编本把非歌舞场景也改编成舞蹈场景,取得了可喜的成功。如昆曲改编本《血手记》中的三个巫神,他们的舞蹈表演极为成功。他们充分利用戏曲的舞蹈程式和特点来设计三个巫神的不同舞蹈动作,令人赞叹不已。又如《威尼斯商人》的舞台演出,导演创造性地把金、银、铅三个盒子衍化成三个妙龄女郎托着三个不同的盒子,用舞蹈的动作来表演,使剧情更增添了生活的情趣。如果改编成戏曲上演,更可以收到良好的效果。试想,这三位女郎捧着三只不同颜色的盒子,边舞边唱,其意境的美妙绝不下于《天女散花》或《黛玉葬花》。

从现有的几出改编本演出来看,它们不但保留了原有的歌舞场面,而且也增加了新的歌舞场面,使演出更富有魅力。这一成功的经验很值得后人效法。

1987年当浙江东阳小百花婺剧团改编的《血剑》首次在杭州演出时,我去看过他们的演出。剧中有几个歌舞场面使我印象极深。

例如第一场《授剑》,三个巫神飘然而出,他们边舞边唱:

> 沧海高山弹指地,
> 朝飞暮返任飘零;
> 巫即信,神即心,
> 巫神有形本无形。
> 美亦丑,丑亦美,
> 或美或丑原无定。

又如第七场《梦游》,完全用歌舞场面来表现主人公的心态,浪漫色彩十分浓厚。

东北地方戏曲二人转,在移植《罗密欧与朱丽叶》的过程中,已经探索出了可贵的经验。二人转发展至今已有200年历史,长于表现悲欢离合的爱情故事,是一种载歌载舞的表演形式,为东北地区人民特别是广大农民所喜闻乐见。由于二人转是由二个人来表演,可以演千军万马。在《罗密欧与朱丽叶》中,由两个演员代表了两个家庭所有的角色。舞美人员使服装的变换为角色的变换提供了方便,丰富了演出的多变性。总之他们的演出使二人转和莎剧结合,让莎翁剧作的种子在中国北方地方戏曲土壤上落地生根,开花结果,使广大爱好戏曲的农民开阔了视野。由此可见,即使是悲剧,遇上高明的改编者或导演,也可以设计出很多歌舞场面,使观众迷恋、陶醉。

七、莎剧的语言美为戏曲唱腔提供了范例

中国戏曲由于讲究唱腔的优美动听,故而要求唱词辞藻华美。中国不少传统戏曲都具有唱词美的特点,有些唱段的唱词简直就是一首美妙的抒情诗,如果拿来朗诵,听来也悦耳动听。念白不但讲究尖团音,平仄声,而且也讲究词藻美,念来抑扬顿挫,有如"大珠小珠落玉盘",令人神往。如京剧大师梅兰芳演唱的《霸王别姬》,其中的唱腔和念白,跟一般古典诗词的韵味不是一样浓么!特别是由名家编写的剧本,更讲究情词华丽。如罗瘿公为程砚秋编写的《锁麟囊》,作者本人是清末名诗人,因此《锁麟囊》的唱词和念白都有较强的文学性,再加上京剧大师程砚秋那味厚耐品的唱腔,一路看下去,淡淡的、浅浅的、清清的、朗朗的,有时又是浓浓的、细细的,真叫人舒心悦耳啊,这难道不是最美的艺术享受吗?然而我们也不可否认,有些传统剧目是艺人编制的,由于他们的文化水平不高,文学修养不够,有时为了迁就唱腔的好听好唱,因而造成了文理不通的现象,这种情况是屡见不鲜的。莎士比亚不但是伟大的剧作家,也是伟大的诗人,他的全部剧本都是用无韵诗写成的,诗意醇厚,因此将莎剧移植到中国戏曲中来,那是最合适不过的。中国的莎学专家和翻译家们如孙大雨、卞之琳、朱文振、林同济、杨烈等用诗体来翻译莎剧,收到了良好的效果。莎士比亚戏剧的迷人之处,特别表现在语言美。戏剧艺术实际上就是语言的艺术。人物之间的对话,不仅是思想的交流,同时也是语言艺术的交锋。把莎剧中人物的语言改编成戏曲唱词和念白,无疑可以使戏曲的唱腔和念白达到最美的境界。有人评价莎士比亚是语言魔术师,确是名副其实。英国有一个名叫马文·斯佩瓦克的教授,用电子计算机来计算莎士比亚所运

用的词汇,最后得出的结果是:29066个,难怪有人称莎翁为"词汇的富翁"。更令人惊叹的是,他的语言能上、能下、能雅、能俗、能轻、能重;既能刻画性格,又能推进剧情;既善于捕捉戏剧性,又能发扬音乐性。他采用素体无韵诗写作,既有很大的灵活性,又富有节奏感。他正像高明的魔术师那样巧妙地运用警句妙句,时而使你热情奔放,豪情满怀;时而又使你忍俊不禁,捧腹大笑;时而更能使你低首沉思,惊叹不止。把莎士比亚如此美妙的诗句改编到中国戏曲中来,这难道不是一件很有意义的工作么?

八、莎剧中的丑角为中国戏曲的丑角表演打开了眼界

中外杰出的剧作中几乎都有丑角,不但喜剧需要丑角,悲剧也离不开丑角。中国戏曲的丑角有特殊的魅力,一般小丑的脸上都涂上一小块白粉,一眼就知道他是一个丑角。丑角有各种各样的丑角。有的丑角不但脸颜丑,心灵也丑,这些人是名副其实的丑类。如《铁弓缘》中的丑公子,《凤还巢》中的朱千岁等都属于这一类,另一类小丑虽然脸颜丑,心灵却美得很。如喜剧《卷席筒》中的丑公子,实际上是一心地非常善良的好公子。又如《女起解》中的崇公道,虽是丑角扮演,却富于同情心和正义感,能说他是"丑类"么!也有些丑角中不溜儿,谈不到他是好人还是坏人。如京剧《法门寺》中的太监贾桂,他虽脸上涂着一小块白粉,可是他对着一张白纸,能一口气念完数百字的状子,常常博得观众的掌声。又如《大劈棺》中的二百五,曾由著名丑角刘斌昆扮演。这位丑角扮演的"纸人儿"(即站在死人牌位左右的纸人儿),开始一动不动,观众原先以为他是个"死人",哪知演到后来,"死人"活了起来,由不得使观众惊叹不已,报以热烈的掌声。这跟《冬天的故事》中的女主角赫米温的复活,真有异曲同工之妙。中国戏曲中的丑角大有研究的余地。丑角不丑已成为美学上有趣话题。莎剧中的丑角为中国戏曲中的丑角表演打开了眼界。莎氏笔下的丑角多姿多态,妙趣横生。国外有的莎学专家专门论述莎氏笔下的丑角。无论是他的悲剧、喜剧、历史剧、传奇剧一旦离开了丑角,就会减少莎剧的艺术魅力,甚至会失去艺术光彩。中国戏曲同样也是如此。试想,如果京剧《女起解》缺少崇公道这

样的丑角,这出久演不衰的折子戏还有什么光彩？当苏三揉着生气的崇公道的胸脯,唱着:"你是个大大的好人啊",不由得我们不跟崇公道一起开怀大笑起来。丑美实际上也是一种审美意识。这种美是其他美所代替不了的。它具有幽默的、轻松的、淡雅的、富有人情味的审美情趣,有时也会给我们起振聋发聩的作用。莎剧中不少丑角具有喜而不谑的特点,形象丰满,耐人寻味,不像中国戏曲中有的丑角比较"浅",比较"露",比较"薄"。例如莎氏笔下的福斯塔夫这个光辉形象,观众喜欢他,同时又讨厌他。尽管他的形象是那么滑稽可笑,肚子大得出奇,身材臃肿不堪,头上又是光秃秃的,好色成性,尽干蠢事,然而观众仍然喜欢这个角色。1986年春,我应邀去柏林出席第三届国际莎士比亚年会时,曾观赏了德国歌剧院演出的《温莎的风流娘儿们》,当这位封建没落骑士福斯塔夫出台的时候,观众就报以热烈的掌声。在整个演出过程中,他赢得掌声最多。可见观众就是喜欢这个人物。我想,这个人物如果以中国戏曲形式来表演,必然会同样赢得观众的许多掌声。正如戏曲舞台上的猪八戒形象,尽管他也好色成性,好吃懒做,肚子也大得出奇,而且尽说傻话,尽干蠢事,可是观众就是喜欢他的表演。当然,莎氏笔下的福斯塔夫在某种程度上比猪八戒的形象更丰满,更具有现实的讽刺意蕴,因此更值得我国戏曲工作者去探索。

莎氏笔下另一杰出丑角形象是理查三世。他是一位暴君,不但形象丑陋,驼背跛足,内心也阴险毒辣,不少人的生命丧失在他的手中。这个人物很有点像京剧《逍遥津》中曹操逼宫那样的气势,然而也有其独特的历史背景和性格特点。如何以戏曲的形式来塑造这个反面丑角形象,大有文章可做呢！

总之,莎剧中的丑角人物不少,其中不少丑角和中国戏曲中的丑角有相同之处,以上所举的两个例子不足以概括其全貌。

九、莎士比亚戏曲化前景广阔

莎士比亚戏曲化经过我国戏曲工作者的共同努力,已经迈出了可喜的一步,也是重要的一步。我们在艺术实践中已经取得了可喜的成绩,也积累了不少的经验。在1986年首届莎士比亚戏剧节期间,这些用戏曲形式改编的莎剧,还博得了外国友人的称赞。如国际莎士比亚协会主席英国布洛克·班克在一篇长文《莎士比亚在中国的复兴》中说道:"每回演出时,无论是老人或儿童都同样被古代故事所吸引而深受感动,这一效果正是来自济慈所形容的'巨大力量和纯洁无瑕的朴素'。……中国传统戏曲艺术中惯常分作四种表演技巧,即唱、做、念、打(打这个词,可译作英文词汇中的杂技,但不太贴切)和五种传情手段,即手、眼、身、法、步。它们常常把动作和感情融合为一,我惊奇地发现,当我听普通话时(虽然我听不懂普通话),我仍能领会到莎翁剧中的台词,并且不需作任何回想。好像这种动作功夫的优美表现已经吸收了语言的明了和精妙之处,并把它们传达给灵敏的感官。"又如1987年浙江东阳小百花婺剧团在杭州演出《血剑》时,也得到在杭的外籍专家的好评。英国专家威廉斯女士在座谈会上说:"你们把莎士比亚的《麦克白》放在中国一个古代王国里,并且用中国传统民间地方戏婺剧来演,主要有以下两个方面的好处:第一,它能使中国广大观众生动地理解、体会莎翁笔下形形色色的人物,显得亲切,易为广大观众所接受;其次,作为介绍世界文豪莎士比亚的一部分,你们现在的努力具有中国特色,非常新鲜,它无疑会推动莎士比亚作品在世界各民族间的介绍和推广。"所有这一切,充分说明莎士比亚戏曲化是一条康庄大道,值得我们继续去探索、去实践。特别是京剧,它的条件最好,行当齐全、演员众多、唱腔丰富、潜力最大。可是它迈出的步子最小,至今仅仅只有一出《奥赛罗》,这是远远不够的。在各种戏曲中,不能不承认京剧的保守势力还比较顽强,有些专家和行家对京剧形式演莎剧还持保留态度,甚至持怀疑态度、反对态度,有的人还对莎剧戏曲化从整体上持反对态度。如1986年有一篇文章明确指出:"莎剧中曲折动人的故事情节只是他作品的表层结构;而经莎翁妙手点染之后,那晶莹如珠的语言、那光辉夺目的人文主义思想和峰回路转的戏剧构思达到了一种完美的融合——这才是莎剧的深层结构。而中国戏曲语言的文学性薄弱,表演程式化,只能表现'泛美与泛情',难于体现莎剧的语言、思想、剧情互相紧密结合的深层结构;而且,中国地方戏曲就其总体风格而言,似乎凄丽清婉者居多,尤擅长于表现人物之间的缠绵缱绻的感情……特别像以越剧来演莎剧,颇有点像民族乐队演奏贝多芬的《英雄交响曲》,似乎无法表现主题意绪上的悲壮激越和多声部交响。"因此,结论是:介绍莎士比亚与中国戏曲革新最好各行其是,戏曲"不必与某一外国剧作家的名字联系在一起"。这样的意见当然比较偏激,我不能赞同。殊不知当今的世界潮流正在向多元化迈进。欧美一些发达国家早就以歌剧形式来演出莎剧了。他们已远远走在我们的前面。莎剧演出形式应该向多元化方向发展,这是观众的审美需要,也是时代潮流的大趋向。我们既不反对用话剧形式演出莎剧,同样我们也不该反对用其他形式演出莎剧。艺术竞赛特别需要创新意识和宽容态度。如果对创新演出老是挑挑剔剔、指指点点,怎么能迈开双脚,攀登艺术高峰呢?国外有的演出团体,扮演哈姆雷特的演员,穿着牛仔裤上台,跳着迪斯科表演,完全属于现代派风格了,这是创新,我们也不必大惊小怪。当然,我们不需要照搬,照搬是最没有出息的,但是他们大胆创新的精神值得赞扬。另外,对莎剧人物的理解和表演也允许"求同存异",不能搞一刀切,只允许一个模式。例如据英国卫报讯,1988 年 5 月在莎士比亚故乡——斯特拉特福镇,由皇家莎士比亚剧团重新排演了《威尼斯商人》,由亚历山大导演,安东尼·谢尔主演,这次演出别具一格,谢尔一反过去的传统看法,把谋财害命的犹太人夏洛克处理成复仇的英雄。他没有屈服于安东尼奥的毒打,而是勇敢地在法庭上割下了安东尼奥的一磅肉。此时剧场回荡复仇之歌。谢尔扮演了一个满头卷发、胡子蓬乱,身着紫裙,动辄大笑的夏洛克,他要再现一个有着潜在危险的被遗弃者的艺术形象。这一个例子充分说明了对待艺术创造,一定要有一种宽容的精神,没有宽容,怎能形成创新的氛围呢?

莎士比亚在欧洲文艺复兴时期,在戏剧界就是一个创新派的领袖。他把陈旧的故事拿来,经过他的生花妙笔,一一都变成了跨时代的杰出作品。他的每一个戏剧作品都充满着浪漫主义的精神和人文主义思想,使人奋发向上。他笔下的人物包罗万象,有历史上的人物,也有现实生活中的人物,有帝王,有凡人;有鬼魂,有精灵;甚至还有非生物形象。这些形象构成了一个万花筒般的奇妙世界;这些人物都值得我国戏曲工作者重新去创造。

十、结语：值得探索的五个问题

莎士比亚戏曲化有极为有利的因素。莎剧演出的历史背景与中国戏曲产生、发展的历史背景有很多相似之处。如舞台没有大幕、场景变化自由、道具十分简单、演出条件简陋、剧本题材大都取自历史故事和传说。在表演手法上也有惊人的相似之处，如女扮男装、错中错、载歌载舞、丑角的插科打诨等，然而两者之间毕竟存在着一些差异。如何真正做到具有"中国气派、戏曲风格、莎士比亚韵味"14 个字，还有一段漫长的道路。从现有的成绩反思，我觉得有下列几个问题比较突出：

1. 莎味和戏曲如何融为一体？这是一个难题。我在上海首届莎士比亚戏剧节期间，观看了所有的戏曲表演，总感到莎味不够浓。往往是戏曲化压倒了莎味。

2. 改编本的唱词和念白缺少了莎剧原著中的精妙语言。特别是一些警句妙语在改编本中往往找不到了。这不能不说是一个较大的缺陷。

3. 戏曲化不能局限在少数几出莎剧身上。我们要扩展思路，开阔视野，把难度较大的历史剧搬上戏曲舞台。既可以编演全本戏，也可以选取其中精彩的片段编演折子戏，更可以编演连台本戏。

4. 从现有的演出情况看，我们尚没有看到能经得起时间考验的人物形象长期矗立在戏曲舞台上，也没有能传诵久远的精彩唱段给观众留下深刻的印象。戏曲一旦离开了精彩的唱段和鲜明的人物形象，怎能在观众中间流传、生根呢？

5. 我们至今还没有看到精妙绝伦又雅俗共赏将两者融为一体的好演出。这两者如何融合得好？尚待大家的探索。

尽管在我们前进的道路上会遇上这样那样的困难和挫折，可是我们一定要树立信心，把莎士比亚戏曲化搞得尽善尽美一些。上海昆剧团给我们带来了一个使人振奋的好消息。1987 年，在英国爱丁堡举行的世界戏剧盛会国际戏剧节上，来自各国的戏剧专家和几百名观众正在观赏上海昆剧团演出的《血手记》。当帷幕徐徐落下时，剧场爆发出雷鸣般的掌声。尽管演员一再谢幕，掌声仍然经久不息，一直持续了 6

分钟之久。演出结束后,一位老人特意到后台,找到扮演麦克白夫人的演员张静娴女士,伸出大拇指,赞不绝口地说:"你是我看到的麦氏扮演中最美妙的一位。"次日,英国八、九家报纸发表文章,齐声称赞了这次演出的成功。这又是一个重要的信息。莎士比亚戏曲化,已经走向国际戏剧舞台了。外国专家和友人的称赞,无疑对我国的戏曲工作者是极大的鼓舞和鞭策。

我国已故著名导演胡伟民在《中西戏剧文化的交融》一文中说道:"莎士比亚戏剧是一片迷人的海,让中国戏曲之舟鼓风扬帆,航行其间,将会领略到诱人的风光;反过来,中国戏曲也是一片迷人的海,其历史之久,品种之繁,世所罕见。让莎士比亚戏剧之舟遍游其间,也将感受到她独特的魅力。"这话说得多么好啊,我们深信,莎士比亚戏曲化的发展前景是无限广阔的。

(载《中央戏剧学院学报》1990 年第 4 期)

莎士比亚和梅兰芳

我们如果比较研究一下不同国家、不同时代的两位戏剧大师——莎士比亚和梅兰芳,就会发现颇有值得我们思考的地方。

莎士比亚以剧本、诗歌闻名于世,是英国文艺复兴时代最伟大的戏剧家。他出生于一个商人之家,父亲是手套制造商,又兼售皮革、羊毛等,以后又当过镇长,不久家道中落,陷入困境。他只得去伦敦谋生了。他一生创作了38个剧本(包括新近发现已被许多莎学专家认可的《两个高贵的亲戚》在内,我国已有译本,由孙法理翻译,漓江出版社出版),2首长诗和154首十四行诗。这无疑是一笔宝贵的文化遗产。400余年来,许多国家的学者都在研究莎士比亚,形成了一股经久不衰的"莎学"热,英、美、德、日、加等工业发达国家和不少属于第三世界的发展中国家包括中国在内,都有自己的莎学组织,他们经常举办年会和莎剧演出来纪念和研究这位戏剧大师。在英国莎士比亚的故乡斯特拉特福镇,还设立了国际莎士比亚协会的组织,每隔四年举行一次全球性的国际莎士比亚研讨大会,并同时举办莎剧的演出。每次开会都有论文结集出版,那些提交大会的新意迭出的莎研论文,都给与会者以新的启示。至今为止,莎士比亚著作在全世界范围内,依然是畅销书,莎剧的演出,至今仍然受到世界各国人民的热烈欢迎。

梅兰芳出生于19世纪末的一个中国梨园世家,他和莎士比亚一样出身微贱,都没有受过高等教育,可是他们都极富戏剧天分,通过自己的努力和艺术实践,他们都在戏剧事业上做出了巨大的贡献。不同的是:梅兰芳是地地道道的表演艺术家,尽管梅兰芳也参与过一些新编剧本的讨论。有人做过精确统计,梅兰芳一生演过的剧目有130多出。

在丰富的表演实践中,梅兰芳的唱腔艺术和表演艺术形成了自己的独立体系,已经成为世界艺苑三大表演体系之一(另两体系是斯坦尼斯拉夫斯基表演体系和布莱希特表演体系)。后两种表演体系经过许多学者的多年研究和探索,已经得到全世界戏剧界人士的公认。如何探究和发展梅兰芳表演体系,尚待我们去研究和探索。目前海内外已有不少梅派艺术研究的社会团体,梅派艺术的知音——梅迷的数量相当多,可是至今还没有形成和建立具有国际性的有权威的梅派艺术研究组织,他们的活动是分散的,不经常的,还没有专门性的学术刊物如《梅兰芳研究》,这不能不算是一种缺憾。

比较莎氏、梅氏两位,从戏剧体裁看,形式多样是两位大师的共同点。

历史剧:莎士比亚的历史剧充满着爱国主义精神。他能完美地将历史与诗融为一体,既是诗化的历史,又是展现历史的诗,其思想意义是深刻的,其艺术贡献是巨大的。他在历史剧中表现了从英国封建社会形成时期的约翰王时代到英国封建社会极盛而衰的亨利八世时代,共350年间的历史,反映了金雀花王朝、兰开斯特王朝和都铎王朝三个英国历史上著名王朝的盛衰兴亡史。他最先创作《亨利六世》三部曲和《理查三世》,又称第一个"四部曲"。以后又写《理查二世》、《亨利四世》上下篇和《亨利五世》,又称第二个"四部曲"。另外还写了《约翰王》和《亨利八世》。莎士比亚历史剧着重表现七位君主,这些性格各异的国王又可分为三类。第一类是暴君或无能者,如理查三世、理查二世是暴君的典型,亨利六世则是无能者的典型。第二类是有优点也有明显缺点的君王,如约翰王、亨利四世、亨利八世等。第三类则是理想的君主,他们不但是合法的君主继承人,而且有气魄、有才智、有胆识,如亨利五世。历史剧贯穿的一根主线是反对暴君,歌颂明君。

梅兰芳演出的剧目中没有真正意义上的历史剧。有的只是根据历史故事传说中的片段改编的剧本,如《龙凤呈祥》、《王宝钏》、《穆桂英挂帅》、《抗金兵》等。其中人物如孙尚香、王宝钏是属于帝王高官的女儿,表现了她们忠夫的思想。也有属于爱国主义的题材,如《抗金兵》、《木兰从军》、《穆桂英挂帅》等,梅氏所扮演的梁红玉、花木兰只能算是巾帼英雄,谈不上是重要的历史人物。

喜剧:莎士比亚喜剧充满了乐观主义精神。莎氏总共写了十三部喜剧,其成就不下于他的悲剧。莎氏喜剧的主题是歌颂爱情和友谊。他的喜剧洋溢着对爱情的向往和对真诚友谊的赞颂,处处散发着令人心旷神怡、神清气爽的气息,从中体会到人性的美和生活的美。

莎氏喜剧和梅氏喜剧颇有异曲同工之妙。《威尼斯商人》是歌颂友谊和爱情的浪漫喜剧。男主人公安东尼奥是个正直的商人,为了帮助友人巴萨尼奥求婚,他向犹太人夏洛克借了三千元钱,夏洛克约定到期不还,必须割下安东尼奥一磅肉。安东尼奥因货船未能按期到达,无法归还这笔钱。在法庭上夏洛克气势汹汹一定要按规定割下安东尼奥一磅肉,在此危急关头,女扮男装的鲍西霞以非凡的机智手段战胜了夏洛克的凶残。剧中另一条主线是巴萨尼奥和鲍西霞的爱情故事。鲍西霞以金、银、铅三种不同的盒子来择婚。鲍看重真诚的爱情不在乎外表的美丽。她置地位显赫的摩洛哥亲王和阿拉贡亲王于不顾,偏偏爱上选中铅盒的穷绅士巴萨尼奥,终于结成了佳偶。

莎氏喜剧中的女性形象和梅氏喜剧中的女性形象都是真、善、美的化身。鲍西霞在选择对象方面,充分显示了她的明智,她不爱地位、权势和金钱,却看重男方的人品。在法庭上她以机智和勇敢战胜了贪婪、狠毒的夏洛克,真可称得上是一位"可爱的女性"。梅氏喜剧《凤还巢》中的女主角程雪娥虽没有鲍西霞那样大胆、机智、勇敢,在爱情方面她不能自作主张,只能听从父亲的旨意,但她一旦看中了风流倜傥的青年公子穆居易以后,就始终不变。后来在洞房花烛之夜,发现穆居易对她的误会,不由得委屈地伤心落泪。她对破坏她婚姻的同父异母的姐姐雪雁不计前嫌,在雪雁落难之时仍然收留了她和她的丈夫朱千岁,充分表现了雪娥的心灵美。由于历史条件不同,文化背景不同,雪娥绝不可能像鲍西霞那样性格开放而又大胆。莎氏喜剧中的小丑形象和梅氏喜剧中的小丑形象,同样引人注目。《威尼斯商人》中的夏洛克是吝啬鬼,也是一个小丑,他凶狠、残忍,没有一点人性,在法庭一场中表现得淋漓尽致。当他被鲍西霞斗败时,又表现得十分无奈。同时他也诉说了犹太人被污辱的委屈心情。他的女儿杰西卡是他的对立面,不但公然反对父亲的包办婚姻,与她心爱的情人基督教青年罗兰佐私奔而去,而且一反父亲悭吝的个性,大把大把地花钱,这无疑是对夏洛克的极大讽刺。

《凤还巢》中的丑女雪雁和丑男朱千岁都是典型的小丑形象,雪雁其貌不扬,偏偏看中俊男穆居易,朱千岁是个花花公子,一心想娶美貌的雪娥为妻。他们为了达到各自的卑鄙目的,使出了卑劣的手段,可是结果事与愿违,在洞房花烛之夜达到了喜剧的高潮,他们满以为对方是心爱的人儿,结果真相暴露,在吃惊之余,朱千岁想退婚,雪雁倒有自知之明,一把拉住朱千岁:生米已煮成了熟饭,丑对丑两不吃亏,还有什么好退婚的!莎氏喜剧《温莎的风流娘儿们》中的胖子骑士福斯塔夫和朱千岁是一类人物,他们都属于"癞蛤蟆想吃天鹅肉"的小丑,结果都落到了狼狈不堪的地步。梅氏剧作的喜剧数量不多,其中的女主角大都是端庄贤淑的女子,远远比不上莎氏喜剧中的女主角那样光彩夺目,丰富多彩。

莎氏喜剧和梅氏喜剧中同样运用了误会的手法来制造笑料。如莎氏喜剧《错误的喜剧》中一对孪生兄弟,由于相貌一模一样,和他俩原来熟悉的妻子、情妇、父亲、朋友等人往往将他们认错,闹出了许多笑话。又如抒情喜剧《第十二夜》描写两对情人的恋爱经过,由于兄妹容貌相像,在一次海难事故中兄妹走失,再加上妹妹女扮男装,在和异性交往中发生了许多误会,又如浪漫喜剧《皆大欢喜》中由于女主人公女扮男装也闹出了不少笑话。这类情节在中国戏曲舞台上也是屡见不鲜。如《四五花洞》中的真假潘金莲,又如《错中错》中的女扮男装引发了许多矛盾,最终骨肉团聚,男婚女嫁,达到皆大欢喜的目的。《凤还巢》中雪雁和朱千岁的婚配实际上也可算是一场"错误的喜剧"。

在梅氏喜剧中还有一种悲喜剧形式,如《玉堂春》中的苏三,在妓院中她和公子王金龙恩恩爱爱过了一段甜蜜日子,后来王金龙因事离开,没有音讯,苏三又吃了冤枉官司,被判重刑,以后通过三堂会审,终于和过去的恋人王金龙团聚了。苏三虽出身妓女,但她以曲折的遭遇,坚定的爱情,最终赢得公子王金龙的爱情。其他如《王宝钏》也可以属于悲喜剧。剧情描写王丞相之女王宝钏,为了追求幸福的生活,自抛绣球选中了薛平贵。而薛平贵却被相府赶了出来,过了18年的寒窑生活,不可算不苦。最后薛平贵从军立功,后得代战公主的帮助,攻破长安,自立为王,夫妻也团聚了,当然这个喜也只能算是半喜,因为薛平贵被西凉国招为驸马了。像这类结局在莎氏喜剧中是看不到的。

悲剧:莎氏悲剧是莎剧的精华,表现了重大的历史题材,既有政治悲剧,也有不少爱情悲剧。这里我想就莎氏悲剧和梅氏悲剧作一些简单的比较研究。在莎氏悲剧中主人公大都是身居高位的统治者,主要是帝王或国家的首领,如四大悲剧中《哈姆雷特》中的哈姆雷特是丹麦王子,《李尔王》中的李尔王是君主,《麦克白》中的麦克白是得胜回来的将军,《奥赛罗》中的奥赛罗是将军,都是身居高位者。在梅氏悲剧中的主人公少数属于帝王将相或官宦之家,如《霸王别姬》中的楚霸王和虞姬,《太真外传》中的唐明皇和杨贵妃,《洛神》中的曹植和甄妃,《宇宙锋》中的赵艳容,系丞相赵高之女;然而大多是普通女子或深受压迫的平民女子,如《生死恨》中的韩玉娘,《玉堂春》中的苏三等。

其次,莎氏悲剧中的主人公,往往不是一个"完人",性格比较复杂,有不少缺点,恰好符合莎氏"人无完人"的人性论观点。哈姆雷特是莎氏笔下人文主义理想人物,他疾恶如仇,但在复仇过程中迟疑不决,一味沉溺于生存与死亡的思辨过程中,丧失了报仇的大好时机。李尔王、麦克白、奥赛罗同样都有明显的缺点。可是在梅氏悲剧中,女主人公都是完美的化身,如《霸王别姬》中的虞姬,她与霸王生死与共最后自刎而死,跟莎氏悲剧中的女主人公们同样具有悲壮之美。又如《洛神》中的甄妃,生前不能与爱恋的曹植同枕共眠,只能死后在梦中洛水之畔,相见一面,依依而别。他们的悲剧往往不像莎氏悲剧那样悲壮、激烈,然而那淡淡的哀愁,令观众唏嘘不已,她们都是十分完美的人,在她们身上是找不到缺点的。即使像杨玉环和唐明皇那样的爱情,杨玉环生前深得唐明皇的爱宠,马嵬坡死后,唐明皇仍思念不已,后召道士,将自己引至海上仙山,与苦苦思恋的玉环相见,互诉衷情,不胜伤感。后玉帝下旨,命玄宗与贵妃长居天宫,永为夫妇,这完全是一出浪漫主义的悲剧,在现实生活中根本办不到,尤其是帝王之爱恋,往往是短暂的。中国戏曲往往为了追求爱情的永恒,只能移至天上,移至梦中,直到化蝶永远相随在一起,这完全跟中国观众的审美情趣相吻合,观众不愿为女主人公伤逝哭哭啼啼离开剧场,所以剧情都假想为"大团圆"收尾,这类浪漫主义的结尾,在莎氏悲剧中是看不到的。

莎氏悲剧气势磅礴,主人公的独白,往往是悲剧冲突的一种主要形式,是悲剧的精华部分,令人震撼。在梅氏悲剧中不可能有长篇的独白。中国戏曲是歌舞形式,这一独特的形式决定了不可能有长篇独白的形式。可是梅氏悲剧中独白形式虽然短小,却是悲剧人物内心世界必不可少的形式。如《霸王别姬》虞姬看霸王睡在帐中休息,她独自踱出帐外,眼见明月高高挂在夜空,她触景生情,不禁叹道:"看,云敛晴空,冰轮乍涌,好一派清秋光景!"这美丽的夜景反衬了虞姬的当时悲凉心情是多么令人心恸。

莎氏悲剧都有一个悲惨的结局,这似乎是天经地义的。梅氏悲剧中也有悲剧结尾的如《霸王别姬》等,特别是梅兰芳创编的《生死恨》是一出典型悲剧,洋溢着爱国主义精神。剧情描写宋朝时期金人南侵,韩玉娘和程鹏举都沦为金将张万户的奴隶,且强令他们结婚,但他们有强烈的爱国思想,结婚以后夫妻双双商量着如何逃出金人统治区回到宋室的怀抱,哪知他们的计谋被敌人觉察,韩玉娘被卖与他人,活活拆散了这对夫妻。后程鹏举怀着军事地图,经过千辛万苦逃出金人统治区,回到了宋室,将地图献呈宗泽元帅,打败了张万户。韩玉娘命运悲惨,她后来逃至荒野被一位好心孤寡老妇人收留,二人相依为命,过着极其艰苦的生活。"纺织夜诉"是最动人的一幕,她在夜深人静之际,一边纺纱,一边哀叹自己的离乱之苦,她一边思念丈夫,一边希望着"我邦家兵临边障,要把那众番奴一刀一个斩尽杀绝,到此时方称了心肠"。那一整套唱腔,倾诉着韩玉娘的悲愤心情,使听者动容,大可以和莎氏悲剧中的大段抒情独白媲美。这部悲剧的结尾,冲破了传统的"大团圆"的模式,使生活的规律按照本来的面貌表现。程鹏举后来因功当了襄阳太守,但他仍然时时想着患难中的妻子,他派人打听到妻子韩玉娘的下落以后,急如星火赶到韩玉娘的住地来相会,韩玉娘悲喜交加,由于长年累月饱受着艰难的离乱之苦,她已心力交瘁,病情严重,夫妻见面,她承受不住激烈的感情刺激一恸而终,她最后的一句唱词是这样的:"寻一处干净土月冷泉台。"然后慢慢闭上了双眼。梅兰芳用二黄摇板抒发了主人公的深沉感情,实现了她早先表白的那样"留下这清白体还我爹娘"。原本她可以跟着丈夫享受荣华富贵的晚年生活了,可是她终于倒在了日夜思念的程鹏举的怀里。这到底是谁之罪?如果用"大团圆"结尾,岂不是大大削弱了悲剧的意蕴了!可是中国戏曲强调教化作用,善恶报应是一大特色。好人即使悲剧下场,也要有个"光明"的尾巴,这就大大削弱了悲剧意蕴的深度,这在莎氏悲剧中看不到,莎氏悲剧往往出现悲喜交叉的场面,喜剧的场面却为更大的悲剧场面服务,所以给人有"悲中有喜悲更悲"的感觉。

另外,莎氏悲剧中造成主人公悲剧的主要原因,往往是"内因"即悲剧人物的性格,如哈姆雷特的延宕不决,李尔王的刚愎自用,麦克白的贪婪野心,奥赛罗的轻信妒忌,所以莎氏悲剧主要是性格悲剧。梅氏悲剧(也包括其他中国戏曲),造成悲剧的原因主要是"外因",即外部环境。如虞姬如果没有霸王被围垓下的环境,她会自杀吗?如果甄妃生前能和曹植同结爱心,何用死后在梦中与曹植相晤呢?祝英台如果有一个开明的父亲,她和梁山伯早成了佳偶了,所以中国的古典悲剧可算是社会悲剧。其中女主人公都是性格完美之人,未嫁时,她们是家庭中的孝顺女儿,出嫁以后都是相夫教子的贤德妇人,她们端庄、美丽、善良,她们的悲惨结局自然会引起人们的同情、感叹,这就是中国人最喜欢的"感伤之美"。

喜剧有喜剧之美,悲剧有悲剧之美,由于中国人的审美情趣和西洋人的审美情趣不同,莎氏悲剧表现的是强者毁灭所带来的震惊和恐惧,是悲壮美;梅氏悲剧却是善良的女主人公毁灭带来的怜惜与同情,是伤感美。中国古典戏剧很少渲染恐惧和死亡,不去制造令人毛骨悚然的场面,像埃及女王克莉奥佩特拉临死前那种毒蛇缠身的场面是看不到的。中国人的传统文化不讲究血淋淋的悲剧场面,即使是女主人公如虞姬自刎而死的场面,也只是用剑轻轻一抹倒地甚至斜身一靠而亡。处处讲美,即使自杀也用美的形式表现。像《窦娥冤》那种绑赴刑场,呼天抢地的悲号的场面是极少见的。这种"中和之美"的戏剧效果,使观众产生"怨而不怒,哀而不伤"的情感,如果让观众哭哭啼啼离开剧场,或者怀着恐慌之心离开剧场,那是会失去大批观众的,也是不容易被观众接受的。

传奇剧:莎士比亚晚年创作的传奇剧《泰尔亲王配力克里斯》《辛白林》《冬天的故事》和《暴风雨》等具有浪漫的特点。有人称它们为"浪漫剧",这类剧本在梅氏剧目中不容易找到。但两者有显著的不同。

莎翁经历了青、中年时代的风雨洗礼,到了晚年时期,他的性情有了明显的变化,他温良敦厚,清静明达,俨然如一个谦和宽容的长者,他晚年创作的传奇剧不像过去中青年时代的创作,有深刻的揭露性和批判性。他靠自由的幻想来战胜黑暗的社会,靠浪漫的方法来寄托他心目中的完美社会。他把自己的理想寄托于未来的世界,他朦朦胧胧意识到明天要比今天更美好。他在《暴风雨》中借大臣贡柴罗之口描绘了一个子虚乌有的理想国,那里没有贸易,没有地方官,没有文学、富有、承袭、疆界、耕种、武器和战争,一切都没有,连君主也不要,人人都不用劳动,"大自然中一切的产物都不需用血汗劳力而获得"。大自然所产生的一切东西都能养育生活在大地中的人民。这显然是一个托马斯·莫尔的空想社会主义理想园,这完全是乌托邦,所以他的传奇剧明显地染上了奇谲的梦幻色彩。

莎氏传奇剧中主人公都是青年男女,他们纯洁善良,心地美好,这是莎氏笔下的理想化的人物,结尾都是有情男女都成眷属,如《冬天的故事》中西西里国王和波希米亚国王曾结下深仇,可是他们的下一代弗罗利泽和潘狄塔却结下了爱情的果子。它是爱对恨的胜利,象征着发生在父辈间的一切恩恩怨怨全被下一代的爱所融化。剧中人与人之间的关系是和谐的。温暖灿烂的阳光普照大地,人间是温暖,美好的,这些都是莎翁理想主义的充分表现。

梅氏演出的剧目中少有传奇剧,有相当多的歌舞剧。和莎剧传奇剧的共同点是都有浪漫主义的色彩,但梅剧的故事性都不强,有的甚至没有故事情节。如《廉锦枫》只是表现了孝女廉锦枫为了治母病到海边采取海参,以歌舞形式来表现廉锦枫的心灵美。《嫦娥奔月》《天女散花》《麻姑献寿》则利用神话传说边歌边舞来表现嫦娥和天女、麻姑的形象。《黛玉葬花》只是以歌舞表现黛玉的淡淡的哀怨之情。

这些歌舞制既没有故事情节,也没有爱情的描写,虽有浪漫主义的色彩,但没有现实主义的精神。

但梅氏剧目中少数昆剧剧目如《白蛇传》,以神话传说来表现男女之间的爱情故事,跟莎氏的传奇剧颇有相似之处,特别是昆剧《游园惊梦》传奇色彩十分浓厚,可算是梅氏唯一一部传奇剧。他常演的《游园惊梦》是和莎士比亚同时代的明朝汤显祖的名著"四梦"之一《牡丹亭》中的一折。故事叙述太守之女杜丽娘与婢女春香游园偶见断井颓垣,顿兴伤春之感。她是一位受封建礼教管教甚严的少女,既没有人身自由,也没有爱情自由,归来以后她悠悠入梦,梦中遇见秀才柳梦梅,两情缱绻,醒后心向梦境不已。梅氏深爱其内容有反封建的意义,所以生前常常和姜妙香、俞振飞合演此剧。1960年梅还与俞振飞、言慧珠合作将此剧摄成影片。

另外值得一提的是莎剧中的角色可谓包罗万象,从帝王将相、才子佳人到贩夫走卒、普通百姓。据不完全统计,有数百人之众,这众多的角色,演绎了人间的悲欢离合,许许多多故事,使观众美不胜收,从中得到不少的审美愉悦和人生启迪。梅氏剧目中的人物,相对来说,要少得多,梅氏所扮演的角色往往是宫廷贵妇、家庭中的贤淑小姐、夫人、平民女子、美貌仙女等,剧中角色比较少,有时只有一人表演。所以演绎的人生范围也比较小,不像莎剧演绎的人生范围那样大。莎剧场面宏大,琳琅满目,使人目不暇接。梅氏剧目的场面要小得多,人物活动范围也小得多,也许受表演程式的影响,不能放开表演吧!

莎士比亚是语言大师,其精妙的台词在剧中随处可见——

例如关于爱情的:

假如用一扇门把一个女人的才情关起来,它会从窗子里钻出来的;关了窗,它会从钥匙孔里钻出来的;塞住了钥匙孔,它会跟着一道烟从烟囱里飞出来的。

（《皆大欢喜》）

例如关于金钱的:

金子!黄黄的、发光的、宝贵的金子!它可以使黑的变成白的,丑的变成美的,卑贱变成尊贵,老人变成少年,懦夫变成勇士。

（《雅典的泰门》）

　　虽然权势是一头固执的熊,可是金子却可以拖着他的鼻子走。

(《冬天的故事》)

　　关于莎士比亚戏剧中的警言妙语,举不胜举。国外有一部《莎士比亚妙语》的辞典,可见这些警言妙语流传之广,充分显示了莎士比亚的智慧之光。反观梅氏剧目中这类闪闪发光的警句妙言就很少了,很难与莎氏精美的诗句相媲美。这大约是因为中国戏曲的唱词、道白偏重于情节叙述。但这并不妨碍梅氏以他优美的梅腔,打动观众的心弦,这是莎剧难以达到的境界。特别是梅氏表演着重以情动人,以美感人,剧中女主人公形象往往完美无缺,既能达到审美的要求,也能陶冶观众的心灵。

　　两位戏剧大师都是改编的能手。莎士比亚从旧剧、编年史、历史传记、小说等吸取题材加以改编,他的戏剧几乎全部取材于前人的历史材料和文学作品。他是一个对现成材料进行改编的“加工厂”。他的伟大之处,不在于他寻找素材的方式,而在于他有妙手回春、点石成金的艺术功力。任何一个陈旧的老故事经他点化改编以后,都会立刻化腐朽为神奇,成为光艳照人的艺术精品,如《李尔王》参考了《李尔王和他三个女儿的真实编年史》,并参照1594年4月在玫瑰剧院上演的一个同名剧本。此外,如《哈姆雷特》、《雅典的泰门》、《泰尔亲王》、《驯悍记》、《无事生非》、《温莎的风流娘儿们》等,据说均以旧剧为主要题材来源。梅氏演出剧本,大都也是在旧剧的基础上改编的,如《宇宙锋》、《霸王别姬》、《贵妃醉酒》、《凤还巢》、《抗金兵》、《生死恨》、《穆桂英挂帅》等,这些剧目,原来的主题不突出,不鲜明,情节拖沓,人物过多,但经过梅兰芳改编以后,就大放异彩,成了他的精品之作。如《霸王别姬》是从旧剧《楚汉争》改编的,原来场次过多,情节松散,水分太多,如虞姬自刎以后,还有霸王的战斗和乌江自刎,可是观众不买账,看完虞姬自刎以后,纷纷退场了。梅氏演出本精减了场次,保留了精华,演到虞姬自刎就结束了。又如《生死恨》,原小说以团圆结尾。梅氏于“九一八”事变以后改编为《生死恨》,突出了爱国主义,加强了时代色彩,演出以后大受观众欢迎,成为梅氏的代表作。又如《宇宙锋》,原为梆子传统剧目《一口剑》,旧剧不偏重旦色。其他如川剧、汉剧、徽剧、秦腔均有类似剧目。

梅兰芳改编此剧突出赵高的奸诈和秦二世的好色,同时重点放在"书房"和"金殿装疯"两场,突出了赵艳容不畏强暴的品质,也成了梅氏的代表作。又如《穆桂英挂帅》,原为豫剧剧目,1959 年,梅氏根据豫剧改编成京剧,突出了穆桂英顾全大局挂帅出征的爱国主义精神,成为梅氏晚年的代表作。可见梅兰芳也有莎士比亚那种点石成金,化腐朽为神奇的本领,这点是共同的。

　　另外值得特别提出的是,莎士比亚只有剧本流传于世,他在戏剧理论方面没有专门的著作,只有在《哈姆雷特》一剧中通过哈姆雷特和伶人的对话表达了他的戏剧美学的观点。另外,他对小丑的表演也发表了颇有见地的看法。但总体上,莎氏在戏剧理论方面的建树是零星、散乱的。可是梅兰芳生前发表了不少有关京剧的回忆录和理论文章,他的著作有《梅兰芳演出剧本选集》、《梅兰芳唱腔集》、《梅兰芳文集》、《舞台生活四十年》一、二、三集。这些著作是一笔宝贵的戏剧美学文化遗产,对研究梅派艺术是极重要的参考资料,而且对继承京剧传统,创新京剧艺术、弘扬民族文化都是极有借鉴作用的。例如梅说:"演员是永远离不开观众的,观众的需要,随时代而变迁。演员在戏剧上的改革,一定要配合观众的需要来做,否则就是闭门造车,出了大门就行不通了。"[①]这段话,至今仍很有现实意义,时代已经变迁,新的 21 世纪已来临,可是京剧的剧目不变,程式不变,表演方法不变,唱腔不变,一桌二椅的舞台布景不变,音乐伴奏不变……那如何能适应新时代观众的审美要求呢? 继承传统固然重要,但在继承基础上创新,似乎更重要,限于篇幅,我不再赘言。

　　这两位戏剧大师各自以自己的艺术手段,为世界艺术的发展立下了不朽的功绩,由于时代不同,历史文化背景不同,审美情趣不同,艺术手段不同,对他们的比较研究是一个值得重视的课题。由于我的水平所限,不可能做出全方位的比较研究,这篇小文只是起到抛砖引玉的作用。21 世纪是一个多元化的世纪,各国之间的文化交流将趋于频繁,如何提高我国的文化品位,如何加强文化建设,已是摆在我们面前的一

---

　　① 　见梅兰芳《舞台生活四十年》。

个迫切而又重要的任务。世界是人类的大家庭,各国之间的文化交流,相互学习,已成为不可阻挡的潮流。

对两位戏剧大师的比较研究后,我想值得我们思索的有:

(一)中国戏曲依然应该保持戏曲特点,京剧依然应该姓京,梅派依然应该姓梅,如果失去了自己的民族特色,被外国文化同化过去,成为四不像的艺术,那是没有出息的。越是民族的,就越是世界的,越是传统的,就越是现代的。可见越是具有民族特色的艺术,越能屹立于世界艺苑之林。

(二)莎剧总数只有 38 种,和中国戏曲剧目数量相比,真可谓小巫见大巫。中国传统剧目数以百计以千计,任何一个外国剧作家都无法和我们相比。然而令人奇怪的是,莎剧至今常演不衰,其秘诀究竟在哪里? 简言之,就是四个字:"常演常新"。任何国家的经典作品,都要经得起时间的考验,常演仍然会受到观众的欢迎,可是常演而不常新,那是要被时代淘汰的。莎剧在各国的表演方式是不尽相同的,目前莎剧表演形式多种多样,有话剧,有歌剧,有舞剧……真可谓百花齐放,这是观众审美情趣的需要不同。其次,每部莎剧的演出,没有样板可言。英国演出的《哈姆雷特》和其他国家演出的《哈姆雷特》绝不雷同,必有各自创新的东西。而且去年演出的《哈姆雷特》和今年的演出也不尽相同。从观众的审美心理考察,求变求新,富于时代色彩,这是共同的要求,这样才能赢得观众的赞赏。反观中国京剧演出的现状,剧目往往是"两百年不变",看来看去是老脸孔,听来听去是老腔调,观众怎么会不厌烦呢? 过去四大名旦演唱《玉堂春》唱法各有不同,四大须生演唱《失·空·斩》也有所不同,如今学流派的以为学得越像越好,可是观众审美心理并不这样认为。张君秋拜梅兰芳为师,可是他并不死学梅派,而是根据自身条件特创张派艺术,成为京剧旦角艺术的一个奇葩! 他的代表作《望江亭》、《状元媒》的唱腔,华丽动听,不下于梅腔。他的《彩楼记》,远远超过梅氏的《彩楼配》,这就说明艺术上的创新是多么重要!

(三)我们应该承认,京剧剧目的文学水平不算太高,不像莎剧那样情节曲折,跌宕多姿。京剧剧目的故事情节往往单一,一条故事情节发展到底。莎剧就大不一样,往往穿插好几个故事,所以可看性强。中国戏曲偏重在可听性,缺乏可看性。

(四)中国戏曲不讲究开头、结尾。由于程式的限制,角色往往自报家门,过场戏太多,水分太多,故事交代重复太多,人物脸谱化。莎剧开头往往戏剧矛盾突出,能抓住观众的心,不像中国戏曲的矛盾冲突开展缓慢,情节发展拖沓,结尾往往不了了之。举《汾河湾》为例,柳迎春在寒窑苦守十八春,依靠十七岁的儿子丁山打雁捕鱼为生,好容易盼到薛仁贵参军归来,原是一场喜剧,可是先是薛仁贵对柳迎春的调戏,以试探柳迎春是否贞洁,后看到一只男人的鞋子,以为妻子不贞,薛仁贵拟杀死柳迎春,以后才弄明白那只男人的鞋子为儿子所穿用。以后在谈话中薛仁贵才醒悟,在回家途中误将儿子丁山射死,一场喜剧变成了一场悲剧。这悲剧如何下场呢？忽报薛仁贵已当了将军,匆匆带柳迎春下场了。这样的情节安排太不合情理了。既不是喜剧,也不是悲剧,观众的情绪难以调动起来,看了以后真有点笑不起来也悲不起来。像这类不合情理的安排在莎剧中是看不到的。

(五)中国戏剧应该和莎剧联姻,从莎剧吸取题材改编京剧本是扩大剧目的有效途径之一。关于这个问题。我已在拙文《论莎士比亚戏曲化》详细论述过了,不再重复我的论点。我只想在这里提供一个信息:1998 年 3 月,北京对外经济贸易大学举办了一次"莎士比亚日",主题是"莎士比亚属于全世界,也属于中国",主办者在公告中说:"莎士比亚是人类有史以来最伟大的诗人和戏剧家之一,在过去的四百多年里,他对人性的深刻思考,他对戏剧艺术的创造和贡献,他生动、有力的诗句影响感召了全世界不同民族、不同文化的人群,在人类步入第三个千年的今天,莎士比亚仍以他内涵深刻的不朽戏剧和鲜明的人物形象在世界文坛和舞台占有一个不可替代的地位。"在 1998 年 3 月 6 日至 8 日活动期间除了有中外莎学专家参与的莎学研讨会外,英国皇家国立剧院(RNT)来北京演出著名悲剧《奥赛罗》。同时其他参加单位也演出莎剧折子戏《仲夏夜之梦》、《罗密欧与朱丽叶》、《李尔王》、《温莎的风流娘儿们》、《哈姆雷特》、《第 12 夜》、《威尼斯商人》、《奥赛罗》等。这次活动取得了极大的成功。《奥赛罗》别具一格的演出,给观众留下了深刻的印象。剧中角色一律现代着装,奥赛罗由黑人演员扮演,更具真实感。以后这个剧团又移师上海演出,同样获得极大成功,他们与上海的莎剧演员们座谈交流,双方都得到了启发。特别是他们观看了上海昆剧团演出的《血手记》(根据《麦克白》改编)后,大为赞叹。他们想不到中国同行们能如此深刻领会莎剧的精神,演出如此精彩,如此别具一格,使他们大为倾倒。有英国演员动情地说:"你们演得比我们还好!"由此可见,中外戏剧工作者对莎剧的理解和赞赏是同心相求的。

世界文学艺术界对莎士比亚的研究已有莎学组织,他们每年定期举办学术活动和演出活动来纪念这位大师。他们既参加讨论,又观看演出,每次都取得丰硕的成果。由此我想到建立"梅学",从事梅兰芳全方位的研究已经刻不容缓了。我们期待在21世纪里,有更多的梅派剧目演出,有更多有关梅兰芳的学术研讨活动,有更多研究梅兰芳的著作出版。德国诗人歌德对莎士比亚有一句名言,"说不尽的莎士比亚"。当我们认真展开梅学研究的时候,难道不是也有"说不尽的梅兰芳"的感觉吗?

有志于研究莎士比亚和梅兰芳的人们,让我们共同携起手来,努力攀登这两座"高山"吧!

(载《浙江戏剧理论选集》,中国戏剧出版社2008年版)

博马舍和他的《费加罗三部曲》

博马舍(1732—1799)在法国戏剧史上是一个引人注目的人物。他曾说过："我的一生是斗争的一生。"他的大半生确是如此。他是一个精力充沛、多才多艺的人。他的多才多艺表现在好几个方面：

第一，他在青年时期从父亲那里学得了一手制造钟表的好手艺。他曾经为国王路易十五的外嬖彭巴都夫人制作了一只戒指表，受到了路易十五的赏识，使他可以随意出入宫廷。一般作家只能拿笔杆子，可是他却有精巧的技艺，这在中外文学史上是极为罕见的。

第二，他具有音乐天才，他弹得一手好竖琴，吹得一口好横笛，因此得到路易十五的公主们的赏识，聘请他做她们的琴师，教她们弹奏竖琴。

第三，他精明能干很会做生意。巴黎金融界巨头巴利士·杜威奈很赏识他的才干，在他的提携和照顾之下，他发了财，成为当时法国最富有的企业家之一。在文学史上许多作家都不善于理财，像有名的巴尔扎克很想发财，结果每次做生意都大折其本，弄得他一生债台高筑，狼狈不堪。

第四，他办事干练，是个社会活动家。他曾多次被法国政府派往国外执行秘密任务。他为保障戏剧家权益，团结戏剧家组成了法国有史以来的第一个戏剧家协会。并冒着政治风险组织力量，克服困难，第一次编印出版了卷帙浩繁的《伏尔泰全集》共八十余巨册。

第五，他能言善辩，长于辞令。他发迹以后，受到不少人的攻击和诽谤，为了打官司，他几乎弄得倾家荡产，身败名裂。他前面娶的两位妻子都是富孀，可是跟他结婚不久，都相继死去了，因此有人造谣说他为侵吞她们的财产,毒死了两个妻子。[①] 他虽然在精神上倍受打击,在财产上遭受巨大损失,甚至下过监狱,可是他坚持斗争,从不灰心丧气。他深知法院是官官相护,不能为民做主的,因此他决心把这场斗争诉诸公众舆论。在 1773 年和 1774 年两年中,他先后发表了四部《备忘录》,这四部《备忘录》不但申诉了他的冤情,而且还显示了博马舍非凡的论辩能力和文学才华。这四部《备忘录》不但有公堂对质的叙述,也有人物形象的描绘。如对昏庸法官哥士曼的描写,竭尽冷嘲热讽之能事;对哥士曼夫人的描写,尤其逼真。她长得美丽动人,可是傻里傻气;她贪财心切,可是又笨手笨脚。其他如对出版商勒热夫妇、低级趣味作家玛兰等,都有不少生动的描写。有人评论,这四部《备忘录》一部胜似一部,都是文学杰作。伏尔泰曾经赞扬它们,"比任何一部喜剧都更有趣,比任何一部悲剧都更动人"。第四部出版时,三天中就销售了六千册,人们争相传阅,可谓轰动一时。

可是,使博马舍获得不朽声誉的却是他的戏剧创作。他的戏剧创作跟他的生活道路一样,充满着斗争的精神。1767 年,他开始创作戏剧,《欧仁妮》和《两朋友》是他的试作,虽然这两部正剧演出都失败了,但是《欧仁妮》中那篇序文《论严肃戏剧》,却是一篇重要的戏剧美学理论文章。他发展了狄德罗的戏剧理论,首先提出了"正剧",即"严肃戏剧"这个名字。他认为严肃戏剧是介乎英雄悲剧和愉快喜剧之间的戏剧体裁。他说:"严肃戏剧的根本目的,是要提供一个比在英雄悲剧中所能找到的更加直接,更能引起共鸣的兴趣,以及更为适用的教训;并且,假定其他一切都相同,严肃戏剧也能给予一个比轻快喜剧更加深刻的印象。"[②]他在这篇序文中提出的重要论点有:英雄戏剧的人物主要是帝王,他们的悲剧是由命运支配的,而不是因为在正义的战斗中遭到失败,由于这些悲剧英雄距离我们时代太远就引不起我们的同情;轻快

---

① 第一位富孀比博马舍大八岁,婚后不到半年故世。他继承亡妻一块叫博马舍的小采地,就把他的原名彼得·奥古斯旦·加隆改为博马舍。第二位富孀婚后吵到第三年也去世了。

② 见《西方文论选》上卷第 399 页,上海译文出版社 1992 年版.

喜剧讽刺了对方以后,笑声便即消失,也感动不了我们。他强调戏剧的教育作用,认为观众看完戏以后,要比进戏院时道德精神更高尚。他要求戏剧作家要接触现实生活,表现现实生活,反映当代社会的重大问题。主人公不应当是帝王、贵族,而应该是第三等级的普通人。他反对用亚历山大诗体写戏,他认为戏剧人物应该说普通人的日常语言。他的戏剧理论富于面向现实的精神,对后来的"社会问题剧"或"近代社会剧"具有深远的影响。

一

博马舍接受了他的两部正剧失败的教训,开始探索新的创作道路。他凭着自己爱好音乐的特长,在 1772 年为意大利喜剧院写了四幕歌剧《塞维勒的理发师》。据说喜剧院的演员克勒伐尔曾经当过理发师,不肯扮演剧中主角费加罗,但是更重要的原因是巴黎议院害怕这个剧本揭露法官哥士曼的丑事,因此禁止上演这个戏。以后博马舍把此剧改为五幕喜剧,他冲破官方阻挠,至 1755 年,路易十五逝世,剧本才准上演。可是首场演出就失败,他找出了失败的原因,删去了一些冗长的对话和情节,加强了政治内容,把五幕又压缩为四幕政治喜剧,因而第二次公演时获得了极大的成功,连演六十八场,轰动了全巴黎,成为当时最卖座的戏剧演出。

《塞维勒的理发师》成功的主要原因是塑造了属于第三等级的理发师费加罗的光辉形象。剧本的题材并不新颖,故事情节跟莫里哀的著名喜剧《妇人学堂》差不多。剧本描写了一个老医生霸尔多洛,为了娶一个年轻美貌的养女罗丝娜为妻,事先严加防范,可是这位年轻姑娘偏偏爱上了年轻的贵族阿勒玛维华伯爵。伯爵为了追求罗丝娜,从马德里赶到了塞维勒,可是他无法接近罗丝娜,后来幸亏他旧时的仆人费加罗的帮忙,才取得了成功。就主题来说,此剧要比《妇人学堂》深刻得多,此剧发生的故事背景虽然放在西班牙,实际上却是反映了 18 世纪法国的现实生活。霸尔多洛的身份虽是医生,他的所作所为,实际上是反动封建势力的代表。他要比《妇人学堂》中那位富商阿诺夫更狡猾、更顽固、更多疑、更精明。用费加罗的话来说,他"坏到仅仅免于被送上绞刑架"。他诅咒新时代,诅咒启蒙主义的新思想,诅咒代表新时代精神的一切东西。他把"思想自由、地心引力、电气、信教自由、种牛痘、金玛纳霜、'百科全书'、正剧……"①统统说成是"胡说八道的东西"。他把罗丝娜整日整夜地关在铁栏百叶窗里,不许她见任何一个生人。他对任何一个男子,即使是他雇用来的理发师兼药剂师费加罗也不放心。他虐待仆人,认为自己是主人,永远是有理的。他的精明也非常出格。他对罗丝娜防之又防,一举一动都严加监督。他怀疑罗丝娜写过情书,甚至细心到她的手指头为什么沾着墨水,信笺簿为什么少了第六张,钢笔尖为什么会变黑了都要留意,尽管他多疑、精明到如此程度,可是他防不胜防,结果还是彻底失败了。

罗丝娜是一个新女性的形象,她为了争取爱情自由,具有宁死不屈的精神。她不像莫里哀笔下的阿妮斯那样天真、无知,她是个很有主见的少女。她一出场就表现了她是个勇敢、机智的女性。她敢于在霸尔多洛的鼻子面前,把那张"防不胜防"的歌纸连同她的情书飘落到阳台底下的街上去。她敢于诅咒自己的苦命,诅咒自己遭受一个非常可厌的男人的折磨。她甚至发出了这样的疑问:"难道想要打破奴隶的枷锁就是罪恶吗?"正因为她敢于恨,又敢于爱,霸尔多洛的铁锁加得再多,也是枉费心机。她终于冲破了重重障碍大胆地投入了伯爵的怀抱,使这一对有情人成为眷属。

阿勒玛维华伯爵在剧本中是一个复杂的形象,他不像《妇人学堂》中的贺拉斯那样思想单纯。作为一个贵族,他极端轻视第三等级的人。他可以随心所欲谩骂费加罗为"混账东西",可是当他在爱情面前遭到挫折的时候,却又千方百计笼络费加罗。他甚至可以马上改口说:"啊,费加罗,我的朋友。你是我的天使,我的救星,保佑我的神祇。"从而暴露了伯爵极端自私自利的本质,正如费加罗所批评他的"你用得着我,就把我们的距离缩短了"。

另外,他对爱情的态度也有二重性,不过在此剧中他还没有充分暴

---

① 见《博马舍戏剧二种》第 12 页《塞维勒的理发师》一幕三场,吴达元译,人民文学出版社 1981 年版。以下引文,均见该书。

露出来。在他第一次登场时的独白里,他就认为"幸福就在罗丝娜的心里"。这句话相当典型地道出了一个男人没有达到目的以前,他总是会讲一番动听的言辞。事实究竟怎样,就要看他今后的实际行动了。另外,我们也应该看到这时候的伯爵还是一个未婚青年,他涉世不深,对爱情存有一种比较纯正的看法。他认为在马德里的情场上,"那些所谓爱我们的人爱的是我们的金钱、门第、势力"。他对那种爱的胜利感到烦透了。他觉得"只有为了我本人可爱而爱我,那种爱才真正甜蜜"。正因为这样,费加罗才愿意帮助他想办法,设巧计。从这个人物形象的塑造,可以看出当时的博马舍对贵族阶级还抱有幻想。这个人物跟莫里哀笔下的贵族青年贺拉斯虽然同属一个阶级、同样要从防范甚严的对方把自己的心爱人儿争夺过来,可是两人的品质不可相提并论。贺拉斯以真正的忠诚赢得了对方的心,伯爵则隐蔽了他内心的邪恶,以表面的忠诚来赢得了对方的一颗心。

　　费加罗在《费加罗三部曲》中一直处在主角的地位,他经历复杂,思想也复杂。他的性格在三部曲中有发展变化。他在相当程度上有博马舍自己的影子在内。正如普希金所讲的那样:"快活的博马舍酷似自己神奇的主人公……"费加罗这个人物确实有点神奇,他在这部政治喜剧中是霸尔多洛的理发师。他的经历正像博马舍那样复杂。他干过的行当很多:药房管理员、诗人、剧作家、仆人、药剂师……他见闻广博,玩世不恭;他机智幽默,看透人生;他富于同情心,乐于助人;他地位卑微,但不亢不卑,保持自己独立人格。他对政治、社会、文艺等各方面都有自己独立的见解。他的聪明才智远远超出贵族阶级的上层人物。他对社会、政治的深刻理解和批判精神,使这个人物具有无限的艺术魅力。他的批判锋芒是针对封建贵族和资产阶级的,他所批判的内容都有自己的切肤之痛。例如他痛感到在封建统治之下根本没有言论出版的自由。他通过费加罗的口,道出了因为给美丽的姑娘们写情诗,给报馆寄谜语,出版了作品,结果被丢了饭碗,理由是"爱好文学和办事精神是不相容的"。他同时指出文坛是豺狼的世界,文人之间自相残杀。博马舍吃足了这方面的苦头,才有这样的深切体会。费加罗站在正义的一边,对他主人的荒唐行为狠狠予以惩治。霸尔多洛最后在青春、爱情之神面前败下阵来,可是他冥顽不灵,认为自己的失败完全因为是"太不小心,提防不够"。费加罗一针见血地向他指出:"青春和爱情同心协力要骗一个老头子的时候,他无论怎样提防也是徒然无益的。"这就叫作"防不胜防"①。这话说得多好啊!霸尔多洛正因为缺乏起码的常识和自知之明,因此摔了跟斗。人们嘲笑他的顽固与愚蠢的同时,也赞扬了费加罗的聪明与才智。

巴斯勒在剧中是一个独特的人物,他虽是一个配角,却是一个必不可少的人物。他是霸尔多洛家里的音乐教师,他唯利是图,是个拜金主义者,在金钱面前他什么原则也不讲了。费加罗说得好:"只要有钱他就肯下跪,很容易叫他服服帖帖的。"他自己也承认:"一口钱袋在我看来总是很充分的理由,要驳斥也是驳斥不了的。"伯爵假扮巴斯勒的学生,混进霸尔多洛家里来跟罗丝娜见面,以后巴斯勒上场见此情景,目瞪口呆。伯爵进一步要求他在他和罗丝娜的结婚证书上签字时,他本该当场拆穿伯爵的西洋镜,可是伯爵将一口袋钱丢在他的手里,他据一掂钱袋的重量,马上改口说:"现在没什么困难了。"这一生动的细节描写,把这个人物唯利是图、不讲原则的本质,刻画得淋漓尽致。其次,他也是个造谣能手。他跟霸尔多洛谈论造谣的那段著名台词在 1772 年的初稿上是没有的,到 1775 年才加进去。这段台词后来虽然没有下文交代,有点游离于情节之外,然而这是博马舍有意安排进去的,因为当时博马舍正受到恶意中伤,处在"账目不清"、"伪造证件"、"敲诈行骗"、"贿赂法官"、"毒死妻子"等谣言的包围之中。这些可怕的谣言使他在跟德·拉·伯拉斯伯爵的那场官司中败诉了②。他通过巴斯勒的音乐术语,道出了谣言的可怕:谣言成长起来,可以变成"憎恨和毁灭的大合唱",可以致人以死命。通过这段著名台词,博马舍不仅揭露了人与人之间的残酷无情,也侧面揭露了封建法院的黑暗和腐朽。

---

① 《塞维勒的理发师》又名《防不胜防》。
② 博马舍曾和枉威奈合伙做生意,二人之间原来账目就不清,枉威奈死后,他的产业继承人——德·拉·伯拉斯伯爵以敲诈行骗、伪造证件等罪名控告了博马舍。

二

　　由于《塞维勒的理发师》演出的成功,大大鼓舞了博马舍创作政治喜剧的热情。三年以后,他于 1778 年写成了第二部杰作《费加罗的婚姻》。这时候法国社会的阶级矛盾更加尖锐,社会更加动荡不安,资产阶级革命的气氛笼罩着全国,博马舍在生活上、事业上又接连遭受挫折,他对贵族阶级和封建官僚机构有了更加深刻的认识,因此剧本所宣扬的启蒙思想更加浓厚,讽刺性也更加强烈。为了争取剧本的上演,他整整斗争了六年。这是博马舍最杰出的政治喜剧,火力之猛,揭露之深,惊动了法国的最高统治者。路易十六在 1781 年读了这个喜剧以后,对剧本所表现出来的反封建倾向,大为不满,就下令禁止公演。博马舍再次诉诸舆论,终于冲破禁令,于 1784 年首次在巴黎公演,观众如疯似狂,连满一百余场,这是法国戏剧史上的一件大事。但是他的敌人对他更加怀恨在心。有人攻击这个剧本描写伯爵勾引女下人,伯爵夫人垂青侍童薛侣班等是不道德的行为,博马舍为此写了长篇序文,予以驳斥;但反动势力仍不罢休,国王的弟弟普洛瓦斯基伯爵匿名在《巴黎新闻》上写文攻击博马舍,还亲自跑到路易十六那里去控告博马舍。路易十六当时正在打牌,他拿起一张扑克牌,在上面写了逮捕博马舍的命令,博马舍因此又下了狱。这件事引起了法国舆论界的愤慨,人们在散发的传单上写着:“在这件事以后,谁能有把握地说,他今晚将睡在自己的床上呢?”路易十六懂了,过了五天博马舍被释放了。《费加罗的婚姻》重新获得了上演。

　　《费加罗的婚姻》中的费加罗比《塞维勒的理发师》中的费加罗,在性格上有了进一步的发展。他从一个普通的具有反封建色彩的理发师一变而成了一个卓越的反封建的急先锋。他是法国大革命前夕法国人民的典型代表。他现在重新当了阿勒玛维华伯爵的仆人,他跟伯爵之间的斗争,是一场维护封建利益和反对封建特权之间的斗争。伯爵在这一场斗争中完全站在斗争的对立面,赤裸裸地暴露了他的封建贵族的反动本质,费加罗过去帮助他击败了霸尔多洛一道又一道的防线,使他和罗丝娜结了婚,如今他喜新厌旧,企图勾搭费加罗的未婚妻苏姗娜,费加罗坚决反对伯爵的罪恶阴谋,表现了他的大智大勇。他和伯爵之间的矛盾斗争,不能光看成是个人之间的恩怨斗争,而是第三等级和贵族特权之间的一场尖锐复杂的斗争。

这出政治喜剧的现实意义还表现在大灭了贵族阶级的威风,大长了第三等级的志气,在费加罗和伯爵之间的斗争中,展开了喜剧性的情节,在矛盾冲突中刻画了伯爵的横蛮、好色、无耻、虚伪的性格。他曾经公开宣布放弃对农奴新娘的"初夜权",可是暗中他又想在自己夫人的使女苏姗娜身上恢复这种封建特权。为了达到这个目的,他使用了各种卑鄙的手段。他先是挑起费加罗的债主、女管家马尔斯琳对费加罗的同情,他甚至动用首席法官的权势,私设法庭,妄图迫使费加罗与马尔斯琳结婚。费加罗胸有成竹,见机行事,把腐败的封建法庭痛加嘲弄,结果伯爵的诡计遭到彻底失败。此计不成,他又生一计,决心先下手为强。他迫不及待要跟苏姗娜幽会,结果上了苏姗娜和伯爵夫人的当。原来苏姗娜写给伯爵的那封假情书是伯爵夫人口授的,伯爵到花园幽会时,在黑暗中他把假扮苏姗娜的伯爵夫人当作了真的苏姗娜。他兴高采烈,情话绵绵;他丑态百出,使人喷饭。请听听他那段妙不可言的"情话"吧:①

伯爵:(拿住他妻子的手)多么细嫩多么柔润的皮肤,伯爵夫人就是没有这样美丽的手!

伯爵夫人:(旁白)啊! 成见!

伯爵:她有这样健美这样丰润的胳膊,这样秀丽这样灵巧的手指吗?

伯爵夫人:(模仿苏姗娜的声调)那么,爱情……

伯爵:爱情……不过是幻想,快乐才是实际的东西。快乐把我领到你的裙下。

伯爵夫人:您不再爱她了吗?

伯爵:我很爱她。但是,三年的结合把婚姻关系弄得彼此只是相敬如宾了!

---

① 见《费加罗的婚礼》五幕七场。

这一场戏把伯爵的肮脏灵魂全部暴露出来,然而他竟毫不知耻,他明知上当受骗,仍然嬉皮笑脸,照样吻伯爵夫人的手。他真不知天下有"羞耻"二字。

费加罗的形象比第一部更加丰满,他身上具有强烈的反封建的政治色彩。他最突出的特点是不承认封建传统的观念,不承认封建特权,坚决维护自己的基本人权和荣誉,表现了平民对贵族老爷的自觉反抗。他在五幕三场中那段长篇著名独白,集中表达了他对封建贵旅大胆挑战的最强音。例如他对贵族的看法:"……因为您是大贵族,您就自以为是伟大的天才……门第、天才、爵位、高官,这一切使您这么洋洋得意!您干过什么,配有这么多的享受?您只是在走出娘胎时使过力气,此外您还有什么了不起的。"又例如他认为像他那样出身的人,诚实处世是不行的:"在他们的习惯环境里成长,我感觉厌烦,想走诚实的道路。但是,不管什么地方,我都碰钉子!"他还根据自己的亲身体会,再次揭露在封建统治之下,根本没有创作、出版的自由。他编了一出喜剧,描写回教国家的后宫习俗,结果剧本被烧毁,还被那些王爷弄得"遍体鳞伤"。他又写了一篇论货币的价值及其收益的文章,结果"坐上了囚车"。以后他的写作只好采取九不主义,即"不谈当局,不谈宗教,不谈政治,不谈道德,不谈当权人物,不谈有声望的团体,不谈歌剧院,不谈别的戏院子,不谈任何一个有点小小地位的人"。他根据九不原则办了一个刊物名叫"废报",结果还是被取消了。博马舍的讽刺手法真是入木三分。以后费加罗又当赌场老板,经济情况有所好转,他从中懂得:"要挣钱,人情世故比学问更有用。"然而好景不长,周围的人都是你抢我夺,互相钩心斗角,逼得他只想离开人间苦海,后来他只好重新操起理发师的旧业。他总结自己一生的经验,要想往上爬,就要把别人推倒,在那个社会环境中做一个正人君子是没有出路的:"既然在我周围每一个人都你争我夺,偏要我做正人君子,这岂不是逼我寻死?"为了要在这个社会环境中生存下去,他就千方百计要把别人的钱弄到自己的口袋中来。爱钱,成为他的主要特征之一,正如他的未婚妻苏珊娜所指出的那样,"捣鬼和弄钱"是他的拿手好戏。他这种"拿手好戏"是在长期的社会斗争中锻炼出米的。另外,他同情妇女争取恋爱自由、婚姻自主,赞扬她们在争取婚姻自主斗争中的机智勇敢的精神,与此同时,他对妇女也有很深的偏见。他认为:"欺骗是女人的本性。"费加罗思想上的两重性,正是博马舍的思想在舞台上的投影。费加罗的胜利不能简单地看成是第三等级的胜利,实际上费加罗的胜利象征着资产阶级向封建贵族争夺果实的胜利。费加罗对封建社会进行全面的指责,是代表作者心声的传声筒。他指出贵族政治的黑暗就是搞阴谋。他嘲笑那些贵族本事平常只会往上爬。他指责为封建政治服务的法律"对大人物宽容,对小人物严厉"。这些都代表了博马舍本人的观点。拿破仑曾经评价说:"《费加罗的婚礼》就是进入行动的革命。"这是对博马舍笔下的费加罗形象的最高奖赏。

这部政治喜剧在艺术上也有其独特的描写手法。由于博马舍精通音乐,剧本中有歌有舞,因而增强了喜剧的气氛。有些歌词既富于抒情色彩,也表现了人物的性格;在演出过程中既热热闹闹,也非常激动人心。另外,博马舍也运用了喜剧的常用手法,如巧合、误会、伪装等。博马舍在运用这些艺术手段时非常自然,使情节由简单到错综复杂;人物和情节变化多端,真真假假,假假真真,假中有真,真中有假,使人眼花缭乱,美不胜收;误会生疑,有时半信半疑,有时将错就错,使喜剧性的高潮一浪又一浪地出现,显示了博马舍非凡的艺术才能。

费加罗的几段长篇独白,使剧情增强了政治色彩。这几段长篇独白既具有深刻的哲理性,也富有战斗性。博马舍写得精彩,运用得当,使剧中人跟观众的思想感情打成一片,因而取得了很好的戏剧效果。

这部政治喜剧结构严谨,情节集中,前四幕都为全剧高潮做了铺垫,第五幕才是全剧的高潮。前四幕所展开的错综复杂的矛盾,到第五幕都自然地迎刃而解。人物性格也在第五幕中作了最生动、最突出、最精彩的表现。

当然,这部政治喜剧在艺术上也存在不足之处。例如马尔斯琳和霸尔多洛结果变成了费加罗的亲生父母,这就未免太巧合,同时也在一定程度上削弱了批判性.然而喜剧的结尾是耐人寻味的,剧中人载歌载舞都为费加罗在婚姻上取得的胜利而狂欢①，他们各人都唱出了他们的欢乐之情。然而从伯爵的唱词中，我们可以看出他仍然没有从中得出应有的教训。他还在高唱：

> 我们追求的如果是一个
>
> 遵守妇道的乡下妇女，
>
> 就算成功也没有什么稀奇，
>
> 幽雅高贵的女人万岁，
>
> 她好像一块国王的钱币，
>
> 只要铸上一个丈夫的戳记，
>
> 就可以为一切男人谋福利。

在这里，博马舍用唱词再一次揭露了伯爵轻视妇女、玩弄妇女的肮脏灵魂。

《费加罗的婚姻》所爆发出来的革命火花，使路易十六大为震惊。他读了这个剧本后惊呼道："此人嘲笑国家中一切应该被尊敬的事物，这个剧本上演将产生危险影响，它会导致拆除巴士底狱。"此剧虽然一再遭受禁演，然而历史的车轮滚滚向前，任何反动势力都是无法抵挡的。费加罗的名字已经成为法国人民家喻户晓的名字。德国戏剧家沃尔夫专门为创造费加罗这个光辉形象的作者，写了《博马舍》这个剧本。法国有一家著名报纸取名为《费加罗日报》，可见费加罗的名字已传遍了全欧洲，响彻了全世界。

三

1789年，法国发生了震撼世界的资产阶级大革命，因为博马舍过去替封建王朝办理过秘密外交，便成了革命的对象，他虽然捐献了一部分财产，然而革命群众对他仍然不能谅解。1792，共和国成立以后，他的政治立场开始向右转。这一年，他写出了三部曲中最后一个剧本《有罪的母亲》。这是一部正剧，演出完全失败了。上演前夕，他以垄断军械的罪名，再一次被捕下狱，后由友人营救才出了狱。出狱以后，他避

---

① 此剧又名《狂欢的一日》。

居郊外。不久他为办理向荷兰政府购买军械未了事宜,又出国赴英国、荷兰交涉。在出国途中,他得知自己已被列入逃亡贵族名单之中。他的财产归公,家属遭禁,这对他的打击很大。后来因为考虑到他的政治喜剧对揭露封建王朝的罪恶有功,又因为他曾多次为美国独立战争秘密运送武器有功,终于得到了人民的宽恕。经过革命风暴的冲击,博马舍的思想消沉了。《有罪的母亲》已失去了原先具有的批判锋芒,代之以宽恕的精神。剧中人物的性格完全变了样。费加罗对过去的行为感到悔恨,放弃了早年的战斗精神,成了一个对伯爵忠心耿耿的仆人了。伯爵年已老了,不再是一个生活放荡的贵族形象,变成了一个道德高尚、仁爱为怀的贵族了。妻子罗丝娜倒变成了一个不贞的女人。伯爵以人道主义的精神宽恕了这位"有罪的母亲",并接受了她的私生子。博马舍在另一部歌剧《达拉尔》中,甚至歌颂起国王来了:"国王啊,我们把自己置于您崇高美德的脚下,请您用法律和正义管理敬爱您的人民吧!"这就充分暴露了博马舍在革命流潮中已向右转化。费加罗形象的变化,正反映了作者世界观和他的阶级立场的变化。从这个例子生动地说明了作家的世界观对他的创作具有多么巨大的影响!

　　尽管《有罪的母亲》失败了,然而我们不能一叶障目,博马舍的戏剧成就和他在法国戏剧发展史上的地位和声誉是永存的,他所创造的费加罗的形象也是抹杀不了的。《费加罗的婚姻》曾在 20 世纪 60 年代的中国舞台上演出过,博得了中国观众的好评。人们赞赏费加罗前期的革命精神。让我们一起跟着普希金唱吧:

　　　　当明郁的思想跟着你的时候,

　　　　那就打开香槟酒,

　　　　或是重读费加罗的婚姻。①

（载《杭州大学学报》1983 年第 4 期）

---

① 　见普希金悲剧《莫扎特与沙莱特》。

狄更斯作品中的"怪人"形象

　　狄更斯是一位塑造"怪人"的巨匠。在他众多的作品中,描写性情古怪的人物形象,已成了他创作艺术上的一大特色。从他最早的成名之作《匹克威克外传》开始,一直到晚期的代表作品《远大前程》为止,他创造了不少"怪人"形象。这些"怪人"形象各自具有独特的个性和深刻的社会意义,在狄更斯笔下所塑造的众多典型人物中间,已经成为别具一格的"怪人画廊"。

　　狄更斯作品中的"怪人"形象,就其性格而论,基本上可以分为下列五类。

　　第一种类型"怪人":怪而不傻。

　　这一类"怪人"在狄更斯的作品中比较多,他们只是行为古怪而已,没有要作弄别人的坏心眼。例如《匹克威克外传》中那位马诺庄园地主华德尔先生的男仆、胖孩子乔,就是这一类"怪人"的典型。这胖孩子的特点是:贪吃懒做,容易入睡。他好像整天生活在睡梦之中。由于他睡的时间多,睡得又香甜,他的脸色始终是红彤彤的,身子是胖鼓鼓的。有时候他的主人光唤他的名字不行,还得用手杖在他的头上作种种敲打,才会使他勉勉强强从昏睡中醒来。可是这位古怪的胖孩子毕竟是"人"不是"神",对男女之情不能无动于衷。一天,他无意中看见多情的特普曼先生,在花园的小亭子里跪着向老处女来雪尔小姐求爱,并抱着她亲吻的时候,他脸上发呆,故意装作无动于衷的样子,结果使特普曼先生和来雪尔小姐受骗了。这胖孩子对他们所干的勾当不但看在眼里,而且还向来雪尔小姐的妈妈告发了,闹出了一场很不光彩的笑话。以后这个胖小子在作品中多次出现,他贪睡的古怪习气始终未改,可是他毕竟是年轻人,对漂亮的姑娘不能不有所追求,他对漂亮的女仆玛丽想入非非,曾对玛丽张开手臂,强求一吻,结果以失败而告终。

这类"怪人"在作品中并不占主要地位,但在生活中却是大量存在的。他们对社会没有伤害,对别人也没有什么大的伤害,经过狄更斯的艺术夸张,给人的印象只是觉得某些性格特征令人可笑罢了。值得注意的是,这些"怪人"大都属于"小人物"的行列,狄更斯只是描写他们的怪诞脾气,并没有恶意丑化他们。

第二种类型"怪人":怪而善良。

这一类"怪人"在作品中的数量比较多。狄更斯特别喜爱描写这类"怪人"的形象。别看这类"怪人"说话古里古怪,行动疯疯癫癫,可是他们都有一颗金子般的善良的心。他们对坏人嫉恶如仇,对受迫害的好人满怀同情之心。在这类"怪人"形象中充分体现了作者的人道主义精神。《大卫·科波菲尔》中的姨婆就是一个杰出的典型。她的形象有三怪。

第一是打扮怪。大卫初次看见姨婆的时候,也被她那身奇特的打扮吓坏了。你看她:帽子上扎着一条毛巾,手中戴着一副种园子的手套,身上披着一条收税人的围裙一般的口袋,手里拿着一把大刀子。

第二是语言怪。姨婆的讲话有时怪声怪气,有时大声喊叫,有时令人莫名其妙。特别是当她和那位古怪的狄克先生对话时,一个问得古里古怪,一个答得特里特别,一问一答妙语连篇,令人发笑。

第三是行为怪。姨婆初见大卫时,就喊道:"滚开!"同时她的刀子在空中砍了一下,"滚,这里不准男孩子来"! 说罢她向花园一角俯下去挖掘一棵小树根了。

以后大卫向她说明了自己逃到这里来的原因及经过,姨婆听了目瞪口呆,脸上除了诧异,一切别的表情都没有了。

至此,大卫伤心地哭起来了。姨婆对他到底采取什么行动呢? 按照常情,姨婆听了大卫的叙述,也可能会陪着落几滴伤心泪,或者说几句安慰话。可是这古怪的姨婆不来这一套,而是一把抓住大卫的衣领,带到客厅,打开阀门,拿出几个瓶子,把每个瓶子里的东西倒进大卫的嘴里。这不是太奇怪了么? 其实,这正是表现了姨婆对大卫的同情心。

因为她看到大卫这身破烂的衣服,疲惫的模样,急需服用一些补品,补补身子。那些瓶子里的东西就是茴香液、鲥鱼酱、冷盘汁等这一类补品。

从以上描写中,可以看出行为古怪只是姨婆的表面现象,从本质上说,姨婆的内心美是主要的。当她亲自将大卫送到威克菲尔先生那里去学习时,她亲切地嘱咐大卫道:"永远不要在任何事上卑劣;永远不要作假;永远不要残忍。免除这三种罪恶,特洛,我可以永远对你怀抱希望。""不卑劣"、"不作假"、"不残忍",这就是人道主义作家狄更斯世界观的核心,也是他竭力赞颂的美德。以后尽管姨婆的古怪性格不变,可是她怪得可爱,令人可敬。因为她的心地像水晶一样明净、善良。但她对待像摩德斯通姐弟那样贪婪、凶狠的人,又是毫不客气的。她爱憎分明、品德高尚,给我们留下的印象是十分美好的。

这一类"怪人"形象,描写特别生动感人,富于艺术魅力。他们既是作家人道主义思想的传声筒,又是作家心目中特别心爱的形象。狄更斯虽然把他们的外貌、打扮和行为写得十分古怪,却往往赋予他们以最美好的灵魂,在作品中起着十分重要的作用,他们虽然不是作品的主人公,但往往是他们帮助主人公克服困难,渡过难关;他们敢于向社会的邪恶势力作顽强的斗争,同时他们对受压迫的小人物,又表现了无限的同情之心。所以读者对这一类"怪人",并不觉得怪得不可理解,相反,他们的某些言行最能打动读者的心弦,使人感到十分亲切。

第三种类型"怪人":怪而恶毒。

这一类"怪人"不但脾气古怪,而且内心也十分恶毒。他们是资本主义制度下特有的产物,他们以陷害别人为乐,为了达到他们罪恶的目的,不惜使用一切最恶毒的手段打击别人。他们有蛇蝎似的心肠,当面一套,背后一套;他们像变色龙一样,看风使舵,随时变换他们的脸色。狄更斯用讽刺的手法描写他们,从他们的外貌到内心世界,都叫人看了可憎又可厌。

《艰难时世》中的"怪人"斯巴塞太太便是这一类"怪人"的典型。她又古怪又狠毒。

这个老太婆是一个寡妇,她比丈夫大15岁,丈夫24岁和她刚过完蜜月就去世了。她出身没落的贵族家庭,见过世面,所以有一副贵族气派。她是焦煤镇纺织厂老板兼银行老板庞得贝家中的管家婆。她面貌古怪而又威严。她有一副浓眉,一个罗马型的鼻子,即使庞得贝·见了她,也要害怕三分。

随着情节的发展,这位太太的行动越来越怪了。她表面上道貌岸然,故作斯文,内心里却是虚情假意,手段毒辣。她表面上对詹姆斯、露意莎非常客气,可是暗地里却随时监视他们的行动,像一个密探。她有一个绝招:可以从顶楼冲到楼下客厅,而毫不喘气,甚至还可以保持她的尊严仪态。她对庞得贝当面卑躬屈膝,口口声声叫"我的恩人",背转身她又大骂他是个"大傻瓜",真是十足的两面派!

她处处想讨好她的主人,结果常常弄巧成拙,好事变成了坏事。在整部作品中作家集中描写了斯巴塞太太为庞得贝办了两件大"好事",结果事与愿违,作家对这位古怪女人的阴险毒辣,奉承拍马,讽刺得淋漓尽致。

这类"怪人"在作品中都扮演了极不光彩的角色,狄更斯在描写他们时,往往采用了漫画的手法,不但在外貌上丑化他们,更从他们的灵魂深处加以揭露,使他们的丑恶灵魂和卑劣行为暴露在光天化日之下。从狄更斯看来,这类"怪人"是人类的渣滓,社会的害虫,必须痛加鞭笞。

第四种类型"怪人":怪而仁爱。

这一类"怪人"跟前面提到的第二种类型的"怪人"有所不同,前者是作家所歌颂的人物,而后者却是作家理想的人道主义者的化身。他们虽然性格古怪,行动滑稽,可是他们的内心充满着仁爱精神。这是狄更斯心目中的理想人物。他同情他们的不幸,赞扬他们的美德,歌颂他们的献身精神。如《双城记》中的普洛斯姑娘和英国青年卡而登都属于这一类型。特别是《匹克威克外传》中的主人公匹克威克先生,更是这一种类型的典型。

匹克威克是一位绅士、学者,他性格开朗,秉性仁慈。他年已五十多岁,是个老单身汉。由于他天真、善良、言行滑稽可笑,常常闹出笑话,有时甚至被人误会,弄得狼狈不堪。他难得出门,出门第一天就倒了霉。他出于好奇,记录了马车夫的谈话,马车夫以为他要去告密,结果莫名其妙被马车夫痛打了一顿。他只好自认晦气,但决不还手打人。他和三个伙伴在旅行途中,遇到了不少奇人趣事。其中最典型的是他跟房东太太的一席谈话。由于这席有趣的谈话竟想不到惹了一场大祸,使他吃了一场冤枉官司。

这段精彩的描写,作者虽然温和地讽刺了匹克威克的谈话古怪而又模棱两可,但实际上显然是同情匹克威克的,他所赞扬的精神就是仁爱为怀,反对暴力。匹克威克吃了冤枉,甚至住进监狱,他也毫无怨言。他对流氓金格尔的斗争,也体现了这种精神。他多次受金格尔的骗,等到金格尔犯罪进了监狱,他不计前恶,对他关怀备至,以仁义道德感化他,使他幡然悔悟,改恶从善。这就是作者所竭力赞扬的人道主义精神。

在狄更斯笔下,这一类"怪人"形象,特别动人。他们古怪得可笑,又古怪得可爱,叫人不能不喜欢他们。这是狄更斯的"怪人画廊"中最成功、最生动的形象。他们往往是作品中的主人公,通过他们的遭遇,作家谴责了社会的不公,揭露了作为上层建筑的监狱、法院、议会选举等的黑暗内幕。狄更斯满怀同情之心精心塑造他们的形象,他们的滑稽行为,使人捧腹大笑,他们的仁爱精神,感人至深,催人泪下。他们无疑是世界文学宝库中永远熠熠发光的典型形象。

第五种类型"怪人":怪而可怜。

这一类"怪人",大都是资本主义制度下的受害者。他们本来可以成为精神正常的好人的。可是由于种种原因,造成了他们性格的古怪。如《荒凉山庄》中的弗莱德小姐,她是"正义法庭"的牺牲品。她受法律的拖延之累,变成了老小姐,结果成了个疯疯癫癫的老太婆。她把一切希望和快乐,寄托在鸟儿身上。她养了许多鸟取名"希望"、"快乐"、"青春"、"宁静"、"憩息"、"生命"等。她的一生就是在寂寞、悲苦、疯癫的生活中度过的。《远大前程》中的郝薇香小姐是这一类型"怪人"的典型。她年轻时虽然是个漂亮的姑娘,只因为在举行婚礼的那天,突然接到新郎的毁约信,使她的精神刺激太大,从此她就疯疯癫癫起来,她一直穿着结婚的礼服,披着洁白的头纱,婚宴也永远摆在桌上,时钟永远指着八点四十分,这就是她接到毁约信的时间。整幢房子也一直拉着窗帘,她决心永远把自己埋葬在这个不幸的时刻和境遇中。随着岁月的流逝,她从青年变成了老年。她整日把自己埋在那张座椅上徒然地等待着。那无法摆脱的凄苦和怨恨,使她发展成为对一切男人充满着恶意和复仇的怪癖心理。由于她生理上的变态和衰老,她性格古怪,声音嘶哑,语调时而狂暴,时而阴森,时而凄厉,成了一个十分可怕的女人。

在这类"怪人"身上,狄更斯寄予了深刻的同情。她的古怪和冷酷不是天生的,而是被负心男子逼成的。在这些"怪人"身上也体现了作者的人道主义思想:只要以德报怨,仁爱为怀,即使像郝薇香那样的古怪人物,也可以悔悟过来,受到良心谴责。

以上我们对狄更斯作品中的"怪人"形象作了简要的分类分析。这当然是不够全面的,有的"怪人"形象很难归入哪一类。如《荒凉山庄》中的克鲁克先生,他是个破布废币收购店的老板。他店里到处是腐烂发臭的废品,他是个令人发呕的老怪物。他对"J"字的写法很特别,他喜欢从字母收笔的地方开始往回写,他站在店门口,他的那只猫"蹲在他肩膀上,尾巴在他毛茸茸的帽子上旁竖起,活像一根长长的羽毛"。他的猫像他本人一样令人讨厌,恶狠狠地盯着人。我们可以毫不夸张地说,几乎狄更斯的每一部小说都有一个至几个"怪人",真可以说是"无书不怪"了。

为什么狄更斯作品中有那么多的"怪人"形象?为什么他又喜爱描写"怪人"形象?这是不是跟狄更斯本人的性格有关?毋庸置疑,狄更斯是一位热情的人道主义作家,他为人洒脱,不修边幅,善于谐谑,又有点滑稽。但他从来不奉承有钱有势的人,即使他成名以后,有钱有地位了,他对资产阶级绅士、淑女依然是瞧不起的。有一次应他们的邀请去出席一个舞会,绅士淑女们穿戴得十分富丽,等待这位大作家的光临。狄更斯来了,他却穿着一件旧衣服来出席舞会。坐下以后他又出人意料地唱起讨饭歌来。这使在场的人大吃一惊,狄更斯越发觉得有趣,讨饭歌也唱得更加起劲了,这使绅士淑女们愁眉不展,狼狈不堪。另外,我们也必须指出,狄更斯从他悲苦的幼年、少年时期开始,他的精神就没有恢复正常过,由于这个缘故,他不论做丈夫或父亲都非常失败。他尽管和他妻子生活了十六年,还有十个孩子,最后还是因为性格不合而分居了。因此我们可以说,他那么喜欢描写"怪人"形象跟他的性格不无关系。但是,我们更应该从社会原因去考察,在那个尔虞我诈的资本主义社会里,人与人之间的关系很不正常,为了适应那个畸形的社会,出现这一类性格古怪、行为乖张的人物形象是可以理解的。他们那种古怪性格是由社会造成的,也是资本主义社会特有的产物。值得注意的是,狄更斯在塑造这类形象时,往往把那些出身"高贵"的人描绘成内心邪恶的人,而把那些出身"低贱"的人描绘成内心善良的人。他不是为"怪"而怪,而是爱憎分明,有褒有贬。

其次,我们认为这些脾气古怪的人,在现实生活中确实存在,绝不是作家凭空在他的头脑中臆造出来的。作家在特定的典型环境中塑造这一类"怪人"形象,这正是作家深入生活、深入观察的结果。如果作家没有深入社会的经验,没有对各种人物有敏锐的洞察力,要想写出如此鲜明生活的"怪人"形象,那是绝不可能的。特别在资本主义国家,"怪人"之多,"怪人"之怪,简直达到令人难以置信的程度。文学作品作为现实生活的一面镜子,出现一些"怪人"形象是不足为奇的。所以我们可以说,狄更斯笔下的"怪人"形象说怪不怪,他们是从生活中来的,给人以真实可信之感。

第三,我们应该注意到,狄更斯所塑造的"怪人"形象不是千篇一律,而是千姿百态的。即使同一类型的"怪人",也都各自具有自己独特的个性。作家抓住人物的某些特点,在艺术上运用了夸张的手法,因而使人物形象更鲜明、更生动,更富有典型性。有些"怪人"形象,已经成为世界文学宝库中的不朽典型。

第四,"怪人"形象是文学上的普遍现象,在古今中外名著当中,并不少见。像列夫·托尔斯泰在他的作品中也描写了一系列的"怪人"形象。他的名著《战争与和平》中的彼尔·别竺豪夫就是一个著名的"怪人"形象。上自恰茨基、奥涅金,下至当代苏联文学,"怪人"形象已成为俄罗斯文学的传统。其他像欧洲文学史上的四大吝啬鬼形象:夏洛克、阿巴公、葛朗台、泼留希金,也是众所周知的"怪人"形象。他们"怪"得连自己的性命也可以不要了。在中国学文史上这类"怪人"形象也是屡见不鲜的。像《儒林外史》中的范进、《红楼梦》中的贾宝玉、《西游记》中的猪八戒、《阿 Q 正传》中的阿 Q 等，从某一角度去看，也都有古怪的特性。尤其当我们阅读名人传记、科学家故事时，更可以看到有些难于理解的古怪性格和可笑行动。因此在文学作品中出现这一类形象是毫不奇怪的，这是生活的真实反映，不过狄更斯特别喜爱描写这一类形象罢了。今天我们来研究狄更斯作品的怪人形象时，绝不是鼓励作家在作品中着意描写"怪人"形象，引人发笑，而是应该从生活实际出发去真实地描写各种人物形象。时代不同了，由于社会制度不同，人们的精神面貌也大不相同，对作家的要求也不同了。今天我们要求作家的，是根据我们国情出发，提倡描绘心灵美的为四化献身的先进人物形象。在创造各种人物形象时，我们认为批判现实主义艺术大师狄更斯的某些艺术手法，如生动的细节描写和富有特征的人物语言，仍然是值得我们好好借鉴的。

（载《外国文学研究》1981 年第 4 期）

狄更斯的《匹克威克外传》

　　狄更斯在二十五岁时,发表了第一部长篇小说——《匹克威克外传》。小说顿时畅销全国,使他一举成名。狄更斯从此走上了专业作家的道路。

　　狄更斯这部成名之作写了什么内容?为什么当时如此轰动?这是很值得研究的问题。

　　小说通过匹克威克社的创办人匹克威克先生和他的三个成员特普曼、史拿格拉斯和文克尔的游历见闻,真实地反映了英国 19 世纪广阔的社会画面,解剖了贵族地主、资本家、政客、军人、律师、牧师等上层人物的肮脏灵魂,抨击了资本主义的司法制度、选举制度等上层建筑的虚伪和腐朽,因而赢得了广大读者的喜爱。这是小说引起轰动的原因之一。

　　小说显示了狄更斯的独特风格和他光芒四射、妙趣横生的讽刺、幽默的才能。虽然故事结构比较松散,有些人物苍白无力,但是小说的最大特色是描写自然、刻画逼真、富于鲜明的时代色彩。有的人物形象具有立体感,给我们留下了非常深刻的印象。

　　小说反映的社会画面相当广阔,描写的事件众多。这里集中谈几个比较精彩的场面:

　　第一,庄园场面。

　　小说用相当多的篇幅描写了马诺庄园的生活。匹克(匹克威克以下简称匹克)和他的伙伴,接受了庄园主老华德尔的邀请,来到了这个庄园做客。作家通过这段生活的描写,真实地反映了地主老爷太太小姐们悠闲自在的剥削生活。他们整天吃喝玩乐混日子,还有一些帮闲人物陪着他们一起吃喝玩乐。

庄园里的中心人物是地主老太太——老华德尔的母亲，全庄园的人都围着她转，对她大献殷勤，大拍马屁。她古板而守旧，耳朵又聋，偏爱打听别人说些什么。特别是听到别人讲起他们的田产时，她就神经过敏地问："田地的什么？——没有什么事情吧？"这个细节生动地表现了地主老太太的内心世界。她在生活中最关心的，除了自家的田产还有什么呢？

庄园另一引人注目的人物是华德尔的妹妹、老小姐来雪尔。这位老处女，年过半百，还闹出了一桩风流韵事。她跟流氓金格尔一起私奔，结果被追了回来，引起了一场不小的风波。可见地主庄园的生活并不平静，特别是那些见不得人的丑事更是层出不穷。可是这个地主庄园，在狄更斯笔下却像世外桃源一样，我们听不到穷苦人的呻吟，我们看到的只是热热闹闹的场面，听到的只是嘻嘻哈哈的笑声。在狄更斯笔下的老华德尔更是一位相当好客、相当仁慈、相当善良的地主！这显然是因为作者对当时农村生活的认识还比较肤浅，从而损害了这个人物的真实性。

第二，竞选场面。

匹克和他的伙伴有一次游历到伊顿斯威尔市来看选举。这个市里有两个党派，他们为了争夺候选人的胜利，双方展开了激烈的斗争。两党为了拉选票，不惜使用诽谤、造谣、贿赂甚至灌酒等恶劣手段。到了选举那天，双方助选人员大打出手。匹克到了现场，看到混战的场面，自己也情不自禁地卷了进去。他在那场拳击中到底跟谁打，怎么打或者为什么打，自己也闹不清楚。这个场面的描写，对资本主义选举制度的虚伪性作了淋漓尽致的讽刺。他们的选举制度号称"民主"，实际上是依靠拳头打出来的。

第三，审判场面。

审判匹克的那个场面是十分精彩的。通过审判的描写，深刻揭露了资产阶级司法制度的腐败和无能，表达了作者对这些昏庸法官的无比愤慨的情绪。狄更斯对审判官和律师极尽讽刺揶揄之能事，使他们丑态百出，大出洋相。匹克受到房东巴德尔太太的诬告，说他毁婚约，因此吃了官司。这完全是一件冤案。这件冤案到了糊涂官手里,怎么能审理清楚呢? 那位审判官史太勒先生昏庸无能,可是神气活现,刚愎自用。他根本不了解匹克的案情,也不听匹克本人的申诉,只是偏听偏信原告律师无中生有的发言,以及一些证人的假证词,就擅自作了十分荒谬的总结发言。他说:"假如巴德尔太太是对的,那显而易见匹克威克先生是错的;假使他们认为克勒平太太的证词值得相信,那么他们就相信它;而假使他们不这么认为,那么就不相信;而假使……"他说了一连串的"假使",结果就得出了这样的判决:匹克威克必须拿出七百五十镑作为赔偿金。这不是天大的冤枉吗?

在这个场面的描写中,还有一段奇妙的对话,生动地刻画出这位审判官糊涂而又武断的形象:

> 法官史金平把文克尔带到史太勒先生面前。
>
> "喂,先生,"史金平先生说,"请你让法官大人和陪审官们知道你叫什么吧,好吗?"……
>
> "文克尔。"证人回答说。
>
> "教名叫什么,先生?"矮法官怒冲冲地问。
>
> "那生聂尔,先生。"
>
> "丹聂尔——还有别的名字吗?"
>
> "那生聂尔,先生——不,大人。"
>
> "那生聂尔·丹聂尔呢,还是丹聂尔·那生聂尔?"
>
> "大人,只有那生聂尔——根本没有丹聂尔。"
>
> "那你为什么对我说是丹聂尔呢? 先生?"法官问。
>
> "我没有说,大人。"文克尔先生答。
>
> "你说了,先生,"法官答,严厉地皱皱眉头,"要不是你对我说过,我怎么会在簿子上记了丹聂尔呢? 先生?"

这位审判官的逻辑推理,真是妙不可言。狄更斯运用他犀利的文笔,在这位审判官的鼻子上狠狠地抹上了一块白粉,成了糊涂法官的典型。

第四，监狱场面。

这个场面的描写，狄更斯是有亲身体验的。匹克因为抗拒交纳那笔赔偿金，他被关进了负债人监狱。作者通过匹克在狱中的所见所闻，揭露出监狱的内幕是十分阴森可怕的。关在狱中的犯人绝大多数是穷苦的人，根据英国的法律规定，欠债不能偿还，就得关进监狱。所以在狱中经常可以看到妻啼子号、夫妻抱头痛哭的悲惨场面。其中有一个犯人在这里已经关了二十年。他说了一段伤心话，不能不使人感动。他说：

"我是一个死了的人——对于社会说是死了，甚至没有获得他们给予那些灵魂要去受审判的人的怜悯。朋友们来看我！我的上帝！我在这个地方从生命的盛年陷入老境。当我死在床上的时候，不会有一个人举起手来说一句：'他去了倒是天恩。'"

结果，他在狱中贫病而死。在弥留之际，他向难友们发出了悲天悯人的呼声："我希望我的慈悲的裁判（即上帝）会记住我在世上受到的重罚。二十年，我的朋友，在这可憎恨的坟墓里二十年！我的孩子死的时候我心都碎了，而我连在他的小棺材里吻他一下也不能够。从那以后，我在这一切喧哗和扰攘中间的孤独，是非常可怕的呵，上帝宽恕我吧，他看到我的凄凉的、拖了很久的死亡。"

看到这个犯人的死亡，连看守人也悲愤地说了句同情的话："他已经得到释放了，天！——"

一个人直到"死"才算"释放"了，这不是太可悲了么！狄更斯通过这些场景的描写，愤怒地控诉了作为上层建筑的监狱完全是压迫人民的工具。他喊出了："那些老在酒店里闲荡的人根本不吃亏，那些尽力工作的人倒是受害不浅。"这就是资本主义社会的真实写照！

下面我们就小说的主要人物——匹克威克先生的形象作一点分析。

匹克是一位"学者"，也是一位有钱的绅士。这是一个相当有趣的老单身汉，也是一个性格较为复杂的人物。作者显然是把他当作"仁慈"和"博爱"的化身来描写的。这人的外形相当突出，具有快活性格的特征。他五十多岁，秃头，胖胖的身材，穿着紧身裤，皮绑腿，燕尾服，带着一副眼镜,说起话来滔滔不绝,口若悬河,一只手在空中挥舞,一只手文雅地背着藏在燕尾服的袋里。这位好心的先生出门第一天就不吉利。由于误会,他和他的三位伙伴莫名其妙地被车夫打了一顿。以后通过匹克和流氓、江湖骗子金格尔之间的斗争这条主线,来刻画这两个主要人物的不同性格。如果说匹克是仁慈、博爱、善良的化身,那么金格尔则是邪恶、伪善、奸刁的化身。

匹克是通过社会实践才逐渐认清金格尔真面目的。随着故事情节的向前发展,两个人的性格也愈来愈鲜明,作者的爱憎感情也越来越突出。

匹克和金格尔第一次相遇,是在匹克一伙人被马车夫痛打的时候,当时有位前来劝架的穿深色上衣的年轻人,就是金格尔。匹克在危难之中自然把这个陌生人当作"恩人"看待。他用文雅的辞句对金格尔的解围援救表示了最热情的谢意。

匹克第二次和金格尔相遇是在马诺庄园。金格尔看出老处女来雪尔是一位有钱的小姐,就用花言巧语把这位老处女拐跑了。匹克开始认识到金格尔不是一个好人,他和华德尔连夜乘马车追赶,追到以后,金格尔大耍无赖,一定要勒索一百二十镑才肯放走那位老小姐。匹克激于义愤将墨水瓶向金格尔扔去,可是金格尔拿到钱早就溜走了。在这场斗争中,初步暴露了金格尔的流氓本性,同时也刻画了匹克富于正义感的性格。这是符合匹克的人道主义精神的。

匹克和金格尔第三次见面是在一次游园会上。那时候金格尔化名马歇尔先生,继续招摇撞骗,蒙蔽好人。匹克认出来这位马歇尔就是流氓金格尔,就带着仆人山姆暗中盯梢,探明了金格尔的住处,结果被金格尔的仆人所蒙蔽,大上其当,大出洋相。他的莽撞行动使一所女校闹了一场虚惊。在这场描写中,进一步突出了匹克的天真、轻信和见义勇为的性格,同时也进一步暴露了金格尔狡猾奸刁的性格。

他们第四次碰面是在市长乔治·纳普金斯家里。金格尔摇身一变,变成了大尉,做了市长家里的贵客了。匹克当场揭了金格尔的老底,市长气极要把金格尔拘捕起来。金格尔大耍流氓腔说:"不能的——不行——抓一位大尉吗? 呃? ——给女儿做丈夫嘛——声张出去——万万不可以的——”

匹克听了金格尔一派胡言，大光其火，骂他“我认为你是一个流氓”，金格尔反唇相讥，骂他是“老胖子”，说罢扬长而去。山姆要追去，却被匹克劝阻了。

这段描写集中刻画了匹克的慈悲心肠。与其说作者是批评他的性格软弱，不如说作者是赞美他的“宽恕”精神。

匹克和金格尔第五次相遇是在监狱里。这时候金格尔已经犯法身陷囹圄，贫穷落魄了。匹克对他起了恻隐之心。他仇将恩报，含着眼泪将钱送给金格尔。金格尔觉得过去作弄这位善良的绅士，内心受到道德的谴责，见了匹克又窘又惭愧，匹克挽起他害病的手臂，扶着他走路，一句话也不提起往事。金格尔显然被匹克的仁慈精神所感动了。匹克出狱以后，又把金格尔主仆从狱中救出，并把他们介绍到利物浦去工作。金格尔不仅深深感谢这位他的救命恩人，而且还答应将来报答他的恩情。

这最后一次见面集中描写了金格尔的改恶从善，完全是匹克道德感化的力量。匹克对待像金格尔那样的坏蛋，主张揭露他，批评他，但并不主张用暴力手段对待他；等到他落魄了，贫穷了，不是采取“投井下石”的手段，而是在生活上关心他，在道德上感化他，在出路上帮助他。这就是狄更斯所提倡的仁爱精神。这是狄更斯人道主义思想的核心，也是他改造社会恶习的“良方”。

从今天来看，狄更斯所倡导的人道主义精神有其积极的一面，例如对坏人的揭露，对小人物的同情，关怀和爱护等；但是也有消极的一面，例如无原则的讲究仁慈，把道德感化力量看得高于一切。

以上就是我们对《匹克威克外传》所作的一些粗浅的介绍和分析。

（载《外国文学广播讲话》，新疆广播师范大学 1980 年版）

罗曼·罗兰的《约翰·克利斯朵夫》

　　罗曼·罗兰早期最重要的作品是《约翰·克利斯朵夫》,它是20世纪初世界文学上最重要的收获之一。这部作品从1890年开始孕育,经过长期酝酿构思,于1904年2月发表第一卷,到1912年10月完成最后一卷,共花了二十多年时间才完成。它被译成几十种语言,受到各国读者的热烈欢迎。小说最初发表在他的朋友贝济主编的《半月丛刊》上,全书分十卷,共四大册。他1916年获得诺贝尔文学奖。

　　小说描写了德国音乐家约翰·克利斯朵夫的一生。

　　第一次世界大战结束以后,在动荡不宁的岁月里,罗曼·罗兰成了无数思想上感到苦闷的读者的导师和知己。有的青年甚至不辞劳苦,从世界各地跑到瑞士去访问他们心目中的智者和贤人。作者收到从世界各地寄去的信件,更是无法统计。一个青年盗窃犯写信告诉他说,读了他的这部小说,深受感动,决心痛改前非。一对年轻的天文工作者,要求作者允许他们将新发现的一颗星命名为“约翰·克利斯朵夫”。由此可见,这部小说在广大读者的心目中,引起了多么巨大的反响。

　　小说真实地反映了19世纪最后十年到20世纪最初十年间的法国社会的时代面貌。这期间法国挂着第三共和国的招牌,实际上早把“民主”、“自由”的大旗抛在一边了。

　　面对着丑恶的现实和腐败的社会道德,罗曼·罗兰心情十分苦闷。他在《贝多芬传》(1903)中写道:“我们周围的空气是沉闷的,古老的欧洲在重压和腐烂的空气中麻木了,一种卑鄙的物质主义重重地压在思想上面……世界要窒息了,打开窗子吧! 让新鲜空气吹进来,让我们呼吸英雄的气息!”这段话也可以说是他创作《约翰·克利斯朵夫》的动机。

那么,这部长篇小说的主导思想又是什么呢? 他在 1931 年版的
"导言"中,给我们提供了线索。他在导言中指出这不是一部文学作品,
而是一部表示信仰的作品。一个人有了信仰,必须采取行动,结果如
何,在所不计。要创造一个英雄,必须具备两个条件:首先要有一对自
由明亮和真诚的眼睛,其次要行动起来,大胆说话,大胆行动……你就
做这个英雄吧!

根据他对英雄人物的理解,他在这部小说中创造了克利斯朵夫这
个人物,这个人物也就是作者心目中的英雄。我们综观全书,可以这样
理解:用独立不羁的自由精神反抗道德腐败的社会,目的在于实现人类
友爱、团结、统一的崇高理想。这就是这部长篇小说的主导思想。

克利斯朵夫是小说全部情节和人物的联结中心。罗曼·罗兰把他
作为他当时理想的个人反抗社会的英雄来描绘的。这个人物具有德国
伟大音乐家贝多芬的某些特点。贝多芬出身平民,但他蔑视权贵,特别
是他对音乐使命的看法和决不让命运屈服的战斗精神,深刻启发了罗
曼·罗兰去塑造克利斯朵夫的形象。另外,列夫·托尔斯泰的人道主
义思想也深刻影响了罗曼·罗兰对这个人物的创造。作家通过这个人
物的典型形象,概括了富于反抗精神的小资产阶级知识分子,在西方社
会和文明日渐解体时期的遭遇和思想面貌。克利斯朵夫站在资产阶级
人道主义立场上,既极端仇恨现实,又坚决地厌弃革命。作家努力想把
这个人物写成慷慨激昂的个人主义英雄,把这篇小说写成富于抒情韵
味的音乐艺术的颂歌,结果变成了个人英雄主义的哀歌。但是,通过克
利斯朵夫这个人物,罗兰揭示了德、法两国进入帝国主义时期后的社会
矛盾,强烈批判了颓废堕落的文化艺术,这就是这部小说的巨大价值。

小说描写的最初几年,着重表现克利斯朵夫在德国的童年生活。
克利斯朵夫的父亲是位拉小提琴的艺术家,他瞧不起当厨娘的老婆。
每次喝醉了酒就毒打老婆、虐待孩子。克利斯朵夫从小就敢于反抗,具
有一颗独立不羁的自由灵魂。由于他钢琴弹得好,从少年时代起,就出
入于贵族家庭,他不以此为荣,反而以此为耻。他对祖孙三代的恩主、
贵族老爷,公然反抗说:"我不是您的奴隶,我爱说什么就说什么!"他对
暴发户亲戚丹奥陶也不卖账。丹奥陶一点也不懂艺术,但又非常瞧不

起艺术。有一次他当面唾了丹奥陶的脸,以表示他对这个趾高气扬的暴发户的蔑视。有一次他去贵族家里看望他的母亲,贵族少爷以轻蔑的口吻问他将来准备当厨子还是准备当马夫。克利斯朵夫不能容忍这样的污辱,就动手把贵族少爷打翻在地。结果受到贵族太太和父亲的一顿毒打。这人生的第一课,使他尝到了人间的不公道的待遇。

以后他和参议官的女儿弥娜恋爱,使他受教育更深。他和弥娜的恋爱使他陶醉,好像人世间一切都是那么美好。但他的幻想很快就破灭了。弥娜的母亲克里赫太太提醒他说:"不单是金钱一项,还有多少问题!……比如门第……"这一席话使他感到又羞又恨。从此,他暗暗下了决心,觉得非名满天下不可,非把所有瞧不起他的人都踩在脚底下,就不足以出这口冤气。

克利斯朵夫以后为了救一个农妇不被德国兵污辱,他挺身而出,杀死了那个德国兵。他闯了大祸,不得不离开德国逃往法国。小说的大部分篇幅描写了他在法国的生活。他眼见法国整个社会思想文化的腐败和堕落,他的反抗精神有了进一步的发展。

但是综观全书我们必须指出的是,克利斯朵夫一直是一个孤军奋斗的个人主义者,他的思想充满矛盾,概括起来有:

由于他是处在受压迫的地位,他性格坚强,对现实不满。小资产阶级的正义感使他与社会对立,反对不平,反抗压迫;而小资产阶级的动摇性又使他反抗不彻底,容易跟现实妥协。

第一,他勇猛而严肃地向当时社会的一切黑暗现象挑战,发扬了高度的批判现实主义精神,可是当他注视未来,谈到人类文明发展的远景时,却提出了他所谓的理想主义。他提倡人类博爱友善,他的理想主义闭守在思想与艺术的象牙塔中。这完全是唯心主义的理想主义。这样的理想主义也是永远达不到的。

第二,他感到有革命的必要,但又不了解革命甚至害怕革命。他对工人的悲惨遭遇寄予深切的同情,但对工人运动又有很大反感,他反对人与人之间的不平等,主张接近人民,但又和工人群众格格不入。他认为人与人之间最大的分歧不是阶级,而是"气质"。认为在革命者的行列中照样有豺狼和绵羊,豺狼总归吃人,绵羊总归会被人吃掉。他又把阶级斗争理解为报复,认为"被压迫的弱者固然值得加以同情,但他一朝压迫别人时便不值得同情了"。从他这些自相矛盾的观点来看,他完全是一个游离于群众之外的超人。他孤军作战,跟丑恶的现实作斗争,到头来必然会碰得头破血流,陷入悲观主义的泥坑。

第三,他一方面对"无病呻吟的靡靡之音"不能容忍,对文艺作品充满凶杀、强奸、恐怖、荒淫的现状,表示了极大的愤慨;在艺术上,他痛恨德国式的理想主义,反对法国的唯美主义和形式主义;另一方面他认为文艺家的神圣责任就在于守护人类的"灵光",不让它熄灭,而且主张音乐和政治无关,艺术不能为一个党派服务。

克利斯朵夫从小受到老祖父的思想影响,形成了"音乐高于一切"的错觉。老祖父经常教导他说,学艺术的目的不在于赚钱,而是"为着安慰苍生,为人类增光"。老人常常带着他去听歌剧,去参加音乐演奏会。有一次散戏归来,他对孙子说:"你瞧,做个音乐家多了不起!造出这种奇妙的场面不是最大的光荣吗?那简直跟上帝下凡一样。"在祖父的熏陶下,六岁的克利斯朵夫就决心学音乐,立志当一个著名的音乐家。以后当他感到需要反抗社会的黑暗时,就以音乐为武器。他敢于在大庭广众之中,大声嘲笑德国音乐的谎言。他憎恨艺术上说谎,憎恨伪善和矫揉造作。他认为艺术要"真诚",要"抓住生命",要为崇高的理想而奋斗。这就要求艺术家必须具有爱人类的伟大心肠。

克利斯朵夫的艺术观有些是正确的。如音乐要真诚,不要虚假,要灌注生命,为人类服务,给人以力量,给人以快乐。他认为一支美丽的歌能使人们在苦难中得到支持。但他错误地认为真正的音乐是一般人无法了解的,他认为"在艺术上值得重视的并非成千成万毫无了解的人,而是极少数真爱文艺而为之竭忠尽智的孤高的虔敬之士"。他过分夸大了艺术家的作用,说他好比一支罗盘针,在狂风暴雨中始终指着北斗星。小说最后一卷"复旦",有一首关于音乐的颂歌。里面有这样的句子:

> 不朽的音乐,唯有你常在……
>
> 你是世界之外的,
>
> 你自个儿就是一个完整的天地。

这种艺术观显然是唯心主义的,脱离现实、脱离人民的。音乐如果存在于世界之外,必然躲进象牙之塔,只能为少数精神贵族、"自由灵魂"所享用了。

第四,克利斯朵夫非常看重友谊。有人说这部长篇巨著也是一首友谊的颂歌。他对资本主义社会中人与人之间的关系只有金钱利害关系,表示极大的愤慨,所以他非常看重真诚的友谊。可是他的友谊圈子非常狭窄,他看不起劳工群众,对他们存在着很深的偏见,从心底里瞧不起他们。他最好的朋友奥里维是银行老板的儿子。银行破产,父亲自杀以后,奥里维在巴黎过着落魄的知识分子生活。他和克利斯朵夫气味相投,他的理想主义给克利斯朵夫以很大的影响。克利斯朵夫认为艺术超乎一切,奥里维认为理智超乎一切,两者结合就成为作者所提倡的理想主义。

克利斯朵夫以热烈的友情保护了文弱的奥里维。他们之间的亲密友谊,象征着德、法两个民族精神上的团结。作者认为要使世代仇敌的德法两个民族亲密团结起来,必须强调友谊。代表德国民族勇敢、强悍的克利斯朵夫和代表法国民族的聪明文雅的奥里维之间的友谊,不但象征德法两民族互相谅解与协调,同时也象征世界各民族间的谅解与协调,这就是作者的意图。

克利斯朵夫另一个重要的朋友是年轻的寡妇葛拉齐亚。当时克利斯朵夫已经到了暮年,两人的年龄虽然相差悬殊,可是他们之间的友谊是非常动人的。这是由于他们精神上彼此相通。克利斯朵夫每晚临睡时,每天睡醒时,都要轻声呼唤:"葛拉齐亚,葛拉齐亚,亲爱的葛拉齐亚……"葛拉齐亚的友谊给了他巨大的精神力量,他们之间的友谊象征着德意两民族的调和。

总之,作者在作品中以较多的篇幅描写了友谊,他企图以友谊来解决民族之间的矛盾,用意是十分明显的。

第五,克利斯朵夫的恋爱观、道德观也是充满着矛盾的。他认为每个人身上都有"人性"和"神性"两个方面,每个"天才"都会有"精神的狂乱"。他一方面对巴黎上流社会中那种荒淫无耻的生活表示极端愤恨,但是另一方面他又控制不住自己的感情,和朋友之妻阿娜通奸了,甚至跟最亲密的朋友奥里维的妻子也发生了暧昧的关系。他认为"每个人心中都有一颗隐藏的灵魂,有些盲目的力……自有人类以来,所有的努力都是用理性与宗教筑成一条堤岸,防御这内心的海洋",以此理由来解释他的不正当的男女关系,当然是唯心的。

克利斯朵夫思想上的许多矛盾是有他的阶级根源的。由于他的阶级地位是处在受压迫的地位,因此他对现实不满。小资产阶级的正义感又使他与社会对立,反对不平,反对压迫;而小资产阶级的动摇性又使他反抗不彻底,容易跟现实妥协。反抗——失败——妥协,这是克利斯朵夫一生的三部曲。由于思想苦闷,找不到出路,到了晚年,他的心情更加接近上帝了。他和阿娜发生关系,造成悲剧以后,他跑到瑞士的深山中隐居起来,作长时间的祈祷。从那以后,他死心塌地回到上帝的怀抱中,"他知道控制人生的战斗是上帝"。早年的反抗精神已全部消失了,和原先的敌人也和解了。小说的最后一卷充满着宗教气氛。愈接近尾声,宗教气氛愈浓厚。他愈来愈表现出悲天悯人的情绪。这种气氛对整部小说来说,是新的,因此最后一卷称为"新的一日"。那时候,他对一切已没有仇恨,只有谅解、同情和怜悯。他认为变革不公正的社会现象,主要手段是"爱"。用"爱"的艺术宽慰受难者的灵魂,使他们忘记痛苦。晚年的克利斯朵夫已经变成了一个不分是非恩仇的世故老人了。对他来说,宇宙是一场大交响乐的演奏,世上的一切矛盾冲突的现象,在老人的耳目中不过是大交响曲相配合的高低轻重的音节而已。"和谐是爱与恨结合起来的配偶。"这就是他最后得出的人生哲理。

罗曼·罗兰赋予克利斯朵夫的任务是唤醒"自由灵魂",使他们不偷生,不低头忍受压迫和剥削,并让他们感到有改变现状的必要。但他对唤醒了的自由灵魂,不能给他们指出一条比较正确的道路,而把希望寄托于上帝,这就不能不是一个严重的缺陷。

今天的青年人有没有必要再向克利斯朵夫学习呢? 不! 我们说,即使在那时,他也算不上是一个英雄。作者在初版序言中写道:

"你们这些生在今日的人,你们这些青年,现在要轮到你们了! 踏着我们的身体向前进吧。但愿你们比我们更伟大,更幸福。"

(载《外国文学广播讲话》,新疆广播师范大学 1980 年版)

评法国中古笑剧《巴德林先生的故事》

　　法国中世纪笑剧《巴德林先生的故事》是法国中世纪世俗戏剧中最负盛名的一出戏。世俗戏剧跟中世纪盛行的宗教戏剧有十分显著的区别。首先是其内容的世俗性,反映市民阶级的观点和趣味;其次是喜剧性,反映了新兴市民阶级的乐观精神和愉快的活力。这跟中世纪基督教所宣扬的人生在世即为"赎罪"的教义,完全是背道而驰的,因而赢得了广大市民的喜爱。直到今天,这个笑剧仍像一颗灿烂的明珠,在法国戏剧史上熠熠发光。

　　《巴德林先生的故事》是现存 150 出笑剧中最杰出的一部。大约写于 1464 年,演出于 1469 年,印行于 1485 年,作者是谁已无从考证。这个剧本写于英法百年战争(1337—1453)以后,当时法国已完成了政治上的统一,商品经济有相当程度的发展,为封建王权的巩固奠定了基础。封建王权与新兴资产阶级暂时结成的联盟,共同奴役农民和其他劳动人民,成了当时社会的主要矛盾。《巴德林先生的故事》从一个侧面反映了当时法国社会的这一情况,并提示了封建统治机构的腐败和新兴资产者狡狯和贪婪的本性。

　　《巴德林先生的故事》情节十分简单:一个穷律师巴德林先生穷极无聊,从布商那里骗取了一块布料。其时布商为了牧童偷吃了他的羊,告状告到法院,在法院巧遇牧童的辩护律师巴德林先生,结果布商又控告律师骗他的布料。法官弄不清他们的案情,最后只好不了了之。

　　剧本充分反映了资产阶级从登上历史舞台的时候开始,就暴露了他们尔虞我诈的本质,同时也暴露了那些维护封建统治阶级利益的法官的昏庸。

剧本通过一块面料的故事,勾画了一幅真实而生动的世态图画。围绕着这块布料的故事,描绘了一幅又一幅的喜剧漫画,塑造了一个又一个的可笑人物。

综观全剧,在艺术手法上有三妙:

一

剧中人物不多,妙在每个人物都具有十分鲜明的个性。

巴德林先生是剧中的主角。这是一个恶讼师的典型。他唯利是图,老打别人的小算盘,内心充满着损人利己的歪点子。

剧本从三个场景刻画他的贪婪而又狡猾的性格。

第一个场景是:设计骗布。

巴德林知道要从布商那里骗取一块布料并非易事。他从心理分析的角度,采取替布商戴高帽子的办法来打动对方的心。他采取的策略是由远及近,不动声色的方法。他先从普通的问好开始,然后问及他的买卖,逐渐又谈到他的父亲,同时又涉及他的姑母,最后才谈到要害问题上。他特别夸奖布商的父亲说:"他真是一个好人! 他自己就是道德的化身! 他对于大家都很信任,不论是谁向他买东西都可以欠账。他的心真好! 假如世上的人都像他一样,上帝一定很满意!"①这句话的要害问题就是"欠账"二字。布商尽管也很狡猾,但经不起糖弹的袭击,他终于舒舒服服地将一块布料让这位律师骗去了。剧本从骗布的描写中,突出了律师的"狡"。

第二个场景是:装疯卖傻。

巴德林先生从布商那里骗得了布料以后,他确信布商立即会来索取布钱的。如何来躲过这一关呢? 他串通了妻子朱园妹,先是装病,后又装疯,胡言乱语,瞎说一气,把上门来讨布钱的布商搞得晕头转向;再加朱园妹在一旁口口声声咒骂布商看错了人,冤枉了好人,竟使布商目瞪口呆,自己也怀疑自己了。这一场景的描写极为风趣,既画出了律师的"狡猾",又描出了布商的"愚蠢"。这两个骗子虽然本质相同,可是表

---

① 《外国剧作选》(一),上海文艺出版社 1979 年版,第 489 页。

现形态各异。计中有计,骗中套骗,构成了尖锐的戏剧冲突,取得了极好的喜剧效果。

第三个场景是:法院辩护。

这个场景的描写是戏剧冲突的高潮,也是巴德林本性的大暴露。开始是巴德林跟布商之间的矛盾。布商在法院控告的对象,原是他雇用的牧童,他认为牧童偷吃了他的羊,理当赔偿损失;哪知无巧不成书,牧童请来的辩护律师正好是巴德林先生,布商知道自己上当受骗了,当场向他讨取布钱,而狡猾的律师偏偏又把话题岔开去,骂他是疯子,布商气得语无伦次,一会儿要向巴德林讨还布钱,一会儿又要向牧童赔偿羊钱,弄得那位糊涂法官更加糊涂起来。布商见巴德林继续大耍无赖,又气又急,话更加说不清楚,一忽儿布,一忽儿羊,使法官也怀疑他确是个疯子。布商和巴德林为此纠缠在一起,双方破口大骂,法官愈听愈糊涂,以为他二人都是疯子,只好宣布退庭拉倒。

退庭以后,巴德林跟牧童的矛盾上升为主要矛盾,牧童以"其人之道还治其人之身"的办法,把这个狡猾透顶的律师击败了,最后得到胜利的不是巴德林先生,而这个受压迫、受剥削的小人物牧童。这出乎意料的结尾,堪称是最精彩的一笔。

围绕巴德林先生这个中心人物而活动的其他人物也写得极有光彩。

布商朱奥姆唯利是图的本性刻画得极其深刻。他喜欢戴高帽、听奉承话,这仅仅是他的性格的一个方面;另一个更重要的方面是他的贪婪和唯利是图。这是资产阶级最富于特征的本性。他虽然让巴德林拖欠了他的布钱,可是他在暗中已经抬高了布价,外加还可以到巴德林家去吃一顿"烧鹅",这又何乐而不为!布钱是必须讨还的,所以等巴德林离开不久,他就急忙来到了巴德林家里讨布钱,但他的如意算盘落空了。刚才还是好端端的律师,转眼之间却变成了"已经有十一个礼拜没有起床的"的病人了。剧作者在这一场景中运用极其夸张的手法描写了他的"愚蠢"——他毕竟上当受骗了。但是剧作者的妙笔同时又写出了他的"狡诈"的一面。"愚蠢"和"狡诈"看来是对立的两个方面,可是由于剧作者的独具匠心,却很自然地统一在一起了。在第二幕中,布商两次上场来看个究竟,这正是说明了他"愚"中有"诈",可是豺狼毕竟比狐狸更狡猾,巴德林先生待布商第二次上场时,他索性胡话乱说,装起疯来。狡猾的布商面对奄奄一息的律师,再次上当受骗。他无计可施,只好在胸前画了一个十字离开了。这样的下场,生动地表现了他"诈"中有"愚"。剧作者运用了真真假假、反反复复的表现手法,不但增强了喜剧的效果,同时也增加了观众的悬念,深化了人物的性格。这样的艺术手法,称得上妙笔生花,情趣无穷。

在法庭审讯一场,同样也表现了布商"愚蠢"和"贪婪"的双重性格。他在法庭上明明要控告的是牧童偷吃他的羊,可是他在无意中看见了巴德林,又想同时控告律师骗取他的布钱,他那语无伦次的发言,正是他内心贪婪的生动暴露。他贪心愈大,内心就愈急,内心愈急,话就愈是说不清楚。这一连锁反应,引起了观众的忍俊不禁。人们笑他的愚蠢,同时又恨他的贪心。布商的形象是法国中世纪城市资产阶级的典型,既具有真实感,又具有时代感。

法官的形象写得很有深度也十分生动。他是糊涂法官的典型,很像中国传统戏曲中那类鼻子上抹白粉的糊涂官。这个糊涂官妙在他糊涂而又主观,昏庸而又装得公正,因此案子越审越审不清楚。明明是一件十分清楚明白的案子,到了他的手中,好像乱麻一团,越理越乱,最后他只好糊里糊涂宣布退庭。剧作者通过这个人物的塑造,狠狠鞭笞了封建统治阶级的腐败和昏庸。

牧童阿牛儿在剧本中是一个光耀夺目的人物,在矛盾冲突中他是一个举足轻重的人物。剧作者通过这个人物的描画,道出了雇工的痛苦,对他的遭遇寄予了深刻的同情。布商雇用牧童,可是对他十分刻薄,克扣他的工钱,使他穿得破破烂烂,十分穷困,因此他偷吃羊肉,是理所当然的事。在法庭中,面对法官的审讯,虽然他每次只回答一个"咩"字,从表面上看,好像他是个哑巴,是个傻子,可是实质上,正好表现他的机智。他以羊叫声来回答法官的审问,这是对法官的最大蔑视。他的一个"咩"字,抵得上很多的潜台词。对这样的糊涂法官,有什么可以回答的呢?这正是他的聪明所在。然而他毕竟不是哑巴,更不是傻子,在紧要关头,他又开口发言了。法庭退庭以后,巴德林向牧童逼取酬劳时,牧童都以"哞"应对,到了无可奈何的时候,他才说了句"谁能捉住我,就来捉吧",便溜之大吉了。他说得好,又溜得对;他有时也说谎,但他对巴德林说谎是一种斗争的手段,绝不是他的本质。人们赞赏他的智慧,更钦佩他的勇敢。这个人物自始至终很少讲话,可是他不讲则已,一讲就显示了他的无比机智。在这个人物身上,充分体现了剧作者的倾向性。在剧作者的心目中:卑贱者最聪明,高贵者最愚蠢。这也许正是此剧长期以来获得人们赞赏的原因吧!

朱园妹在剧本中属于配角的地位,可是这是一个不可忽视的配角,有了这个配角,才能更好地表现出主角巴德林的狡猾。巴德林这个骗子无所不骗,对自己的妻子也不例外,谎话连篇。可是妻子总归是妻子,她虽然骂巴德林是"过了时的骗人师",可是她的心总是向着丈夫的。她甚至跟着丈夫也说了不少谎话。当然朱园妹的谎话跟巴德林的谎话有所不同。前者的谎话为了跟布商斗争,后者的谎话目的是损人利己。我们可以这样说,布商之所以会上当受骗,"功劳"首先应该记在朱园妹的身上。如果光凭巴德林一个人演独角戏,即使演得再好,也要被布商拆穿西洋镜的。朱园妹凭她那三寸不烂之舌,运用猪八戒倒打一把的手法,把布商从一开始就弄得昏昏然。她像变色龙一样,一会儿哭,一会儿笑;一会儿喊上帝,一会儿又骂布商是疯子;到底谁是疯子,最后连布商自己也糊涂了。这一场假戏真做的场面,把朱园妹这个角色,写得栩栩如生,有声有色。

二

剧本的情节虽然十分简单,却妙在精心的安排。

这个三幕二场四景的戏,经过剧作者的巧妙安排,使人物之间的矛盾冲突一个接着一个迎脸扑来,笑料像喷泉一样喷涌而出,使人大笑不止。

第一幕的情节安排,集中在巴德林如何运用他的狡猾手段慢慢让布商上钩。像布商那样的小商人,要他轻易上钩当然是很不容易的。巴德林采用了迂回曲折的战术,让他在不知不觉中上钩了。甜言蜜语历来是一碗迷魂汤,布商喝了下去,怎能不飘飘然起来,把布乖乖交给巴德林先生呢？这是生活的真实，又是艺术的真实。

　　第二幕的情节安排更加巧妙。剧作者运用了艺术夸张的手法，描绘了巴德林先生的装疯卖傻。从布商看来，巴德林先生似病非病，似疯非疯，这种真真假假、假中有真、真中有假的表演，自然把布商搞糊涂了。一幕精彩之处是布商的两次上场，更使情节波澜起伏，跌宕有致。

　　布商毕竟不是傻子，他第一次上场时，巴德林是用装病的手段将他骗下去的，如果布商从此不复返了，这显然把布商写得太蠢了，反而给人们造成虚假的感觉。妙就妙在布商又马上转了回来。他亲耳听见了这对夫妻放声大笑的声音，不由得暴怒起来，定要讨还布钱，这又显示了他并不"傻"。在这节骨眼上，偏偏巴德林突然装疯，从帐子里露出脸来，讲了不少昏话和土话，朱园妹从而又骂他是"你一定是疯了，疯得要用绳子把你捆起来"①。布商这一次决不再上当受骗了，口中狂叫："我的钱！我的钱！"巴德林眼看骗局要拆穿，他狗急跳墙干脆跳下床来，骑上一把扫帚，头上戴了一只锅子，做出种种鬼把戏，在房间里跑了起来，口中还大叫："滚出去！滚出去！烂蛤蟆！"布商眼见巴德林疯疯癫癫的情景，以为他真的疯了，只好再次退场。这里又显示了他确实是"傻"。我们认为布商第二次上场和下场绝不是简单的重复，而是从刻画人物的性格出发，突出了布商的"狡"和"傻"。没有第二次上场，就无法突出布商的"狡"，没有第二次下场，也就无法表现布商的"傻"。这样的情节处理使人物的形象更丰满，使布商的前后下场更合情。这是艺术夸张，绝不是单单为了赚取观众廉价的笑声，因此使人看了既觉可笑，又觉可信。

　　第三幕的情节安排，是戏剧高潮。巴德林和布商的冲突面对面地开展起来，使双方的矛盾冲突达到了白热化的程度。按理说，巴德林必败无疑，可是偏偏碰上布商说话颠三倒四，加上糊涂法官的糊涂审讯，又加上牧童装傻，只回答一个"咩"字，使剧情像一团乱丝，纠缠在一起，法官越审越乱，巴德林就在"乱"中脱了险，暂时取得了胜利。剧作者的高明之处，妙在一个"乱"字，台上人物之间的纠葛，好像一蓬乱发，理不

　　①　《外国剧作选》（一），上海文艺出版社1979年版，第514页。

清楚;台下观众的心里却像一泓清水,看得一清二楚。台上几个丑角洋相百出,台下观众笑得前俯后仰。这种似乱非乱、乱中有序的矛盾冲突,是创造喜剧气氛的最好方法之一。

剧本的结尾,处理得也十分高明,颇有余味。眼看这个狡猾透顶的巴德林先生要取得胜利了,可是剧情急转直下,剧作者运用他的神来之笔,来了个出其不意,让这个律师在机智的牧童面前彻底败下阵来。巴德林费尽心机想从牧童身上捞一把,结果事与愿违,空空如也。剧本结尾是大快人心的,也是发人深思的。

三

剧中人物的语言虽比较简短,但妙在都符合人物个性。

笑剧是语言的艺术。如果夸张过分,就失之真实,流于庸俗;如果拘谨过分,也就不成为笑剧。要做到恰到好处,十分不易。此剧的人物对话,往往横生枝节——"顾左右而言他",因而风趣盎然,令人捧腹。剧本最精彩的语言描写在"法庭审判"一场。

这里有一段精彩的三人对话:

法官:(向布商)赶快接着说下去。

布商:(总是注视着巴德林)我没有弄错,你是巴德林先生,(走向他)我的那个六个奥娜布正是卖给你的。

法官:(迷惑了)你瞎唱些什么布不布?

巴德林:(向着法官,做出坦白的样子)他在那里瞎说呢!他的脑子一点儿也想不起来了,因为他太傻了。①

巴德林有意骂他是瞎说,以引起他的愤怒。布商果然上当,他越气越胡说,法官越听越糊涂。偏偏牧童的回答又是一个劲儿学羊叫,只回答一个"咩"字。法官夹在中间又气又恼,弄得更加糊涂起来。布商急于要把两件事情同时说清楚,可是天哪,他越性急,越是胡话连篇。请听听他说的那段最妙的"昏话"吧。

① 《外国剧作选》(一),上海文艺出版社1979年版,第514页。

　　布商：但是真的，法官先生。这个布的问题也是很重要的，然而我听从你的话，我一句话也不说了，我把这个留到下一次再说，我刚才说把六个奥娜的布……（在这一场中每当布商说错了的时候，法官就用一种命令的手势把他纠正）我要说的是羊，我向你求恕，法官先生，这个混蛋的律师……我的牧童……当他应当为我看守我的羊的时候，……他告诉我到家的时候就可以把钱给我……不……我要说的是这个牧童很正经地答应了，替我看羊并且当心它们，但是现在他不把布或是钱还给我！（愈说愈把他想说的话说错了，他向巴德林）啊！巴德林先生……（又向法官）我同你说，这个混蛋的特意偷我的羊毛，他用棍子把我最好的畜牧打死……同时他叫我到他家里去拿我的九个法郎。①

　　谁能听清他这一段昏话啊！在这一场审判中，剧作者通过人物的语言，把巴德林的奸刁、布商的贪婪、法官的糊涂，讽刺得淋漓尽致。牧童在这场审判中，尽管他回答只有一个"咩"字，然而却充分体现了他的"机智"！特别是最后，他一连用了 12 个"咩"字来回答巴德林的问话，绝不是简单的重复，而是更加突出地表现了他的"智"。可见，语言不在多，只要能写出人物的性格，即使只有一个字，也可以把人物写活，使舞台生辉，并取得最好的喜剧效果。这就是此剧在描写人物语言上给我们最好的启示。

　　通过以上分析，《巴德林先生的故事》无论从思想性或艺术性方面来看，都是成功的；但是也绝不能说已经写得十全十美、无懈可击了。我们认为，布商最后的下场是十分勉强的。法官宣布退庭以后，布商跟巴德林之间的矛盾仍然没有解决，巴德林甚至还骂他"你还是自认你的头昏乱了"，②可是突然之间，布商不再向他索取布钱，说了句"好了，我

---

① 《外国剧作选》(一)，上海文艺出版社 1979 年版，第 516 页。
② 《外国剧作选》(一)，上海文艺出版社 1979 年版，第 521 页。

现在就直接到你的家里去，看你在不在家，假如你在家就好办了"①，就匆匆下场。律师明明站在他的面前，他却说要回家去看他在不在家，这不是自相矛盾吗？如此下场缺乏根据，如此解决矛盾冲突实在难以使人信服。

总之，《巴德林先生的故事》以进步的思想内容和杰出的讽刺艺术，在法国戏剧史上占有极其光辉的一页。在中世纪宗教黑暗统治下的法国舞台，能出现如此充满诙谐、幽默，并寓教育于笑声之中的笑剧，实在是难能可贵的。因而此剧在当时一演再演，风靡一时，即使到了今天，仍然有无限的生命力。

《巴德林先生的故事》在思想性、艺术性方面，对我们创造社会主义喜剧也提供了有益的启示。喜剧包括滑稽戏、相声剧在内，同样应该具有健康的思想内容、有趣的戏剧情节和生动的人物形象。这三者应该有机地统一在一起。我们需要健康的笑，发自心底的自然的笑，在笑声中受到深刻的教育，绝不能为笑而笑。喜剧要鞭笞丑的，歌颂美的，特别需要艺术夸张，但夸张不等于胡写乱编。艺术夸张如果离开了生活的真实，就必然会导致"假、大、空"。这样，也就谈不上艺术性，更谈不上有什么教育意义了。

德国杰出的戏剧理论家莱辛说过："一个有才能的作家，不管他选择哪种形式，只要不单单是为了炫耀自己的机智、学识而写作，他总是着眼于他的时代，着眼于他国家的最光辉、最优秀的人，并且着力描写他们所喜欢，为他们所感动的事物。尤其是剧作家，倘若他着眼于平民，也必须是为了照亮他们和改善他们，而绝不可加深他们的偏见和鄙俗思想。"②

我想，这应该是从事任何形式的写作的作家，特别是剧作家，都需要遵循的创作原则。

（载《杭州大学学报》1982年第3期）

---

① 《外国剧作选》(一)，上海文艺出版社1979年版，第521页。
② 《汉堡剧评》，上海译文出版社1981年版，第9页。

浅谈安徒生童话

安徒生是 19 世纪丹麦文坛上的巨人,他一生写了 168 篇童话故事。这些充满美丽幻想的童话故事,不仅受到世界儿童的喜爱和欢迎,也受到世界各地成人的喜爱和欢迎。所以我们可以毫不夸张地说,安徒生是属于世界人民的。

这位童话作家对中国还有一种特殊的感情。在安徒生的故乡奥登塞,流传着这样一个美丽的传说:奥斯陆城有一条小河,河水从城市当中穿过,两岸长着许多树木,有红叶的丹枫,有疏落的白桦,也有拂水的垂柳,风景美丽极了。安徒生很小的时候常常跟着他的母亲,到这条小河里来洗衣服,野天鹅、丑小鸭都曾唤起了他美丽的幻想,树木、河水都曾成为他的童话描述的对象。他曾有过这样一个美丽的想象:从这条小河挖下去,挖下去,挖得那样深,挖到地球的另一面,那里有一个美丽的国家,就是中国。

中国对安徒生也有一种特殊的感情。早在五四时期,他的童话故事就流传到中国来了。他的许多童话故事,都受到中国儿童的喜爱,也使中国许多儿童文学作家从中得到不少的教益和启发。

安徒生在 1805 年生于丹麦一个穷苦的家庭里。他的父亲是一个鞋匠,母亲帮人家洗衣服,祖母在街头要饭,一家人经常过着饥寒交迫的生活。安徒生十一岁那年死了父亲,两年后母亲也改嫁了。当时母亲要她儿子去学裁缝,以为当裁缝要比当鞋匠好些。但安徒生有他自己的想法,他想当一个歌剧演员。因此,他在第二年就去丹麦京城哥本哈根了。

他到了京城无亲无友,也没有钱,怎么生活下去呢?他找了好几个剧院都被拒绝了。有的人说他"太瘦了,上不了舞台",有的说他"我们不雇用没有受过教育的人"。

这是他受到的人生第一课教育,他决心奋斗下去。后来他虽然由于偶然的机会,进了皇家歌剧院的舞蹈班,但不久因嗓音变了,不适于歌唱,只好退了出来,去当木匠的学徒。但他对艺术事业始终没有失去信心。他虽然不能上舞台,却可以为舞台创作剧本。但他当时是个无名小卒,他写的剧本有谁给他上演呢?安徒生后来到过许多地方,体验过许多不同的生活。这期间他也读过一些世界名著和北欧古典文学作品,这为他以后创作文艺作品积累了丰富的素材。由于他没有欢乐的童年,因此他下定决心要为孩子们做些事情。1835 年元旦,他在给一位朋友的信中说:"我现在要开始写为孩子们看的童话了,你要知道,我要争取未来的一代。"这时候他刚刚三十岁,从这时开始,他把他全部的天才和生命都贡献给这"未来的一代"。以后每年圣诞节的时候,他总要出一本《讲给孩子们听的故事》,一直到他去世前两年,也就是 1873 年为止,很少间断过。

除了童话故事,他也发表过不少诗歌、剧本、游记和小说,但他把主要精力放在童话故事的写作上。他在文艺创作方面的杰出成就,也表现在他的童话故事方面。值得注意的是,他从写童话故事开始,就有明确的目的性。他希望他的童话不仅能教育孩子,还能教育成年人。他曾经对他的一位朋友说过:"我用我的一切感情和思想来写童话,但是同时我也没有忘记成年人。当我在为孩子们写一篇故事的时候,我永远记住他们的父亲和母亲也会在旁边听。因此我也得给他们写一点东西,让他们想想。"

安徒生写的童话都来源于对生活的亲身感受,例如《卖火柴的小女孩》就是一个明显的例子。在大雪纷飞的除夕之夜,有钱人家全家人都待在温暖的家里,准备欢度新年;可是那个卖火柴的小女孩却穿着单薄的破衣烂衫,光着双脚,蜷缩在街头的墙角边,忍饥受寒。她擦亮了手里的火柴,只是在火柴"温暖的、光照的火焰"中,她才得到了片刻的温暖。她在幻想中看到了火炉、烤鹅、圣诞树和已经死去的慈爱的祖母。她就在这幻想的"天堂"中冻死在街头。童话深刻地揭露了丹麦社会的基本矛盾:那个社会阶级贫富悬殊,富人穷奢极欲,穷人饥寒而死。通过卖火柴的小女孩的悲惨命运,作家对当时统治阶级给以无情的抨击,对劳动人民的悲惨生活寄予无限的同情。童话中那个慈祥的祖母正是安徒生祖母的影子。又如《她是一个废物》,其中一部分内容就是取材于他的母亲的劳苦生活。在这个故事中,我们看到一个勤劳的女人成天站在水里为人洗衣,还吃不饱。但市长先生却说她是一个废物。事实上,这个"废物"曾经是一个活泼美丽的女子,市长家里的少爷曾看中了她,挑动了她纯洁的感情;市长的母亲却因她"出身下贱",用花言巧语将她逼走,说她只配过一个"下贱人"的生活。她终于倒在水里,在洗衣凳旁结束了她的一生。故事有力地谴责了统治阶级的偏见。《丑小鸭》更是他早年苦难生活的写照。童话同时也表现了对美的追求和向往。野鸭们对丑小鸭说:"你真是丑得厉害! 不过只要你不跟我们这里任何人结婚,这对我们倒也没有什么关系。"这段话表现了他当时在社会上是很不得志的。可是这只始终被人瞧不起的丑小鸭,终于发现自己是只美丽的天鹅,将永远飞翔在天空中。

　　安徒生的童话有一部分取材于民间传说,但经过他的艺术加工,使作品包含着更加深刻的思想内容。《皇帝的新衣》就是一篇很有代表性的童话作品。这篇童话虽然假托是一个中国的故事,但事实上却是讽刺当时封建统治阶级的愚蠢和荒谬。这些封建官僚长期深居宫廷,只知吃喝玩乐,不顾人民死活。他们喜欢听奉承的话,结果自己大上其当,大出洋相,还自以为得意呢! 安徒生运用夸张的手法描写了那位愚蠢透顶的皇帝。皇帝是一个穿新衣迷,两个骗子利用了他这一弱点,说他们可以织出最美丽的布,用这美丽的布缝制出来的衣服还有一种奇怪的特性:任何不称职或者愚蠢得不可救药的人,是看不见这衣服的。这样的新衣正合乎这位皇帝的心意,以后闹了一连串笑话。先是皇帝派老部长去观察两个骗子织布,他明明啥也没看见,为了证明他不是愚蠢的,也不是不称职的,他只好闭着眼睛说:"看见了,而且还美妙极了。"以后皇帝又派了一位诚实的官员去看,结果和那位老部长一样,也向皇帝说了假话,使皇帝信以为真。他自己去看,但也和他的两个大臣一样,啥也没有看见。这不是证明他是一个愚蠢而不称职的皇帝吗?

这怎么行呢？他也只好说谎了："真是美极了！"这位皇帝为炫耀他的新衣，决定穿着这件新衣举行游行大典。皇帝光着身子在街上游行，可是谁也不敢说真话，都说："皇上的新衣真是漂亮。"可是有一个天真的小孩叫了出来："可是他什么衣服也没有穿呀！"老百姓都把这句话传开了，皇帝明明听到了，他还是装作没有听见，硬将游行大典继续下去。这篇童话讽刺强烈，发人深思。这说明在那个封建社会里，人们为了讨好皇帝，都只好说谎互相欺骗。只有那天真活泼的孩子，才是世界上最纯洁最诚实的人。

安徒生的童话也反映了追求光明美好未来的主题。《拇指姑娘》就是一个突出的例子。拇指姑娘喜爱温暖的太阳和象征美好生活的花朵。她虽然是孤单单的一个人，但是她不愿意和蛤蟆在泥巴里过肮脏的生活，哪怕他答应她"在泥里将生活得很幸福"。同样，她也不愿意和"穿黑天鹅绒袍子"的鼹鼠结婚，在洞里过黑暗的生活，哪怕他"有钱有学问"，还有"一生享用不尽的财富"。拇指姑娘向往的是光明和自由的生活。她有高尚的同情心和助人为乐的品质。她在鼹鼠的地洞里救活了一只燕子，最后燕子帮助她飞到光明的国度里。

安徒生的童话对劳动人民，对受欺侮的小人物和正直的人，都抱着同情赞美的态度。如在《老路灯》中，热情赞扬了一对长年守夜的老夫妇。他们每晚不管风霜雨雪点明路灯，为人们照亮了道路，一辈子勤恳地干着平凡而有意义的工作。其他如《孩子们的闲话》中的雕刻师，《古教主的钟》中的诗人，《门房的儿子》中的建筑师，《金黄的宝贝》中的音乐家等，都是社会下层穷人的孩子，他们的才能不是天生的，都是靠勤奋学习和艰苦劳动才取得艺术上的成就。但是在阶级社会里，人民的聪明才智往往遭到统治阶级的埋没和摧残。如《钢猪》中的小画家，他本是一个街头流浪儿，由于他勤奋好学才成为画家。他的画包含着生活的真理，却因为他捆缚主人的小狗做模特儿，结果死于富商之手。

安徒生的童话对阶级社会中的金钱力量作了无情的讽刺。在他的著名童话《小克劳斯和大克劳斯》中，这两个同名字的邻居，为了钱变成了势不两立的仇人。他们彼此不惜用残杀的手段与对方争斗。又如在《豌豆上的公主》里，安徒生用夸张的手法，无情地揭露了所谓高人一等的"贵族"的伪装,以及他们所谓贵族"身份"和"爱情"的实质。

安徒生的童话也有一部分描写爱情题材的。有的写王子和公主的美满爱情;有的写劳动人民之间的真诚爱情;有的写劳动者和剥削者之间的爱情悲剧;也有的写黑暗社会破坏了美好的婚姻。其中最动人的是《柳树下的梦》和《依卜和小克丽斯丁》。作品通过平凡的事件,反映了经济地位在爱情婚姻问题上的支配作用。这两个故事的主人公,少年时期在劳动中建立了纯洁的感情,后来却由于对方的阶级地位变了,向往过富裕的资产阶级生活,结果造成了爱情的悲剧。作者通过对好逸恶劳的资产阶级思想的批判,控诉了阶级的门第观念如何破坏了真挚的爱情。

安徒生的童话除了揭露社会的黑暗,描写人间的疾苦以外,还充分肯定人生,相信人类的前途是无限美好的。如在《海的女儿》中,他把"人"描写得那么庄严,那么高贵和那么美丽!海里的公主,为了要获得一个人类的灵魂,不惜牺牲她的一切幸福,甚至自己的生命。她把"变成人"当作她最高的志愿和最高的理想。作为一个"人"是多么值得骄傲啊!人类的创造力是无穷无尽的,人类的前景是无限美妙的。这就是我们从这篇童话中获得的最大的精神力量。

当然,安徒生由于受时代的局限,找不到社会出路,因此在他的作品中也存在一些不健康的东西。他曾经热烈地信仰上帝,把希望寄托在上帝身上。他认为上帝就是真、善、美的化身。因此当作品里的人物陷入苦难的深渊时,作者往往把他们引向"天国"中去,把上帝作为解脱人们苦难的唯一希望。这一点连安徒生自己也承认。他曾在日记中写道:"孤独地生活在世界上,谁也不管我,我只有依靠上帝。它是我唯一的人。"正因为作者有这种消极思想,因此在一定程度上削弱了某些作品的现实性。尽管安徒生的作品有这些不健康的因素,可是从整体来看,他的童话故事总是给人以教育,给人以希望。

安徒生童话在艺术上的最大特色,是丰富的想象和现实巧妙地结合在一起。他用非常瑰丽而奇妙的幻想,创造出引人入胜的境界。他的童话中的人物不是虚无缥缈的,而是从现实生活中来的,使读者有特别亲切之感。作家通过幻想和现实的有机结合,使童话的主题更加深刻了。

其次,安徒生善于用夸张的手法,加强作品的感染力。例如《夜莺》中的皇帝竟把牛叫和蛙叫当作夜莺歌唱,使人深感这位皇帝无知到何等可怕的程度。至于《皇帝的新衣》中那位骄傲的皇帝,当我们读到他赤身露体神气活现地在大街上游行的情景时,不由得你不纵声大笑。这篇童话一百多年来成为人们传诵不绝的名篇,除了它深刻的寓意,还因为安徒生运用了夸张的手法。童话需要幻想,童话要求夸张,正如同鸟的双翅一样重要。只有具有双翅的鸟,才能在童话世界自由飞翔。

第三,安徒生成功地运用了人民的语言,使童话十分优美动听。当他写作的时候,总是考虑到儿童是否能看懂听懂,所以在文字上特别下功夫。他用朴素、简浩、优美的话言,娓娓动听地给孩子们讲述他的童话故事,仿佛在孩子们面前展开了一幅五彩缤纷的人生画图。他时而使你欢乐,时而使你悲伤,时丽使你愤怒,时而又使你哈哈大笑……他真不愧是一位杰出的现实主义童话大师!

(载《说不尽的莎士比亚》,香港语丝出版社 2001 年版)

魑魅魍魉的世界

——斯特林堡的《鬼魂奏鸣曲》剖析

瑞典著名作家奥古斯特·斯特林堡(1849—1912)不但是杰出的小说家,而且是杰出的戏剧家。

他的戏剧以构思奇特、讽刺辛辣著称。当我们一打开《鬼魂奏鸣曲》的剧本,就立即会被剧本中扑朔迷离的情节所吸引。作家以他那丰富、怪诞的奇想,把国人、死尸、鬼魂请上了舞台,剧本以表现主义的艺术方法,通过活人和活人的对话,活人和死人的对话,来揭露资本主义社会里人欲横流、尔虞我诈的世相,通过离奇古怪的情节,让我们看到了魑魅魍魉的资本主义世界中各种各样的丑态。这真是一首地地道道的鬼魂奏鸣曲,它唱出了资本主义利欲熏心的鬼歌,同时也奏出了资本主义群魔乱舞的哀歌。

剧本中的中心人物是八十岁的残废老人亨梅尔,通过他与各种人物之间的复杂关系,彻底撕下了资产阶级家庭华丽的面纱,把他们虚伪、自私、肮脏、腐朽、残暴的内心世界暴露在光天化日之下。同时通过人物之间错综复杂的关系,深刻地反映了许多社会问题。如人与人之间的关系问题,包括夫妻关系、朋友关系在内,其他还有妇女问题、人生前途问题等。

全剧以老人为主线,通过四个场景的描写,把剧中人物之间几十年的恩仇和纠葛生动地表现出来了。剧本既有荒诞的情节,也有鲜明的人物形象,更有不少哲理性的警句。

第一场景的戏首先描写了老人与大学生之间的关系。在这一场戏里,我们可以看出大学生是一个涉世未深的青年,他正直、善良,感情比较纯朴,在一次塌房事件中还救过人。他在一座精致的房子面前跟老人谈话时谈到了自己的理想是："一个人只要在四层楼上有这样一套房间，有一位年轻漂亮的妻子，两个俊秀的孩子，再加上一年两万克朗的收入，那该多美!"①开始，大学生对老人的本来面目没有看清楚，甚至还把他当作了"好人"，老人千方百计要拉拢这位年轻人，他要求大学生下午去看《维尔基丽》的演出，要他坐在上校跟他女儿的座位旁边，并说以后会得到幸福、财富和好名声。这到底是为什么？作者布置了一个很重要的悬念。

在这一场戏里还有一个重要人物是未上场的白发老太太，她只是在窗户下的镜子旁边坐下来，不声不响。她又是谁呢？原来60年前，她是老人的未婚妻。当初他们年轻，有过海誓山盟，要求永结同心，到现在，她不认识每天见面的老人，老人虽认识她，可是已经"无动于衷"了。这一细节描写形象地指明在那个人吃人的社会里所谓夫妻关系、情人关系统统是虚假的。想当初：海誓山盟；到如今：形同路人。这就是那个社会里男女关系的生动写照。

第二场戏是从老人的仆人约翰逊上场开始的。在这一场戏里，老人的真面目由约翰逊揭开了。约翰逊从前开过书店，因为老人知道他干过一件小错事，仗着他没有把他送去吃官司，就强迫他做他的仆人。他做过老人的仆人，自然就对老人的情况一清二楚。大学生从约翰逊口中，才知道老人是一个诡计多端的人。正像约翰逊所形容的那样，他追求权力"像雷电大神那样，他成天驾着战车到处巡游，推倒茅蓬小屋，开辟一条条街道，兴建起广场"，"然后他又钻进人家房间，爬进人家窗户，摆布着人们的命运"，"他杀死一切敌人，从不宽恕一个"，"从前他还是个'堂璜式的人物'。他对待女人的态度是把女的玩厌了，就想方设法让女的自动离开他"。这就是这个资产阶级暴发户的丑恶脸嘴。

在这一场戏里还交代了老人和挤奶小姑娘的关系。老人是一个天不怕地不怕的人，可是他就怕这个挤奶小姑娘。这是为什么？小姑娘以幻影在舞台上出现，她不说一句话，只以动作示意。当老人夸耀自己从前曾救活过一个快淹死的姑娘时，这挤奶姑娘突然走进屋来，只有大

① 《外国戏剧》1980年第3期，符家钦译，以下引文均见该杂志。

学生和老人能看见她。她伸开双臂做出快淹死的模样,眼光紧紧盯着老人。这一动作使老人恐惧万分,忙坐到车椅里要约翰逊把他推走。这个谜,后来才解开了。原来老人在汉堡时,那位挤奶姑娘看到他干过一件坏事,老人怕她揭发,就将她推入河中淹死了。她的亡魂至今仍然跟踪着他,使他终日不得安宁。作者以这种象征主义的描写手法,来揭露老人内心的恐惧状态和他的虚假行为是非常真实的。

上校的跟班本特森上场以后,戏剧进入了高潮,这就是第三场。这场戏是全剧的精华所在,情节更加离奇,描写手法也更加特别。人物之间的复杂关系到此逐渐明朗化了。老人和上校木乃伊的关系弄清了。原来木乃伊是上校的妻子,但木乃伊生前又是老人的姘头。上校的女儿实际上是老人和木乃伊生下的。在上校举办的鬼宴席上,人鬼混杂,互相揭发,互相倾轧,真是一场狗咬狗的滑稽戏。老人用他的金钱把上校的期票和家当全部占为己有,并揭发了上校的门第、军衔统统是假的,从而使上校露出了原形;木乃伊又揭发老人的罪行,把他的老底全部翻了出来。老人又在席上发了一通议论。这通议论,既有揭露性的一面,也有哲理性的一面,颇有思想深度。按理说,既是筵席,大家总该热热闹闹、高高兴兴谈论一通,可是老人主张大家一声不响,默坐在一起。他认为"谈天气"谁不知道?"问候彼此健康",大家全都清楚。他认为"沉默最能显出真情,说话反倒掩盖本相"。这席话把资产阶级社会里人与人之间的冷漠关系,作了淋漓尽致的揭露。他还一针见血地指出:"在这座高雅的房子、华贵的家庭里,优美、文化、财富都浑然一体了——我们在座的人,都明白我们是哪一号人——嗯?——我不需要把它点出来。"其实,老人早在前面的讲话中就已点明了资产阶级家庭中的腐朽性:"在这所房子里的人,里里外外,关系都是一塌糊涂的。可是外表上却又一点看不出有什么不寻常的地方。"老人在木乃伊的追问下,不得不道出他不请自来的目的,要为他的私生女儿找大学生做朋友,让她在朋友身上找到光明温暖。他认为"只有这种光明与温暖才能启发高贵行为"。他还大言不惭地表示:"我要烧尽莠草,揭发罪行,算清旧债,好让这对年轻人在我给他们的这个房子里开始新的生活。"对于这样一个罪恶累累双手沾满鲜血的家伙,果真能"烧净莠草,揭发罪行,算清旧债"吗？至此,木乃伊站出来对老人的罪行进行了全面揭发,那是大快人心的一场戏,木乃伊揭发老人的罪行是双重的:他不但消灭别人的肉体,而且还劫走了别人的灵魂。她说:"你劫走我们的灵魂,用花言巧语抢走我的一片痴情。今天安葬的领事也是你杀害的,你用一张期票,就把他老命送掉;而现在,你又用伪造的他爸爸欠你一笔债,劫走这个大学生的灵魂,其实他爸爸根本没有欠你一个钱。"老人还想站起来打断她的话,可是在真理和事实面前,他还能说什么呢？他跌倒在车椅里,身体缩得越来越小了。

在这关键时刻,本特森也站出来进一步揭发老人的罪行:原来老人曾当过他的仆人,在厨房里大干吸血鬼的勾当,只因骂了他一声"厨师是贼",他就倒打一耙,反把本特森一家人投进监狱。他在汉堡放高利贷,还将一个姑娘诱骗到冰河上去淹死。老人的罪行被彻底揭露以后,老人的字据、房契被迫交给了木乃伊。木乃伊就将他关进碗橱里去,老人的生命完结了。这是他——一个高利贷者、房产投机商、资产阶级暴发户应有的下场。

在这一场戏里,老人既撕开了上校的假面具,自己的假面具也被木乃伊、本特森揭开了。原来他们都是一丘之貉。这些道貌岸然的伪君子,其实都是十恶不赦的坏蛋。

在以上三场戏中,除了以老人为中心的那张关系网外,还有其他人物之间的关系,有些是一笔带过,有些有着千丝万缕纠缠不清的关系,这些复杂的关系网,交织成一幅五花八门的人吃人的画卷。斯特林堡通过这幅画卷,从一个侧面反映了人们对社会、对家庭的虚伪性所持的反抗精神,而这种反抗又是变态的、非理性的,从而使更多的家庭发生破裂。他们把神圣的爱情当作儿戏来玩弄,借此来发泄自己的情欲,从而使他们苍白的灵魂得到一点可怜的安慰。一旦他们感到玩厌了,就互相抛弃,谁也不怜惜谁,如同路人一样,有的甚至变成了仇人。人与人之间的关系,不是互相关怀而是互相吞吃,一切都是建立在赤裸裸的金钱基础之上,这就是一幅典型的群魔乱舞的鬼魂世界图。

第四场戏描写了一对青年人的爱情。老人被关进碗橱以后,就出现了欢乐的歌声。大学生所唱的那首歌,代表了斯特林堡对人类前途并没有完全丧失信心。他唱出了："我看见了太阳,仿佛看到了神奇的力量。"他唱出了功善的道德信条："一个人种瓜得瓜,行善者总有报偿。"他唱出了资产阶级人道主义的赞歌："对人切忌以牙还牙,对受害者要优礼相加。"他同时也唱出了做人的道德标准："光明磊落的人问心无愧,返璞归真,才算得到德行粹美。"

这对年轻人原该幸福地结合在一起了,然而姑娘道出了"人生多苦辛"的悲鸣,因为周围的一切人都是虎视眈眈要伤害她,连厨娘、女仆都处处要吸吮她的血,她怎么不感到人生的艰难呢?另外,她从爸爸妈妈的生活经历中也看出了夫妻关系是虚伪的。她听爸爸说过,他们的夫妻关系是："我们还有什么可说的呢?我们不能再互相欺骗了。"由此她对人生、对爱情完全绝望了。

大学生通过社会实践对人生的看法更深一层。他从爸爸死在疯人院里一事,看出在那个社会里要做一个正直的人是不可能的。他得出的结论是："要是人们真要都老老实实,这个世界也就完蛋了。"他同时也看出了所谓朋友全都是"虚假的流氓"。他懂得了华美的屋里充满着见不得人的东西,世界上找不到美好的东西。他终于喊出了悲鸣："世界上哪里有童贞的姑娘?哪里有绝代佳人?世界上哪里有忠诚体面?只有童话故事和儿童游戏里才能找到这种东西。"

姑娘终于在悲剧气氛中像风信子花那样,洁白无邪地死去了。她的死是一种无声的抗议,她是那个吃人社会的牺牲品。这就是这出悲剧向我们揭示的真理。

面对这样结局,大学生没有绝望,他对已经安息了的姑娘说："你这天真的姑娘,优美、受苦的姑娘,你为别人的过错受够了罪,现在你安息吧!你无牵无挂地安睡吧,等到你再醒过来,那时就会有和煦的阳光,干干净净的家,正正派派的朋友,十全十美的爱情。"然而如何能达到这个美妙的世界呢?斯特林堡的回答是朦胧的。值得玩味的是,他不把希望寄托于西方的上帝,而是把希望寄托于东方的宗教："啊,大慈大悲、大智大慧的释迦牟尼佛,你一直在期待从地上升到天堂,求求你,让我们耐心应付磨炼,让我们明心见性,好实现你的愿望。"这当然是作者的空想。剧本最后由于斯特林堡思想上的矛盾和局限,使结尾蒙上了神秘主义、悲观主义色彩,然而我们在悲怆的乐曲声中已经听了轻柔和亲切的乐曲,太阳终究有一天要冲破阴霾普照宇宙大地的。

这个剧本在写作上具有表现主义的艺术特点。表现主义强调表现主观感受,强调表现内在实质。它反对现实主义按照现实的本来面貌描写现实的创作原则,它主张表现外部世界在人的内心世界的折光,用主观感受的真实去代替客观存在的真实。表现主义戏剧无视传统戏剧所遵循的冲突律,在表现方法上采取内在精神的舞台化。为了抒写人物复杂的心理状态,他们喜欢采用象征和梦幻的手法来表现人物的精神活动。他们笔下的人物往往身世不明,来去无踪,甚至连具体的姓名都没有。一般来说他们创造的人物,性格既无发展又缺乏特征,人物的行为既缺乏理性,又缺乏逻辑性。他们不像现实中的人,而是像梦幻、童话中的人。象征手法是表现主义的最大特色。据此我们来看《鬼魂奏鸣曲》的艺术特色,就容易理解作品所包含的真谛了。表现主义的象征对象是各种各样的,有:

象征性的环境

《鬼魂奏鸣曲》发生的背景是那所华丽的住宅,这所住宅就象征着资本主义社会的缩影,外表虽然华丽,其实内部充满着许多见不得人的东西。剧作家通过老人之口早就点明了这一点:“在这所房子里的人,里里外外,关系都是一塌糊涂的,可是外表上却又一点看不出有什么不寻常的地方。”

象征性的情节

我们知道表现主义著名作家卡夫卡的名作《变形记》,情节十分荒唐,主人公一夜之间可以变成一只甲虫。通过荒唐的情节,象征着资本主义世界,人可以异化成为非人的可悲现实。同样,《鬼魂奏鸣曲》的情节也是十分荒唐的,活人、死人、幻影、木乃伊可以同台演出,鬼筵席上可以人鬼混杂,这些都象征着资本主义社会中人与人之间关系的荒唐。有些人活着等于死了,有些人死了但由于冤魂不散也可以向活人清算罪行。看来情节荒唐,但却反映了资本主义社会关系的本质。现代西方世界中的荒诞派戏剧,不就是从表现主义戏剧衍生出来的么?

象征性人物

这是表现主义戏剧创造人物的一大特色,他们具有抽象性,不但无姓无名,而且有生有死。但不管怎样变化无穷,他们都象征着一种人,既然是人,他们都有普通的人性,即使是幻影也有七情六欲,喜怒哀乐。那位挤奶姑娘虽只是幻影,不声不响,可是老人见了她就发抖,这正好表明老人的恐惧心理。她向老人举起双手,不正是表现她的愤怒心情么? 再说老人虽然年已八十,而且已经残废,可是他的活动能量很大,他仍然可以为所欲为,搞得别人倾家荡产。他象征着资本家唯利是图的本质是至死不变的。再说木乃伊,她象征着受迫害的妇女,她具有正义感,她生前被老人迫害致死,但精神不死,一旦发现老人还在伪装好人,为非作歹,她就毅然站出来揭发老人的罪行,她的正义行动博得了人们的称赞。她把老人关进碗橱里去,象征着老人的末日已经来临。剧中的大学生和姑娘,象征着青年一代。他们善良、纯洁,本该享受人间的温暖、爱情的幸福,然而在充满罪恶的资本主义世界里,连一张桌子也"没法子摆平",他们能幸福地结合在一起白头偕老么?

剧中有一段描写他二人的对话,很富于哲理性和象征性:

大学生:……为了得到你,我哪怕千难万险也百折不回。

姑娘:别说这种话,无论如何我是不会答应的。

大学生:那是为什么?

姑娘:这你就别问了。

〔半晌〕

大学生:刚才你把手镯扔到窗子外面去了。

姑娘:那是因为我的手越来越瘦,没法戴它。

为什么姑娘的手会越来越瘦? 为什么她要把好端端的手镯扔到窗外去? 这些象征性的语言和动作都是发人深思的。要不是她对爱情失去信心,她会这样干么?

总之,斯特林堡以他对社会的深刻洞察力,谱写出了这首《鬼魂奏鸣曲》,尽管他运用了表现主义的多种手法:一会儿活人登台,一会儿死人出现;一会儿沉默不语,一会儿长篇大论;一会儿气势汹汹,一会儿越缩越小；一会儿发出了小鹦哥的叫声，一会儿又弹奏出快乐的乐曲，使人眼花缭乱，扑朔迷离，然而只要我们细心拨开迷雾，我们就可以体察出作品中既有深邃的哲理，也有丰富的内涵，更有强烈的讽刺。它好比橄榄那样，初读时如入迷魂阵，不知道作家的意图所在，等到细读几遍以后，经过仔细玩味，你才会慢慢捉摸出剧作家的真意。原来他要告诉我们的最重要的真理是："这个世界是疯人院，是妓院，是停尸场……"我想，这就是斯特林堡伟大的所在。

《鬼魂奏鸣曲》所揭示出来的真理是毋庸置疑的。由于它毫不留情地触动了资本主义的伤疤，因此从它诞生的第一天起，就遭到资本主义卫道士们的猛烈攻击。然而它却受到世界人民的普遍赞扬。它不但在世界戏剧舞台上经常上演，而且还被英国广播公司摄制成电视片在世界各地播放。斯特林堡的戏剧遍及全世界，奥凯西和尤金·奥尼尔都深受他的影响。奥尼尔晚年曾说："我希望永生成为事实，因为那时候，我就会和斯特林堡见面了。"可见他对斯特林堡的赞叹是多么深沉。对中国人民来说，我们对斯特林堡也开始有所认识。《斯特林堡剧作选》、《斯特林堡传》以及他的著名长篇小说《红房间》等均已翻译出版。1981年5月斯德哥尔摩举办首届国际斯特林堡戏剧节和学术讨论会，我国派出了石琴娥同志参加了这一活动。随着时间的流逝，斯特林堡的声誉将与日俱增，永照人间！

（载《外国文学研究》1985 年第 4 期）

第二辑

怀念师友

　　我的一生有幸遇到不少良师益友,没有这些良师益友对我的培养、教育和帮助,也就没有我今天在学术上的小小成就。

　　人要有感恩之心,不能忘恩负义,如今我年已 92 岁,行将就木,来日不多,我更加怀念他们对我点点滴滴的恩情。

　　师恩难忘!

　　友人的恩情同样使我难忘!

钱锺书书信五封

第一封(1982 年)

明耀同志：

　　来函奉悉，祗忝愧汗。据全韬言，君成就卓著，足见豪杰之士，虽受我之不良教学而未中毒，自幸罪过稍轻矣！大文极清楚平整。然未言所据为研究资料者是何版本。Butler 书十余年前有美国人 Daniel Haward据原稿加注，由英国 Methuen 印行，我曾见之。乃知历来通行本绝非本来面目，布局情节已由 Jones 大刀阔斧删改；前有长序，分析作者原意尤切。此书已成为学术界公认必据之本，而吾国似知者不多。尊文是否系据此本？"文革"中我藏书多遗失者，不妨向大图书馆一询，或贵校径向英国购置。否则总属隔膜。承垂询敬陈供参考。弟明晨有远行，倚装作信，恕草草即致。

　　敬礼

钱锺书上
十月一日

　　说明：这是钱师第一次给我的信，他特别提到了 Butler 原著的版本问题，十分重要。钱师曾是暨南大学外文系教授，当时只有三十多岁，风华正茂，风度翩翩。他在系里声望甚高，他却自谦为"不良教学"，我是一个平庸学生，他却称为"豪杰之士"，足见他的幽默风趣，使我汗颜。他的写信日期，往往只写一个日期，不写年份。

第二封(1983 年)

明耀学兄：

奉函及大译，谢谢！想必良工精琢之作，容当细读。（旁注）书名即译得极好，具备"信达雅"矣！适近发表拙文中道及勃特勒，寄呈粲政。愚为俗冗所困，朔方先生惠过，未得畅聆教益为憾。去年戏集古语为一联云："天容闲处老，朋误远方来"，博一笑，即颂

　　教安

钱锺书上
十二日

　　说明：钱师对拙译《如此人生》（浙江文艺出版社 1982 年版）评价过高，使我愧不敢当。他信中所讲的"为俗冗困"确是事实。中外来访者甚多，确实影响了他的研究工作；中外来信太多，也占去了他不少宝贵的时间，真是"做名人难呀"！他附来的大文是一篇高质量的中外诗歌比较论文，他在附注上说："此乃初稿，增诗本见《新华文摘》本年 4 月号。"

　　这次他将"同志"改称为"学兄"，岂不愧煞人也，老学者们对写信人的称谓，往往十分客气，这也是中国文人的谦逊美德。

第三封(1983 年)

明耀学弟教席：

前得书，想将北来开会，初意可晤面，遂未作答。熟知洵如少陵所谓"人生不相见，动如参与商"，大驾抵京时，愚适为俗务所困，竟尔相左，怅憾之至，昨日李家小妹以尊笺及佳茗送致，益增感愧。君子之交淡如水，茶已过浓矣。一笑。草此道谢并叩

　　暑安

钱锺书敬白
二十二日晚

　　说明：这封信钱师未用标点符号，这次钱师将"学兄"改称"学弟"，依然使我不敢当，我哪有资格当他的学弟！钱师在信中谈及"君子之交

淡如水",确是他的一贯作风,他从不收礼,而且也反对别人送礼,这是我第一次给他送新茶,原也是平常事,后来我不再给他送任何礼品了。

第四封(1984 年)

明耀同志:

奉到来信,知将莅京,或可晤面,甚为忻慰,弟即在京,而人事历六,望届时先来一电话(867712)相约,以免失迎。切勿馈赠,倘有厚赐,弟必而还,反添一番唇舌。余待而谈,即颂

暑安

钱锺书上
七月十四日夜

说明:钱师怕别人打扰,从不将宅电号码告诉别人,尽管如此,有些人还是能知晓钱师家的电话号码。这年去京,钱师却先将住宅电话号码告诉我,这算是看在师生情面,给我开了方便之门。平时钱师拒绝来访有他的道理,他和夫人杨绛先生名气太大,如果来者不拒的话,必然访客如云,他们如何能安心治学呢?据说中外旅游者,均以一访钱师为荣。有云外宾到京如能登上长城,参观故宫,访问钱先生,方算不虚此行。但第三项往往做不到,据说有一位英国女士读了《围城》以后,非常佩服,希望登门拜访钱先生,以目睹钱先生的风采,钱锺书先生在电话中答道:"假如你吃了鸡蛋觉得不错,何必认识那下蛋的母鸡呢?"这幽默回答立即打消了那位女士渴望一见钱先生的愿望。这类婉言拒绝来访的电话的事是常有的。

另外,这封信中他再一次提醒我,切勿带礼物去访问他,并在这句话下面加了重点号,我当然遵命,可见钱师高风雅致。

第五封(1985 年)

明耀学兄:

承过访,甚感,前日得来信,我倒后悔这次会晤了。我常说:"一捧便俗","一吹便伪";在这一点上,我们一对偻老夫妇和许多人(例如你所熟悉的李先生)的人生观根本不同。我们拒绝中外采访者(包括电视

记者)的事例,也许你有所风闻。不肯轻见生客,你这次来,事先约定,还转了李小姐那里的弯。蒙你过爱,要记录印象,但朋友间私人谈话,公之于世,便不是以朋友身份过访,而是以记者身份采访,犯了禁了,以后难再见面了,何况有些失实不妥的地方(我已用铅笔批出),又违反了采访的真实原则。直率陈词,请你见谅。尊稿奉还,即颂

　　近祉!

钱锺书上

杨绛同候

九日夜

　　说明:这是钱师生前给我的最后一封信,这封信对我进行了直率的批评,对我触动很大,使我终生受益。事情的经过是这样的:1985 年我去北方参加一次学术会议,回来时路过北京,决心去拜访钱师。我对钱先生历来有敬畏之心,我的毕业论文由他指导,第一次送上去,被他退回来,第二次送上,才勉强通过。钱先生平时不苟言笑,那天上午 9 时我进门后向他鞠躬致敬,他对我表示欢迎。我将新近在《杭州大学学报》上发表的论文《博马舍和他的费加罗三部曲》呈上,请他指正。他随后指着桌上一大堆中外信件说:"我来信太多,光看信回信就占去了我不少时间。"他又从书架上拿出一本研究博马舍的法文书,对我讲:"研究博马舍最好能参考这本书。"我回答说:"我不懂法文。"时间过得飞快,我们闲谈了一会,一看时间,我忙提出要求:"可否见一下钱师母杨绛先生?"钱先生当即点头说:"好吧,我进去看她有没有空,得征求她一下意见。"过了一会儿,他将杨绛先生从内室领出来了,我见杨绛先生面目清秀,虽已年老,但风度儒雅,一派学者风范。她和我谈及刚从西班牙和西欧一些国家访问归来的事,谈了 10 分钟光景,杨绛先生说道:"我还有事,不多陪了,真对不起。"我知道她译事很忙,不能多花她的时间,这时候已快 10 点了,我连忙向钱师告别。事后我写了一篇访问记,记述了这次难得的会见,写好以后,我寄呈钱先生审阅。我知道如未征得他的同意,擅自拿出来公开发表,必然会引起他的愤怒。了解钱先生的人,都知道他为了专心治学,采取了三不主义:一不接见访客,二不接受新闻媒体的采访,三不参加一切会议。我的信、稿发出去以后,很快

得到了钱先生的回信。那篇访问记开头我就写："最近访问了蜚声中外的钱锺书先生。"他在"蜚声中外"四字旁边画上了二条杠杠,并批了一句,"什么蜚声中外"? 在其他地方也画上了杠杠。我接信以后,立即写信向他谢罪道歉。这就是钱先生的个性。至今,我依然将"访问记"压在抽斗内。

（载《新文学史料》2008 年第 2 期）

感受大师的胸怀

——读钱锺书书信五封

　　当今,人们对名人的书信愈来愈重视了,因为书信是抒发感情的最好形式,随想随写,不受拘束,真实地流露出写信人的感情。他们的世界观、人生观、治学观、道德观、爱情观,以及对世事、国家的看法,都会在书信中自然地表露出来。写学术文章要引经据典,难免一本正经,做学术报告,有时还可能讲一些套话、空话。写信就像在江河大海里遨游,自由、舒畅,很少有顾虑,所以人们都爱读名人的书信,从中受到教益。有些名人书法秀气、端正,书信简直就是一副书法佳作;有的名人,书法潦草,写得像天书,难以辨认,但一旦辨认清楚,愉悦之情,油然而生;有的书信探讨学术问题,内容深奥,难以理解,但能鞭策自己更好地学习;有的名人幽默风趣,他们隽永、智慧的语言,常使我们忍俊不禁,开怀大笑。

　　时下有些人乐于收藏名人书信,成为一种时尚。最近媒体介绍了一位名叫施拉姆的外国人,生于捷克,父母都是奥地利人。第二次世界大战期间他被征召加入德军。被俘后,关在苏联加里宁监狱。2005年,他去世后,家人无意中发现了一个大铁柜,里面放着许多名人书信,经专家鉴定,这批名人书信价值连城。其中有一封是拿破仑写给他的未婚妻约瑟芬的情书,信中说:"我送你三个吻,一个吻你的心,一个吻你的唇,一个吻你的眸。"虽然字迹潦草,还有很多删改痕迹,但这是一封真正的情书,拿破仑尽管是位军事统帅,战功赫赫,可是他也是有七情六欲的人,他不光会打仗,也有他的爱情世界。这一大批名人书信,据拍卖行初步估价,高达 460 万美元。对施拉姆的家人来说,这真是一笔天外飞来的横财。由此可见,收藏名人书信,不但有历史价值、人文价值,而且还有巨大的经济价值。但是收藏名人书信极不容易,要付出相当的代价,其中也有不少带有传奇色彩的故事。像施拉姆这样的有心人,千方百计,持之以恒,小心保存,毕竟是极个别的事例。他生前也没有料到,死后会给家人带来如此巨大的财富。

钱锺书是大家公认的文化名人,文学大师,我有幸在 20 世纪 40 年代末,在上海暨南大学外文系读书时,当过他的学生。那时候,我们这批学生就十分崇拜他的学问。上他的"文艺批评"课,听他流利、典雅的英语,就是一种文化享受。可是真正要听懂他的课,委实不容易。当时他还在上海一家文艺杂志发表了长篇小说《围城》,更使我们崇敬不已。

新中国成立以来,他的名气越来越大。全国掀起了钱锺书热,研究钱锺书的人越来越多,现在有人把这一现象称为"钱学"。我有自知之明,自己是个愚庸的人,在学术上没有什么建树,不敢轻易写信去打扰他。拨乱反正以后,杭州大学外语系英国文学专家蒋炳贤教授和我,打算合作翻译一部 19 世纪英国文学名著,是勃特勒创作的长篇小说 *The Way of All Flesh*(中文译名为《众生之道》)。我先通过我的同学,钱先生的得意门生宁波师范学院中文系吴全韬教授写信和钱先生联系,请他论证一下这部小说是否值得翻译。以后我们师生才开始通信。钱先生生前和我通过 5 次信,至今我依然小心保存着这 5 封珍贵的书信。从他的书信中可以清楚看出他的道德文章。他的书法,行云流水,非常端秀。为了怀念钱锺书先生生前对我的教诲,我愿把他的书信公之于众。岁月如流水,如今我已从一个青年学子成了一位行动迟缓、两鬓染霜、身患多种疾病的耄耋老人了,自知已活到人生边上,来日无多。如今我将钱先生的书信公布出来,目的只有一个:让读者诸君共同来感受这位大学者的精神风貌、丰富学识和人文胸怀,同时也可以欣赏他精湛的书法艺术。

钱先生于 1998 年 12 月 19 日静静地闭上了他的双眼西去了,终年88 岁。许多名人、学者对他的辞世表示了深切的哀悼。著名老作家柯灵对他的评价十分中肯:"钱先生灵心慧眼,明辨深思,热爱人生而超然外物,洞察世情而不染一尘,水晶般的透明与坚实,形成他立身处世的独特风格。"著名学者王元化评价说:"钱锺书先生逝世,意味着本世纪初涌现的一代学人的终结。钱先生学贯中西,融汇古今,他的治学态度和学术成就堪称一代学人中的一个代表,他的人品也是后辈学人的楷模。"

钱先生辞世快十周年了,他留给后人的思念是无穷无尽的。怀念钱先生的同时,我们也时时思念杨绛先生,她曾在《我们仁》一书中,详细记录了他们一家三口的亲密关系。钱和杨不仅是一对恩爱夫妻,也是一对模范夫妻。他们心灵相通,一心治学,为中国的精神文明建设做出了巨大的贡献。杨绛先生已是 96 岁高龄,她先失去爱女钱瑗,接着又失去了终生相伴的老伴钱锺书。她平静如水,淡泊名利,如今仍然笔耕不断。钱先生写过《写在人生边上》,杨先生最近推出了新著《走在人生边上》。在书中,她畅谈了个人的感悟,也追问人生的价值。有读者称,这是一本解答人生终极问题的书。她想问的所有问题,在这本书里都可以找到答案。她是在克服了高龄给身体带来的种种障碍的情况下完成此书的。他们夫妻为人低调,生活作风是三个"怕"——怕麻烦人、怕劳累人、怕打扰人。1990 年,钱先生 80 大寿,家中电话闹翻了天,各界人士纷纷来电要为他举行祝寿活动,或开什么纪念会等,都被他拒绝了。他认为这类活动是"招些不三不四的文人,讲些不痛不痒的废话,花些不明不白的冤钱"。他的话至今仍有深刻的现实意义,目前各类纪念会、研讨会、颁奖会、庆祝会,以及各式各样的会议多如牛毛,有些名人、要人每日疲于奔命,飞来飞去忙于讲话、指示。他们住高级宾馆,吃美食,出席豪华的会议,会后搞旅游活动,每人拎一袋高档礼品回家,不知花费老百姓多少血汗钱,想想钱先生的高尚品格,能不汗颜么?钱先生已驾鹤西去,杨先生还活着,她的头脑很清晰,这本新书还不是她的封笔之作,她还谦称:"希望我离开人世之前,对我的新著指出错误,还能使我有所补益。"

最近从媒体获悉,杨绛先生创作于 20 世纪 40 年代的喜剧《弄真成假》又将在上海重新上演了。此剧创作于 1943 年,当时上海正处在日伪统治时期,政治环境险恶,文艺创作受到空前限制。为了生计,她在李健吾、陈麟锐的鼓励下,开始戏剧创作,这部戏就是那个时期的作品。由黄佐临导演,演出引起了轰动。《弄真成假》和她另一部喜剧《称心如意》被称为杨绛创作中的"喜剧双璧"。当时有人介绍钱锺书时,常常冠以"杨绛的先生"之名,可见当时杨绛的人气有多旺。更令人想不到的是,正是钱锺书看罢此剧走出戏院时,才萌生写小说的念头,最终成就了《围城》的问世。杨绛先生闻说上海将在"2007 年上海国际艺术节"期间,于 11 月 15 日在上海话剧舞台中心演出《弄真成假》,专门写了《"杨绛"与"杨季康"》一文,回忆当时演出的情况,并表达了她的又惊又喜、又感激又惭愧之情。她衷心祝愿演出成功。书写至此,我不禁叹云:伟哉,钱先生！ 美哉,杨先生！

写于 2007 年 9 月西湖桂子飘香时节至 11 月彩霞染秋之时
（载《新文学史料》2008 年第 2 期）

钱锺书给我的新年贺卡

　　文学大师钱锺书的长篇小说《围城》改编成电视剧在全国热播之后,又掀起了一股钱锺书热。从此,中外读者、观众给他的贺年卡更像雪片一样地向他飞去。中国老一辈知识分子都遵循"来而不往非礼也"的古训,钱锺书也不例外,尽量挤出时间来为那些热心的读者、观众和亲朋好友回送贺卡,以表谢意。

　　20世纪40年代末,我在上海暨南大学外文系求学时,钱锺书先生是我的老师。作为他的学生,我每年给他寄一张新年贺卡,祝他健康长寿。于是,我有幸收到过他的五张贺卡,至今小心保存着。他的贺卡张张不同,异彩纷呈,弥足珍贵。他和老伴杨绛先生是文坛一对出名的恩爱夫妻。贺卡均以两人署名。钱先生驾鹤西去将近十年,杨绛先生现已97岁高龄,但她依然心静如水,安坐书房,笔耕不断。我每年在新春时节,拣出珍藏的五张贺卡观赏,睹物思人,心潮澎湃,怎能不使我感怀不已!

　　钱先生的贺卡别有一格,他的贺卡中包含着对晚辈的祝贺和期望。现按照我收到贺卡的先后顺序排列,记录之,以示对老师的深切怀念。

1984年收到的贺卡和贺辞:

献岁发春　敬祝

　　　明耀同志

身心安隐 文字吉羊

　　　　　钱锺书

　　　　杨　绛 上("上"字上移半行)

这是一张亲笔写的贺卡,我特别珍惜。贺词中的"身心安隐"四个字,很有警示作用。一个研究者如果身心浮躁,一心追求名利,能沉下心来做学问吗?

1985 年收到的贺卡,题辞是现成的古诗,颇有意思:

云海苍茫得大观,

也因归梦到江南,

八旬初度犹万剑,

乐与亲朋握手欢。

　　　　　　稚衡

诗中重点放在"乐与亲朋握手欢",体现了钱先生对情谊的看重。反面的亲笔题辞是:

明耀学兄

　教学相长

　声名俱泰

　　　钱锺书

　　杨　绛　叩岁("叩岁"二字上移半行)

钱先生对我改称"学兄",这何敢当,这也是一些老学者的惯例,往往对后辈称为"先生"、"学兄"、"仁兄"、"阁下"……不足奇也。这句题辞是钱先生对一位学生的期许。真正要做到"声名俱泰"谈何容易。我一生庸碌,学术上无建树,愧对老师了。

1986 年收到的贺卡,封面是一张淡雅的国画。

反面是中英文新年贺词。钱先生亲笔写上:

　明耀先生

　　新年多福

　　　钱锺书

　　杨　绛　上("上"字上移半行)

这虽是一张普通的贺卡,但也包含着老师对学生的祝贺之情。

1987 年收到的贺卡,细细欣赏觉得很有意思。除了祝辞是现成的及伉俪双双签名外,他们对贺卡的挑选,既有新意,又包含着他们殷殷的祝福,令我感动。祝辞是这样写的:

　无论您在何处……

愿我深深的祝福

带给您欢乐、平安与幸福

佳节快乐

年年如意

明耀先生年禧

　　　　钱锺书

　　杨　绛 同贺("同贺"二字上移半行)

1988 年收到的贺卡是钱先生、杨先生特制的贺卡,金字绿底,十分雅致。上写"新禧 钱锺书 杨绛恭贺"。我猜想,钱先生为感谢众多亲友和读者的新年贺卡,没有时间到市场上去买现成的贺卡,索性自己设计制作了,估计数量不多,因此更令我爱不释手。反面题辞是:

明耀贤友:大著奉到,因病未即复歉,顺此为谢。

　　　　　　　　　　　　　　　　　　　　　　　钱锺书

钱先生的签名很特别,赢得了许多人的赞赏。他将名字连在一起写,别有韵味,也体现了他的个性习惯和风格,别人要想冒充他的签名,难矣。他写信日期,往往不写。

写罢这篇小文,我觉得对一位名人的评价,除了看他大的方面,如学术思想外,还要看他的生活小节,从细微之处见真情。钱先生制作的贺卡朴素、简洁,贺词简单、明白,包含着浓浓的真情,使我永远无法忘怀。

(载《世纪》2008 年第 6 期)

怀念恩师钱锺书

一、初识恩师钱锺书

著名学者、作家钱锺书先生走了,他此去了无痕迹,但是人们都在思念着他。

我有幸在青年时代亲聆钱先生的教诲。抗战胜利以后,我在上海暨南大学外文系继续求学,当我读到四年级时,听说系里有一位颇有名气的教授,名叫钱锺书,要给我们开一门新课。我们都在猜测这是一位什么样的老师,是年轻的还是年老的,是严格的还是慈祥的。当时我们早就听到了一些有关钱先生的传闻,说钱先生博学多才,并敢于和他在浙大文学院任教授的父亲钱基博先生在学术上提出不同的观点;又听说他当时在上海的一家文艺杂志发表了一部长篇小说《围城》,颇得好评。当时同学们都十分惊奇,赞叹道:"这位教授先生居然还能写长篇小说,真不简单!"

……

同学们都怀着渴望好奇的心情等待这位传说中的教授给我们上新课。这门新课名叫"西洋文艺批评",第一次上课前,大家早早就到教室等待了。快上课时,只见走廊上靠窗边的地方,站着一位戴着眼镜、西装革履、颇具绅士风度的年轻人。这位看上去只有三十多岁的年轻人是谁?

上课铃响过以后,年轻先生走进教室来——他就是钱锺书先生。他用流利的英语开始给我们讲课。看着台上风度翩翩的钱先生,我不由心生赞叹。从此,每周一个上午,钱先生都来为我们讲课。他从不迟到、不请假,每次上课都比我们早到几分钟,静静地等候在走廊里。他讲课内容丰富、广征博引,古今中外无不涉猎,讲起来滔滔不绝,极富魅力。他有时在黑板上写几句英文,有时写几句法文,有时又写上几个德文,使我们目不暇接。我们十分喜欢听钱先生讲课。他语多精辟,见解新颖。可是我们又很怕钱先生的课,因为我们只是浅薄,有的内容难以听懂,有的难以理解,难以消化。可见听钱先生的课,学生得有相当的根基,否则像"鸭听天雷",收效甚微。

　　临毕业的时候,每人要写一篇毕业论文,系里领导为每一位同学指定一位导师,偏偏钱先生做我的论文导师。我心里暗暗叫苦:"这下完了,毕业论文通不过就不能毕业了。"我记得选了英国 18 世纪小说家司各脱(Walter Scott)和他的作品作为我的论文题目。我搜索了不少有关这位小说家的资料,拼拼凑凑,勉强把毕业论文写好,小心翼翼地交给了钱先生,钱先生笑着对我说道:

　　"我看了以后,下个礼拜就送还你。"

　　从此,我在一周内,茶饭不思,担心这篇毕业论文可能会通不过。好不容易熬到下个星期上这门课的时候,我走到钱先生面前问道:

　　"我的毕业论文,钱先生看过了么?"

　　"看过了,"钱先生笑着说道,"你的毕业论文自己的观点太少,抄来的东西太多。我请你再做修改补充。"

　　他的话音一落,我的心马上凉了半截。难道真的通不过了吗?

　　我将毕业论文拿回以后,经过再度修改和补充,第二次交了上去。心想,如果再通不过,只好另换题目了。钱先生审阅过后,笑着对我说道:

　　"通过了,你就认真打印起来吧。"

　　心中的巨石,总算落了下来。但我心里明白,我的论文是勉强通过的。

　　这件事我终生难忘。钱先生要求我写出自己的观点,使我一生受用。论文如果东抄西袭,吃别人嚼过的馍,能有创新的见解么?

二、谒见钱锺书

新中国成立以后,我有好长时间没跟钱先生联系上,1982年下半年,我才开始跟钱先生通信联系。当时,杭大外语系蒋炳贤教授正和我合作翻译19世纪英国著名作家勃特勒的长篇小说 *The Way of All Flesh*(《如此人生》,又译《众生之道》),译者前言先在《杭州大学学报》发表了。我将该文寄呈钱先生审阅,他很快给我写了回信,他的信写得极为谦逊、风趣。他在信中还提到了小说的版本问题。他的真知卓识使我敬佩不已。自此以后,我萌发了将来如去北京,得去见见这位恩师的想法。

机会终于来了,1985年我去北方参加一次学术会议,回来时我路过北京,决心去拜访钱先生。但我事先知道拜见钱先生是很不容易的。由于他名声太大,要拜见他的中外学者很多。为了专心治学,他采取了三不主义:一不接见访客,二不接受新闻媒体的采访,三不参加一切会议。所以拜见钱先生是极困难的事。我事先给钱先生去了信,他答应见我,并将住宅电话号码也告诉了我,但我又通过李健吾先生在《文艺报》工作的女儿向他打了招呼,他才允许第二天上午会见我这个老学生半小时。那天上午9时整,我如约准时到了钱家。钱先生亲切接见了我。我自报姓名以后,向他呈交了我刚在《杭州大学学报》上发表的论文《博马舍和他的〈费加罗三部曲〉》,请钱先生指教。钱先生翻阅了一下,他当即从书架上抽出一本法文书,对我说道:

"你研究博马舍,这本法国学者评论博马舍的著作看过没有?"

我当即被问住了,摇摇头说:

"没有看过,因为我不懂法文。"

"研究法国文学,不懂法文不行。靠第二手资料写学术论文怎么行呢?"

我红着脸点头称是,我望着书桌上一大堆信件,说道:

"钱先生工作很忙吧!"

他指着书桌上一大堆中外来信说:

"你看看,这一大堆信,光看信回信就占用了我不少时间。"

我们谈了一些别的事。临别前,我提出了一个要求:

"我想见师母杨绛先生,行吗?"

钱先生当即点点头说:

"好吧,我进去看看她有没有空,征求一下她的意见。"

他随即走进了内书房,不久他将杨绛先生领了出来。我只见杨绛先生面目清秀,虽已年老,但风度儒雅,一派学者风范。她和我谈及她刚从西欧一些国家访问归来的事。我们谈了十分钟光景,杨绛先生说道:

"我还有事,不多陪了。真对不起。"

她当即进了内书房,我看了一下手表,时针已指向 10 点,为了不影响他们的工作,我当即起身告辞了。

事后我曾写了一篇访问记,详细记述了这次难得的会见。写好以后,我寄呈钱先生审阅。钱先生很快将稿子寄回来了,并附来了一信,他对我的"访问记"做出了直率的批评。

我在文章开头称他是"蜚声中外的学者",他在"蜚声中外"的旁边,打上了杠杠,还批了一句:"什么蜚声中外。"由于钱先生不满意这篇访问记,所以我至今将这篇文章压在抽屉内,没有公开发表。从这件事,可以看出钱先生生性淡泊,甘于寂寞,不求闻达的高尚品性。在他的人生哲学中有许多"不"字,不爱做官,不爱被人吹捧,这是他最大的特点。

三、钱锺书的"爱"与"恨"

钱先生是人,不是神,不了解他的人,往往把他当作一个行为古怪的大学者。然而,了解他的人却知钱先生是一个乐于助人的学者。他博览群书,有超人的记忆力,如有人向他请教,他可以滔滔不绝地跟你讲一大套。有时他在散步时,有人向他请教,他会站立半天回答别人的问题。后来有人专候钱先生散步的时间向他发问,为怕别人提问,他后来连散步也取消了。可见当名人也有说不出的苦衷。据说有一位高校外语系主任曾经讲过这样一个小故事:博士研究生的论文最怕钱先生发问。如果他一发问,必然难倒这位博士研究生。然而,钱先生其实是一个充满爱心的学者,绝不会提出冷僻的问题来刁难青年学者的。

　　钱锺书作为一名著名学者和作家,对中青年学者,一直爱护有加。如他早年在暨大教书时的学生、原宁波师院外国文学老教师吴全韬教授,一直和钱师保持着通信联系。钱锺书在书信往来中对吴全韬悉心加以指导,吴全韬在中外比较文学方面卓有成就,他一直把钱锺书当作自己最敬爱的恩师。又如莎士比亚研究专家郑土生,他和杨绛先生同在一个单位,平时常向钱、杨两位请教,受到很大的教益。在"文革"中,郑土生被诬陷为"5·16"分子,几乎走上自杀的道路,后来在钱、杨两师的热情关怀下,他终于挺过来了。这次钱锺书逝世后,他悲不自胜,动情地说:"我觉得学术界崇敬钱先生不仅仅因为他的学问,他的人品在中国知识分子中也是出类拔萃的。他一生追求真善美,反对假恶丑。在历次运动中,在重重压力下,钱先生和杨绛先生都没有违心地批评别人,或写些言不由衷的文章。钱先生有博大的同情心。在"文革"中,我被打成'5·16'分子,担心自己会被专政,更放心不下刚出生的孩子,情绪十分低落,钱先生安慰我,他叫我不用怕,万一有意外,他会托人把我的孩子养起来,在我人生最危难的时候,是钱先生和杨先生的真诚爱护给了我生活的勇气。"钱、杨在平时生活中对普通劳动人民也充满了爱心。例如在杨绛的散文《老王》里,生动地描写了一个蹬三轮车的工人师傅,在他们"文革"受难期间偷偷地给他们送来香油和鸡蛋的故事,这可是雪中送炭啊!过不了几天,老王去世了,钱家人一直关心着老王的不幸命运,杨绛终于在 1984 年写下了这篇文章,以表达他们一家对老王的怀念之情。

　　我们再从《围城》这部小说看,也可以看出钱锺书的爱憎感。有人说《围城》是一部愤世嫉俗的小说,也有人评论它说是一部哲理性的小说,寓意十分深刻:婚姻是一座被围困的城堡,城外的人想冲进去,城里的人想出来。但不管怎么说,《围城》以大量的篇幅描绘了知识分子中庸俗、无聊、虚荣、争斗等劣根性。作者以讽刺、幽默的笔法揭示了这些劣根性。但细心的读者会发现小说中有一个小人物保姆的形象,写得栩栩如生,虽笔墨不多,但她那善良的品性给读者留下了深刻难忘的印象。作家如果没有一颗对劳动人民的爱心,怎么能写出如此生动的形象。

　　钱锺书对人生自有他独特的看法,他对知识界、学术界、文化界那种无原则的吹捧很看不惯,对那些名目繁多的学会、协会,以各种名目举办的学术会议,概不参加,即使是海外邀请的学术会议,也一律拒绝。他不爱钱的传闻更被大家传为美谈。80 年代初,钱先生在美国哈佛大学演讲,他那典雅的英语和生动的演讲内容赢得了哈佛师生的崇敬。之后,哈佛大学给他寄来要授予他名誉博士的通知,由于没有接到回信,对方以为他没有路费,又汇来了 3000 美金,被他原封不动退回了。《围城》改编成电视剧后,剧组给钱先生寄来了几万元原著稿酬,也被他全部退回。18 家省级电视台联合拍摄《当代中华名人录》,要将钱先生拍进去,却被钱先生谢绝了。有人告诉他说,如果被拍进去,他可以得到一笔丰厚的酬金时,钱先生笑道:"我都姓了一辈子钱了,难道对钱那么感兴趣吗?"

他对各种采访,往往采取婉拒的态度。他一心研究学问,时间对他来说尤其珍贵,哪有时间接见没完没了的来访者!他虽然挂上中国社科院副院长的名头,可是从来不参加会议。了解他脾气的人对他是谅解的,可是也有人对他有微词。有一次一位英国女士在电话中要求访问《围城》的作者钱锺书,钱先生在电话中答道:假如你吃了鸡蛋觉得不错,何必认识那下蛋的母鸡呢?这幽默的回答,打消了那英国女士渴望一见钱先生的愿望。

1990 年,钱先生 80 大寿,家中电话铃声又闹翻了天,各界人士纷纷来电要为他祝寿或开纪念会,他都一一拒绝。他认为这类活动是"找些不三不四之闲人,讲些不痛不痒之废话,花费不明不白之冤钱"。他的话对当今浪费大量人力、财力的庆典活动、祝寿活动,以及其他纪念活动,不是仍然有很深刻的现实意义么!

四、伉俪情深 白头偕老

钱锺书和杨绛是天生的一对佳偶,他们真可以说是心心相印的才子才女。男女结合,贵在相知,他们在生活上相敬如宾,在事业上又是同气相求,配合默契。"文革"期间,他们夫妻双双受难,下放干校劳动,但他们在极端艰苦的环境中,互相鼓励,患难与共。他们常在杨绛管理的菜园相会谈心。他们如同梁山伯与祝英台一样,相亲相爱,直到永远。我们已经无法看到他们之间生死相与、感情纯正的情书,可是在现实生活中,可以看到他们之间的感情是多么的高尚、纯洁、友爱。我举数例如下:

1. 文学事业上相互默契的爱侣

钱锺书创作《围城》的时候,每天晚上把他写成的稿子送给杨绛看,急切得等待她的反应。杨看完以后他们往往相视大笑,彼此心灵相通,用不着多加解释了。杨深深佩服钱的幽默、讽刺的写作才能。钱在杨的鼓励下,很快完成了这部长篇小说。钱在选注宋诗时,杨自告奋勇,愿充当白居易的"老妪",来欣赏钱的极佳注释,如果说她读不懂,钱就再行补充修改,杨往往当钱的著作的第一位读者。杨绛说,她对《围城》中的人物太熟悉了,如果要注释的话,除作者本人外,她最有资格做《围城》的注释人。反过来,钱也是杨的创作和翻译的第一位读者。特别引人注目的是,他为杨的《干校六记》写了小引,并坦率提出杨绛应补记一篇《运动记愧》。钱有感而发,他列举在历次运动中有三类人:一类是受冤枉,挨批斗的;二类是随大流去糟蹋一些好人的,三类是明知故犯去充当旗手、鼓手、打手,去大批"葫芦案"的。钱所知的三类人中也包括他自己,在极"左"路线统治下,谁敢出头抗议呢! 这话说得多么深刻,使我们过来人都感到心中有愧。

2. 生活上生死与共的伴侣

不少夫妻在政治运动中,为了划清界限,有的大义灭亲,有的大闹离婚,有的反目成仇,由此而造成的家庭悲剧,为数不少。钱、杨相知甚深,坚信对方是好人。"文革"初期,有人贴钱锺书的大字报,杨绛认为是不实之词,而写了小字报为钱锺书辩解,结果引起的麻烦可想而知。在运动中夫妻双双被剃了怪模怪样的头。钱锺书回到家里,杨绛拿起剪发工具为钱理了平头,夫妻在患难中更加温存体贴,使他们在险恶的政治风浪中平安地度过。在十年动乱中,不少知名学者、专家、作家和知识分子含怨离开了人间,他们这对学者夫妇能活下来,不能不说有杨绛一份功劳。平时钱锺书给人写回信时,最后总附上一笔"杨绛同候"。有一年我还收到由他二人署名的"新禧"贺卡,可见他二人伉俪情深、爱情弥笃的情景。

3.杨绛是贤妻良母的典型

杨绛深知钱锺书的人生价值,所以处处小心保存钱锺书的资料,即使在抗日战争后期,他们蛰居在上海,一天日本人闯进了家门,她机智地把钱的《谈艺录》稿本藏好,避免了被日本人抄去的厄运。在"文革"时期,她更冒着极大的风险将钱的珍贵资料保存了下来。粉碎"四人帮"后,她陪着钱锺书欢度岁月,她尽量让他安心治学,独自一人操持家务,等到钱病重期间,她不顾劳累,悉心照顾,即使爱女逝世的噩耗,她也瞒着不让钱知道,让他安心养病,她尽一切努力延长他的生命。钱离世以后,她也已到了耄耋之年,她还要整理钱锺书的资料,许多工作等着她去做,许多文章等着她去写。我和杨绛先生虽只见过一面,但是她给我的印象是深刻的。最近我在《杨绛散文集》扉页上读到她的一首兰德(19世纪英国诗人 W. S. Landor)译诗,使我对她有了更进一步了解。译诗全文如下:

> 我和谁都不争,
>
> 和谁争我都不屑;
>
> 我爱大自然,
>
> 其次就是艺术;
>
> 我双手烤着
>
> 生命之火取暖;
>
> 火尽了,
>
> 我也准备走了。

这就是这位坚强女性的心迹。

五、钱锺书驾鹤西去

钱锺书于1998年12月19日静静地闭上了双眼,驾鹤西去,终年88岁。他辞世以后,学术界、文化界的著名人士纷纷发表了对钱先生的看法。著名老作家柯灵说:"钱先生灵心慧眼,明辨深思,热爱人生而超然物外,洞达世情而不染一尘,水晶般的透明与坚实,形成他立身处世的独特品格。"古典文学专家傅璇琮说:"钱先生在治学上对我们后辈的启示,就是树立了一个高标准,使我们懂得这才是真正的做学问,这样的治学,才真正的有意义。"著名学者王元化说:"钱锺书先生逝世,意味着本世纪初涌现的一代学人的终结。钱先生学贯中西,融汇古今,他的治学态度和学术成就堪称那一代学人中的一个代表,他的人品也是后辈学人的楷模。"著名翻译家朱雯教授的夫人、老作家罗洪回忆与钱锺书夫妇交往的日子,说:"钱锺书先生讲话幽默,常常出口成章,妙语连珠。钱锺书既有滔滔不绝的口才,又不乏浓郁的机趣和睿智。"

"道德文章,壁立千仞,"可以说是知识界对钱先生正确的评价。

在钱先生度过他最后一个生日时,李铁映赴医院祝寿,转达江泽民同志的关心,称道,钱先生是国家的宝贵财富。钱先生躺在床上,虽然说话不便,但那明亮的双眼凝视着大家,表示他理解了大家的心意。当他逝世以后,江泽民同志亲自打电话给杨绛先生表示深切哀悼。钱的逝世还惊动了世界,法国总统特地向杨绛发来了吊唁信。钱先生辞世以后,杨绛先生家里的电话又是响个不停,纷纷表示要送花篮、花圈,可是都被杨绛婉谢了。杨绛严格按照钱先生生前的遗嘱安排他的后事。遗嘱很简单:"遗体只要二三亲友送送,不举行任何仪式,恳辞花篮、花圈,不留骨灰。"1998 年 12 月 21 日钱先生在没有鲜花、没有挽联、没有哀乐也没有悼词的情况下,在北风中翩然远去了。从钱先生停止呼吸到火化完毕,仅 57 个小时,体现了钱、杨两先生的一贯作风——"怕麻烦人,怕劳累人,怕打扰人"。钱先生虽已仙逝,可是留给后人的思索是无穷无尽的。他的榜样力量也是无穷的。

1999 年 3 月写于浙江大学

（载《世纪》1999 年第 5 期）

李健吾的二十四封信

　　我有幸在上海暨南大学读书时结识了法国文学专家、翻译家、戏剧家、作家李健吾教授,他当时风华正茂,为我们开设外国戏剧课,他讲课生动,而且特别强调理论联系实际。在课外时间,他常带领我们去上海剧专观看剧专师生的话剧演出。有时去电影摄影棚参加名演员的现场表演。这些活动,使我们增长不少知识。新中国成立以后,我在大学教书曾和他取得了联系,通过几封信,但由于众所周知的原因,这些信件均已遗失。粉碎"四人帮"以后,我们重新取得了联系。从70年代末到80年代初,他先后给我写过24封信,这些珍贵的信件现在保存在中国现代文学馆内。从这些信件可以清楚地看出李健吾先生的高尚道德风范和渊博的学识。他虽是知名学者,可是没有知名学者的架子。有些知名学者拒不接见来访者,有的只给几分钟时间,时间一到,请客出门。可是他却是"来者不拒",并以非常热情的态度接见来访者。其次,有些知名学者对待群众来信采取漠然的态度,有的甚至连看也不看就扔进了字纸篓。可是李师却采取了"来信必复"的态度,他挤出宝贵的时间审读群众的来信、来稿,并给予热情的答复和指导。浙江有一位青年作者赵锐勇,自费亲赴北京,在李师的追悼会上动情地号啕大哭,非常伤心。事后才知道李师生前对这位无名作者做过热情指导,以后成了一名作家。像这类例子在李师的一生中并不少见。

　　我在这里公布这24封来信,目的是弘扬我国老一辈学者、专家的高风亮节。他们的献身精神是一面镜子,永远值得后人借鉴、学习。

　　我在这里要顺便感谢李师母尤淑芬女士和李师的公子,他们在病中或百忙中为我整理、复印了这些信件。没有他们的无私帮助,根本不可能把这些信件公之于世。为了便于阅读,我对每一封来信,作了简要的附注。

一

明耀同志:

谢谢寄来的大文,并把开会的选题给我一份。大文谈狄更斯的"怪人",明白易晓,颇为中肯。狄更斯的"怪人"确是有你说的两类的。

我由于工作忙,无力再负担更多的工作,所以寄来的选题,我就胜任不了。身体也坏了,不能再加压力。杭州开会我也不会去了,因为我走不动,开会时将成为累赘。每天吃药,不可能走开。

这里开文代大会,我也只是出出席,开过三次大会回来就不参加了。身体已经支持不住额外的行动。

再谢谢你的好意。此致

革命敬礼!

李健吾

11 月 5 日(1979 年)

附注:

1980 年秋,杭州大学中文系和浙江省外国文学研究会联合在杭召开纪念巴尔扎克、托尔斯泰科学讨论会,我受大会委托寄给李师一份选题,请他就巴尔扎克的选题写论文并欢迎他参加大会。在此信中他称自己的身体坏了。他原来身体很好,在"文革"中他受尽了身体和精神的双重折磨,身体完全搞垮了,然而到开会前夕,他突然寄来了两篇论文《巴尔扎克的创作方法》和《巴尔扎克与神秘主义》,这对大会是很大的鼓舞。两篇论文先后在有关学术刊物上发表了。信中提及的狄更斯的"怪人",是我请他审阅的论文,此文后来也发表了。

二

明耀同志:

来信早已收到,因忙,未能立即回答,请谅。

关于巴尔扎克的"吝啬人",除去葛朗台之外,巴尔扎克还写了好几个,例如高布塞克,是一个短篇,例如立高,在《农民》中,是一个长篇。可能还有,但这三个,是全不能忘的。此外,你还不能忘掉莫里哀的吝啬鬼哈尔巴贡。那是老型的,但是他是巴尔扎克所佩服的;他早年印行过《莫里哀全集》并写了序。当然,还有莎士比亚的夏洛克。此外,还有古罗马的哈尔巴贡的原型。在大银行家中,纽沁根是一个值得一谈的人物。此外,巴尔扎克还有一些,例如《幻灭》中的老印刷局的头头,盘给儿子那个精打细算,也是有名的。例如《皮罗多盛衰记》里的莫利索。写吧,写出来给我们看看吧。祝你成功。

我身体坏了。可能去不了杭州。但心不死,总想活动,其实活动不了,这几天又开市政协,就只能请假了。用汽车,又不方便,何必呢! 不去开会得了。

此祝

安好

李健吾

12 月 5 日(1979 年)

附注:

我写信向李师请教有关外国作家笔下的"吝啬鬼"形象的问题,这是李师对我的答复。当时我想写一篇有关外国文学中吝啬鬼形象的论文,以后由于种种原因没有写成。另外,从信中也可看出他的身体确实不行,连北京市政协会议也只好告假了,可见他的苦闷心情。

三

明耀同志,

接到你的信,非常感谢你们的盛情。我回信迟,因为在写文章,现在文章写完了。是两篇,一篇谈巴尔扎克的创作方法,一篇谈他的神秘主义。这两篇都是七千字上下,不算长。请你斟酌吧。不用,不好,就还我。

我所,据我知道,法国方面没有人去。因为他们没有论文,不想去应景。苏俄方面就不知道了。

　　我的两篇论文如能用,请打印出来,请同志代我在会上读,其实还是看的好,读起来不一定会听懂。你们如发表,发表权也给你们。

　　如有稿费,请代我买一斤杭州绿茶(龙井)。好的龙井在北方很难买到。麻烦你们。请代我问候君川同志。

　　　　　　　　　　此致

你好!

　　　　　　　　　　　　　　　　　　　　　　弟李健吾
　　　　　　　　　　　　　　　　　　　　4 月 30 日(1980 年)

附注:

　　信中说明两点。首先,"不用,不好,就还我"这是他的谦逊精神,有的学者不允许编辑改动其论文一个字,连标点符号也不能动。如果约而不用,那就更光火了。可是李师有宽容精神,他还给我们"发表权",这是多么信任我们。至于龙井新茶,我们当然不会动用他的稿费。以后我经常给他寄去龙井新茶,以表敬意。君川是指杭大外语系张君川教授,是李师的朋友,也是著名的莎士比亚专家,前几年已病故。信末他自称"弟",不少老专家往往这样自称,令人肃然起敬。

<h2 style="text-align:center">四</h2>

明耀同志,

　　奉上三册《古希腊剧本》(罗念生译),可能对你开课有用,请笑纳。祝好!

　　　　　　　　　　　　　　　　　　　　　　　　健吾
　　　　　　　　　　　　　　　　　　　　　　(约 1980 年)

附注:

　　古希腊文学专家罗念生教授是李师的好友,也是邻居。这三册《古希腊剧本》可能是罗念生赠给李师的,李师转赠给我,这里包含着他对我的深情厚谊。

<h1 style="text-align:center">五</h1>

明耀同志，

好久以前，你来过一封信，我因为害病，又忙于一些事务。未曾回复，正在有些不安，你又来信，看过之后，觉得一切如常，心里很高兴。

光阴如流水，我一天比一天觉得力不从心，这也是大自然的规律；我向来乐观，所以也就没什么可说的。今年中国戏剧出版社忽然想起了我这个无益之人，要给出"剧作选"，还要出一本"戏剧评论选"，明年再出"戏剧集"。对我来说，真是太过分了。湖南人民出版社的《福楼拜评传》即将再版，《莫里哀喜剧》将分册付印，可能于十一月先卖第一册。共分四册，将一直印到明年。我每天忙忙碌碌的，困了就睡，就这么昏昏沉沉地过日子。我希望秋天能乘车直达杭州一游，山自己上不去了，路走不成了，只能由家人扶着，旧地重温而已。不过这只是一种愿望。可能就实现不了。因为人实在不行了，只是此心不死而已。

《巴尔扎克与神秘主义》已否付印，印出后，请寄一本，留作纪念。

信写得潦草，可能你有许多字不认得。没有法子，我就是这么马马虎虎的。

此候

夏安！

李健吾
7 月 15 日（1981 年）

附注：

这封来信他向我报告了好消息，各家出版社争着要出版他的著作。他自谦为"无益之人"，实际上他的名气很大，研究戏剧的人，谁不知道"李健吾"呢，然而他的身体越来越不行了。他认为这是大自然的规律，他抱着乐观精神，他希望秋天能来杭州，我希望他的愿望能实现。他说"写得潦草"，确实如此，读他的信必须仔细看好几遍才能读懂，有的字，至今未识，一直是个谜。

六

明耀同志：

　　两文均已拜读，"论京剧"一文已推荐给《人民戏剧》。如兄另有处置，请即直接写信给"北京东四八条胡同 52 号《人民戏剧》编辑部王育生"。

　　拙剧《贩马记》奉上，求教。

匆此，敬颂

暑安

健吾
1981 年 7 月 24 日

闻台风警告，浙江将受波及，不知杭州如何，甚念，甚念。

附注：

　　我常将自己的论文打字稿寄他审阅，其中"论京剧"一文他推荐给《人民戏剧》，结果没有下文。但他提携后辈的精神是令人感佩的。

七

明耀同志：

　　寄来的两包笋干，都已收到，盛情殷渥，只能心领。

　　你前信说，外国文学浙江分会拟在温州开会，日期已确定否？念念。信中请告知。

　　我拟游杭州，但据说饮水很成问题，故此可能放弃。现日期尚未确实，行否尚无定期。总之，身体许可即行，不许可便作罢论，此乃老人无可奈何事也。

此颂

一家人都好！

健吾
8 月 15 日（1981 年）

附注：

　　浙江外国文学研究会温州年会李师未参加，他念念不忘再游杭州，我期盼着他的到来。

八

明耀同志，

　　打来的电报已收到，不过我的行期又往后推迟了两天。可能四日上午49次车或175次车到杭州。同行的人也只我夫妻二人。行时当打电报。

　　别的就不谈了。一再延迟，实在是不得已，打扰之处，容当面谢。

　　致

敬礼！

健吾
1日晚（1981年10月）

附注：

　　李师已决定行期，我热切期待着。10月中的一天，我收到他从上海打来的电报，他决定日期来杭州了。这次我们在杭的欢聚情况详见拙文《良师益友，终生难忘》（原载《智慧之泉》，北京教育科学出版社，1986年版）。

九

明耀同志，

　　我们一路平安，来到南昌，当即由江西省文联副主席石佑平同志接站，还带了一位作协同志，我们先在省委招待所用过午饭，后来文化局局长李定坤也来看我们，他让办公室副主任夏俏同志把我们搬到红都饭店住，殊不知那边更糟，简直不如绍兴的饭店，还要八元一天。我们把这话告诉了夏俏，第二早他就让我们收拾行李，离开了这家饭店，直奔庐山。我们住在汪精卫过去住过的地方。现在我们还住在这里。头一天很好，今天下午下雨，未免扫兴。我们后天下山。天气冷了，我们不能多待。我们有专人招待，是京剧团的孙少武同志。请你向嫂夫人吴新楣同志致意，也向你儿媳沈为明致意。你的儿子我们没有看到，也请你代我们问候。

　　我们十九日早晨八时乘火车到长沙，到时将近五点钟。我们将在长沙游览几天。回北京或去重庆，尚在未定之中。谢谢你和中文系同志，请你代我问候几位同志。

健吾

10 月 16 日（1981 年）

　　你有信请寄长沙，我们就可以收到。我们照了许多相，都是《电影介绍》的编辑霍约礼拍的。

　　昨夜下了一整夜雨，看来我们只好休息了。

　　我爱人也走不动了。看样子，还要下雨，不会停的。

　　十七日晨。

附注：

　　这是李师离杭以后给我的来信。信中还提及我老伴和儿媳的名字，真难为他了。可见他是一位很细心的人。

十

明耀同志，

　　在杭州、绍兴、白沙旅游，多蒙招待，感谢无以言起，我们老夫妻在长沙停了三天。《福楼拜评传》再版已出，当由弟签名赠送中文系各位师友，嘱托湖南人民出版社另包邮寄，想已收到。《莫里哀喜剧集》才付印，出版已推迟到明年。出版后，当赠送全套与我兄，权作感谢表记。

　　我不懂照相，在绍兴与杭州所拍照片完全报废。可气又可笑。仅白沙还有两张可取。附在信内，作为纪念耳。

　　我们夫妻运气不佳，到南昌后，第二天晨即上庐山，头一天还好，从第二天起，就细雨不断，第三天更是大雨淋淋，只能在旅社闷坐一天。第二早只好下山。一路逛来，天气已渐渐转好，过白鹿书院，在星子旅店吃饭，然后到鄱阳湖边看了看（出了星子旅舍走几步就是鄱阳湖边），然后又游览了秀峰，巍然奇观。瀑布重叠，极为出胜，归到南昌已将垂暮，次晨八时半，便出发去了长沙。不料天气大坏，阴雨连绵，橘子洲头便不清澈见鱼，浑浊如黄河滔滔，堪为叹息。第二天去了韶山，归来已识黄昏，十分阴冷，夫妻商量，只能连夜赶回北京。到家已是次夜，幸小儿、小女已接到电报来迎，带了棉大衣等物接站。未曾冻坏，而北京天气，一直良好，可笑又可气。自九月二十二日出游，归时恰是二十二日。整整一个月。

在报上得悉，温州一带大风，有台风掠过，幸而未击温州。信已转交李同志，李同志在外边学习邓小平总结，出版社只有四人，轮流学习。我们在南昌一直由市文化局办公室主任夏俏同志招待，厚情可感。

正值"长影"在庐山召集电影文学会议。我听了听会，又被强拉做了二十分钟发言。夏俏同志还拉了一位京剧演员照料我们夫妻。我们给唐湜（诗人）买的香烟几乎都送给司机和夏俏同志抽了，回来只剩下几包。还遇见一位镇江旅行社同志，一定约我们夫妻明年四月底旅游到扬州去看琼花。我们如无别的事，当时当如约前往一游，便在镇江登轮直往重庆。此是后话。在杭州多蒙我兄招待，行时又未能向大嫂辞行，我们夫妻极为不安。请向她特别致意。并问候你的儿子和儿媳。

想兄现已到温州开会。不能前往，不胜抱歉。夏珉（外国文学出版社法文室主任）迄今尚未见到。四川人民出版文艺部负责人李侄（巴金的侄子）正在北京开会，访我三次均未见到，最后他打电话给文艺报，知道我已归来，见了一面，约定出《李健吾选集》五卷，明年将陆续付印。出版后当送兄一部。

匆匆，此致

安好！

淑芬附笔问候。

健吾

十月三十一日（1981 年）

附注：

这封信写得比较长，比较少见。值得说明的是我们同游绍兴时我请来了早年在中学教书时的几位男女同学一起陪同李老师游玩绍兴的各个景点。我们师生三代人相聚，其乐融融，李师兴致勃勃为我们到处拍照，我以为他是业余摄影师，哪知后来才知道他是一位新手。照片全部报废了，珍贵的留影全部泡汤。我除了遗憾，还能说什么呢？他们到了长沙以后，天气突然变坏，幸而急忙回京，不然半途病倒就难以设想。

信中提到的唐湜,大概就是指温州老诗人唐湜,但他为何替他买香烟,令人费解了。

十一

明耀兄,

你还去了一趟上海;还见到了辛笛兄。这可真没想到!你寄来一张邮票,没有用过,想必是你想照样寄给你。所以我就用上了。你那篇戏曲论文,我前几天对王育生讲了,他一时想不起,他说他好像看过,请总编辑再看看,他对后来的情况就不甚了然了。他表示无论如何,他要承担这个责任。回到北京以后,事务太多。我是挤出时间给你写信的。上礼拜三人民出版社为《名作欣赏》请了一大群人。有林默涵、李希凡、戈宝权、□铃和我所好几位,自然有郑克鲁。我和他说起你和他在杭州相会,不过我一句也没有提起他的夫人,你可以放心。他明年初到法国两年,在巴黎大学第三部进修两年。昨天又是《文艺报》举行"散文"座谈会,到会有夏衍、臧克家、周而复、沈从文、萧乾、吴组缃、季羡林等同志。头一个会,我以山西人之说,头一个发言,请大家帮忙。第二个会圣陶老人因感冒而书面发言,冯牧和冰心因病也书面发言。克家写了稿子自己念。夏衍做了即席发言。下面自然轮到我了。我胡乱诌了一通。我小女儿听《文艺报》人说,还"好"哩!

现在我又要出门。我先看一下圣陶的病。还有《戏剧论丛》的一个收据。白沙的照片有一张留着做纪念,你怎么不寄给我一张呢?还没有收到吗?

匆匆,此候

你好!并候大嫂好!最后,你一家人好!淑芬嘱我问候你们。

健吾
11 月 14 日(1981 年)

附注:

这封信内容庞杂,有的话我看不太懂,为什么要看一个收据?我不太明白。最后问候话,一而再,再而三,说了不少。

十二

明耀兄，

20 日的信收到。照片我都收到了。钱也收到。只是我非常忙，又是忘了也难说。你信有一张邮票，我以为是你要我保留的，所以贴在信封上，我并没有搁在信封里面。你说在信封里面，那我就不明白了。总之我是一个糊涂人，有些事我都七错八错的。

我到长沙给你们寄了六本，又给黄源同志寄了一本，另外四本湖南人民出版社一定要我写给他们，我一直在等他们再寄来，前几天寄来了五本，说什么以后再要，只能到邮购部买，我有三十本的权利，他们说洛阳纸贵，给了我几句重话。这样，我就对不起袁敏同志，因为我的老朋友那么多，该怎么办呢？《名作欣赏》开会，我正好和林默涵同志坐在一起，我谈了自己最近的情况，他一定要我送他一本。我现在只有两本。自己总该有一本。另一本给谁呢？老朋友那么多，我正为这事发愁呢。你看见袁敏同志把情形说给她知道，不是我不情愿送，而是出版社"抠门儿"，我也奈何他们不得。我到现在还没有回他们的信。袁敏同志如果想看的话，请你把你的那套借给她看。可是丢了，我概不负责，一笑。

请袁敏同志别怪罪我言而无信，千万千万！

我有一封信给你，说起杭州、绍兴的照相全部坏了，由于我粗心大意曝了光，这是无可挽救的事情。请他们一定原谅。我对照相是个外行人，这你知道。我爱人一直说我，和在杭州一样。

云南人民出版社为你出书，我十分高兴。我打算明年去云南，因为我在那里有一个朋友，是农科院院长。他原来也是诗人，叫"鹤西"，真名是"程侃声"。我当年不知道他的消息，原来他也是师大附小的学生，十一月一日上午，师大附中校庆，我去了，在刊物看见他的文章才知道的。我还没有写信联系呢。

匆匆，此候

你全家人好

淑芬附笔问候

健吾

11 月 28 日（1981 年）

附注：

　　信中关于邮票的事，我也闹不明白。他说他是糊涂人，其实我也同样糊涂。袁敏是青年女作家，李师在杭时，我介绍她去华侨饭店拜见李师，李师对她印象不错，以后调往北京了。信中提到"我爱人一直说我"，这话不假。李师母暗中告诉我说李师"顽固"得很，她的话从来不听。云南人民出版社后来因故未出版我的译著。

十三

明耀老弟，

　　我从山西回来，是病着回来的。今天上午又到首都医院看中医，我在地区医院住了七天。每天打针，注射青链霉素，每日打三次，后来在我央求下，免去了半夜十二点钟一次。医生都很细心热情。快好了，还安排了一位大学的毕业生叫阎建华，陪伴我们夫妻到北京。我们仅在太原和朋友在火车上见了一面。回来，就立刻到首都医院，改用红霉素，吃了三天，又到西苑中医研究院。陪伴我的阎同志这才在当夜（十九夜）由我的二女婿买车票送走。一回来，就劈头盖脑地一大堆信要回。到现在还不消停。文章一个字也没写。医生劝我多活动（打太极拳），多休息。可是我怎么能成呢！今天给你写信，还是抢出时间来回你的信。你要我写游记，我从哪儿找那种心情呢？一大堆事情裹在我身上，我甩都甩不开。文章债欠得那么多，如何是好！我想着都头疼。袁敏同志，不知道她收到了我的信没？我那天闹笑话，她可以写一篇小说。

　　你不是说要到北京来吗？欢迎你来。什么时候？不然的话，我可以五月去上海，也许又转到你那里。不过也说不准，一切看当时情况决定。我计划先到镇江，到扬州看"琼花"。据说四月底五月前开得最好。

　　匆匆写来，已经是初五了。向你一家人道一个晚"节"吧！

健吾
淑芬
1982 年 1 月 29 日

附注：

　　山西之行，因为太忙，李师病倒了。回京以后，他给我写信也是硬挤时间的。他一回到家，就"劈头盖脑一大堆信要回"，可见做名人难，他们也有苦处。信要回，文债也得还。从信中李师还有出游的雄心壮志，他还想去扬州看琼花呢！

十四

明耀同志，

　　袁敏同志的书，我已经直接寄到她住处。可是你叫我写游记，还要两篇，我到哪儿找时间呢？四川人民出版社要出我的"选集"，约有六册，要我写"总序"，现在已经进入12月中旬了，我还写不出来。何况我最近就要回家乡一趟呢？一去就要将近一个月。回来还得为人民文学出版社写另一种"选集"的前言，还逼着我回忆"文艺复兴"，要在《新文学史料》上登呢？我苦不堪言。胡乔木同志给严文井同志写信说：为什么你们不出李健吾的"选集"呢？我想了半天，只好对来人说：出一本书吧，由你们自己选。胡乔木同志一共举了五个人，其中我记得的有师陀。另外三位，因为忘性太大，名字我已经忘记了。回老家，是因为临汾蒲剧院硬要我去，说你多年不回乡了，六十多年不回家乡。我们在12月底要举行蒲剧演员张庆奎同志演戏五十年大会。你是山西人，怎么样也得回家乡去。我只好跟老伴儿上临汾，然后回运城老家走走，再转到太原看看老同学，访访老朋友。所以我实在没有办法写游记。回到家乡，又怕跟在杭州一样，到处找我讲话，那就要了我的命。你千万不要和人谈起胡乔木同志的事，给我惹麻烦。我自己也是守口如瓶。你看见汪同志、陈同志，代我谢谢他们。看见袁敏同志，也代我问候，那天的丑事实在不堪入目。你就知道我多糊涂了。

匆匆，此致

敬礼！问候你全家人。

健吾

12月17日（1981年）

又，辛笛、柯灵等人，明天将飞广州，也要去香港一趟。

我称你"同志"又是"敬礼",你知道我多忙多乱。欢迎你明年上半年来北京。

附注:

　　李师写过不少中外游记,文笔生动、优美,他的一篇游记还选进了中学语文课本。上次我陪李师夫妇游富春江,大家感叹不少,因此我建议他写一篇富春江游记。我甚至奢望他写两篇游记,后因他忙得不可开交,没有写成。信中指的汪同志是汪飞白教授,陈同志是陈坚教授。所谓丑事说来可笑,离杭前夕我和袁敏去看他,他忽然发现火车票不见了,硬说我未将火车票给他,我有口难辩;幸好袁敏机灵,说了一句会不会服务员来打扫房间过了。李师默默地走到字纸篓边,突然从字纸篓里找出了两张火车票,我的"冤情"才消除。李师纵情大笑,老人糊涂可见一斑。

十五

明耀同志,

　　你的《玉堂春和茶花女》,我读过后,已寄往临汾市山西师范学院的学报(季刊)窦楷同志,请他们编辑部斟酌发表。最近我看到武汉的《外国文学研究》广告,有《杜十娘和茶花女》一文,列在比较文学之下。陈坚同志约我写稿(序),我已经写信给夏衍,他立刻送来了"选集"。我由于工作多,未能立即回信,请你原谅。窦楷同志我相当熟。你可以放心。

　　问候你一家人!

李健吾
1982 年 2 月

附注:

　　《玉堂春和茶花女》一文以后在《山西师范大学学报》发表了,他在杭期间答应为陈坚教授的《夏衍评传》写序,后在百忙中写就。他说到做到,很讲诚信。窦楷是李师的学生。

十六

明耀弟，

十五日信，我今天上午收到。《莫里哀喜剧集》第一卷可能就在日内出，据夏敬文（湖南人民出版社编辑）来信，争取于年底出齐。这回我不能多赠了，请各方面原谅。戏剧出版社的《李健吾剧作选》计八个，已校阅完毕。译文社的《意大利遗事》已于日前挂号寄出。希望两本书都在年内出齐。吕漠野兄赠《毛泽东诗词研究》，写得不错，你看见他，代我谢谢他。我不另外写信了。蒙兄远道赠送新茶，十分感谢。袁敏已见过一次。

问候你全家人好！

1982 年 5 月 17 日

我去了一趟西北，到银川、兰州一行。

邮票请寄回。外孙女要。无锡之会到时候再说，临时有变化，不敢保证。

附注：

他又去了一趟西北，可见他忙得不可开交。吕漠野教授，儿童文学作家，诗人，时任杭大中文系副主任，现已故世。无锡之会指第一次全国法国文学研讨会。

十七

明耀同志，

来信敬悉。知道拙文业经收到。一切代劳，至为感激。

报到日期即将到来，我所无人前去，实在是由于无人写这方面文章，有愧于心。会议可能于六月一日开始。各方面对两位大师的意见必定多种多样，又感兴味，可惜我不便行走，无福聆聆教益为憾。

今年春意迟迟而来，南方不知，但杭州可能最是理想，想开会诸君边游边谈快何如之。

匆匆，此致

革命敬礼！并祝大会成功！

李健吾

5 月 20 日（1982 年）

附注：

　　无锡举办法国文学讨论会，我事先收到了他为大会所写的论文，届时由我转交大会。

十八

明耀弟，

　　茶叶收到。香味扑鼻，爱人已将其收妥。

　　谢谢。

　　陈坚同志来信，告诉我，他的稿子寄到人民文学出版社，可能在看中，还没有转到我这里。请你就近告诉他一声。

　　六月底可能在无锡开会。你已经在准备论文了。我毫无准备。还说不定临时有意外，就不能去。

祝你一家人好！

健吾

5 月 22 日（1982 年）

附注：

　　李师为陈坚教授所著《夏衍评传》写的序，是在百忙中完成了。

十九

明耀弟，

　　论文已收到。可惜我不能去无锡了。由于文联召集第四届二次全体文委会议。十九日正式开始，而法国文学讨论会则在二十二日报到开会。正好冲突。如文联能在二十六日结束，我也可能前往赶上一个尾声。到时再说吧。袁敏同志昨天来，我送了她一本《法国文学史》（中），借了一本《萨特研究》给她，这是《文艺报》的。论文方才接到，尚未读，到时当带话过去。你需要豆腐粉，或者什么，请来信告诉我。勿客气。茶叶已收到。谢谢。

问候你全家人！

6 月 4 日（1982 年）

邮票仍请寄回。

附注：

我为参加法国文学讨论会撰写了两篇论文，先交李师审阅，后均
发表。

二十

明耀，

收到你的来信，你太客气。论文我已看过，提不出什么问题，这是
实话。维永可能去，不过她可能迟两天。据说，法国文学会原来胡耀邦
不允许成立，可是我的一个研究生却说，一定召开，如果召开，我在廿七
日才能起程，只能赶个尾巴。讨论会可能已经结束了。不过，消息不
明，你我能否在无锡见面，只有天知道了。

问候你一家人好！

健吾
6 月 17 日（1982 年）

附注：

维永是李师的小女儿，研究外国文学，是李师的接班人，曾在《文艺
报》编外国文学评论专栏。

二十一

明耀同志，

昨天庹老师（北京民族学院教师）来，坐了许久，详细告诉开会的情
况。说起到会者各抒己见，畅所欲言，五天实在太紧了。她讲起孙席珍
前辈不喜欢巴尔扎克，谈了他不喜欢的作家的五点，令人笑倒。赵瑞蕻
先生讲世界十大文学家，上不及古希腊，下不及莫里哀和巴尔扎克，令
人感味无限。

总之，会开得好。

蒙赠绿茶一斤,够我吃用半年有余,不胜感谢。不用再买了,将来扣还购茶钱,令我心安便好。

　　此致

　　敬礼

李健吾
6 月 22 日(1982 年)

附注:

　　庹老师将在杭州召开的巴尔扎克、托尔斯泰的讨论会情况向李师作了汇报。孙席珍是杭大中文系教授,研究外国文学的专家。赵瑞蕻是南京大学教授,研究外国文学专家,他二人都在会上作了精彩的发言。现二人均已作古。

二十二

明耀,

　　我收到你回到杭州的来信。我在北京开文联会议。接着又开翻译工作者会。《读书》杂志接着又开比较文学会议。所以未能去无锡开会。杂务又多。辛笛和我是老朋友。你看见他,当然高兴。《莫里哀喜剧》第一集已出,预计本年可出齐。

问候你一家人好!

7 月 9 日(1982 年)

附注:

　　我从无锡开会回来写信向他报告了无锡之行。路过上海时,我特地去访问李老师的好友,著名老诗人辛笛先生。

二十三

明耀同志,

　　宋同学来,带来出口明前茶两听,至为感谢。再也不要了。说到茶叶,几处送来,几年也喝不了。前次送上拙作一本《戏剧新天》,寄往校内,谅已收到。因兄住家处的信未曾找到,始有此寄。

　　匆匆,此致

敬礼！

9 月 5 日（1982 年）

附注：

宋同学是杭大中文系学生，趁他去京之便，送上两听龙井明前新茶，让李师尝新。

二十四

明耀同志，

9 月 27 日的信，我已收到。《巴德林先生的故事》已在《杭州大学学报》第 3 期发表，可以说不辜负你去无锡一趟。我读过了，觉得无啥可说的。这出戏还是我早年读的，看你今天的分析，很是有趣。我没有意见可提，你也未免过谦了。陈坚同志的《夏衍评传》是我在北戴河期间看完的，不料回来，就送来夏衍全集给我写序。我还有别的工作要做，非常之忙，所以也很少给你写信。袁敏同志回去，不知她学习已结业否；她临行前借的我的书早已归还，万一看见她，代我问候。今年十月后半月，我们将去西安，因为外国文学理事会将在西安召开。可能明年开大会。地点尚未选定，希望能在杭州。

问候你们全家人好！

健吾
1982 年 10 月 2 日

附注：

这是李师生前最后给我的一封信，信中他打算 10 月份去西安参加外国文学理事会议，结果他从西安回京以后就病倒了。他在病中坚持写作，结果在 1982 年 11 月 24 日溘然离世，终年 76 岁。

我的感言

今日重温李师生前给我的 24 封来信，我感触良多。这些老专家在拨乱反正以后的大好时光里，拼命抢回以往失去的时间，埋头著书立说，这是中国知识分子最可贵的精神。他们没有其他本事，只能以自己的知识来报效国家。可是他们在"文革"这场大灾难中，身心受到了严重的伤害,他们大都在病中工作,精神可佩。

　　另外,这些知名老学者、老专家,由于他们的知名度高,兼职多,社会活动多,他们所到之处不是讲话、做报告就是宴请、安排旅游活动,搞得他们疲惫不堪,再加来访来信多,更加重了他们的精神负担。因此在新时期如何保护这些知名学者,让他安心研究、写作应该引起有关部门的重视。当然学者专家们也要有自知之明,不能像李师那样"有信必复,有访必见,有约必写",毫无节制地工作,有时连午休时间也在埋头写作。李师离世才76岁,按照时下的流行说法,"人生七十小弟弟",他在"小弟弟"的年龄段就离世了,不是太早了么! 他有不少文章要写、要译啊! 然而为时已晚,除了遗憾以外,还能说什么呢?

　　我想,像李师那样类似的知名专家提早离世的并不少见,这给国家、民族造成了无法挽回的损失。人的生命是最宝贵的,那些知名学者、专家们的生命尤其宝贵。我们殷切希望这些人类的精英能在新世纪里活得更长久更愉快些吧! 人类有福了!

　　　　　　　　　　　　　　2003年夏—秋于浙江大学

　　　　　　　　　　　　　　(载《新文学史料》2004年第3期)

良师益友　终生难求

——怀念我最敬爱的老师李健吾先生

在人生的道路上,如果能遇上一位品德高尚、学识渊博的好老师,那该是多么幸福啊!

中外许多名家的学术成就,著名作家的创作成就,一般来说,他们在青少年时代都得到过老师的教导与指点。我国著名剧作家洪深,他在美国留学期间,在大学课堂里直接受到美国著名戏剧理论家贝克教授的教导,使他从此走上了戏剧创作的道路。法国著名小说家莫泊桑的成长,跟前辈作家福楼拜对他的严格教导是分不开的。我国著名小说家许钦文从他开始发表第一篇作品起,就是在鲁迅先生直接关怀和指导之下的。像这样的例子在中外文学史上数不胜数。

回顾我自己的一生,在这 60 多年的学习生活道路上,我有幸遇上了不少好老师,其中最使我难忘的是我国著名戏剧家、评论家、翻译家、法国文学研究专家李健吾先生。

我初次认识李健吾先生是在 1946 年下半年。那时候,抗战已经胜利,我随学校——暨南大学从福建建阳迁回上海,继续在外文系求学。当时,外文系来了不少名教授,李健吾先生就是其中的一位。他第一次踏进课堂的时候,西装革履,身材魁梧,戴着一副淡淡的茶色眼镜,风度翩翩,风华正茂。他给我们讲授外国戏剧课,在课堂上,他谈笑风生,妙语连珠。我们都为他渊博的知识所倾倒,也为他滔滔不绝的讲述所折服。他为了培养我们对戏剧的兴趣,不但言传身教,而且还在课外时间带领我们全班同学(那时候全班同学只有七八人)参加一些有益的社会活动,扩大眼界,增长知识,培养了我们对戏剧的兴趣。我清楚地记得,那时候每逢上海剧专有新的话剧演出,他就带领我们同往观剧,有时候还给我们讲解演出的优缺点。他偶尔还在银幕上露面,当一名电影配角演员。当我们在银幕上看到他的身影时,感到特别亲切。我们真为他的多才多艺感到无比高兴和骄傲。

有时候,他还带我们去电影摄影棚观看拍摄电影的实况。我们看到过著名戏剧家曹禺在导演一部电影,看到过著名电影演员韩非在扮演打电话的镜头,看到过著名导演沈浮在导演《万家灯火》的群众场面,我们也随即当了群众演员,还看到过白杨、王丹凤在拍戏……当时,能看到那么多的名演员、名导演的拍片实况,确实是十分难得的机会。如今回想起来,自己对戏剧、电影有比较浓厚的研究兴趣,不能不归功于健吾先生对我的辛勤栽培和启发诱导。

1948年夏,毕业离开大学以后,我一直还念他。

新中国建立以后,我们很快就联系上了。以后,由于众所周知的原因,我们之间的联系中断了。在十年动乱时期,双方的情况完全隔绝了。我时时为他的安全和健康担心。那时候,我自身难保,怎么能主动跟他取得联系呢。但是思念之情,无时或释。

粉碎"四人帮"以后,中国的大地解冻了。党的十一届三中全会以后,知识分子的春天重新到来。健吾先生的情况怎么样了? 我多么怀念他啊! 1978年下半年,我去大连参加一次外国文学的学术会议,会后我转道要去探望我最敬爱的老师——健吾先生。那一天,我从中国社会科学院外国文学研究所打听到他的住址时,已到了中午时分。为了避免他的麻烦,我是事先吃了点心去探望他的。他见到我这个年过半百,几十年不见的老学生,分外高兴。那时候,他的身体已被"四人帮"折磨得很差了,说话有气无力,行动也有些困难。李师母刚外出未归,他却一定要留住我吃午饭,我再三婉谢,并说已吃过了,但他坚持说吃过也要陪他吃。我拗不过他,只好跟他一起动手做了一点吃的。那天的午餐虽然是家常便饭,可是师生见面的欢乐情景,远非山珍海味可以比拟。我们谈论巴尔扎克、福楼拜、莫里哀、外国戏剧、中国戏剧……他那渊博的知识,精到的见解,又一次征服了我,使我惊叹不止。

一别数年,健吾先生的文章不断在全国报刊上出现,他的译著也一本又一本地出版了,那是多么有创见、有新意的作品和科研成果啊! 他的戏剧作品充满着机智和幽默,大有莫里哀的风格;他的评论文章别具一格,没有老套套,喜欢开门见山谈问题,既有创见,也有兴味。文如其人,文章风格跟他爽朗的性格是完全一致的。

以后,我开设"外国戏剧"课,跟他的联系更加密切。每次我写信向他求教时,他往往很快就回信答复。每当我将已发表或未发表的论文寄去请他审阅时,他往往能坦率地提出自己的意见,从不轻易赞扬我写的文章,有时他认为可以,就将未发表的文章推荐出去。他那严格教诲的精神,使我受益不浅。

1980 年 5 月,杭州大学中文系和浙江省外国文学研究会联合在杭州举办纪念巴尔扎克逝世 130 周年、托尔斯泰逝世 70 周年科学讨论会。会前,我受大会委托,写信邀请健吾先生来杭参加会议,并作学术报告,他很快就写来了回信,说因为身体不佳不能赴会,但他在开会前夕发来了贺信,并为大会的召开寄来了两篇很有分量的有关巴尔扎克研究的学术论文。这对与会人员无疑是极大的鼓舞。

1981 年秋,我突然接到他从上海拍来的电报,说要来杭州旅游。来杭前夕,我跟他通了长途电话,在电话中,听到他响亮的声音,我惊呆了,这难道是古稀老人的声音吗?第二天我去火车站接他,只见他在李师母的陪同下,神采奕奕地下了车。我正惊奇他的身体突然变得如此健康,细心的李师母大概看出了我的疑惑,忙解释说:"现在知识分子的心情舒畅了,他现在天天做气功,他说要活得更长寿一些呢!"这次我们重新相见,分外高兴。之后我陪同他们一起游览了建德的灵栖洞、桐庐的富春江、绍兴的东湖、大禹陵、鲁迅纪念馆……他为江南的秀丽景色迷住了,他游兴甚浓,到处拍照,我看他的样子像是拍照行家,事后才知道他是新手,许多照片都被他拍坏了。可是你看,他是多么认真地在拍照啊!

他兴致勃勃,在杭期间还给杭州大学中文系师生做了两个小时的学术报告——"莫里哀其人其事"。事先是按健吾先生的意见,听讲的规模越小越好,哪知消息传开以后,全系学生纷纷要求参加听讲,以便一睹这位知名学者的风采。那天下午,他在大礼堂作报告,信口谈来,娓娓动听,谈锋不减当年。他的报告有不少新的材料和观点,受到广大师生的热烈欢迎,像他那样具有真才实学的老专家,我们多么希望他长命百岁啊!

这次欢聚以后,我们师生之间的关系更加密切了。他最后给我的一封信是在 1982 年下半年他去参加中国外国文学学会理事会前写来的。信中洋溢着他对后辈和青年人的关怀之情。

……

以后我写信去,探问他西安回来以后身体可好?在信中我还邀请他们贤伉俪明年春天再来杭州旅游,可是,他久久没有回信。过去他有信必复,这次他迟迟不回信,难道病了?

这真是我不敢想的事,然而不敢想的事终于发生了。他上次来信说,希望明年的大会放在杭州开,他不是想重游西湖么,他不是希望在杭州跟我重新相见么,我天天盼望着他的回信早日送到我的手中,然而,他的回信永远不会寄来了……

1982 年 11 月 30 日中午,我收到了中国社会科学院外国文学研究所发来的讣告,我平时最敬爱的老师健吾先生不幸于 11 月 24 日在京病逝。得到这个突如其来的噩耗,不禁悲从中来。我为失去一位学识渊博的良师而痛哭,也为我国文学界、戏剧界、翻译界失去一位杰出的专家而痛哭。

回首往事,历历如在目前,怎不叫人百感交集!

12 月,李师母来信详告了健吾先生病逝的经过:

　　……近年来,健吾极乐于公出。10 月间他坚持要赴中国外国文学学会理事会开会,家人劝阻无效,由我陪同去西安。中间随单位参观各名胜古迹,兴趣一直很高。11 月 2 号由西安去成都,除接洽他在四川人民出版社的书籍外,又随出版社组织去游乐山、乌龙寺等处,精神也很好。不过在成都天气比较暖和,身上衣服穿得比较多些,开始患感冒……考虑他身体吃不消,当即在 8 号回西安,12 号由西安返回北京。到北京首都医院治疗感冒,大夫不够重视,而病人只相信服药,对大夫的嘱咐要停止工作、谢绝接待两点不照办,待至感冒不见减轻,大家都劝他去复诊,他始终强调工作重,没有时间。延至

11 月 24 日午餐后,他不休息,还一直在写,将近三点,停笔往
沙发椅里一靠,就此长眠不起。在他本人,完全同睡觉一样,
毫无痛苦表情,只是眼睁睁看着他丢下我,丢下全家,丢下热
爱他的无数好朋友,丢下他为之奋斗一生的文艺事业,就此甩
手,太惨了,太惨了!……

我含着热泪读完这封信。健吾先生生前经常告诉我,法国伟大的
喜剧家莫里哀为喜剧事业奋斗终生,结果死在他一生为之奋斗的戏剧
舞台上。如今,驰名中外的莫里哀研究专家健吾先生跟莫里哀一样,他
为祖国的文艺事业奋斗终生,结果也死在他的工作岗位上——写字台
边,他真正做到了"生命不息,工作不止",具有如此高尚胸怀的老知识
分子难道不是国家的宝贝么!

1983 年 6 月,我参加了天津一个学术会议以后,专程去了北京探
望了李师母。那天上午,我去李家的时候,李师母早在家里等候我了。
我坐在李师生前常坐的沙发上,真是感慨万千。李师母向我详细描述
了下午健吾先生逝世的经过。她谈着谈着忽然向我提到浙江诸暨广播
站有一位名叫赵锐勇的年轻人。他在向李师遗体告别的那天,哭得非
常伤心,泣不成声,像个泪人儿。为什么他对李师的感情那么深?他跟
李师到底有什么特殊关系?我带着这两个问题,回杭以后,就给赵锐勇
同志写了一封信过去。不久,赵锐勇同志的回信来了,读着读着,我禁
不住热泪盈眶,我从心底里被李师的高尚情操所感动了。他是多么好
的老师啊!他以自己的模范行动教育着我们应该如何处世为人。赵锐
勇同志在信中写道:

……我与李老非亲非故,甚至在他生前连一面之交都没
有过。他与我师生一场,前后不过大半年时间,但他却给我留
下了一辈子难以磨灭的印象。

那是 1982 年年初的一天,我在《人民日报》第八版上看到
了李老的一篇文章,他大声疾呼要提倡独幕剧,要关心业余剧
作者的学习和创作。当时我刚开始业余创作,写了一个话剧,
苦于一无园地发表,二无剧团上演。读了李老的文章后,很是

感动,心血来潮,连夜写了一封信,夹上自己写的那个剧本,想寄给李老,可因为不知道李老住在哪儿,便斗胆寄给《人民日报》,请他们代转。但我把信丢进邮筒后又胆怯了,李老是国内外有影响的人物,而我……我站在邮筒边,等邮递员开信箱时,要求取回那封信,但邮递员不允,说是寄出的信概不能收回。我只是作罢,几天过后,也就渐渐把这信忘了。

谁知半个月后,李老竟然来信了。他说:"收到你的来信和剧本,我本来想仔细看你的戏,但是因为我后天就要到兰州去讲学,所以没时间来看,从兰州回来后,我想争取时间仔细看一遍,如能发表,我将为你介绍出去……我已76岁,再有四个月就77岁了,心脏供血不足,动脉硬化……"

没过多久,我果真接到了李老的第二封信,他说从兰州回来后,立即认真读完了我的剧作,"情节激动人,我已寄给《剧本》,请他们考虑采用"。

我无法想象,一个年逾古稀,身患多种疾病的老人是怎样为一个默默无闻的陌生小青年看完几万字的拙作的。

后来,我省的《文化娱乐》知道了这件事,他们立即写信给李老,请他把我的剧本寄给他们用,并请他对剧本写几句评论。李老不久又来信说,他已将剧本的评论文章寄给《文化娱乐》,然而该刊却等了三个月也没有收到李老的信。编辑部让我再次写信询问李老,李老立即为我查找,步行到邮局询问,没能找到后,他又重读了我那个剧本,又重写了评论文章。尔后,又亲自到邮局用挂号件直接寄给我。他在评论文章中既热情地肯定了我的习作,但也毫不留情地提出了不足的地方。他说:"赵锐勇同志是一位有位的青年作者,我要求可能苛刻了些,但是说好话,我不会,我也不为读者隐瞒他的剧本出现的问题,那将于作者毫无好处的,能把情节写得扣人心弦,已经很不容易了,我年轻时就写不出这样情节紧张的独幕剧。"

当我把李老的文章寄到《文化娱乐》时,他们已经找到了李老第一次写的评论文章,原来是收发员把李老的文章当作读者来信积压了，使李老生前未能见到自己写的文章变成铅字。

这以后，李老几乎三五天就给我来信，指点我寄去的话剧、戏曲、小说等习作，每一个错字，每一处不当，他都用铅笔纠正、批注，他多次热情地鼓励我："不要以成败计得失，勇敢地写下去，写下去！"

他还在生活上无微不至地给我们慰藉，1982年国庆节，我要结婚了，李老得知后，立即写来贺信。他深情地在信上说："知道你将在国庆节结婚，远巴巴的，只得遥为你们新夫妇道喜了，心里感到怪遗憾的……希望你把你们新婚照片给我寄一张来。"

我寄去了结婚双照，心里也是极想得到李老一幅小照，可我不敢在信上写，怕太唐突。然而，10月1日下午，正当我的婚礼即将举行时，一个戏剧性的场面出现了，一封航空快信送到我手中，里面是一张李老与夫人尤淑芬的大幅合影，照片背面题着热情的贺词。众人都不由为之赞叹李老的为人风范了。

可我怎能想到，李老会这样快离开我们啊！就在他逝世的前两天，他还给我来信，细谈了我的一个剧本。啊，你能说，我该受到多大的打击啊！1982年11月30日，我捧着讣告，与妻子相对而泣，心痛欲裂。说实话，我每月才33元工资，往返北京的旅程意味着我三个月的财政赤字，而在我们这个小县城里，是极少有人上过京城的。有人说，没有县政府的证明，是进不了北京的。当晚，我到县里打证明，可他们说要经绍兴地区行署批准。离遗体告别仪式只有三天时间了，特快列车也需要二天时间，我借了100元钱，不顾一切上了车，我生前不能见到李老的面，可这永远的诀别的机会，我不能再丧失了。

我是捧着一大摞李老的信件和照片当作介绍信走进李老家的。尤老夫人把我领到李老生前工作的写字台前，台板玻璃下，正中放着的竟是我的结婚照！人去屋空真情在，相逢何必曾相识！与李老遗体见面时的一切就不用再写了，因为我怕自己再写这些，有许多事情和细节，只能与您以后见面时细叙了,不知您以为如何。因为心情的关系,写起来总是难以自禁,字迹潦草得很,只有请您见谅了……

这封质朴的来信,生动地描述了健吾先生的为人。

健吾先生学贯中西,名震中外,然而他平易近人,没有一点架子。他内心有一团火,随时随地在点燃别人心灵上的火花。他为人的原则是:"有求必应,有求必见"。不论新知旧友,只要有求于他的,他如能办到的一定照办。他一生光明磊落,慷慨大方,不论相识与不相识的,只要登门拜访,他都热诚接见,侃侃而谈。所以,凡是跟他接触过的同志,都对他留有深刻、难忘的印象。赵锐勇同志只是其中平凡的一个例子而已。

啊,人海茫茫,何处寻觅我的良师? 良师益友,人生难求! 何时再能听到您的教诲? 何时再能接到您那热情而字迹难认的来信? 何时再能听到您那爽朗的笑声和机智幽默的谈吐? 何时我们再能聚首西子湖边? 再为车票事件而哄堂大笑?

有的人活着,人们并不因为他活着而感到世界更美好;有的人死了,人们却时时怀念他而感到人生是多么美妙!

"世上万般愁苦事,无过死别与生离",健吾先生,您76岁就撒手人间,这不是太不公平了么? 如果60岁还算小弟弟的话,您真是少年时期。您不应该这么早就离我们而去的,如果您能听从医师的劝告,不那么紧张地伏案写作,您不是会写出、译出更多更好的文章来么?

然而,您毕竟去了,而且是默默地去了。我记得法国有部小说名叫《西蒙和残废的少女》,其中主人公讲过一句话:"人只有帮助别人的时候,生活才是有意义的。"回顾您的一生的足迹,您以自己的文章、作品和自己的模范行为帮助别人在人生和文学道路上前进。您的一生是很有意义的一生。

您离开人间已经快三周年了。三年时间是短暂的,可是您严谨的治学精神,高尚的道德情操,以及您留下的丰富的文学遗产,将像长江大河一样,永世长存。

1982年冬初稿　1985年夏定稿

(载《智慧之泉》,北京教育科学出版社1986年版)

怀念一代书法宗师陆维钊教授

2005 年 5 月 18 日是一个难忘的日子。

这一天天气晴和,阳光灿烂,初夏的清风,吹到身上,感到分外舒适。我随浙江大学西溪校区老年书画组的同志们,乘车来到平湖市陆维钊书画院参观访问。我在参观过程中感触良多。下午又听了陆维钊的大公子陆昭徽先生和《陆维钊》传记作者之一邢秀华先生的精彩发言,更使我心潮澎湃。陆维钊生前的一言一行频频在我的脑海中浮现,使我久久难以忘怀。

一、执教浙大

1945 年 8 月,抗日战争胜利,日本无条件投降。浙江大学准备从贵州遵义回迁。此时,竺可桢校长再次邀请陆维钊来校任教。竺可桢是陆维钊在南京时的老师,鉴于老师的盛情,陆便辞去了圣约翰大学的教职,于 1945 年秋到浙大龙泉分校任副教授,担任文学院古典文学的教学工作。1947 年,浙大本校和分校相继从遵义和龙泉迁回杭州。9月,陆维钊与陆子湘、杨其泳奉命协助校方接受罗苑校舍。罗苑地处平湖秋月西侧,又名哈同花园,曾是犹太富商哈同的私人别墅,抗战胜利后被国家接收。罗苑风景秀丽,环境幽静,人称"湖上火迷宫",是读书人居住的好地方。和陆维钊同期,第一排迁入罗苑的还有浙大老师徐震堮、董聿茂、钱秀之等。他们常赴岳坟、西泠桥一带酒店小酌,但陆不喜饮,常作陪赋诗吟诵,其乐融融。

1952 年高校院系调整,陆师调入新成立的浙江师范学院中文系。1956 年,我有幸进入该校(后改名为杭州大学)中文系执教,和陆维钊先生是同事,同在"中学语文教学法"教研室工作,这个教研室是不起眼的,不受领导和学生的重视。系里教师都不愿意担任这门吃力不讨好的课。陆先生服从分配,安心教学。他穿着朴素,平易近人,学识渊博,深受师生的敬爱。杭大中文系之所以出名正因为有不少名师的存在。如夏承焘、姜亮夫、王驾吾、胡士莹、陆维钊、蒋礼鸿、蒋祖怡、吕漠野等。他们都是具有真才实学的老专家。他们的道德文章,无形中影响了学生的勤奋好学。由此,中文系学生出了不少著名的学者、专家和作家。陆先生博学多才,他的古典文学和书画造诣在系里是出名的。我一直爱好书画,曾请胡士莹先生和陆先生在我的一把扇面上写字、画画,我一直珍藏着,不幸在"文革"这场灾难中被毁了。陆师在杭大执教多年,为人正直,许多师生都愿意和他接触。在反右斗争中,不少师生被划为右派,反右斗争在整个校园搞得热火朝天,大字报满天飞,可是陆师从来没有站起来对"右派分子"斗争,也从来没有贴过一张大字报。他为人和善,从不张扬。他经常教育自己的子女要诚恳待人。他有一句教子名言:"要一分为二地看人,不能人云亦云,大家都说这个人好,不妨看他有哪些缺点;都说这个人不好,不妨想想他有没有优点。"陆师的长子陆昭徽教授如今是外语专家,至今还深深怀念父亲的金玉良言。

二、喜进美院

1960年陆师突然从杭大消失了,原来他受中国美院院长潘天寿的邀请调到美院执教了。

这里有一段传奇故事:

1959年潘天寿执掌美院院长以后,他一直认为培养学生应重视文化修养,诗、书、画、印是一个整体,缺一不可,中国画系的学生,大都不懂古典诗词,不会题跋,也写不好毛笔字,常常请求别人题字,落款,这种不正常的现象必须改变,可是一名既懂书画艺术又有古典文学造诣的人才要到何处去找呢?说起来也是巧事,一天潘天寿同名画家吴茀之、诸乐三结伴游西湖,坐船到三潭印月,三人漫步到一处画廊面前,画廊中有一幅中国画把他们吸引住了,他们只觉这幅画,用笔干练,有气势,再看那题跋和书法,也非同凡响,他们同声惊叹:"杭城乃藏龙卧虎之地,此乃奇才也。"潘天寿求贤若渴,将"陆维钊"三个字牢记在心。回校以后,他当即通知有关部门查找陆维钊是何许人士。四处一打听才知作者是杭大中文系古典文学的老教师,他急如星火将陆调来美院,两人一见如故,大有相见恨晚之感,自此以后,潘天寿常常到韶华巷那破旧的美院宿舍拜访陆师,二人趣味相投,谈艺术,谈创办书法篆刻专业,谈招收书法研究生,谈远景规划,谈人生……真有说不完的话,陆师更是有知遇之恩的感觉,他们越谈越投机,陆师从不谈住家的简陋,生活待遇的菲薄和私人的事情。在美院每天起早落晚,有做不完的工作,使不完的劲,前景是多么美妙啊!可是好景不长,"文革"这场史无前例的大灾难爆发了,一切乱了套,他所敬佩的国画大师潘天寿一下子变成了牛鬼蛇神,天天挂牌批斗,陆师也不能幸免,一直遭批斗,身心遭受到严重伤害。当他得悉潘天寿被折磨致死的消息时,他整日沉浸在悲痛之中,泪水流淌不止,他无论如何都不能接受这个现实,他立志要为潘天寿做一点实事,来报答潘天寿对他的恩情。1979 年底,机会终于来了,"四人帮"粉碎以后,万物复苏,可是陆师病重住院了,在重病中得悉潘天寿的墓碑要重写的事,他再也按捺不住了。他在家人的扶持下,硬撑起身子,挥毫用篆体写下了"画家潘天寿墓"六个大字,他写完以后,顿觉两眼昏花,呕吐不止,身体越来越差,到了 1980 年 1 月 30 日上午 9时,他闭上了双眼,溘然长逝了,终年 82 岁。他的绝笔了却了他的心愿,他可以安心走进天国和潘天寿去谈心了,他就是这样一位看重情义的真君子。

三、临终绝唱

陆师到了晚年的时候,他的书法艺术已经到了挥洒自如、登峰造极的地步。他的篆、隶、真、行、草五种书体,写得很好,尤其对篆书和隶书,造诣更深。亦篆亦隶、非篆非隶是他最大的特点,也是他的创新,他的篆隶书体,最初是长形,后来出现了扁体的书体,此后兴之所至,或长或扁形成了自己的独特风格。有人称为"篆隶",也有人称为"扁隶",还有人干脆称为"陆体"。螺扁体的创造,可算是他求高、求真、求新、求变的典型,这是他的伟大创造,陆师立意法古而鼎新,沙孟海盛赞他的书法艺术是蝶扁作家。曾对陆师的书法艺术评价说"综合披览,使人感到纯乎学人手笔,有书卷清气。无论大小幅纸,不随便分行布白,有时'真力弥满','吐气如虹';有时则'碧山人来',脱巾独步,'得心应手,各有风裁'"。

陆师对书法理论有独到的见解,他的书论散见于一些题跋和著述中,我这里特别要提一提陆师在弥留之际,将心爱的五名研究生召到病榻前,谆谆嘱咐道:"不能光埋头写作,刻印,首先要紧的是道德学问,少了这个就立不住。古今没有无学问的大书家。我们浙江就有这个传统……一般人只知道沙孟海先生字写得好,哪里知道他学问深厚,才有这样的成就。'字如其人'就是这个道理。书法先求平整通达,以后再求变化创造,要淡于名利,追求名利就不能静心做学问……我一生只做了一半,现在天不假年,无能为力,寄希望于你们,大家要努力呀。"

这一番感人肺腑的话已成了陆师的千古绝唱。

拨乱反正以后,岳庙重修。陆师在岳坟前面写有一副楹联"青山有幸埋忠骨,白铁无辜铸佞臣"。这是陆师晚年书法的代表作。那天我看了这副楹联简直惊呆了,当时围观者众多,无不啧啧称奇,看这副楹联,仿佛有一股磅礴之气向我袭来,不能不使你倾倒,我每次去岳庙,必然在这副楹联前伫立良久。看他的书法,简直是最美好的艺术享受。有人说看画叫"读画",观字叫"读字",此话一点不假,有人在好的书画面前读半天、一天是常有的事,有的甚至读好几天都不过瘾,这就叫做"艺术的魅力"。这种魅力可以使人如痴如醉,茶饭不思,陆师的这副楹联可说是典型的"蝶扁体"书法。欣赏这副楹联,就可以看出作者的爱国主义情怀,也可以悟出作者"嫉恶如仇"的思想。爱憎分明,是陆师书法艺术的特点,也是爱国主义最生动的教材。因此,当人们去参观岳庙时,许多爱好书法的观众,在这副楹联面前顶礼膜拜是毫不奇怪的。陆师生前常常在子女面前哀叹:"一事无成,一事无成!"怎能说一事无成!光这副楹联就可以说他与日月同光,永垂千古!

四、奇闻轶事

陆师像诸多艺术大师一样,出身贫寒,生活清苦。他是一个遗腹子,出生以后全靠祖父和祖母的关爱,特别是祖父陆少云对他的启蒙教育,使他终生受益。他的书法从小名闻乡里,家乡造了一座凉亭,取名"明月清风"亭,需要请人写一块牌匾,当时乡里人提出要请有名望的人来写,但也有人提议请陆维钊写,祖父见众乡亲如此信任自己的孙子,也就同意让陆维钊来书写,陆维钊在众人面前一口气挥笔写下了这四个字,观者无不拍手叫好。事有凑巧,一天,县太爷下乡视察,经过凉亭,抬头看到这块匾,不觉惊呼"好字!好字"!于是向乡邻打听是哪位高手所写,后来一打听才知是小学生陆维钊所写,不禁赞叹道:"小小年纪,写得如此好字,该奖!该奖!"从这个例子可见陆师从小就有写字的天赋,再加上他后来的勤学苦练,终于成为书法大师。

陆师从小家境贫寒,所以养成了他一生简朴的生活作风,特别是他的穿着打扮,终年一身旧布衣,从不穿新衣,根本看不出来他是一位大学者。后来他的名气越来越大,经常会参加一些重要的社会活动,接见一些外国书法代表团,他的爱妻李怀恭老师特地为他制作了一套毛料中山装,可是他一直舍不得穿,一直压在箱子底下。直到他逝世,这套新衣从未上过身,他离世以后,包好遗赠给自己的儿子了。

关于穿衣的事,曾经闹过一个笑话。一年夏天,陆师穿了一件旧衬衫,脚穿一双旧布鞋,摇一把旧蒲扇,漫步走进了新华书店古典文学书柜前,随手抽了一本词选,翻看了一下目录,又放了回去,另外又抽出一本《尚书古今文注疏》,翻看着,他不知道有位营业员早就注意他的行动了,心想:"这老头懂什么呀,难道他会看懂这里的古文么?"于是不客气地对他说了句:"这架古书你看不懂的,不要翻了。"陆师闻言,对营业员笑了笑就走开了。这时,有位读者过来对营业员说道:"你太不客气了,他可是美院教授,教古典文学的书法家呀。"营业员听了感到自己失礼,对这位老人太不敬了。陆师不以为意,他感到这种以貌取人的态度太普遍了,丝毫没有计较这位营业员的态度。他的老伴有时也责怪他说,衣着打扮不能太随便,应该像个学者的样子,可是陆师有他自己是审判原则:"认识我的,穿得再旧也认识我,不认识我的,即使穿得再新,也不会认识我。"

陆师名气越来越大,求字画者也越来越多,有时应接不暇。可是他从不收受人家礼物,跟钱根本不沾边,他压根没有想到如今他的字画竟是如此值钱,有很高的收藏价值了。

陆师多才多艺,他弹得一手好琵琶,也会吹箫。可是他从不进娱乐场所,根本不进电影院看电影。他有自己的思维逻辑:"我看一下电影说明书,就知道故事情节了,何必浪费宝贵的时间看电影呢!"有些老学者大都和他一样,对什么"时尚"、"新潮"、奇形怪状的打扮都不以为然,他的四个孩子深受老父亲的影响,个个衣着朴素、生活简朴,勤奋好学是他们的家风,现在他们事业上各有成就,为报答慈父的教诲,他们共同合作编就了《陆维钊诗词选》,由西泠印社出版社出版,这是最好的纪念。

陆师一生坎坷,在战乱困苦环境中度过他的童年、少年、青年。大学毕业以后,他有过抱负,想在古典文学、书画艺术领域有所作为。可是在过去"左"的路线下,他有志难伸。以后进了美院,一心想大干一番,一场突如其来的"文革"风暴使他的美好愿望破灭。等到党的十一届三中全会以后,他已近耄耋之年,疾病缠身,生活依然清苦,可是他报效祖国的心更强烈了,培养接班人的志向坚决不动摇,他争分夺秒地工作,他的书法作品"同心干,放眼量"代表了他的心声。他在重病期间握着爱妻的手说:"我的病不能好了,我一生积累了不少资料,目前正是出成果的时候,却活不下去了,只要再给我5年时间就可以做好多事了。我要写的书至少会有一个眉目,有个交代,现在这样不明不白,一事无成,可惜啊,可惜!"

我们听了陆师的遗言,深感愧对这位大师级的书法名家,他生前生活是那么清贫,住房是那么简陋,待遇是那么不公平。如果我们在他生前能善待他,使他有宽敞明亮的居室,有丰厚的工资待遇,有舒畅的心情,他必然会活得更长久,培养出更多年轻的才俊,更多地为国家创造出无与伦比的书画精品,这将对祖国文化事业有多大贡献啊!

陆师终于不无遗憾地驾鹤西去了。他离世以后的唁电唁函不断,在追悼会上无数热爱他的人们,自发前来向他作最后的告别。著名书画家余任天的挽联用了十个字,道出了大家的心声:

三绝诗书画

一生恭俭让

当天我从陆维钊书画院出来,心中默默念叨着:

有的人活着,

他已经死了。

有的人死了,

他依然活着。

陆师虽已驾鹤西去了,

他的精神不死,他的风范永存。

他永远活在我们的心中。

（载《文澜》2007 年第 2 期）

智者早逝诚可哀

——怀念语言学家任铭善先生

语言学家任铭善教授是原杭州大学中文系五大才子之一。杭大中文系在全国高校文科中颇有名望,主要是因为有一批学术造诣很深的专家学者,例如国学大师姜亮夫教授、宋词专家夏承焘教授、明清小说专家胡士莹教授、先秦文学研究专家王焕镳教授、古典文学专家、书法大家陆维钊教授等都是海内外享有崇高名望的老学者。

任铭善教授(1913—1967),博学多才,思维敏捷,是人所共知的。他不但精通语言学,而且也精通古典文学,并擅长书画艺术。他是江苏如皋人,其书斋名号曾先后用"爱斋"、"尘海楼"、"无受室"。1935年,他毕业于杭州之江大学国文系,他的一篇毕业论文《论小雅》,质量之高,惊动了系里不少老教授,称他是一位难得的人才。大学毕业后,他就留校任教。1937年抗日战争爆发,他先后随校迁至上海、福建,并在浙大龙泉分校任教。抗日战争胜利以后,浙大迁回杭州,他仍在浙大中文系任教,并指导研究生。新中国成立以后,他政治热情高涨,追求进步,曾任浙江省民进副主委、浙江省政协委员。1952年院系调整,他任浙江师范学院(原杭州大学前身)教务长、中文系教授。

他早年在之江大学求读时,师从钟泰、徐昂、夏承焘教授,早年就崭露头角,写有《春秋驹夹今文辨》、《古等韵八摄四流说》、《讽字臆记》等文,发表于《中国文学会集刊》上。他一直被夏承焘先生所赏识。他在早年治学以文字音韵为主,著有《说文解字建首小笺》、《说文解字建首略例》。抗日战争时期以治经学为主,著有《读张氏仪礼图记》、《观堂礼说存商》、《西京学三论》、《易古本考》、《幽诗征历》及《礼记目录后案》。抗日战争胜利以后,除继续从事旧业,还钻研现代语言学和实验语音学,并参与汉字拉丁化运动,从事方言调查,并著有浙江方言研究的论文。同时他还从事古代文学的研究,对词乐、词律文献研究造诣亦深。

新中国成立以后,他在浙江师范学院、杭州大学主讲语言学概论、汉语史、目录学与工具书等课。他撰写的《小学语法讲话》、《小学语言教学基础知识讲话》,在小学界影响极大,发行数量达数十万册,在全国掀起学习语法知识和普通话的运动中起到了重要的作用。他开设的"汉语史"为该科的建设起了奠基作用。1960年他在上海参加《辞海》修订工作,贡献巨大。他出版的专著有《礼记目录后案》(齐鲁书社)、《汉语语言史要略》(河南人民出版社),他的近百篇学术论文已收入《无受室文集》正式出版。

我1956年从杭高调进浙师院中文系任教,当时任先生只有40多岁,他是教务长,在中文系开设多门汉语方面的课程。他风华正茂,每天风风火火忙于行政工作和教学工作。他的社会活动较多,经常参加民主党派活动。1957年一场反右运动,许多很有才华的知识分子纷纷落马,被打成右派,浙江师范学院也不例外。当时为了帮助党整风,不少知名教授向党进言,提出了不少合理建议,结果都被打成了右派。任先生也遭了殃,被打成右派,后来升级为极右分子。从此,一度闪闪发光、才华横溢的任铭善先生步入了暗淡的岁月。他的教书权利又遭剥夺,每月只拿数十元的生活费,从此他再也抬不起头了。他被安排在中文系资料室工作,难以施展他的才华,尽管如此,他也为系里教师提供了一批又一批的资料,为教师的教学服务。待到"文革"风暴来临时,他虽属"死老虎",但他终日在担惊受怕中度日。由于劳累过度,他患上了肝癌。1967年11月,他绝症难医离开了他热爱的事业和他心爱的家人,与世长辞,终年才54岁。一代学人过早地离世,使不少中文系师生痛心:"智者早逝,诚可哀也!"

他为杭州大学人才的培养、引进,主流学科的形成及课程设置的完善,图书整理,做了大量的工作。他严谨治学、诲人不倦的精神,向为中文系的师生所称道。任先生被打成右派的主要原因是他在解放期间讲了一段话。当时党中央号召全国知识分子帮助党整风,要求做到:"知无不言,言无不尽"。各级领导应抱着"言者无罪,闻者足戒"的态度倾听人家的意见。任先生在一次鸣放会上发言,他认为要贯彻党的双百方针,应该做到"任花自放,任鸟自鸣,任水自流",只有这样,才能使学术、艺术园地出现繁花似锦的大好局面。这句话原本没有错,而且包含深刻的哲理,是智者的语言,可是在当时的政治气氛下,这句话使任先生遭受了灭顶之灾。有的反右斗士,将这句话上纲上线,认为"任花自放,任鸟自鸣,任水自流"等于放弃党的领导,不是天下大乱了吗?后来全校掀起批"任"大会,当时省里来了一位女部长,亲自主持批判大会,并事先安排我发言。这可使我为难了,因为我平时对任先生印象不错,对他的博学多才、工作积极尤为赞赏。我只好硬着头皮在大会上作批判发言。我发言完毕,这位部长对我很不满意,她对我说:"你的发言太没有力度了。"我只能苦笑了一下,表示了我的无奈。至今我回想那次发言,确实言不由衷。可是在那"左"的年代,愈左愈革命,宁左勿右,已经成了顽症。

任先生的妻子马素娥女士是位资深的小学教师,他们夫妻恩爱,教子有方。他们育有一子一女。他的儿子任平在反右时还是一个小孩子,但父子情深,任平对父亲的一言一行,印象极深。他曾在一篇回忆"文革"(《往事琐忆》)文章中论及父亲的道德文章深深影响着他的一生。他在儿童时代,就深受父亲的影响,爱好书画艺术,父亲便是他的启蒙老师。在反右期间,他无法理解一向工作积极、受人尊敬的父亲,怎么会遭受批判?原来一家有说有笑的幸福生活,一下子变成了终日在愁苦、惊吓中度日的右派家庭。他曾暗下决心:"父亲倒下了,我一定要在他倒下的地方站起来。"如今的任平,已经实践了自己的诺言,他已成为名满全国的书法家、知名教授,他的硬笔书法字帖已成为全国中小学生的学习范本。他在杭州大学求学期间,就是一位品学兼优的好学生。我曾阅读过他的书面作业,他那飘逸俊秀的书法,吸引了我的眼球。他大学本科毕业,读研究生,后来又成为国学大师姜亮夫的博士生。如今任平也成为浙江大学中文系教授、博士生导师了,不久前已调往北京中国艺术研究院美术研究所。父恩不能忘,童年的任平,经常在父亲的书房里,临习《九成宫醴泉铭》,为他打下爱好书法艺术的基础。师恩也难忘,少年时代他就受书法大家陆维钊的指点。以后他在杭大中文系读书,更多地受到了陆维钊的教导,他习惯称陆维钊为"陆伯伯",因为陆是任铭善的挚友,早在浙大龙泉分校时期,中文系有一个以夏承焘为首,有王季思、胡士莹、陆维钊、徐声越、任铭善等参与的"风雨龙吟诗社",他们有共同的爱好,时常相聚唱和,他们结下的友谊是纯洁的。任铭善去世后,任平常去陆伯伯家访问求教,受益更深,书艺大进。读他的回忆文章,情真意切,更觉任平有良师的指引,真是他莫大的幸运。

任平的可贵之处在于,他像他父亲一样从小立志,孜孜以求,他牢记父辈的教诲:"人生在世,一技报国。"尽管他也有蹉跎的岁月,当过知青、搬运工人,可是他一直没有忘怀书法,始终把练习书法当作艰苦劳作之余的享受。功夫不负有心人,任平从80年代中期开始步入书坛,至今已成果累累。他的书法作品已被日本、法国、韩国、美国、澳大利亚和国内许多艺术单位收藏。他曾赴法国巴黎第八大学讲学,被聘为客座教授。他又从事书法理论研究,在国内著名书法杂志经常发表论文。他的名气越来越大,兼任中国美院、江苏大学教授,多次参加国际学术会议并发表演讲,可是他一直遵从父亲的教导,为人保持低调,平易近人,在他身上根本看不到一点"傲气"。书法界对他的评价是8个字:"人书俱高,翰逸神飞"。他有一幅书法作品"开卷有益",这是他的座右铭。他不满足于现有的成就,每日勤学苦练,继续攀登艺术的高峰。他的书法典雅俊秀,丰润多姿;隶书作品,大有陆维钊教授的神韵。任铭善先生已辞世40周年,逝者已矣,无可追悔。如今他的儿子任平品德高尚,事业辉煌,今后前途必然更加灿烂,任先生在九泉之下,可以含笑瞑目矣。

"俱往矣,数风流人物,还看今朝。"任平教授继承与弘扬老一辈知识分子的志向与风骨,太平盛世,尊重知识、尊重人才已成为良好的社会风气,全国上下正在为建设和谐小康社会而努力,像任平这样的中青年知识分子可以充分发挥自己的聪明才智,为社会造福,为全人类创造和平、幸福、文明的世界而贡献自己的力量。

(载《开明》2008年第2期)

怀念两个人

——洪深和王芸生

在我一生中遇到过不少好人，包括学生时代的良师和并不相识的名人，其中洪深先生和王芸生先生就是属于后一类的好人。

先谈洪深先生。

抗战胜利以后，我随暨南大学从闽北一个小山城建阳迁回上海，在上海求学两年，对我的影响太大了。那时我有幸遇到了不少良师，如钱锺书、李健吾、曹未风、周煦良等，也听过不少名人的演讲，如茅盾、马叙伦、章伯钧等，他们都给我留下了深刻的印象。

在校园文娱活动中，我对京剧情有独钟。当时上海京剧舞台，名角如云，百花争艳，我有幸看过梅兰芳大师两场演出："樊江关"和"奇双会"，他扮相俊美，唱腔甜润，使我陶醉了。可是特别令我满意的是，他的舞台表演干净，没有其他人员的干扰。当时名角演出往往有一种陋习，如演员唱完一段精彩唱腔以后，突然会出现一个人，手拿一把精致的小茶壶给演员送水解渴；有时演员要坐下，有人马上给他放好椅子；有时演员头上冒汗，有人及时拿块毛巾替他吸汗。这些陋习历来如此，演员习以为常，观众也习惯了，不以为奇。可是我看梅兰芳的舞台演出，不让闲杂人员干扰他的演唱和表演，我深受感动，于是写下来一篇小文：《平剧（京剧）舞台上一些容易改革的毛病》，投寄当时在厦门大学执教的戏剧专家洪深教授。当时他兼任上海《大公报》"戏剧与电影"专栏主编。当时该栏目常有不少名人的美文发表，受到读者的欢迎。稿件寄出以后不久，我的小文突然见报了，使我又惊又喜。这是我第一次在大报发表文章。当时我用了一个怪怪的笔名"白衣人"，意谓我是一位布衣作者，普通的大学生。不久洪深先生给我寄来了稿费，又给我写来了一封热情洋溢的信,鼓励我继续投稿,还称我为"白衣人先生"。这一下,真使我受宠若惊了,名教授称我为"先生",叫我如何敢当呢!洪深先生字迹古朴、端正,颇有颜体风格,我一直小心保存这封珍贵的信件。不幸在新中国成立后不久就散失了,但他对我的鼓励,影响了我今后的人生走向。这对我以后一直在高校从事中外戏剧的教学和研究,特别是京剧艺术的研究,起了促进作用。新中国成立以后,他调往北京,担任中外戏剧协会的领导和研究工作,非常忙碌,外事活动也十分频繁,我虽很想有机会拜见这位戏剧名家,可是一直没有机会。他辞世以后,我一直怀念着他,对他心存感激。可见一位名家的一言一行,对年轻后辈的影响是多么的深远啊!

另一位是王芸生先生。

王芸生先生是著名办报人,当时他是上海《大公报》的主笔,他立论公正,历来为许多知识分子所赏识。当时上海的《大公报》和《文汇报》是各大学师生最爱看的报纸,经常可以看到社会名流和进步专家、学者的宏论。我和王芸生先生素昧平生,只知其大名,并不相识,更无联系。大学四年学习生活使我感触很深,我觉得存在的问题不少,于是我写了一篇《大学和大学生》的小论文,阐述了我对当时大学教学存在的不少问题,如课程设置、如何发放贷学金问题,特别是比较突出的毕业论文等诸多问题的看法。当时大学毕业前必须递交一篇毕业论文,如果导师不通过就不得毕业。因此如何写好毕业论文,成了许多大学生的"心病"。实际情况是许多大学生都没有能力写出原创的有质量的论文,为了一张毕业文凭,大家只好东拼西凑写一篇大杂烩抄袭之作,有的学生无法可想只好找人代写。我在文中提出要改变写毕业论文的现状,不妨从实际出发,写一篇有实际心得的读书报告。此文得到王芸生先生的首肯,在《大公报》上公开发表了。这对我来说是意外的高兴。王芸生先生并没有给我写信,文章发表了,意味着他对我的鼓励。从这件小事,使我意识到,文章首先要有实际内容,不能无病呻吟,其次是要有时代感,论述一些大家关心的热点问题。这篇文章的发表给了我极大的鼓舞。以后我以此文为契机,进了杭州著名的《东南日报》当了一名见习记者。虽然时间很短,只有三个月,却使我深深懂得当一名正直的新闻工作者,必须关心民众,为人民立言。我曾在该报发过一篇《为私校教职员工请命》,在社会上有一定影响。我深感做一名"无冕之王"也是挺不容易的,必须无私无畏,有时甚至要付出生命的代价。

新中国成立以后,我长期在大学从事外国文学教学和研究工作,在工作中我经常缅怀这两位从未谋面的名人对我的教育和鼓励。环顾当今的现实世界,虽然文化教育事业有了长足的发展,可是不正之风依然存在。有的"名人"好摆架子;有的"名教授"造假、抄袭别人的论文;有的报刊讲关系、漠视无名作者的稿件,不能做到公平、公正,"以质取稿"。我们翻看中国现代文学史,有不少文学前辈,每当发现新人新作,就像天上发现一颗新星那样,由衷地高兴。作为一名高校教师,我时时以洪深先生和王芸生先生作为榜样,一旦在学生中发现好苗子,我常以满腔热情鼓励他们写作,写出有创意的文章。只有"青出于蓝而胜于蓝",社会才能前进。

我一生庸碌,常以弘一法师的名言"为善最乐,读书便佳"作为我的座右铭。悠悠岁月,年华已逝。如今我已是一位耄耋老人,来日无多。我一生无怨无悔。我将愉快地走完最后的一站。书写至此,我不禁要高呼:让我们大家追随先贤哲人们的足迹,迎接更加灿烂辉煌的明天。

世界的未来,属于后来者,这就是真理!

（载《新文学史料》2011 年第 3 期）

"微积分"和"变态心理学"

一

抗日战争期间,我曾在福建一个小山城建阳求读于暨南大学外文系。当时学校为了扩展学生的知识面,在专业课外开设了不少选修课。学生对哪一门课程感兴趣,都可以自由选修学分。

作为外文系的学生,整天读 A、B、C 还是有些单调,我认为学得广泛一些,对学生有好处。听同学介绍,有不少人选修一位老师开设的"微积分"。我对数学历来不感兴趣,记得读初中时,由于数学不及格,还留级了,所以我对数学的 X、Y 总有点害怕。出于好奇,我决定先去试听一下。我轻轻走进教室,只见安静的教室里,那位 30 来岁的老师在轻声讲解着,边讲边在黑板上演示公示。他说自己患有盲肠炎,不能高声讲解,请求大家原谅。初见这些奇怪的符号,我实在有点害怕。可是当我静下心来听他演示,竟慢慢听懂了。老师的讲课艺术,深深将我吸引。下课前,老师布置了一些作业,怀着忐忑的心情,我将题目抄下,拿回宿舍。没想到,我不仅都会做,而且越做越有兴趣。这不能不归功于老师的讲课艺术,是何等的高超!以后我每次听他讲课,都好似听一堂内容丰富的文学课,越听越爱听。大凡一门课老师讲得好,他布置的作业,必然使得学生做得趣味无穷。如果老师讲得糊里糊涂,他布置的作业必将使学生一头雾水,索然无味。

学了这门课,使我感到数学课的逻辑思维是多么的重要!这对我今后研究学问、处理问题是大有好处的。这位老师的名字叫吴逸民。我至今还深深怀念这位教授,对他永存感激之心。

二

抗战胜利以后,暨大从闽北小城迁回了上海,当时学校请了许多老师来校执教,如钱锺书、李健吾、曹未风、刘大杰、施蛰存等,都是全国闻名的教授。开设的课目更是丰富多彩,比如留美资深专家张耀翔教授开设的"变态心理学"。我每次经过他授课的大教室,都见里面挤满了听课的学生,有时还传来哈哈的大笑声。出于好奇心,我也挤进去听课。张教授微胖的身材,戴着金边眼镜,一派绅士风度。他讲的内容神奇而有趣,举的例子都是性格古怪的人物。他同时也分析了这些古怪人物的内心世界和产生古怪心理的社会原因,使我大开眼界。他讲得头头是道,我听得有滋有味。于是,我毫不犹豫地选修了这门课,拿到了学分,得益无穷。

社会是复杂的,世界是多元的,人物的性格也是多种多样的,因此学习一些心理学的知识,对每个人来讲也是必需的。这门"变态心理学"对我以后在大学开设外国文学课很有启发。我曾在课堂上分析英国19世纪批判现实主义作家狄更斯的文学名著《大卫·科波菲尔》,引起了同学们的兴趣。特别是分析狄更斯笔下的不少性格古怪的人物,往往引起了同学们哈哈大笑。以后,我根据自己的学习心得专门写了一篇学术论文《狄更斯作品中的"怪人"形象》。在《外国文学研究》杂志上发表以后,引起了同行们的兴趣。我觉得学习心理学知识,对我们理解社会、认识世界也大有帮助。环顾当今世界,复杂多变,有的政治强人,专制独裁,大搞一言堂,不顾人民死活,独占总统宝座长达数十年还不肯下来,结果被人民赶下台,得到悲惨的下场。这些政治强人,我想都有一些变态心理在作怪。又如2011年7月22日挪威发生的特大枪击凶杀案,造成77人死亡,包括许多无辜的少年儿童在内,这一惨案震惊全世界。令人难以理解的是,这位犯罪嫌疑人布雷维克是一位年轻的金发美男子,一位农场主。他为何如此凶残? 有人说他是疯子,精神也正常,他自称是"二战"后最大的"怪兽"。他有不少奇谈怪论,认为"杀人无罪",认为极其残忍的手段是"必要"的,可以给挪威带来"革命"。他甚至打算将自己的暴行推向全世界……他的荒唐言行,从心理学角度研究，只能说是一个"性格变态"的狂徒。这类"狂徒"、"凶手"在世界上举不胜举，的确值得深思研究。

三

现如今，大学都要培养创造型的精英人才，而我认为，要成为这种人才，知识面太窄是不行的。我国不少大师级的人物，都是饱读诗书、文理兼通的专家。如科学大师钱学森，他对我国的"两弹一星"做出了巨大的贡献，同时对文学艺术也有着相当的造诣。有人说他是精通古典音乐的高手，如果坚持下去，或许会像爱因斯坦一样，成为小提琴家。他还是一位硬笔书法家，书如其人，潇洒美丽。又如刘东生院士，是著名的地质与地球物理学家，长年在西北高原考察，他同时对京剧艺术颇有研究，对京剧生、旦、净、丑如数家珍，是位顶级票友。又如上海同济大学郑大同老教授，是研究地震抗震学的专家，又是全国闻名的程派知音。他的程派唱腔，炉火纯青，几乎可以乱真，有人讲过这样的话："如果你在门外听郑大同的唱腔，真以为是程砚秋亲自在唱呢！"还有复旦大学教授、著名数学家苏步青，写得一手好诗，对旧体诗词更有研究，这类例子数不胜数。国外的例子也不少，如美国前总统卡特，他多才多艺，离位以后，著有各类书籍，具有丰富的专业知识。他还创作、出版长篇小说，真的是不可思议。稍稍令人欣慰的是，有鉴于培养人才的重要性，现在我国教育部门开始鼓励有条件的高中开设选修课；同时要求各地中小学开设书法课，鼓励中、小学生重视汉字的书写，不能容忍青少年写字七倒八歪，白字连篇的现象继续存在下去。我国要跻身强国之林，立足世界，光靠经济上去，不重视文化的繁荣与发展，必然要被世界淘汰。这要引起全民族的重视。

（载《群言》2012 年第 4 期）

老顽童黄宗江笑着"回去"了

我的老友黄宗江先生于 2010 年 10 月 18 日驾鹤西去了，享年 89 岁，也算高寿了。

他早几年来信告我："来日无多了。"可是那年他只有 75 岁，上苍没有收留他，拖了 10 多年终于在去年秋天收留了他。他笑着离世和他心爱的老伴阮若珊以及他亲密的亲朋好友团聚在天堂。这也是他的幸福。他虽历经磨难，然而心胸豁达，笑口常开。在他的生活字典中找不到凄凄切切的字眼。我称他是好人，因为他和老朋友相聚时经常说的一句话就是："人生最可贵的是问心无愧，哭着来，笑着回。"他说到做到，确实问心无愧，笑着回去了。

我和他的相遇，相识，颇有传奇色彩。他是电影、戏剧界的大名人。我是一位普通的大学教师，怎么会相识呢？原来，粉碎"四人帮"以后，文化、知识界思想大解放，各种名目的学术研讨会风起云涌，在各地召开，欢声笑语充满在各种研讨会上。有一天晚上，我偶然路过杭大校园一座办公楼的教室旁，之前里面在举行一次学术研讨会，虽然已经休息了，可是里面欢笑声不断。我出于好奇走了进去，向主持人中文系主任陈坚教授探问了一下："你们研讨会有哪些人参加？"他随即将一张出席名单交给我。我立即被"黄宗江"三个字吸引住了。我说想见见这位大名人，陈坚说"请稍等，我去将他请来"。过了不久，黄宗江满面笑容出来了，我自报家门，他马上和我热烈握手，我们年岁相当，像久别重逢的老友一样亲切，他一听说我也喜欢研究中外戏剧尤其喜欢京剧研究，他将我的手握得更紧了。自此一别，我们不再谋面，可是常有鱼雁往来，由于彼此志趣相同，成了无话不谈的好友。

2000 年某一天，我突然收到北京图书馆出版社寄来黄宗江的近著

《戏痴说戏》，责任编辑在附信中说："经黄老介绍，得知您在戏曲研究方面有很高的造诣，而且对黄老的为人及文章很了解，特奉书请指正。"说我对戏曲研究有很高造诣，这是不实之词。至于对黄老的为人和文章很了解，我也不敢当。后来我写了一篇短文"好一个戏痴"，结语是："美哉黄宗江，妙哉戏痴说戏"，发表在当年的《浙江文化报》上。

以后我将拙著外国文学评论集《说不尽的莎士比亚》和戏曲艺术评论集《梅兰芳九思》寄他以后，我们在书信交往中有了更多的共同语言。转眼到了 1995 年 11 月，我又收到他的来信和大作，更让我对他有了敬佩之心。他的来信很短：

明耀同志：

偶过旧居，欣见赐函。我迁居已数载。久疏问候，请谅。

垂垂老矣，七十有五，来日无多，案头苦忙。奉上杂作金蔷薇随笔文丛《你，可爱的艺术》请指正。或为《浙江文化报》写以评介乎！我今日下午赴巴基斯坦参加世界作家会议，我忝列中方团长，行前忙碌可想见。12 月 7 日返，匆告行止，并寄远怀……

黄宗江
1995 年 11 月 27 日午　北京

先后收到他的两本大著，如果不写读后感，实在不礼貌，来而不往非礼也，古有明训。于是我将两本书的读后感以书简往来的形式写了一篇短文《黄宗江谈"卖艺人家"》，也在有关报刊上发表了。

黄宗江是一个热情如火的人，又是一个多才多艺的人，他的朋友遍及各行各业，他的生活非常丰富多彩。

他从小就迷恋戏剧，不但迷恋话剧、电影，更迷恋戏曲，尤迷恋于京剧。他不但会唱，会演，会说，会写，是个多面手，各个行当都会演，我看了他早年扮演的剧照，使我惊叹不止：他扮演的清官，一身正气；他扮演的小生，儒雅大方；他扮演的花旦，妩媚动人；他扮演的丑角，风趣幽默。真奇人也，如此"戏痴"，能不可爱吗！

今天我们追念黄宗江，最值得我们学习的，有两点：

1.短。当今文坛理论文章越写越长，读了以后，一头雾水，不知作者要告诉读者的是什么，可是他的理论文章，最大的特色是短。他从来不写长篇大论,而是短小精悍的短文,这需要有功力。短文对读者来说,节约了时间,可算功德无量。鲁迅先生早就提倡写短文,把可有可无的字句删去,可是真心这样做的作者不多,黄宗江身体力行,做了表率,能不可贵乎?

2.妙。文章要写得短而又妙非高手莫属,黄宗江在研讨会上的发言,往往妙语连珠,短而精彩,见好就收,令听众回味无穷。他的文章同样如此,我举一例为证。他写悼念京剧名家关肃霜的文章,题目就妙不可言,一般悼念文章,往往"哭"字当头,可他却反其道而行之,题目是"肃霜当笑"。这个"笑"字比"哭"字意蕴更深,又如他在《京剧梦录》一文中,讲了一个幽默小故事,原文不长,引录如下:

> 一晚我观剧踏车归来,忘了拿家门钥匙,唤了一声:"老伴,开门来!"
>
> 老伴在帘内答道:"谁是你老伴? 京剧才是你老伴!"
>
> 这可真是事出有因,如果说我两老之间,也有"第三者",那就是"她"了,我和"她"朝夕相处,自从有了盒式录音带,我几乎枕带入眠。梅程荀尚,金郝侯裘,谭余言高马奚杨……一一如梦,如梦,如梦,俱往矣,然又永停!

如此妙文在他的文集中俯拾即是,不少画家、作家、学者都曾描写过他的形象,但我最最欣赏的却是他的自画诗。诗云:

> 拙笑难倩兮
> 弯目难盼兮
> 却真善美兮
> 余所求!

黄宗江留下的东西,真像是一座艺术宝山,当我们攀登,欣赏这座宝山时,必然会惊叹:

> 美哉,老顽童!
> 妙哉,好人儿!

当今文坛,如有多几个黄宗江,岂不幸哉!

(载《民主》2011 年第 9 期)

无穷的思念

——悼念吕漠野老师

吕漠野老师已于 1999 年 11 月 28 日驾鹤西去了,终年 88 岁。

凡是早年在宁波中学求学的学生,都知道国文教师吕漠野老师。

我在 20 世纪 40 年代抗战时期在嵊县太平宁波中学高中部念书的时候,有幸结识了吕漠野老师。他那时候很年轻,多才多艺,为大家所敬佩。他不但语文教得好,而且还会拉一手好的小提琴。每逢课外活动时,优美的琴声就从他的寝室飘扬出来了,听了使人神往。我那时参加歌咏队,每逢表演时,都由吕老师伴奏。他配合默契,使我们的表演水平大大提高了一步。他还会吹笛子,除此之外,他还是一位诗人、儿童文学家。他态度和蔼、平易近人,同学们对他印象很好。

50 年代中期我和吕老师在浙师院(杭大前身)中文系同事。他是系里的领导,一点都没有领导的架子。他和系里老师关系极为融洽,威望甚高。我有幸和他一起开设“语文教学法”和“儿童文学”的课程,向他学习了许多东西。他无私地将自己的知识传授给青年一代的老师。

当吕老师 80 华诞时,我曾去访问过他,他亲切地接待了我。在他的房间里,墙上挂着三个镜框:一个是他从教 50 周年杭大送的;另一个是宁波中学派专人送来祝贺他 80 华诞的;再一个是不久前数十位 40 年代宁中学生送来的金光闪闪的寿字镜框。

吕老师退休以后,依然笔耕不断,经常有文章在报刊上发表。早些日子我碰见他时,问道:“吕老师您身体好吗?”

他笑着答道:“我的身体还好,我的爱人身体不好,过去她照顾我,现在我照顾她了。”

想不到的是吕老师却先吕师母而去了。一周以后,吕师母也跟随着吕老师走向天国了。真是世事多变啊!

　　不久前我在宁中校报读到不少早年宁中学生怀念吕老师的文章。1952届校友胡茂丰在他的《回忆母校轶事》中还谈到吕老师,说:"吕老师是受人尊敬的老师,他博学多才,讲的一口普通话,在集会上发表演说出口成章,在文艺演出会上是一个好小提琴手,这是大家都知道的。另外他还懂得'世界语'(Esperanto),在教我们世界语时,他把世界语音译成'爱世不难读',他世界语的真实含义与读音微妙地结合起来,真使人难以忘怀。"

　　还有一位41届校友黄圣仪先生,他精通英语、法语、德语以及世界语,他在联合国工作31年,出类拔萃,成就卓著。他回母校宁中访问时,多次提到吕老师对他的教诲,使他终生难忘。为了帮助清贫学子学习成才,捐资设立了吕漠野奖学基金会,以鼓励学有所长的宁中学子。

　　吕老师虽然西去了,然而他的人品和文品将永远是我们学习的榜样。榜样的力量是无穷的。他是一支永不熄灭的蜡烛。他以自己的智慧、学识、道德点燃了别人,别人也将接过他的蜡烛再去点燃别人。

　　(载《风雨中的丰碑——赵仲苏、吕漠野纪念文集》,2010年宁波中学自印本)

追忆赵仲苏校长

——读《风雨中的丰碑》有感

不久前收到宁波中学赵宇湘学长主编的《风雨中的丰碑》一书,拜读之余,我心目中的赵仲苏校长的形象愈来愈高大了。感怀有三:

第一,赵校长受命于抗日战争国家危难之际,在日寇不断侵犯浙东的险恶形势下,他毅然决然将宁中迁到嵊县太平继续办学。从此他带领全校师生历尽艰险,四迁宁中,辗转山区,继续办学。试问没有一腔热烈的爱国之心能办到吗?我曾身历其境,一天夜晚在紧急集合声中我身背简单的行囊和学习用品,连夜翻山越岭到达雅安山区。这是我平生第一次经历的逃难生活。我们在十分艰苦的条件下依然弦歌不绝,此情此景,使我终生难忘。

第二,赵校长大智大勇,处处以身作则。他吃苦在前,处处带头冲在前面,带领全校师生多次渡过难关,转危为安。所以全校师生都对他怀有一颗敬爱之心。

第三,赵校长牢记办学的宗旨是培养德、智、体、美全面发展的人才。他有一句名言:"读书必须有正大之志,以立其本。"在他的领导、教育下,宁中出现了许多杰出人才,有科学家、教育家、文学家、军事家、社会活动家……他们直到垂暮之年仍然缅怀这位杰出、爱国的教育家。我也深受其益,曾写过三篇小文,怀念这些师长对我的培育之恩。没有他们的教诲和培育,我将一事无成,真是师恩难忘啊。

使我意想不到的是如此杰出的、爱国的教育家,在新中国成立不久后走上了不归路。杭州解放初期,我曾在灵隐革命大学学习时遇到过赵校长,当时只见他情绪低落、神情紧张,昔日办学雄风已经全然消失了。据说他离开宁中校长职务以后,他坚决要求离开宁波,回到自己的家乡东阳巍山继续办学,培养人才。可是他壮志难酬,终日惶惶不安。他为人光明磊落、性格刚强、胸怀大志,但在以后的经历中办事处处遇到困难,在无路可走的情况下,只好含泪告别人世。呜呼,回想在各种政治运动中,一批又一批身怀报国之志的知识分子精英遗憾地含怨离去了。如今,改革开放以来,国家要大治,全民奔小康,在建设和谐社会的过程中,多么需要众多的杰出的教育家来培养人才啊!人才是强国之本,这是颠扑不灭的真理。

　　感谢赵宇湘学长克服不少困难为我们编写了这本好书。赵校长办学精神将永远留在宁中人的心里。他虽已离世多年了,但他的丰功伟绩如同一块丰碑,将永远屹立在中华大地上。

　　（载《风雨中的丰碑——赵仲苏、吕漠野纪念文集》,2010 年宁波中学自印本）

第三辑
弘扬国粹京剧艺术

京剧是我国的国粹艺术，被国际友人赞为"艺术皇冠上的明珠"。我从小在杭州大世界京剧场泡大，对京剧艺术情有独钟。我国好多老一辈的文学家、科学家、知名学者也都是京剧迷，他们不但会唱，而且会演，不少高校的男女老教授，虽已到耄耋之年，却都是票友，梅派、程派、张派、荀派都有，有的还是两门抱，成为大学校园文化中独特的风景线。如今浙大不少青年学子也爱上了京剧艺术，成了京剧票友，这是可喜的现象。我国著名生理学家刘曾复，是从医76年的京剧名家。他上午讲生理学，下午教唱京剧，文理皆能。2012年逝世，享年98岁，成了京剧票友中的奇人。

京剧艺术的魅力

京剧艺术美在何处？我又是怎样迷恋上京剧艺术的？我想谈谈自己的一点粗浅体会，也许对读者有所启发，特别是对青年朋友们也许有一点启迪作用吧。

京剧艺术有迷人的魅力，看久了，你必然会如痴似醉地迷上它。中外古今的京剧迷不少，如果搜集成书，可以编成一本厚厚的大书。我想选择几个中外古今较为突出的例子来谈一谈：

一、汪笑侬的故事

他是旗人，光绪年间中过举人，曾做过二任河南祥符县知县。这位县太爷酷爱京剧，喜欢程长庚的唱腔。公余时常以演戏为乐，后来上司知道这件事，认为他"有失官体"将他罢了官。他不以失官为意，反以失官为乐。回到北京以后，他索性把整个身心扑在京剧事业上。他感到自己的嗓音不具备学程腔的条件，就改学汪桂芬。一次在席间他碰上汪桂芬，就唱了一段汪派戏请汪桂芬指数。汪笑而不答话，这给他的刺激很大；他以后将自己的真名"德克金"改为"汪笑侬"（吴语的意思是汪桂芬笑话你），以表示他立志苦学的决心。他正式"下海"以后，往来于北京、天津、武汉、上海之间演出。他能演的戏很多，因为当过知县，扮演官员最有气度，台风书卷气十足。由于他文学根基深厚，能编能演，得到许多人的赞赏。谭鑫培跟他同台演出时，也不得不佩服他"多才、多智、多谋"，像这类"不爱官场爱剧场"的例子真当不多。

二、刘迎秋的故事

他是官宦子弟，从小受父辈们的影响对京剧有感情。他在中学读书时就爱上了京剧。有一次他去戏园听到程砚秋在《赚文娟》中的特有唱腔，便成了"程迷"。以后凡程演出，每场必到。有时来不及吃饭，就买斤糖炒栗子装在衣袋里边看边吃，回到家中又躺在床上小声学唱，简直到了"废寝忘食"的地步。1939年，他终于拜程为师，从此他迷得更深了。那时候，他已经是一所大学文学院国学系的学生了。岂料他因拜程砚秋为师，结果被校方以"行为不检，有玷校誉"的罪名记大过一次。后来刘迎秋就愤而退学。从此他一心跟着程砚秋学艺，成了有名的程砚秋第四个徒弟。像这类"不爱校园爱戏园"的例子，是屡见不鲜的。

三、台湾名票卢吟梅的故事

1988年5月我专程去上海观看海内外梅派艺术大汇演时，曾在剧院跟她相遇。她面带笑容和每个观众点头致意。观众对她早有所闻。因为连日来上海各家报纸都报道她的事迹，还刊登了她的照片。因此，观众对她都感到十分亲切。她是何许人？原来她出生在台湾，是梅派知音，台湾京剧名票。这次她得知大汇演的消息，特地从台湾赶来参加演出。她继承父业，经营煤矿业，37岁那年才爱上了京剧，如今52岁，虽然学戏时间较晚，但她迷恋极深。从此她不惜工本，非把梅派艺术学到手不可。经过刻苦努力，她在台湾已先后上演了《霸王别姬》、《西施》、全本《太真外传》等。她为了演出全本《太真外传》，花在服装行头、灯光、布景等方面的费用，竟达百余万台币。票友花如此巨款学戏，这在京剧发展史上实属罕见。这次她来上海参加演出的是梅派代表剧目《洛神》。她一到上海，顾不上休息就在梅葆玖的指导下连日排练。演出那天，剧场爆满。她在表演过程中多次获得观众的掌声。其实，这些掌声得来极为不易，她付出了多大的代价啊！据说，她来大陆前，在练功时腰部、头部都受了伤。那晚她在台上演出，头部的伤痛仍未痊愈。化妆时一"勒头"就更痛了。她强忍伤痛演完了这出戏。这种献身京剧事业的精神怎不叫人感动！大汇演结束以后,她深情地说:"我一生走过许多国家,看过无数演出,但心里总是觉得还是我们中国京剧百看不厌。"她的话在一定程度上代表了中国人民的心声。

四、美国京剧名票黄金懋的故事

中国有不少家庭是戏迷家庭,全家老老小小、男男女女全都是戏迷。美国名票黄金懋的家庭可算是戏迷家庭的典型。黄出身于上海名门,兄弟姊妹共有 11 人。他们的父母因酷爱京剧,专门请了教师教孩子们学唱京剧。50 多年前,黄的外公过生日,全家数十人粉墨登场,办了一次堂会,那天从下午 2 时开演,一直演到半夜,演出的剧目有全本《四郎探母》、《桑园寄子》、《宇宙锋》、《苏三起解》、《落马湖》、《举鼎观画》、《双摇会》等共 10 出戏。黄金懋那年才 19 岁,他在《四郎探母》中扮演杨四郎,9 岁的十妹扮演《宇宙锋》中的赵艳容,7 岁的最小妹妹扮演哑奴。这真是一次难得的盛会。如今的黄金懋已 75 岁,是美国票界中的名票,还担任美国旧金山"梅兰芳艺术研究会"的会长,他和梅家多年来进行艺术交流与合作,结下了深厚的友谊。中国京剧院的著名老生演员李岩在许姬传先生主持下正式拜黄先生为师,学习余派老生戏。黄金懋为促进海峡两岸的艺术交流做了大量的工作。他看到祖国的京剧艺术处于低谷,也有焦虑之情。他认为现在梅派演员太少,要多培养梅派新秀,补充梅派的新鲜血液。

五、香港名票李和声、尤婉云伉俪的故事

在票友家中,有相当数量的家庭是夫妻双双都是票友。有的是"夫唱妇随",有的是"妇唱夫随"。香港的李和声和尤婉云可算是典型的"妇唱夫随"。李是香港证券界的名人,他从小喜爱京剧,擅唱花脸,又拉得一手好胡琴。他在繁忙的工作之余,不是唱戏就是拉琴。妻子尤婉云,其父是上海京剧武生名票尤菊荪。他不但自己学戏,还请名角到家唱戏。尤婉云从小受到熏陶也爱上京剧。她和李和声结婚以后,受到丈夫的鼓励,开始学唱京戏,她聪明好学,一学就会,从此夫妻双双经常练唱,技艺日进,成了香港华风票房的梅派名票青衣。1990 年 10 月

一同参加香港纪念徽班进京 200 周年的汇演,由李操琴,尤女士演出了梅派名剧《凤还巢》,充分体现了梅派艺术的风范。他们夫妇俩不仅用自己的艺术实践推广京剧,而且还利用一切机会促进京剧事业的发展。李先生认为赚钱除维持生活外,就要以财力、物力支持京剧事业的发展。1988 年 6 月,裘派花脸方荣翔在港参加"京剧荟萃耀江"的演出活动。因劳累过度病倒了。他们为方荣翔的健康多方求医,悉心照顾,结果使方老得以及时治疗并康复。像这样的好事他们做得不少。他们的共同心愿是:增强友谊,促进京剧繁荣。

六、魏莉莎的故事

美国姑娘魏莉莎,原名伊丽莎白·魏奇曼(Elizabeth Witch－mann)。1981 年她到中国南京大学留学,不学别的,专学京剧。她爱上了梅派艺术,特地请江苏戏曲学校教师、著名梅派演员沈小梅教她演《贵妃醉酒》,经过几个月的刻苦努力,她终于上台演出了这出梅派名剧,成为中国京剧发展史上第一位真正的"洋"贵妃。她学成归国以后,到夏威夷大学戏剧系执教,继续钻研梅派艺术,并亲自组织夏威夷大学剧团用英语演唱《凤还巢》。令人惊叹的是,全部演职员包括音乐伴奏等后场人员,都由美国人担任。1985 年 2 月 14 日是世界戏剧史上值得大书特书的一个日子,那天美国夏威夷大学剧团在檀香山用英语公开演唱了《凤还巢》,这一新奇事物立即轰动了美国戏剧界。美国评论界把这次成功的演出誉为"在美国艺术宝库中增加了一颗灿烂夺目的明珠"。1985 年,她又率领全班人马到北京等地演出,而且还在中央电视台播放演出实况。1991 年 7 月,她率领夏威夷大学京剧团到上海献演京剧《玉堂春》,唱、念全部采用英语,表演及唱腔则又保持了京剧的传统风格,全部演职员均是洋人。我从电台里听到那句西皮倒板:"玉堂春来至在都察院",不但胡琴拉得满弓满调,唱腔的韵味也梅味十足,不由得使我无比赞叹。尽管用英语演唱京剧,专家们有不同的看法,然而魏莉莎博士勇于探索、大胆创造的精神不能不使我们由衷地敬佩,特别是她为传播京剧艺术所做的巨大努力,将永远留在中国人民心中。

七、法国姑娘帕斯卡尔的故事

　　法国姑娘帕斯卡尔也是个京剧迷,为此她还取了一个中国名字:季韵茹。她在一篇文章中写了她爱上京剧的原因:"前几年,我在巴黎第一次看到京剧。它那斑斓的舞台色彩,生动的人物造型,浓重的写意手法和独特的表演技巧,深深地征服了我。"从此,她一次又一次地来到中国观看京剧,学习京剧。1984 年 9 月,她再一次来到中国,就读于中央戏剧学院,跟魏莉莎一样,专门研究京剧艺术,她常说,中国的戏曲在世界上是独一无二的。它的表现力是那样强,但是它却运用与西方戏剧完全不同的表现手段。她几乎每晚都去看京戏,慢慢地,她不满足于只在台下观摩,要亲自尝一尝这"梨子"的滋味了。她悄悄推开了辉煌的京剧艺术大门,在老师指导下开始双手叉腰,扭起了花旦脚步,勒着细嗓唱起了《捡玉镯》中的"南梆子"。她甚至在自己的嫩脸上勾起了孙悟空脸谱,今后还打算写一本京剧方面的书,可见她迷恋得多么深沉!

八、日本坂东玉三郎的故事

　　日本也有不少京剧迷。坂东玉三郎是日本的著名演员,他爱好京剧艺术,曾和另一演员片冈孝夫配合以京剧形式在日本作家井上靖原著的《玄宗和杨贵妃》一剧中,扮演了杨贵妃这一角色。从 1987 年 8 月 27 日开始到同年 10 月 27 日止,连续两个月在东京的新桥剧场上演,场场爆满,打破了该剧场的上座记录。坂东玉三郎为了演好这出戏,在公演前曾两度特地到中国来向梅兰芳的公子梅葆玖学戏,为了演出杨贵妃的逼真形象,他还将 1956 年梅兰芳在东京歌舞伎座演出《贵妃醉酒》时穿的戏装带回日本,他穿着梅兰芳穿过的华丽服装,载歌载舞的表演立即博得了满堂彩声和好评。

　　我亲身碰到过的京剧迷也不算少,有的还很有趣。

　　50 年代,我在北京时,每天下午四五点钟我总要拿起京胡来摆弄几下,虽然我的琴艺很不高明,可是每天都会招引来一些京剧迷。我的房间里挤满了男男女女,我刚替一位男同志拉完了《捉放曹》,另一位女同志又挤上来要我拉一段《霸王别姬》中的南梆子,我虽然拉得很蹩脚,可是他们都唱得津津有味,我们虽然没有互道姓名,互道工作单位,可是他们都心照不宣,成为京剧之友了。我们的友谊是自然而纯洁的。

有一次,我去淋浴室洗澡,未进浴室门,就听见从浴室里传来了《女起解》的声音,那梅腔味儿十足的流水板,使我驻足不敢向前,难道我走错了门儿了么?后来我大胆走进门去,只见一个男同志在莲蓬头下正在大唱特唱他的京戏,他虽然浑身涂满了肥皂沫,还在大哼特哼,他也不顾浴室里还有其他男同志在沐浴,仍然自得其乐。碰到我这个京剧迷,真是一件大饱耳福的美事。京剧迷到如此程度,不是可笑又可爱么!

有一年,天津京剧团三团李经文等一行来杭州演出,他们精湛的演出招来了不少京剧迷,我去看了好几场,坐在我旁边的是一位老同志,我跟他攀谈了起来。我问他来看过几场,他昂着头说:"我每晚必到。"我又问他住在何处,他说:"拱宸桥!"好远的路啊,从剧场到他住的地方车行也要一个多小时,他似乎毫不在乎。可是更令我惊叹不止的是,当我从剧场出来时,忽见一位挂着双拐的中年人也从剧场出来了。一位同志上前向他打招呼说:

"老兄,你明天还来看吗?"

"当然来看!"

在浓重的黑夜中,我望着他挂着双拐的身影渐渐远去,不禁肃然起敬。

有一个星期日的下午,我偶然路过一处机关大门,忽听有《凤还巢》的唱腔从里面传了出来,我不禁信步走了进去,只见一位小伙子在练唱。我轻轻坐了下来,细细听他唱完那段梅腔西皮原板,就和他攀谈起来:

"你今年几岁啦?"

"20 岁。"

"在哪儿工作?"

"在水果店当营业员。"

"你怎么爱上京剧的?"

"我听得多,觉得愈听愈好听,就爱上了京剧。"

"你父母也喜欢京剧吗?"

"不,他们不喜欢,而且还反对我学京戏,因为我迷上了京剧,大学没考上,所以他们坚决反对我学京戏。可是他们反对他们的,我唱我的。"

这位可爱的年轻人因迷上了京剧妨碍了自己的文化学习,这当然不值得提倡,可是京剧艺术,使他入了迷,这一事实充分说明了美好的京剧艺术同样可以使青年人入迷。我手头有一封青年人给我的来信可以充分证明这一点。他在信中写道:"我作为一名青年京剧爱好者,从切身经验中体会到:京剧确实是一门艺术,有着无穷的艺术魅力。我平时只要一听到收音机里播放的京剧声音,心中马上会产生一种异样的感觉,心神为之振奋。最近我在我校(税务学校)的国庆晚会中唱了一段《霸王别姬》中的四句南梆子。我承认自己唱得并不好,但场内反响热烈,出乎我的意料,竟然获得一等奖。上个学期我在班级里为同学们教唱京剧《女起解》中的一段流水板,同学们也很感兴趣。这一切说明了同学们并不是不喜欢京剧,而是因为他们从来没有接触到传统京剧,没有体会到传统京剧那种独特的艺术魅力给人的艺术享受。"这位青年的来信,很有代表性,虽然目前青年知音还不多,可是一旦他们多接触以后,无疑会爱上它的。

谈起我是怎样爱上京剧艺术的,这不能不提起一些往事:

第一件:我在少年时代常到杭州大世界京剧场去观看京剧。当时京剧场天天人满为患,有两位演员给我留下了深刻的印象。一位是武生演员王少楼。他那条腿举起来笔直笔直,一动不动,而且举的时间相当长。他的武功把我看得眼花缭乱,惊叹不止。另一位是青衣演员朱翠梅。她扮相俊美,唱腔甜润,也是我大为赞赏的。她戏路很广,不少戏中的女主角都是由她扮演的。然而使我永生难忘的却是一出《临江驿》。扮演父女的两位演员当然演得很好,可是使我难以忘怀的却是在剧中扮演土地公公和土地婆婆的两位不知名的演员。他们急人所急在临江驿为父女传话时,一会儿唱老生,一会儿又唱青衣,他们的唱腔有板有眼,句句博得满堂喝彩。演员如果没有扎实的基本功,他们能"老生、青衣两门抱"吗?他们虽是普通演员,却引起了我对京剧艺术的浓厚兴趣。

第二件：早年我也在同一剧场观看《法门寺》，其中演太监贾桂的演员刘福芳念状子的情节，给我留下了难以磨灭的印象。他在一条白布上，一口气有声有色念下数百字的状纸，一点不打疙瘩，这是多么不容易啊！

第三件：40年代我在上海念大学时，有一次我去观看童芷苓主演的《大劈棺》，其中扮演二百五的刘斌昆，纹丝不动地站在舞台上，我一直以为这是一个没有生命的纸人儿，哪知剧情发展到后来，这纸人儿忽然动了起来，使全场观众爆发出暴风雨般的掌声。丑角刘斌昆的绝技，简直使我目瞪口呆。这真是丑角不丑啊！

第四件：50年代中期，我在北京期间，有一次去看张君秋的演出，剧目叫作《怜香伴》，那时候张君秋风华正茂，我被他的演唱迷住了。他不但唱腔优美动听，别有韵味，念白也很好听。我细细观看他的一招一式，竟看不出他是一位男旦演员。他扮演的旦角如此投入，令我叹为观止。

第五件：余生也晚，当我观看四大名旦的演出时，他们都已到了晚年。在舞台上的形象已不像他们在青年时代那样光彩夺目了。尤其是程砚秋发胖的身体，他所扮演的祝英台，简直没有"美"的感觉了。然而他那细如游丝的唱腔，不能不使我钦佩。尚小云饰演的汉明妃，他那文武兼备的形象，也不能不使我赞叹不已。荀慧生扮演的红娘，虽然形象不美，动作较野，然而他那俏丽多姿的唱腔，依然使我着迷。梅兰芳扮演的洛神，给我的印象最好。他扮相依然俊美，唱腔依然甜润，表演依然华贵大方，和姜妙香扮演的曹子建，配合得非常默契。虽然梅兰芳的体态稍胖一些，但依然给我有"美的化身"的感觉。总之，这四大名旦的名气，我从小就如雷贯耳，直到他们的晚年我才有机会观赏到他们的舞台风采。说句老实话，当时我是怀着异常崇敬而兴奋的心情去欣赏他们的艺术的。至今回想起来，我依然为此而感到骄傲和荣幸。

由于以上原因，迄今为止我对京剧艺术仍旧情有独钟。

我常常扪心自问：京剧艺术究竟美在何处？我谈不出多大道理，但根据我的亲身体会，以为至少有下列五个美：

1. 唱腔美

中国的戏曲以唱腔美为其最主要的特征。没有唱腔美,戏曲就无法存在下去。中国的戏曲更以京剧的唱腔最为丰富和动听,因为它广泛吸取了各地方戏曲的优美曲调,如徽调、汉调、梆子腔、昆曲等来丰富自己的唱腔,所以京剧的唱腔特别优美动听,群众性也最广泛。尽管京剧的行当很多,然而每个行当的唱腔都以其显著的特色来赢得观众的赞叹。老生唱腔以潇洒挺拔见长,最受观众的喜爱;花脸唱腔以刚烈浑厚见长,具有男子汉的风格,带有阳刚之美;青衣花旦的唱腔以甜美委婉见长,颇有阴柔之美;老旦唱腔以洪亮苍凉取胜;小生唱腔以文雅华丽诱人;再加各家流派唱法不同,因此唱腔如行云流水,瞬息多变,极为丰富,不一而足。这是其他剧种无法比拟的。有不少京剧迷主要是为京剧的唱腔所迷住。在路上行走,他们听到自己喜爱的唱腔,往往会凝神驻足倾听,甚至会被吸引过去,上门造访。在剧场,不少京剧观众听了动听的唱腔,情不自禁会鼓掌叫好。1941 年,程砚秋在上海黄金大戏院公演《锁麟囊》时,台下的"程迷"们随着程唱,大有大合唱的味道。这件事曾轰动过大上海,足见唱腔艺术感人之深。我国出访的京剧团,异国朋友虽然听不懂唱词,可是他们往往被演员们优美的唱腔和精湛表演所吸引,以致同声相应、同气相求,有的观众甚至不要求打出翻译字幕,因为打了字幕,很容易分散他们的注意力。由此可见,唱腔艺术也能打动外国朋友的心弦。

2. 剧情美

京剧的剧情经过前辈艺人的精心创造,具有丰富的审美意趣,耐人玩味。例如梅派代表剧目《宇宙锋》,其剧情并不复杂然而赵艳容以装疯来逃避受辱的故事,深得观众的赞赏。她的敢做敢当、不甘受辱的精神,代表了中国妇女的传统美德。又如《秦香莲》已成为中国家喻户晓的故事,包公的形象是"不畏权势、公正不阿"的代表。他那"不徇私情"的大无畏精神,直到今天仍然很有现实意义。又如《金玉奴》中的莫稽是薄情郎的典型,此剧又名《棒打薄情郎》,金玉奴在洞房花烛夜棒打这个忘恩负义的薄情郎,打得多么痛快,看了这样的戏,无形之中陶冶了观众的道德情操。

3.表演美

剧情美还要加上表演美,才能使京剧艺术的魅力表现出来,使观众陶醉在美好的艺术享受之中,人的七情六欲在京剧艺术中都有出色的表演。这些表演形式都是剧情的表达,人物性格的描绘。比如哭,像看那旦角演员"喂呀呀"那一声哭,虽然没有眼泪流下来,可是她甩袖子虚掩一下,那动作是何等的传神,流露出伤感之情,唤起观众的同情心。即使是发怒的表情,如张飞在《黄鹤楼》中怒气冲冲上场的表演,同样也是表达形式与内容完美的统一。总之,人物的举手投足、一颦一笑、一唱一念、一打一舞,无不充满着内在美与外在美的和谐一致,扣人心弦。各个京剧名家在表演艺术上都有一套丰富的经验,为我们积累了一笔宝贵的艺术遗产,值得我们好好研究。

4.化妆美

京剧艺术的人物化妆和服饰,有神奇的魔力。一个普普通通的旦角演员,尽管他(她)相貌平平,只要五官端正,在台上可以化妆成一个"天仙美女"。其他如一个相貌一般的小生演员,也可以化妆成非常美貌的少年公子。一个中等身材的男子,也可以化妆成"威风凛凛"的英雄好汉。总之,京剧的化妆艺术大有讲究,可以毫不夸张地说,京剧化妆师抵得上甚至可以超过西方国家的特级美容师。他们像魔术师一样,以高超的技艺"化腐朽为神奇"。京剧脸谱艺术已经走进了世界文艺殿堂,为祖国争得了荣誉。

京剧演员的华丽服饰也是世界上独一无二的艺术品。演员的服装打扮代表人物的出身、地位、文化教养。有的艳丽无比,使人眼花缭乱;有的朴实无华,令人感到无比亲切。据说,有一年杜近芳到法国艺术之都巴黎演出,惊动了不少巴黎女人,她们看到了舞台上有如此光彩艳丽的美女都惊呆了,于是纷纷仿效杜近芳的化妆艺术和服饰打扮,成了一股不小的"杜近芳热"!

5.音乐美

京剧的音乐伴奏和西方歌剧的音乐伴奏有很大不同。西方歌剧的音乐伴奏有一大套演奏人员和各种各样的乐器,而且还得有一个高明的指挥才行。京剧的音乐伴奏乐器比较简单,用不着大批演奏员,只要少数打击乐器和胡琴伴奏就行。尽管音乐伴奏的设备比较简单,可是琴声悠扬,效果极佳,具有特殊的魅力。胡琴伴奏和演员的演唱如配合默契,可以达到出神入化的境界。即使是曲牌演奏也可以使剧情和剧场气氛发生微妙的变化。试想,《霸王别姬》中虞姬舞剑一场,如果没有"夜深沉"的音乐伴奏,那气氛不是变得太平淡无奇了么!因此,京剧的音乐伴奏是京剧表演艺术重要的有机部分,它跟演员的演唱像鱼水关系一样密不可分。

总之,京剧艺术是综合性的艺术,它需要各方面的密切配合,才能使它臻于"美轮美奂"的地步。京剧艺术从发展繁荣至今已有近 200 年的历史,它在历史上有过几次繁荣鼎盛的时期,到了今天,我们不能故步自封,自以为到了非常完善的地步,一点也动弹不得,那是没有出路的。特别是到了今天,国情、民情和世界文化环境跟过去大不一样,时代变了,京剧从内容到表演形式都应该有所改革,如何迎合新一代青年观众的欣赏心理,更是一个值得研究的大课题。在这方面台湾著名京剧演员郭小庄已经做出了开拓性的工作。她为了革新京剧组织起来的"雅音小集"在台湾地区颇有名气。1988 年下半年她率领"雅音小集"成员赴香港参加亚洲艺术节的演出,使香港戏剧界大为震动。郭小庄有较深的文化修养,她 8 岁开始学戏,颇得戏剧教授俞大纲的赏识,后随俞教授研习剧艺。1976 年进入台湾"中国文化大学"戏剧系就读,毕业后赴美国纽约的约莱丽亚音乐学院研习音乐和戏剧课程。她所演的京剧是糅合了现代舞与芭蕾舞的优点,同时也采取了外国歌剧的手法,用中乐队来协助演出,取代了过去京剧只用简单乐器伴唱的方法。她很讲究舞台灯光,大胆取消了传统京剧中不必要的情节和演出方式,使表演节奏加快,适合现代社会的节奏。虽然,大陆观众至今尚未能欣赏到她的演出,我还不能妄加评说,然而她的改革精神是值得赞赏的。这次她在香港演出正好遇上梅葆玖也在香港演出梅派名剧《太真外传》,他们互相观看了演出并交流了技艺,这无疑对推动大陆京剧改革是有益的。

同时,我们也不得不指出,由于历史的原因,青年人对传统的京剧艺术还相当陌生,普通的京剧常识也太贫乏,他们很少有机会接触京剧,根本不懂得如何欣赏京剧艺术,更分不清京剧艺术中的精华和糟粕,可以说,他们在宝山面前不识宝。因此,给他们一些京剧知识方面的普及读物,就显得特别迫切。我算是过来人,对京剧艺术有一点感情,也有一点粗浅的体会和感性的认识,寄语广大的青年朋友:京剧艺术是我国民族艺术中的一座宝库,勇敢地闯进这个宝库中去,你们一定会获得无穷的美妙的享受。

最后,我想以国际剧协主席玛萨·夸尼女士接受《中国京剧》记者吴端凌采访时所谈的有关京剧的几段话抄录如后,作为本文的结语:

"中国京剧真是美极了。"

"京剧作为中华民族文化的精粹,是具有何等的魅力。看了许多国家的传统戏剧,觉得京剧是其中最好的之一,是中国的国宝,也是世界戏剧宝库中的一大瑰宝。"

"京剧要发展,不能不做争取青年观众的工作,这也是京剧必须改革的原因之一。京剧工作者应多做一些普及方面的工作,例如可以向年轻人介绍京剧的基本程式、唱腔,使年轻人较容易懂。同时在内容形式的改革中,注意年轻人的审美趣味,从而使年轻人逐渐接受它,喜爱它,使京剧拥有更多的青年观众。"

1993 年秋于杭州大学

(载《京剧奇葩:四大名旦》,东南大学出版社 1994 年版)

我爱京剧之美

　　我一直在高校从事外国文学的教学和研究工作,怎么会研究起京剧艺术来了? 这不是有点"不务正业"之嫌吗? 其实,作为炎黄子孙,爱好自己的民族艺术——京剧,是理所当然的,京剧是中国的"国粹",外国友人把她比之为"艺术皇冠上的明珠"。既是"国粹",又是"明珠",焉有不爱之理! 那些不爱京剧艺术,视之为"博物馆艺术"的中国人,倒有些令人奇怪了。

　　从中国京剧文化史来看,各行各业中的人士,爱好京剧者大有人在。有些大科学家、大文学家、大军事家、大企业家以及政界要人等,不少是京剧迷。如张学良将军就是一个典型的京剧迷,他不但会欣赏,而且还会演唱。又如 2003 年度中国最高科技奖获得者、中国科学院院士刘东生先生,他一生研究地质与地球物理,是研究黄土高原的专家。他的业余爱好就是欣赏京剧艺术,他不但喜爱各派老生唱腔,也喜爱各派旦角唱腔,京剧艺术使他精神焕发,虽已到 87 岁高龄,他的精力依然旺盛。这不能不说是京剧艺术之功。海外人士也有不少京剧迷,例子也很多。如果收集起来,可以编成厚厚一本《中国戏迷、票友趣闻录》。

　　我是怎样爱上京剧的? 说来有些使人不信,我是从爱上丑角逐渐成为京剧迷的,我是从小泡在杭州大世界游乐场大京班里长大的,虽不懂"门道",却觉得京剧"热闹"。这正应了一句谚语:"内行看门道,外行看热闹"。京剧雅俗共赏,生、旦、净、末、丑各个行当齐全。有文有武,有唱有做,有说有笑,有舞有打,怎么会不热闹呢? 戏剧情节简单明了,一看就懂。剧情大都是宣扬中国传统道德、"惩恶扬善"、"民族气节"、"清官廉吏"、"男女爱情"、"因果报应"等。看了不但有趣,也很受益。

当然其中少数剧目属于"迷信"、"凶杀"、"色情"范畴的,不值得提倡。

京剧有各个行当,各人各爱,不能勉强。但我认为只要演得好,唱得好,各个行当都好看。我童年时期爱上了《法门寺》中由丑角演员刘福芳扮演的太监贾桂,他在一条白布上一口气有声有色念完了数百字的状子,使我大吃一惊。没有功夫能行吗?在少年时期我又爱上了《潇湘夜雨》《临江驿》中两位不知名的丑角演员,他们分别扮演土地公公和土地婆婆。他们急公好义,为一个含冤受屈的女儿传话给当官父亲的情节,使我大为叹服。他们既唱老生,又唱青衣,一句一句传唱,一句一个彩,全场叫好声不迭,简直使我着迷。青年时期我在上海读大学时,观看了童芷苓主演的《大劈棺》,我被那位扮演二百五的丑角演员刘斌昆的演技惊呆了,这位二百五在台上好长时间一动不动,我一直以为他是一个道具。哪知这道具"纸人儿",后来居然走动起来,从一位"死人"一下子变成了一个"活人",全场欢声雷动,叫好声此起彼落,简直炸开了锅。好家伙,我们都上当受骗了,可是我们被骗得开心,我从心底佩服刘斌昆的高超技艺。其实这类"绝活"在京剧中是不少的,难怪不少洋人也迷上京剧了。过去由于受"左"的思潮影响,将不少"绝活"删除了,实在可惜。

在这本小册子中,我既谈青衣、花旦,也谈老生、花脸;既谈名角,也谈普通演员。我对任何人毫无成见,我从一个普通观众的审美角度出发,有好说好,有坏说坏,实话实说,有话则长,近万字,无话则短,只数百字。我有幸在一生中能看到不少名角儿的舞台风采,也算是我的幸运。

从严格意义上说,我只是一个门外汉,大有"纸上谈兵"之嫌,说不上有多少水平,希望能为振兴京剧起点小小的呐喊,吾愿足矣。嘤其鸣兮,求其友声。倘能得到读者的共鸣,则幸也。正因为是外行谈艺,不免有不少谬误,敬请专家和戏迷朋友指正。

2003 年秋于浙江大学

（载《梅兰芳九思》,中国戏剧出版社 2004 年版）

整理《艺海沉浮
——宋宝罗回忆录》后记

　　早在 50 年代,宋老年轻时在杭州京剧团当演员时,我就经常看他的戏了。几十年来,我一直是他的忠实观众,他那漂亮的扮相,高亮的嗓音,潇洒的表演,给我留下了深刻的印象,他扮演的诸葛亮和汉献帝都给观众留下了美好的印象。

　　党的十一届三中全会以来,人们的思想解放了,我和宋老才有较多的接触。在接触过程中,我发现宋老作为一个知名京剧表演艺术家,他的态度平易近人,一点没有名演员的架子。他的艺术精湛,重新登上舞台以后,他的表演更加大方自然,特别是他的嗓音,更加纯亮了,不但有高派的亮丽,也有马派的潇洒,形成了他自己特有的风格。他的艺德和人品是有口皆碑的。他既是一位京剧演员,也是美术家、篆刻家,他画画而不卖钱,在今天市场经济的条件下,更是难能可贵。

　　有一次,我去访问宋老,只见一位来访者正在向宋老求画,宋老满口答应了,这时电话铃声响了,原来对方向他求画一张老鹰,宋老也答应了,像这类求画、求刻章的事儿是经常不断的,为此常常忙得他团团转。他笑着对我说:"退休以后,我似乎更忙了。"

　　我说:"您来者不拒,吃得消吗?"

　　他含笑说:"没办法,别人向我求画、求刻章是看得起我,我怎能不答应呢?"

　　宋老已到耄耋之年,我一直认为应该有人替他的丰富人生整理成"回忆录",为后人留下一些珍贵的艺术资料。经过多次商议,我于 1997 年年初开始整理他的"回忆录",经过一年半的努力,终于在今年赤日炎炎的盛夏,将这部"回忆录"整理完成了,在整理过程中我向宋老学习了很多东西，特别是他的高风亮节，使我感受最深的有以下几点：

第一，宋老一生的经历很不简单。由于他聪明好学，在童伶时期就大红大紫了。可是人生的道路不可能是一帆风顺的，他虽经历过曲曲折折的遭遇，由于他秉性忠厚，一心为善，终于闯过了各种难关，获得了晚年幸福祥和的生活。俗话说："好人一生平安"，可见争取做好人是多么的重要。

第二，宋老的艺术功底深厚，他在艺术上博采众长，虚心好学，又根据自身的条件，创造了"自然、大方、潇洒"的特有风格。新中国成立初期他才三十多岁，风华正茂，原可以在老生的唱腔、表演、剧目上创造更加辉煌的成绩，可是由于众所周知的原因，他不可能进一步施展他的才华。等到党的十一届三中全会以后，他要重振雄风时，年已老矣。正如他在"回忆录"中所说的那样，如果有一个安定的政治环境，有一个好的文艺政策，他的艺术成就还会更上一层楼。宋老在"回忆录"最后一章谈到的对京剧现状的五点意见是应该受到特别重视的。这既是他的一生的感悟，也是他对振兴京剧的很好建议。拳拳之心，令人感动。

第三，宋老由于受文化及历史条件的限制，他在创编新戏上不能有更大的作为。从四大名旦、四大须生的成长经验看，他们虽然文化程度不高，然而他们善于和爱好京剧的文化人交往，虚心听取文化人的意见，受益匪浅。特别在创编新戏上，这些文化人如齐如山、罗瘿公、陈墨香、清逸居士、翁偶虹等都为他们出过大力。最近我从一篇关肃霜的传记文学中看到，关肃霜的成长也离不开文化人的帮助。关肃霜在与著名作家冯牧先生的交往中，深有体会地说："演员要和有文化的人交朋友，这样有利于提高对艺术的鉴别能力。"她的体会很有代表性。宋老在他的"回忆录"中看不到他与文化人的交往，这就必然影响了他在文学修养和艺术上的进一步提高。

第四，宋老的文化程度虽然不高，可是经过数十年来的艰苦自学，如今也能写文章了，他向我提供的书面材料，其中有些章节写得相当动人，也十分感人，他提出的意见也十分中肯，这都跟他自己努力学习文化知识分不开。目前一般演员的文化程度普遍不高，他们缺少学习的自觉性，仅仅满足于舞台上的表演，那是远远不够的。人们都说京昆大师俞振飞的表演有书卷气。书卷气从何而来？我以为书卷气就是从文化涵养而来，从形式上学是学不来的。由此可见，青年演员要成为跨世纪的文艺人才，必须要努力学习文化知识，提高自己的文学修养，这对舞台上创造艺术形象是大有裨益的。

时代在前进，京剧事业必然要随时代而前进。梅兰芳有一句名言："演员是永远离不开观众的，观众的需要随时代而变迁。"这话说得多么好啊！今天看来，依然很有现实意义。时代即将跨入 21 世纪，我们还能原地不动，不思前进吗？

我在垂暮之年，能为宋老整理他的传记，深感荣幸，这为我的晚年生活增添了色彩。我感谢宋老给我这次难得的学习机会。我想，每一个中国人，如果都能为民族文化的瑰宝——京剧艺术，添砖加瓦，多办一点实事，少讲一点空话，则民族幸甚，京剧幸甚！

1999 年

（载《京剧票界报》2000 年第 3 期）

高等学府中的老教授京剧迷

我国高等学府中有不少老教授们由于深受我国传统文化的影响，他们中有不少人迷恋于京剧艺术，其中有的还是京剧票友。他们在业余时间经常聚会清唱，有的还在大学讲坛讲授戏曲知识课程，有的还粉墨登场献艺呢！我国高等学府在弘扬民族文化方面的这种优良传统，应该值得大大发扬。

程派知音动力学教授郑大同

上海同济大学郑大同教授是研究土动力学与地基抗震学的专家，也是全国闻名的程派知音。他早年就迷上了程派艺术，到了老年仍然是程派艺术的知音。他的程派唱腔炉火纯青，已经到了乱真的地步。有人讲过这样的话："如果你在门外听郑大同的唱腔，真以为是程砚秋亲自在唱呢。"郑大同教授不但擅长程派唱腔，而且对京剧艺术有精深的理论研究。80 年代初，我和他书信往来，探讨有关京剧方面的问题。我曾寄他一篇打字稿《京剧向何处去》向他请教。他在回信中写道："您概括的 6 个问题，我大都同意。唯对'创造流派'的说法，不敢苟同。京剧的所谓'流派'是指某演员的个人风格为他人所模仿而'流行'开来的，由此而形成的一个以他（她）为中心相同（或相似）风格的集合体，这并不是个人凭主观'创造出来'的。奚啸伯是'四大须生'之一，熔余、言、马于一炉，可谓风格独特，然而并没有一批人去系统地学他，则未成为'奚派'。杨宝森宗余派，由于嗓音条件不够，形成了自己唱余派的风格，后来大家觉得好听，争相学唱，于是自然形成了'杨派'，这是杨宝森始料不及的。您与其提'创造流派'，不如提'形成风格'似更为准确。"可见他在京剧理论方面是颇有见解的。郑大同教授在前几年因煤气中毒,夫妻双双不幸离世。这不能不说是高教界的巨大损失。

裘派花脸心理学教授龚浩然

　　龚浩然是杭州大学心理系教授、在国内外颇有知名度的心理学专家。他早年就迷恋京剧艺术,特别酷爱裘派艺术。50 年代他在北师大学习期间,经常与著名演员交往。他和梅兰芳合过影,可惜那张珍贵的照片在"文革"时期被毁了。他早几年从广州调来杭大以后,就筹建杭大京剧协会,并被推选为会长。在他热心领导之下,杭大京剧协会定期开展演唱活动。参加该协会的成员有老教授、老干部、老职工和青年学生。凡遇到重大节日,京剧协会必然参加演出活动,他们的演唱博得了全校师生的好评。龚教授擅演《霸王别姬》,他在剧中饰霸王,他的裘派唱腔往往博得满堂彩声,故有"龚霸王"的美称。在他一手策划下,杭州市小河小学少儿业余京剧班建立起来了。数年来,在浙江京剧团老师的辅导下,培养了不少京剧幼苗,有的还被选送参加全国第二届少儿京剧大奖赛,取得了良好的成绩。龚教授平时教学、科研任务十分繁重,可是他见缝插针,凡是省、市举办的京剧演唱活动,都可以听到他浑厚的裘派花脸唱腔。目前在知识分子待遇普遍不高的情况下,他还经常慷慨解囊支援各种京剧演唱活动。他为弘扬民族文化而默默奉献的精神,受到了校内外广大京剧爱好者的赞扬。龚教授热情好客,经常接待各地来杭的票友和演员。受到他款待的著名演员有童祥苓、王梦云等。在节假日,人们常常可以听到悠扬的琴声和优美的唱腔从他家里的客厅里飘扬出来,弥漫在杭州大学的校园里……

青衣名票力学教授"郭赶三"

　　郭本铁是浙江大学数学力学系的著名老教授、系主任,今年已 76 岁高龄。他从青年时代起,一直醉心于梅派和程派。他早年唱梅派,1951年,他曾粉墨登场在浙大礼堂演唱《三击掌》。在剧中他扮演王宝钏,嗓音甜美,一直为大家所赏识。由于众所周知的原因,他长期不再演唱青衣。拨乱反正以后,他又重新展开歌喉演唱。退休以后,他更把京剧当作健身的良方。他前几年去美国探亲,住了一年,因没有机会演唱京剧,心里憋得难受。回国以后,他几乎每天要到杭州市区的各地票房去演唱。有一天,我去浙大一位老教授家作客,时近中午,我刚为那位老教授拉完了《借东风》,郭教授敲门进来了。他刚赶完了上午一场,现在又要我为他伴奏《锁麟囊》和《玉堂春》,前者颇有程派神韵,后者颇有梅派韵味。他唱完以后对我说道:"下午我还要进城赶第三场。"说完就匆匆离去了。过去北京有个姓刘的京剧演员,绰号"刘赶三",说明他每日常赶三个地方演唱。如今大学教授中出现了"郭赶三"的京剧迷,真可谓是"教坛佳话"了。如今郭教授白发红颜,精神焕发,嗓音越唱越甜,音色越来越亮。他连唱数小时毫无倦容,这真可算是大学票友中的"不老松"了。

京剧老生数学教授汪家言诔

　　浙大老教授汪家诔在数学界、力学界颇孚众望,在国际上也颇有名气。他现在被美国数学学会(AMS)主办的《数学评论》杂志聘为评审委员。他还是一位研究人造卫星的天体物理学家。他业余没有其他嗜好,独独爱好京剧艺术。他擅唱马派,50 年代,他和郭本铁教授联袂演出《坐宫》。如今已达耄耋之年,他的嗓音依然十分响亮。早几年,我在浙江电台举办的业余京剧大奖赛中认识了他。他戏路广,不少传统老生戏都会唱。有一次,我和他应邀同去江南水乡小镇塘栖参加那里的京剧演唱活动。原打算当天返回杭州,哪知到了那里欲罢不能,只好在那里住了一宿,当晚又继续演唱,大家越唱兴致越高。最后的压台戏是汪教授和那里的一位女青年张鸣虹合唱全部《四郎探母》中公主和四郎的对唱。他们两人事先没有练唱过,初次对唱竟如此默契,使我大为惊叹。夜晚的指针不知不觉已指向 10 时,演唱不得不结束了。这天晚上,我住在旅馆里,兴奋不已,躺在床上辗转难眠。京剧艺术这朵鲜花竟有如此魅力,连农村小镇也有如此众多具有相当水平的京剧知音,我们难道能让这颗被国际友人称赞为"艺术皇冠上的明珠",在我们这一代手中日渐暗淡下去吗? 这实在是一个值得深思的问题。

1994 年 9 月

(载《梅兰芳九思》,中国戏剧出版社,2004 年版)

杭州大世界忆旧

老杭州都知道湖滨仁和路有一处大型游乐场名叫大世界。老年杭州人都怀着美好的感情,回忆在童年时期那段游玩大世界的有趣的日子。

"大世界"名称的由来

大世界游乐场是普通老百姓的乐园。据说,当初创办人建设这座乐园,就是为大千世界的老百姓服务的。"群众性"、"通俗性"、"娱乐性"可算是办这所游乐场的宗旨,所以取名为"大世界游乐场"。最初的创办人是谁,现已无从查考。到了30年代,大世界的老板有四人:一是张载阳,曾任浙江督军、省长。张是这家游乐场在政治上的后台老板;二是陈厚生,泰昌公司经理,是经济上的后台老板;三是袁巽初,经营房地产生意,大世界的土地就是他拥有的;四是朱鸿达,杭城的著名律师。凡涉及对外打官司,就由朱出场。这四位老板各自拥有相当的权力和优势,故而能将这所大型游乐场办下去。

门票低廉

那时候著名京剧演员来杭演出,票价要卖到五块银元一张。大世界门票价格较低,全票2角,半票1角,如此低廉的门票,普通老百姓能承受得了,所以每天观众如潮,约有数千人。收票制度并不太严,一般小孩可由大人领进去,有的小孩想看白戏,只要跟在大人后面,就可以混进去了。如此宽松的收票制度,大大培养了一批小戏迷。而且每晚过了10时以后,大门洞开,可以让人们走进来看白戏。如此一来,每个剧场内都拥有大批观众,演员在台上演出也就特别有劲了。剧院演出时间较长,从中午 12 时开门到深夜 12 时左右,观众可以在里面待十多个小时,实在非常划算。游乐场场地也宽广,设施齐全。里面开着不少面店、菜馆,因此观众不必为晚餐发愁。面点可以直接送到观众座位上来。这种便民措施,深受广大观众的欢迎。

多姿多彩的游乐场所

当观众一进入游乐场,立即会被眼前的各种游乐场所迷住,尤其是小孩,一进入大世界,仿佛进入了大观园,楼上楼下跑来跑去简直像脱缰的野马,大人没法管住了。

如果你是一位越剧迷,那你就进越剧场,那里的观众不少,妇女小孩居多。那里的演出剧目都是传统戏,演员的演技也相当不错,如越剧皇后姚水娟也曾在这里演出过。

如果你爱好看文明戏(话剧),那就到二楼的文明戏剧场,那里演的都是时装新戏,颇有时代色彩。

如果你爱看杭剧,就到杭剧场去,那慢条斯理的杭剧唱腔,也颇有韵味。

如果你爱看滑稽戏,那你就去看张樵侬、徐玲玲的演出吧,这一胖一瘦的好搭档,往往使你笑痛了肚子。

如果你喜欢听京剧清唱,那你就到女校书剧场去,那里是清一色的女演员,生、旦、净、丑都全。有一位唱女花脸的名叫秦雷英,嗓音响亮,我至今还记得她的名字,可见她的演唱是相当出色的。

此外,还可以去杂技场看魔术表演,上电影场看电影,到溜冰场去溜冰或看图片展览。总之,观众完全可以根据个人的兴趣和爱好,到自己喜欢的游乐场去寻找乐趣! 大世界五花八门,精彩纷呈,真正变成了大众的游乐场!

迷人的大京班

特别要提到的是大世界里面的京剧场又名大京班。这是观众最多,也是最吸引人的地方。大京班面积最大,楼上楼下大概有近千个座位,下午场的观众不算太多,夜场的观众那就多极了。每逢精彩的演出,或连台本戏,常常挤得水泄不通。晚上的演出往往到深夜 12 时以后。

京剧场的演员大都属于二、三流的角色。这些演员当然不可能和梅兰芳、马连良、金少山等名演员相比,可是他们的演唱水平并不低,很受普通百姓的欢迎。抗战以前,我还是一个小学生、初中生,是大世界的常客,我的京剧兴趣完全是由大京班培养起来的。我至今还记得的演员有:王少楼、朱翠梅、钱麟童、徐鸿培、汪素云、刘福芳……但给我印象最深的是:青衣朱翠梅、武生王少楼、小丑刘福芳。朱翠梅的扮相俊俏,唱腔优美,表演动人。她的戏路甚广,能戏甚多。王少楼以一条腿功著名,观众喜称他为“一条腿”。他的武功扎实,尤其是一条腿举起来,又直又高可以半天不动摇,观众无不啧啧称奇。在演出的剧目中给我印象最深刻的有两出:一出是《临江驿》(又名《潇湘夜雨》),其中土地公公和土地婆婆急公好义的精神十分感人,两人在临江驿为父女传话的那场,真是精彩极了。他们心地善良,急人所急,将含冤受屈女儿的冤情,一句句用青衣的唱腔,传送到住在高楼上父亲的耳朵中去,同时又将当官的父亲惊异和关怀之情,用老生的唱腔一句一句传送到女儿的耳朵中来,最终使他们父女相会,平反了女儿的冤案。那精彩的唱段使人叫绝。扮演土地公公和土地婆婆的演员,如果没有扎实的基本功,不能“青衣、老生两门抱”,根本无法胜任。这两位演员虽然名不见经传,可是他们的精彩演唱使我永生难忘。另一出戏是《法门寺》,刘福芳在剧中扮演的贾桂,一口气读完数百字的状子(其实是一块白布),不打一点疙瘩,使全场观众无不拍手叫好。由此可见当一名演员是多么不容易,没有一点硬功夫,能行吗? 有一位观众回忆刘福芳的演技,说小时候学了刘福芳《法门寺》、《钓金龟》中的几个动作,在自己小学里的一次庆祝元旦文娱晚会上露了几招,直让台下的老师同学笑得死去活来,下台来有人问他哪儿学的功夫,他说是“大世界”里学来的。

在大世界的诸多剧种中,我跟京剧结下了不解之缘,那时候,我常常挤在观众中间,或趴在舞台前面,欣赏那美妙无比的京剧艺术,同时使我看到了人间悲欢离合的故事,也了解到一点历史知识,更使我懂得如何分辨善恶,学做一个好人。

留给我们的思考

　　大世界游乐场虽然一去不复返了,可是它的经营方式,很值得我们借鉴、学习:1.场地宽敞,形式多样,能满足观众各方面的审美情趣;2.设施齐全,争取社会效益和经济效益双丰收。据说上海大世界改造成上海大世界娱乐中心以后,在讲究社会效益的同时,也注重经济效益。在文化经营上大做文章,先后增设了电子游艺服务部、摄像部、夜门诊等,使大世界的经济效益逐年递增。1987 年净收入达 300 万,1988 年为 450 万,1989 年为 500 万。3.增强服务意识。票价要低廉,小孩收半票,每晚 10 时以后可以场门大开,让更多的观众进来欣赏各种优秀的民族艺术。这种文化上的投资,将使精神文明建设之花开得更加灿烂。

1991 年

（载《梅兰芳九思》,中国戏剧出版社 2004 年版）

从两场京剧演出看振兴京剧的希望

任明耀　　任愚夫

我们是两位高校的老教授,虽然专业不同,前者是研究莎士比亚的,后者是研究数学的,可是我们都是京剧迷,我们走到一起,常常一同观看京剧、讨论京剧,其乐无穷。京剧艺术是我国民族的瑰宝,闻名于世界艺术之林。我们在观赏之余,觉得京剧存在问题不少,使我们忧心忡忡。最近我们在中央戏曲频道先后观看了两场精彩的京剧演出,兴奋不已,感到京剧有希望了。今略抒其怀,向大家求教:

一场是金陵奇人吴汝俊主演的《孟母三迁》。此剧有三好:

一是剧情好,有教育意义。

孟母三迁的故事,大家耳熟能详,不必多介绍。剧本的主题是符合中华传统道德的"近朱者赤,近墨者黑",孩子的成长跟周边环境有很大关系,孟母三迁到学馆附近,琅琅读书声,使孟轲从小受到感染,从此他勤学苦练,以后成了大学者。

二是唱腔好,优美动听。

京剧的关键在唱腔,吴汝俊设计的唱腔,没有怪腔怪调,全部运用各种传统的板式,但也有创造,听了非常悦耳动听。

三是表演好,从人物出发表演细腻大方。

京剧原本是歌舞剧,离开了歌舞,如何能博得观众的赞赏?吴汝俊表演大方,将孟母慈而严的形象,表现得栩栩如生。吴汝俊是一位京剧奇人,既是京胡圣手,又是表演大家;他既有天赋,也富有进取精神。他十七岁就被张君秋誉为"小梅兰芳"。1989 年,他在二十六岁时和日本籍夫人陶山昭子告别家乡南京,越过重洋踏上了日本国土。从此,他立志用传统艺术叩响世界的大门。他到达日本不久,就以京胡艺术征服了日本观众。90年代,他在日本成立京剧院,担任院长。不久他又创编了新京剧《贵妃东渡》。2001年,在日本上演,连演十七场,场场爆满,以后十年间,他成果累累,创作了《武则天》、《四美图》、《天鹅湖》、《则天大帝》、《宋氏三姐妹》、《七夕情缘》、《孟母三迁》等近十部新京剧,每逢演出,盛况空前。铁杆粉丝还专门成立了吴汝俊后援会,连不少大臣如鸠山由纪夫、海部俊树、安倍晋三、麻生一郎、小泉纯一郎等和参众两院成员也成了他的崇拜者。2008年,联合国世界文化和平委员会邀请他前往联合国大厦演出他的新京剧,醉倒了190多国大使和全世界的观众。中国戏曲学院副院长曹宝荣先生曾评价他的弟子吴汝俊有"极高的天赋,敏而好学,悟性超群,锐于创新"。中国驻日本前大使王毅也称道他说"艺术可以让不团结的人团结在一起,让不友好的人友好在一起"。吴汝俊作为一个旅居海外的艺术家,他仍然热爱祖国,他的京胡曲《祖国恋》表达了他对祖国的热爱;在《望乡》的京胡曲中又表达了他对家乡的眷恋。他大爱无疆,以传播京剧艺术为己任,不少京剧的优秀曲调表达了他对世界和平的向往,对美好爱情的期盼,对亲属的祝福,这些中华文化的精神,成了他的原动力。2010年上海世博会期间他还将举办吴汝俊活动周,《孟母三迁》将承载着中华之和、中华之仁和七千万中外观众见面,使他们感受到他的艺术风采。

另一场是荀派三出传统戏的演出。

这场演出共演了三场久不露面的荀派传统戏:《卓文君》(1956年)、《香罗带》(1927年)、《绣襦记》(1927年),使我们耳目一新,大为惊喜。

《卓文君》的剧情非常简单。卓文君婚前丈夫就病死,她以为解脱了封建婚姻的束缚,从此可以大胆追求自己的爱情幸福了。岂料她的老父是个封建老顽固,为了女儿成为一个"烈女",决意让女儿嫁过去守寡终生。女儿坚决不从,幸遇司马相如这位才子,双方情投意合,私奔而去了。这位奇女子成了世代青年男女的榜样,从悲到喜,大快人心。

《香罗带》的情节妙不可言,武将唐通无意中发现妻子林慧娘的香罗带出现在教书先生的房中,不觉大起疑心。他逼着清白的妻子半夜三更来到教书先生卧房门口敲门。他以为可以抓到真凭实据,可以将他们杀死,不料这位教书先生却是一位正人君子,拒不开门,还批评了他的女主人。这一下真相大白,丈夫又羞又愧,只好向妻子跪地求饶,如此巧妙有趣的情节安排,使观众不亦乐乎。

《绣襦记》剧久不露面了,内容一反"痴心女子负心郎"的情节,是一出典型的悲喜剧。剧中描写一位青楼女子李亚仙忠于爱情的故事,那位官家弟子郑元和在妓院花光了钱被鸨母赶出家门,从此流落街头,不知去向。青楼女子决心出走寻找她意中的情人,那位落难公子有一天在路上巧遇当官的父亲,父亲见了这位乞丐模样不争气的儿子,一怒之下,活活将儿子打死在路旁。碰巧青楼女子路过此地,见这个青年男子奄奄一息倒卧在路上,上前仔细一看,原来就是她久未寻着的梦中情人。她悲喜交加,将他救起带到自己的家中,青楼女子从此鼓励他攻读诗书,求取功名,偏偏这位公子见她美丽动人,特别是她那双灵动的眼睛,使他安不下心来读书,女方多次劝说无效愤而拿起锥子欲刺瞎自己的双眼,这一下惊动了男方,从此他狠下心不再贪恋女色,专心发奋读书,最终取得了功名,从此双双过上了甜美的幸福生活。这故事不落俗套,也富有教育意义,能不使观众喜爱吗!

观看了这两场演出,我们想到了五点意见:

第一,对京剧大师的纪念演出,不能着眼在少数几出戏上,梅兰芳哪止梅八出呀!程砚秋哪止《锁麟囊》、《荒山泪》呀!尚小云哪止《汉明妃》、《福寿镜》呀!荀慧生哪止《红娘》、《金玉奴》呀!荀氏一生演出三百多出戏,如此洋洋大观,极为罕见。我们怎能局限在少数几出戏。我们以为继承传统,必须要挖掘传统剧目,由他们创造的大量剧目,经过合理的整理、改编使它们重放异彩,从而大大丰富我们的演出剧目,如此才算为振兴京剧办了实事、好事。不然,老在口头上大喊振兴京剧的口号,实际舞台上却是"探不完的母"、"借不完的风"、"追不完的信"、"醉不完的酒"、"别不完的姬"……这怎么行呢?

第二,我们许多先辈的京剧大师们,他们的共同特点都是革新家。没有革新,就没有前进。文化的积累都是在不断革新,与时俱进中取得的。现在的问题是继承不够,革新更不够。继承要去伪存真,革新要坚持姓"京",如果不姓"京",何谈革新呢!吴汝俊的成功经验是值得我们吸取的。

第三，这次荀派三出折子戏，只演了片段，没有窥见全貌，不免使我们遗憾。其实，这三出戏后面还有不少矛盾冲突，使男女主人公的性格更加突出，情节更加风趣，可看性更强。希望以后有机会演出全本戏，必然大受欢迎，冲突剧目号称唐三千、宋八百，有多少发光的金子，等待着我们去发掘啊！

第四，荀派的三出戏，均由青年演员担纲扮演主角，令人可喜。他们那灵活的身姿、青春的朝气、俊美的扮相、优美的唱腔、细腻的表演，使整个舞台熠熠生辉。青年旦角常秋月的出色表演更加难能可贵，他们是一批多么可爱的年轻人啊！京剧未来的希望寄托在他们身上，应该让他们多演出、多亮相，他们成长了，京剧才能出现百花争艳的繁荣景象。四大名旦、四大须生都在二三十岁就唱响南北了。这批青年新秀的光彩形象，自然使我们想到他们身后的老艺术家。像宋长荣培养的《卓文君》中的青年男旦、孙毓敏培养的《香罗带》中的女主角，刘长瑜、孙毓敏培养的《绣襦记》中的女主角，都有他们辛勤的汗水，他们是幕后英雄，功不可没！

第五，国学大师季羡林先生有一句名言"京剧的关键在唱腔"，这话一点不假。京剧剧本内容大都并不复杂，观众一看就懂，容易接受，问题在唱腔。凡是能流传下来的经典剧目，它们都有一套自己特色、优美动人的唱腔。另外，我们在重视编制新腔的同时，还要防止"求高"、"求尖"、"求洋"、"求怪"、"求新"，如果我们不重视这些问题一味贪大求洋、大制作、大投入，浪费大量人力、物力、金钱，让泡沫新京剧不断出现，失去了广大观众的审美情趣，京剧就只能进博物馆去了。

越是民族的，越是世界的，在多元化的时代，京剧艺术也是如此吧！读者诸君，以为然否！

（载《中国演员》2010 年第 3 期）

京剧短论五则

一

第三届全国京剧戏迷票友大赛早已落幕了,我至今仍然沉浸在快乐的回忆中。这届大赛水平之高超过前两届,好评如潮,我不多啰嗦了,我只想谈谈不足之处,供有关领导参考,使下届的戏迷票友大赛办得更精彩。

1.这届大赛各个流派都有,真可谓美不胜收,特别出现了黄(桂秋)派和筱派(小翠花)让人耳目一新,但还不够多,应让更多流派呈现出来,岂不更好!

2.创新不足,票友的唱腔亦步亦趋,紧跟着前辈艺人唱腔走,如何大胆地在前辈唱腔的基础上有新突破,使唱腔更好听,这些问题值得研究和提倡。

3.艺术无国界,京剧已迈向世界,涌现了不少有水平的洋票友,这次大赛看不到一个洋票友参赛,不能不说是遗憾。今后条件成熟是否举办一个国际京剧票友大奖赛,让全球中外优秀票友在这个舞台上亮相,各显风采,我想一定会得到全世界的戏迷、票友的热烈拥护。

二

为了提高中国人民的文化素质,不少专家、学者提出让《四书》走进中小学,由此我想到,十分可以将中国古典文学瑰宝——唐诗、宋词谱成京剧曲调,在全国传播。这方面我们已积累了体系经验,如"咏梅""娄山关"等,曲调之优美、动听,深得广大戏迷票友的认可和欢迎。如果我们举办一次唐诗、宋词京剧演唱会,必然更受欢迎,我们已拥有不少优秀的京胡演奏家如燕守平、吴汝俊等,他们完全有能力为优秀的唐诗宋词谱写出优美动听的京剧曲调来,如果向全国票友、京胡演奏家征稿,必然会得到热烈响应。

三

现在,由于政府的提倡,京剧已经走进中小学的音乐课堂了,这是普及京剧的最强有力的措施,其实京剧走进中小学也是我们的传统。回忆我在中小学时代,不少同学会唱"苏三离了洪洞县"、"好一个聪明的小韩信"等唱段,这些流畅的曲调,不但好听,而且好学。过去由于"左"的路线,将传统京剧打成"封、资、修",使广大中小学远离了优美的传统京剧,这个教训太深刻了。八亿人民只唱八个样板戏的时代已经过去了,中小学如何学唱京剧,唱那些唱段? 我想是否应以传统戏为主。

四

新时期以来,京剧舞台上出现了不少新戏,这是非常好的现象,京剧要振兴,如果没有新戏、新腔出现,京剧如何能振兴和繁荣呢? 可是不少新戏不能流传开来,主要不是内容的问题,而是曲调不动听、不优美。戏曲主要是以曲传情,没有好听的曲调,如何能传情呢? 梅兰芳大师早就说过"唱腔要有味儿"!"有味儿"简言之就是"京剧要姓京。梅兰芳晚年的代表作《穆桂英挂帅》,虽是新戏,可是唱得"有味儿","仍然姓京",是以能流传开来。现在有些新腔声音太高、太尖,不好听,没味儿,也不好学,所以没法流传开来。著名学者季羡林有句名言:"京剧的关键不在于情节,而在于唱腔。"诚哉斯言! 希望新戏一定要注意唱腔美。

五

振兴京剧除了要培养优秀演员、编剧人才,也要培养编曲人才。这方面我们太不重视了,有些歌星出名,除了他们的嗓音好,一定要有好的词、曲作者配合,尤其是编曲作者,没有好的编曲作者,歌词写得再美,歌唱家的嗓音再好,也是出不了名的。同样道理,那些优美的京剧唱腔,能离开那些谱曲的人吗? 我们要加倍重视那些幕后英雄——谱曲作者,为他们喝彩!

美哉,吴汝俊!

——赞他主演的新编京剧《孟母三迁》

前些日子的一个晚上,我无意中看到了中央戏曲频道播放的由吴汝俊主演的新编京剧《孟母三迁》,一下子被他的精彩表演迷住了,看完以后,我不禁赞叹道:"美哉,吴汝俊!"

对吴汝俊,我早就久仰了,他不但是京胡圣手,而且是著名的男旦演员。他主演过不少传统梅派戏和新编旦角戏如《武则天》等,但是我最欣赏的是《孟母三迁》。

理由何在? 简言之有三好:

一是剧情好。孟母三迁的故事,大家耳熟能详,不用多噜苏了。剧本主题是符合中华传统道德标准的:"近朱者赤,近墨者黑"。孩子的成长和环境大有关系。孟轲三迁到学馆附近,使他受到感染,爱好学习,后来成为一个大学者。

二是唱腔好。京剧的关键在唱腔,四大名旦、四大须生,他们的经典剧目能传唱到今,全靠他们优美的唱腔。吴汝俊运用了各种传统板式,唱的全是地地道道的京剧,其中也有创新的东西,听来非常悦耳动听。京剧离开了"京",还成为京剧吗? 可惜现在不少新编的新戏唱腔过于求新求变,嗓音"高得刺耳",有点怪里怪气,听来一点都不美,更谈不上舒服,所以往往成了"泡沫京剧",流传不下来,浪费了不少精力和钱财,实在可惜。

三是表演好。京剧原本是歌舞剧,离开了优美的表演动作,也流传不下来。梅兰芳的《别姬》和《醉酒》由于有优美的唱腔和表演,才能成为经典。吴汝俊深懂此理,他在剧中表演大方,看起来舒服,听起来悦耳,才使不少新老京剧爱好者,更觉其味无穷。

　　如此说来，京剧要振兴，光喊口号不行，要从这些成功的经验中吸取教训才是。广大京剧票友们，你们是否认为我这个耄耋老观众言之有理么？敬请指教！

（载《京剧票界报》2009 年第 10 期）

青年京剧演员电视大赛之我见

中央电视台第七届全国青年演员电视大赛开赛以来，引起了全国观众的轰动和热议，他们在赞叹之余，提出了很多感想和意见。党的十八大报告中特别强调了文化建设的重要性："建设社会主义文化强国，关键是增强全民族文化创造活力，要深化文化体制改革，解放和发展文化生产力，发扬学术民主、艺术民主，为人民提供广阔文化舞台，让一切文化创造源泉充分涌流，开创全民族文化创造活力持续迸发、社会文化生活更加丰富多彩……"学习这个报告，对我们如何振兴京剧、繁荣京剧有很多启迪。我想到了几点意见，请京剧界和票界的朋友指教。

第一，这次大赛展现了许多青年演员的风采，看到他们的精彩表演和演唱，我由衷地高兴。我们拥有如此众多的优秀人才，何愁京剧不振兴、不繁荣。当前的主要问题是，要让他们多多在演出实践中亮相，只有在演出实践中才能不断提高他们的演出水平，丰富观众的审美要求，不能在大赛以后依然保持原状。如果看来看去舞台上只是少数几个成名的老演员，长此下去京剧如何能振兴，如何能繁荣呢？希望寄托在青年一代演员身上，这就是真理。

第二，青年演员参赛的节目很不丰富，看来看去就是几出优秀的传统剧目，人们都说探不完的"母"，起不完的"解"，借不完的"风"，捉不完的"曹"，醉不完的"酒"，别不完的"姬"，望不完的"亭"，钓不完的"龟"，探不完的"山"，跑不完的"城"，做不完的"梦"，盗不完的"马"……长此下去，怎么行！四大名旦、四大须生和其他名演员生前演出的剧目大都在一百出以上，荀慧生的剧目甚至达到了300出以上。如果他们活到今天，必然有更多的新戏演出，如果我们去翻阅《京剧剧目辞典》一书，更令人叫惊,从古到今达到几千出,光是北京市戏曲研究所原藏有京剧剧目手抄本就有 1800 本,以后通过他们翻阅几十年有关报刊资料以及老艺人传记录的,至今发现共有 5000 余剧本。为此我们要感谢曾白融先生以及其他为此辞典出过大力的向长清、曲元工、杨锦海、鸣迟、沈梅、邢秋萍、江山、程嘉哲、李岳南、段秀芝等先生的参与才使这本珍贵的辞典得以出版,他们为京剧剧目留下的宝贵遗产,功莫大焉。为此,我们想到当今的青年京剧演员,你们究竟继承了多少出优秀的传统剧目,扪心自问,不是应该奋起直追么? 应该知道,青年演员的成长与参演剧目的多少是成正比例的,只靠少数几出戏的演出是成不了大气候的。

第三,京剧的唱腔应该引起重视。著名学者季羡林先生有一句名言:"京剧的问题主要在唱腔。"大凡优秀的传统剧目能常演不衰的原因主要是它们都有一套优美的唱腔,这方面我们有深刻的教训。不少新编剧目唱腔不美,剧情再好也无法流传下来。京剧唱腔创新离不开姓"京",正如梅大师所倡导的"京剧唱腔要有味儿",真正要做到"有味儿"那是很不容易的。梅大师的《穆桂英挂帅》有创新,也有味儿,主要是姓"京",而不是愈搞怪愈好。这次大赛中,青年演员的唱腔中规中矩,创新不足,这方面应该向张君秋、赵燕侠、童芷苓学习。他们虽然拜四大名旦为师,可是他们在继承中有创新,形成自己的"张派"、"赵派"、"童派",他们的继承和创新精神是值得称道的。男旦吴汝俊的新戏《孟母三迁》所以能得到广大观众的赞赏,就是他的唱腔有味儿,有新意,同时也是姓"京"的。今后我们要重视编创唱腔的人才,没有他们的辛勤劳动,编出优美的唱腔,演员是难以成名成才的。最近在电视上看了新编《韩玉娘》演员在梅大师《生死恨》的基础上,增添了最后一场"诀别",董园园(饰韩玉娘)和张建国(饰程鹏举)的对唱,非常优美动听,感人肺腑,他们的继承和创新精神是值得赞扬的。

第四,扩大京剧剧目问题,这是繁荣京剧的关键之一。我们必须加快继承传统剧目的步伐,许多优秀的传统剧目很少在舞台上露面,这是很不正常的现象。只要稍加改编加工,就可以使它们焕发出耀眼的光芒。如老观众经常津津乐道的剧目有:《绿野仙踪》、《董小宛》、《临江驿》(潇湘夜雨)、《大劈棺》、《纺棉花》、《南天门》等。

第五,京剧题材问题,要摆上议事日程。题材选择历来就有不少争论,有的提倡演现代戏,有的提倡演历史题材的戏。根据当前现状和国情,中国的文化有五千年的传统,历史故事太丰富了,所以应该偏重在历史故事上。英国莎士比亚戏剧有 37 出戏,已有好几百年历史,提倡多样化,在全世界各地演出经久不衰。由于莎剧常演常新,与时俱进,才能永葆青春。人们都说,100 出《哈姆雷特》,就有 100 个不同的哈姆雷特形象,这就是说,艺术贵在创新,如果一成不变,必然会走进死胡同。梅大师的《生死恨》如果一成不变,有今日的韩玉娘吗?《太真外传》如果一成不变,有今日的《大唐贵妃》吗?《玉堂春》和《白蛇传》也有不同的唱腔和版本。为此,青年演员演传统戏时,也要根据自身条件有不同的演法和唱腔。不要害怕别人批评你:"你宗的是哪一派",要勇敢地走自己的路,才能真正达到"百花齐放,百家争鸣"的繁荣景象。

第六,当前经济形势一片大好,民族要复兴,文化也要复兴,其中包括京剧也要复兴。国际友人把京剧艺术当作艺术皇冠上的一颗明珠,根据广大京剧观众和演员要求,希望有关部门能发起评出新的四大名旦和新的四大须生。从 20 世纪 20 年代评出四大名旦、四大须生以来,至今已快一个世纪了。一旦启动评选四大名旦、四大须生,不但京剧界欢欣鼓舞,广大京剧票友、京剧爱好者包括海外的京剧票友和京剧爱好者,同样会欢欣鼓舞。作为炎黄子孙,谁不爱自己的民族艺术!艺术无国界,美好的艺术是属于全世界的,越是民族的,越是世界的。建设美丽的中国,不是靠口号,而是靠实干。让我们振作精神,乘十八大的东风,胸怀壮志,把中国建设成世界一流的京剧强国和文化强国吧!

我已耄耋之年,行将就木,但愿在有生之年看到京剧一片繁荣的景象。

喜赞九九重阳节京剧演唱会

　　不久前,央视戏曲频道播放的九九重阳节京剧演唱会,对我们老年观众来说,无疑是一道美味的文化大餐。京剧老票友奔走相告,称赞这样的演唱会真是太妙了。欣喜之余,我略抒胸怀:

　　一喜:这些老艺术家宝刀不老。有的虽已七八十岁,息影多年,如今他们的嗓音依然亮丽,他们又唱又做,风采不减当年。你看那些七八十岁高龄的杜近芳、张春秋、罗蕙兰、李嵩华、孙毓敏、舒昌玉、毕谷云、沈福存、叶少兰……如果你闭着眼睛欣赏,谁也猜不出他们的实际年龄。至于那些五六十岁的"小妹妹"、"小弟弟"们,他们更是身手不凡。我们京剧界拥有如此众多德艺双馨的老艺术家,能不令人骄傲吗?

　　二喜:演唱会上节目和表演流派纷呈,美不胜收。我们听到了平时难以听到的"唱腔"更觉喜悦。如毕谷云的《绿珠坠楼》,是徐碧云先生的拿手戏,毕是徐的弟子,毕又唱又做,唱腔别具一格。又如83岁高龄的筱高雪樵,那段麒派名段唱腔很有麒派神韵,使人倾倒。又如另一位老艺术家唱的《女起解》,出场时那四句二黄摇板"忽听得唤苏三",和其他流派的唱腔大不一样,仔细辨听,原来是黄桂秋的唱腔,黄派的唱腔和四大名旦的唱腔不同,特别细腻,婉转动听,可惜黄派的传人太少了,真是难得听到的旦角唱腔。但整个晚会,各流派唱腔还不够丰富,如黄(桂秋)派、肖(翠华)派等旦角唱腔不全,仅局限在梅、尚、程、荀、张五派,应该进一步扩大。这些老艺术家的精湛技艺,值得青年演员好好学习。老艺术家们演出的剧目大多数以百计,有的高达300出以上。现在不少青年演员有点傲气和娇气,唱红了几出戏,就得意起来,自封为艺术家了,比比这些老艺术家,应该奋起直追才好。

三喜：不少琴师技巧高超，和老艺术家配合默契，使演唱水平达到非常完美的境界。其中不少青年琴师熟练的技巧，令人感到"后生可畏"！老琴师李慕良、杨宝忠、燕守平、姜凤山……已载入这个京剧发展史的史册，新一代的琴师青出于蓝而胜于蓝，我们更为之欢呼！

四喜：四大名旦、四大须生的唱腔，我们听得太多，但观众的审美心理却是"求变"、"求新"，这次晚会听到了平时很难听到的唱腔演出特别兴奋不已。一年一次似乎太少了，希望多办几场，至少一年办两场，特别要多演一些冷的戏，如《朱仙镇》、《双背凳》、《天雨花》、《董小宛》等。让这些老艺术家的"绝活"、"绝唱"露一手，时不我待，他们一旦西去，这些"绝活"、"绝唱"就看不到，听不到了，这不是很大损失么！

五喜：这场演唱会总策划人是张百发同志，他原是北京市的领导人之一，他热爱京剧，经常举办一些重要京剧活动，还亲自上台演麒派，十分难得。像这样热爱京剧艺术的高层领导，还有朱镕基、李瑞环、丁关根等同志，他们都为振兴京剧鼓与呼，像李瑞环同志主办的音配像工程，为中国京剧留下了不少珍贵的资料，功莫大焉。热爱民族艺术已成为不可阻挡的历史潮流，也成为不少领导的共识。不少老教授、老科学家、老作家、老专家、老将军……他们都是京剧"粉丝"，这已经成为中国文化战线上一道亮丽的风景线！能不高兴么！

振兴京剧，繁荣文化，人人有责。从这场高水平的演唱会上，不是给我们带来不少启迪么！**众观众、众票友**，以为如何？

中国京剧的知音

——美国第一位扮演杨贵妃的魏莉莎博士

大凡爱好京剧艺术的人,都知道美国有一位洋姑娘,曾在中国京剧舞台上扮演过杨贵妃,大家都喜称她"洋贵妃"。她取了一个中文名字,叫做魏莉莎,原名叫伊丽莎白·魏奇曼(Elizabeth Wichmann)。1981年,她远涉重洋来到中国南京大学中文系留学。她不学别的,独钟情于京剧艺术,尤其爱上了梅派艺术。她特地拜江苏省戏曲学校教师、江苏省京剧团梅派演员沈小梅为师。沈小梅教她演唱《贵妃醉酒》,经过几个月的刻苦学习,她终于上台演唱了这出经典梅派名剧,她扮演的杨贵妃得到业内外人士的认可和赞扬。从此,她成为中国京剧发展史上第一位真正的"洋贵妃"。有了这次成功,她越发爱上京剧艺术了。她如痴如醉每日经常唱梅派唱腔,为了学好梅派唱腔,为了学好汉语,她与一位年轻的中国艺术家结成连理,成了中国人的太太。

她学成归国以后,到夏威夷大学戏剧系执教。她一心宣传中国美妙的京剧艺术,并继续学习梅派艺术,她甚至将沈小梅请到美国去,帮助她组织夏威夷大学剧团用英语演唱另一出梅派名剧《凤还巢》。令人惊叹的是,全部演职员包括音乐伴奏等后场人员,都由美国人担任。1985年2月14日是世界戏剧史上值得大书特书的一个日子。那天美国夏威夷大学剧团在檀香山用英语公开演唱了《凤还巢》。这一新奇事物立即轰动了美国戏剧界。美国评论界把这次成功的演出誉为"在美国艺术宝库中增加了一颗灿烂夺目的明珠"。1985年,她又率领全班人马到北京等地演出《凤还巢》,而且还在中央电视台播放演出实况。魏莉莎并不满足于既得的成就,她继续努力,更上一层楼,攀登艺术的高峰。1995年7月,她率领夏威夷大学京剧团到上海献演京剧传统经典剧目《玉堂春》,唱、念全部采用英语,表演及唱腔则又保持了京剧的传统风格,全部演职员均是洋人。我从电台里听到那句西皮倒板:"玉堂春来至在督察院",不但胡琴拉的满弓满调,唱腔的韵味也梅味十足,不由得使我内心无比赞叹。尽管用英语演唱的京剧,专家们有不同的看法,然而魏莉莎博士勇于探索、大胆创造的精神不能不使我们由衷地敬佩。特别是她为传播京剧艺术所做的巨大努力,将永远留在中国人民心中。魏莉莎现任职务是夏威夷大学哲学博士、教授,亚洲剧院剧目导演。她经常应邀到中国来参加重要的京剧活动。她不但是中国京剧的知音,也是中国人民的好朋友。她对中国京剧做出了巨大努力,更使广大京剧爱好者钦佩不已。由于我与她有共同的爱好,我们鱼雁往还,成了未谋面的朋友。去年 4 月,她给我来信,谈到了她的近况和婚姻现状,她对我的溢美之辞,使我愧不敢当。现将她的来信,翻译如下:

亲爱的任教授:

请原谅我并非故意耽误了那么长的时间才给你回信。我收到了你两本内容非常丰富的赠书(任注:一本是外国文学评论集《说不尽的莎士比亚》,另一本是戏曲评论集《梅兰芳九思》),一本是论梅兰芳的,另一本是论莎士比亚的,这两本书全是由你自己撰写的——去年我在上海度过了有一年之久的宗教之旅以后才回到夏威夷。我很担心,在我离开期间,有那么多的工作等待我去处理——我现在开始处理那些并不包括特定时间必须完成的事情。我对你非常抱歉,希望你能原谅我。

在你的书中谈到了我的工作,我感到非常荣幸,太感谢你了。你非常仁慈地送了我你的著作。你是一个非常多产的作家。研究领域广阔,专业知识深湛——就我所知,没有一个学者像你那样在梅兰芳、莎士比亚研究领域,发表了那么多的文章。

为了回答你的问题,我的第一任丈夫是南京一位中国画家,他精通中国的美学和哲学,但他似乎喜欢更年轻、更富有的女人。我现在的丈夫是一位医生,他非常仁慈而宽厚,我相信你一定会喜欢他的。

祝你一切如意

非常感谢你的

魏莉莎

2005 年 4 月 6 日于美国夏威夷大学

　　写罢这篇小文,我有一点感想,被外国友人称为"艺术皇冠上的明珠"的京剧,已使不少外国朋友着迷,凡京剧院团出国访问演出,无不受到外国友人的热烈欢迎,然而国内京剧现状尚不容乐观。为什么京剧这朵花"墙内开花墙外香"呢?其中原因值得我们认真研究。

　　当今世界多元化、全球化已成为时代潮流,世界各国人民所创造的优秀艺术,既是民族的,也是世界的。中国京剧要走出国门,迈向世界;同样世界各国的美好艺术也要走进国内,这也是必然的趋势。莎士比亚戏剧早已改编成戏曲在中国舞台上演,亦为广大观众所爱好。最近媒体介绍台湾当代传奇剧场总监兼导演吴兴国先生携京剧《等待戈多》来参加上海话剧艺术中心主办的全球纪念现代派戏剧大师贝克特 100周年诞辰。尽管演出带来了不同的反响,但世界文化交流的趋势是阻挡不了的;又如印度史诗《摩诃婆罗达》在文化交流剧场(Intercultural Theatre)曾以西方现代剧的形式演出 9 小时,希腊悲剧曾被改编成印度古典剧,日本铃木忠志剧团更是转化能剧技巧演出契科夫的经典剧目。(参见《文学报》2006 年 4 月 20 日报道)这一切文艺现象充分证明了世界各国文化交流和交融是时代的需要,也是人民的愿望,魏莉莎走过的道路,正说明了她的前景是异常广阔的,她的执着精神是值得赞扬的。我们期待着更多更新的创造。

2006 年春于浙江大学

(载《暨南渝讯》2007 年第 2 期)

何长高:浙大学子中的京剧票友奇人

　　浙江大学历来重视校园文化的建设。据说,竺可桢老校长在抗日战争时期,学校西迁到贵州遵义乡下办学时,虽然条件十分艰苦,学生们在紧张的学习之余,仍然积极开展文娱活动。竺校长每逢接到学生的邀请,必然欣然前往参加。他认为文娱活动对陶冶学生的身体健康和文化修养是非常重要的,其中京剧活动是最重要的文娱活动之一。当时浙大有一个历史悠久的京剧组织,称为"浙大国乐会",每周有一到两次活动,每逢节假日还有演出活动。不少师生积极参与,其中还有不少老教授甚至教授的夫人也参加。国乐会演出过不少传统的折子戏如《搜孤救孤》、《追韩信》、《坐宫》、《打渔杀家》、《龙凤呈祥》等。新中国成立以后浙大成立了京剧社,还先后请来了两位京剧教师林啸青和沈飘芳指导师生排演京剧传统节目,办得相当红火,在师生中出现了不少名票。教师中的名票有郭本铁教授、汪家禾教授、卢鹤夫教授、周本湘教授、龚浩然教授等。学生中的名票也不少,其中最杰出的票友之一是何长高先生。

　　何长高1946年在遵义考进浙大化工系,1950年毕业于杭州。他痴迷京剧,曾担任过浙大京剧社社长。我和他有共同的爱好,但相识较晚,70年代末期,我和他见过几次面,才对他有了进一步的了解。我称他是高教界京剧票友中的奇人,也可称得上是京剧票界中的顶级票友。何长高到底奇在何处?

痴迷京剧七十多个春秋

　　浙大毕业以后,何长高一直从事石化方面的工作,长期担任工程师,2000年他从抚顺石化公司离休。他是从小受四哥何长盛的影响,爱上京剧的。他的四哥很不简单,生、旦、净、丑都行,而且打、拉、唱、做也通,这对他影响太深远了。他从小就会唱京剧,在中学时代还登台演出《武家坡》、《坐宫》等折子戏,从此与京剧结下了不解之缘。从童年到老年,春去秋来,悠悠七十多个春秋,他一直将业余时间花在京剧事业上,其跨度之长,实属罕见。

多才多艺,全国之冠

　　说起何长高的多才多艺,令人啧啧称奇。他一生演过的剧目多达数十个,演过的角色有50多个,各个行当他都演过。先说旦角,他宗什么派,谁也说不清楚,梅派演过《生死恨》(扮演韩玉娘),《凤还巢》(扮演雪娥),程派演过《锁麟囊》(扮演薛湘莲),他对荀派情有独钟,他扮演的红娘,从20世纪50年代一直演到新世纪,演技达到炉火纯青的地步,他在台上扮演的红娘年方妙龄,妩媚动人。每次演出掌声都达10多次,观众不相信扮演少女红娘的是一位年逾古稀的老人。直到他卸妆出来谢幕讲话时,观众才相信,顿时又是一片掌声,可见他的功力是何等的深厚。谁知他对张派艺术也有精深的研究!2009年在烟台举办的第七届全国高校京剧演唱会上,他以83岁高龄,大胆演出《两厢记·琴心》选场,大受观众的欢迎,在场的除了高校京剧票友,还有张派专家在场观摩,其中有张君秋的儿子张学浩和他的夫人董翠娜(张派嫡传、烟台市京剧团团长)和荀派名家孙毓敏,他们看了何长高的演出也不由得拍手称赞,后来他还深入研究张派的创作特色,连续在京剧权威杂志《中国京剧》上发表了三篇颇有理论深度的文章,从而奠定了他作为国内张派艺术的研究家之一的地位。

涉足老生研究,获得极高声誉

　　何长高初学京剧是学老生戏的,后来不少票友根据他的身材不高、面容姣好、嗓音甜润的特点鼓励他学青衣、花旦,他愉快地接受大家的意见,改学青衣、花旦了,殊不知他对老生戏也颇有研究,他发表过唐韵笙、言兴朋唱腔研究的专文,他还在抚顺人民广播电台开设"何老谈京剧"专栏,把高派传人、著名老艺术家宋宝罗先生的著名唱腔一一作了评述,他将材料整理后寄给浙江京剧团宋宝罗先生审听,宋老审听后大为惊奇,票友中竟有人如此仔细评论他的唱腔,不能不使他十分感动。他以一幅篆刻印章百寿图和国画雄鸡相赠,并写上一首诗:"我年近九旬,戏演八十春,观众有千万,知音仅一人。"宋老对他的评价,也使何长高感动不已。2005年宋老九十大寿时,他特地从抚顺赶到杭州,以一幅亲自绘制的京剧脸谱组成寿字,向宋老祝寿,两人相见有说不完的话,都有相见恨晚之感。

全才展现,票友惊叹

2005年,宋、何在杭州西子湖畔相见,我在陪同的过程中,发现何长高在京剧唱腔上不但是多面高手,而且在文、武场上也是多面手,拉琴、打鼓等方面也无所不能。有一次,我陪他到杭州一家票房活动,受到广大票友的欢迎,他又拉又唱,又忙着给票友作舞台表演指导,众票友都惊呆了,如此全才的票友,真是少见的奇人。

一般票友往往重唱、重表演,缺乏理论基础,可是何长高却有深厚的理论基础。他不但出版了《京剧基础》一书,还在中国唯一一张《京剧票界》报,连载《京剧基础讲座》,至今十余年还在连载,现已经连载到89期,很受票友戏迷欢迎,连不少京剧专家也索报阅读。他不但出书,也经常发表京剧评论文章,还在抚顺师专担任客座教授,开设京剧课,在大学生中培养京剧观众。他还向海外华侨传播京剧艺术,他担任新加坡京剧社的顾问,多次出访新加坡,为那里的票友讲解京剧知识,受到了新加坡票友的热烈欢迎。我国著名书法家、京剧评论家、首都师范大学欧阳中石教授曾为《京剧基础》一书写过序言,对何长高有很高的评价:"长高先生在京剧艺术方面有相当了不起的造诣,以他的学问修养,以他所演出的剧目,从他所涉及的理论,都可以写出宝贵的心得,著出可喜的研究成果,然而长高先生竟不惜珠玉,不吝华年,写出了这样一部囊括前台后台,文武昆乱,鼎甲至蓓蕾,泰斗而至'院子过导',生旦净丑至'旗罗伞极',真是何止'六场通透',实在已是样样俱有的'大全',此等能力为任何'头牌'所不及,一切'坐钟'所倾倒,精忠庙首程大老板而后犹有几人！余口服心折，自愧惶惶，合当为我民族文化庆，当代京剧界朋友，代京剧爱好者们，代社会，向长高先生致谢。"

为"艺术皇冠上的明珠"照耀千秋，奉献余生

自从京剧被联合国教科文组织选入"非物质文化遗产名录"后，何长高的积极性更加提高了，为了弘扬京剧艺术，他曾在回忆录中表达了他的心愿："我嗜好京剧，但并不指望成名成家，也不指望从中得到任何名利。我只是把京剧当作一门综合性的学科来学习、研究，以此为寄托，加强自我修养，达到充实、提高、丰富人生的目的。"他深感从京剧舞台上学到不少人生的感悟，从而提高自己的修养。凡是全国高校的京剧活动，他不顾年事已高，必然尽力参加。1995 年的第二届中国京剧票友节上，他又大胆涉足正功小生戏，演出姜派小生戏《宗保巡营》，他在后台会见了袁世凯的孙女、定居在台湾的袁嘉洁女士，她听说宗保是由他扮演的，异常惊讶，连称"真帅！真好！真冲"！可见他的小生戏也不赖啊！他认为在大学生中培养京剧观众，含有战略意义。培养京剧观众不但要从娃娃抓起，更要在大学生中普及。1949 年前不少大学都有业余京剧团的组织，培养了不少票友精英，在社会上起到普及京剧的作用。浙大京剧票友中如汪家禾、龚浩然等虽已离世，可是他们的名声还在浙大校友中传播。不少京剧票友在家中往往是"孤家寡人"，但何长高的家庭受他的影响可称得上是京剧之家。他和老伴往往在舞台上唱对台戏。有时三代合演《三娘教子》、《锁麟囊》、《二堂舍子》等，真可算是一个幸福和谐的家庭。他也曾向我表示，如果能为母校京剧教学做点贡献，有机会报答母校的培育之恩，他将深感荣幸。

岁月无情，何长高年事已高，但他耳聪目明，身体依然健康，面对满目青山，他满怀豪情不畏山高路远，向着太阳高歌。国际友人将京剧誉为"艺术皇冠上的明珠"，他能将余年为这颗明珠服务，让她放射出更加灿烂的光芒，能不感到最大的幸福么？现在浙大已建立李和声经济与文化研究中心，其下所属的浙大婉云京剧艺术社五年来受到学校领导的关怀和重视，为培养浙大学子的京剧演唱人才做出了不少贡献，这一喜讯深受广大浙大校友的欢迎。京剧的前途在于广大年轻人的参与，

这就是真理。

今年5月全国高校京剧教学研讨会在浙大举行,何长高也应邀与会。为配合这次研讨活动,5月28日晚在紫金港校区永谦剧场演出了京剧传统折子戏选场,全部演员均为本校学生。剧目有《霸王别姬》、《白蛇传》、《武家坡》、《罢宴》、《打严嵩》、《贵妃醉酒》等。这些青年才俊的舞台风采,博得了全体代表和观众的热烈掌声,他们当中不少已在全国的京剧演唱比赛中获奖。

据媒体介绍,美国《纽约时报》再次向全世界大力推介如诗如画的杭州,杭州在中国具有神话般的地位,如果能让国际友人在游玩西湖美景的同时,欣赏到轻歌曼舞的京剧艺术,岂不更如唐朝诗人白居易所描绘的那样"忆江南,最忆是杭州"了么!

(载《浙大校友》2011年第3期)

浙大一次精彩的京剧演唱会

2012年12月4日是难忘的一天。这天下午,由浙大湖滨校区主办的浙大四校区老同志京剧爱好者交流演唱会在浙大湖滨校区离退休活动室举行。老同志们其乐融融,深深感到国粹艺术的无穷魅力。

这次演唱会吸引了许多爱好京剧的老同志前来参加,连爱好京剧的浙大年轻学子也赶来参加了。第一个节目是湖滨校区集体演出的《贵妃醉酒》,虽然不是彩唱,但是整齐艳丽的服饰和甜美的唱腔,也让人耳目一新,博得全场喝彩。

在老同志中不少是资深老教授,其中有三位特别引人注目:一位是浙大名教授郭本铁,数学、物理专家。早在抗日战争时期,他在湄潭时期就是一位专攻梅派的男旦票友,如今他已是梅派、张派两门抱的京剧票友。他退休多年,可是,近年来他每天参加各地的票友活动。他虽已94岁高龄,可是身体越来越好,嗓音越来越亮丽,成了京剧票友界的奇人。这天,他演唱了张派的《三堂会审》选段《这场官司未动刑》,那甜美的唱腔立即打动了全场听众。有人称赞他:"如果不看他本人,还以为是一位妙龄姑娘在演唱呢!"

第二位是浙大体育系燕琳教授,他已八十有余,独迷京剧,尤追张派。他几乎天天唱京剧,还是杭州市体育场路浙大宿舍京剧小组的负责人,吸引了不少校外的京剧票友来参加。这天他演唱张派的《楚宫恨》名段"楚兵纷纷扎了队",那华丽的摇板、散板唱段,同样迷倒了许多老同志。

第三位是浙大华家池校区的吴克敏老师,她唱的是程派青衣《文姬归汉》。"见坟台哭一声明妃细听",如泣如诉、委婉细腻的程派韵味十足。她为了使听众听懂她的唱词,特地将唱词打印了出来,发给大家,使全场的听众听得更加津津有味。其他老同志的演唱也非常精彩,真可谓流派纷呈,行当齐全。

这些老同志大都退休,年龄从六七十岁到八九十岁都有。他们红光满面,嗓音响亮,原因何在?原来他们都热爱京剧,他们喜欢听京剧,唱京剧,拥有无穷的乐趣,从而健康长寿。他们和票友交朋友,更加精神焕发。

这次演唱会的压轴戏是由浙大学生、男旦演唱的梅派《霸王别姬》,把全场的老同志都逗乐了,他们拍着手说:"振兴京剧的希望要寄托在青年一代的身上。"此话一点不错。

为此,我提出两点希望:

1.浙大历来重视校园文化,涌现了不少京剧票友,有的成了京剧名票,有的成了著名京剧理论家,在全国很有影响。为此,我们希望校方有关部门编辑出版一本记录浙大京剧活动的图文并茂的纪念集。目前全国高校都有京剧社团,丰富了校园文化,有的已编出了纪念集,浙大作为名校绝不能落在别人的后面。

2.这类演唱活动应该经常举办,形式可以多样,既有老年同志演唱会,也有青年学子演唱会,还有老少同台的演唱会,使浙大校园经常飘荡京剧优美的旋律,这不正是一项建设"美丽浙大"的重要举措吗?

(载《浙大环球老来乐杂志》2013 年增刊第 1 期)

京剧票友一家亲

　　杭州市有不少京剧票房,他们为弘扬国粹艺术,经常开展活动,得到杭州市人民的赞赏。我早听说杭州市声韵票友社社长赵文学是一位中学语文老师,她是荀派名票,除了醉心京剧以外,还在教学之余培养了一批青年票友,成绩卓著。7月26日周五是他们票房活动的日子,我慕名冒着40度高温,乘出租车前往他们的票房(在西湖杨公堤、盖叫天故居附近)活动。他们见我这个九二龄老人的到来,又惊又喜,不少票友都是老朋友,相见甚欢。我在票房待了一天,做一个听众,感触颇深,简述如下:

　　赵文学老师领导有方,她将全体票友团结在一起,亲如一家人,精神可嘉。票房成员大都是退休人员,各个流派,各个行当都有,他们热爱京剧,聚在一起,快乐无比,你方唱罢我登场,马派唱后是梅派,生、旦、净、丑行行都有,大家互相学习,情同手足。赵文学除了唱荀派也唱梅派,那天她唱了《宇宙锋》以后,又唱《金玉奴》,上场四句二黄原板,荀味十足,她学的是童芷苓的唱腔,更加委婉动听。中饭时候,大家围坐一桌吃的虽是盒饭,可是票友带来的私房菜,鸡鸭鱼肉样样都有,有滋有味,说说笑笑,真有说不完的话,抒不完的情,你能不感受愉快么!还有几位票友给我印象很深。

　　第一位是梅派票友汪忆莎。她是赵文学的学生,平时工作很忙,业余爱好唱歌,自从向赵老师学习京剧以后迷上了梅派。那天她唱《太真外传》,那段著名的二黄三眼"杨玉环在殿前深深拜定"优美动听的梅腔,立即博得了全场票友的热烈掌声。

　　第二位是男旦徐敏庄。他是企业退休职工,杭州名票,不但青衣各派会唱,而且还唱老生,多才多艺,活动能力很强。他是这家票房的重要成员,而且还自办票房,每周二也在杨公堤的票房举行活动,我多次听他的演唱,对他钦佩不已。

第三位是马派名票高宝良中医师。这位中医师医术高明,我有病常找他看,药一吃就灵,是我的医药顾问。那天他唱了《借东风》,有马派的潇洒,还唱了《逍遥津》那几句"叹寡人",把崇祯皇帝的悲凉心情表现得入木三分。

其他票友我就不一一列举了。他们的演唱都很有水平,由于演唱京剧连身体也好起来了,他们把票房活动当作了退休的快乐之源,也当作健身的良方。

西湖游客路过票房听到了京胡之声,往往进来享受京剧的乐趣,有的还是票友,也客串唱上一段,感到其乐无穷。

据我得知,现在有的地方,票友们自发组织小分队,到各地票房联欢,广交朋友,不但游历了祖国的大好河山,而且交流了技艺增进了健康,这一经验值得向各地票房推广。我们亲爱的祖国现在不但经济发达,文化也日渐繁荣,前景是何等的美妙!

第四辑

童话寓言创作

　　我一生好奇，童年时期干过不少傻事。我在家中发现一只大乌龟，引起了我的好奇心——乌龟为什么那么长寿？它的硬壳为什么那么坚硬？里面到底藏着什么宝贝？于是我拿起榔头狠狠地朝它砸去……闹出了一场残害动物的悲剧。由于我的好奇，引起了我的幻想，于是有了我的童话、寓言。其实中外作家都有许多梦想，没有梦想也就没有创作。法国作家拉伯雷是一位名医，又是一位作家，知识非常丰富，他的《巨人传》有不少奇思妙想——女人生孩子可以从耳朵中生出来……我的童话、寓言只能说是小学生的习作，我特别爱猪八戒，写作了一百多篇猪八戒的故事，我最大的梦想是要让猪八戒的故事，走上国际动漫舞台！

猪八戒新传

一　猪八戒照镜子

猪八戒一直以为自己长得很美:第一脑袋大;第二耳朵大;第三鼻子大;第四嘴巴大。

一天,猪八戒问唐僧:"师父呀,人们说我长得难看,你说,我到底好看不好看?"唐僧说:"师父哪管你好看不好看,去问问你的师兄弟吧。"

猪八戒找到沙和尚问:"我长得是不是比你好看?"沙和尚听了,哈哈大笑起来:"你去照照镜子吧!"

猪八戒从来没有照过镜子,他觉得沙和尚头脑简单,没啥好说的,就不高兴地走了。

猪八戒急急忙忙地往前走,正好撞在孙悟空的怀里。猪八戒问:"大师兄,我长得是不是比你们都好看?"

孙悟空说:"你不但耳朵不好看,就是鼻子、嘴巴、脑袋,全都不好看。"

猪八戒气坏了,他摆动着大脑袋:"胡说,你这猴头,全身是毛,才不好看呢!"

孙悟空笑了笑说:"我拿面镜子给你照照。"说完,悟空从身上拔下一根毛,"呼"的一吹,猴毛变成了一面镜子。

猪八戒抢过镜子,左看看,右瞧瞧,自言自语地说:"我真有那么丑吗?""你的的确确是个丑八戒!"悟空说。

猪八戒越看越气,挥起拳头,把镜子打得粉碎。

从此以后,猪八戒再也不肯照镜子了。

二 相熊猫

猪八戒摔破镜子以后,碰到过不少动物,他看来看去,还是觉到没有谁比他再漂亮的了。他想:世界上除了我八戒,怎么没有好看的动物呀?

有一天,小白兔跑来告诉他说:"动物园里新来了一只大熊猫,它是世界上最珍贵的动物,样子十分可爱,胖乎乎的身子,黑黑的眼圈,有趣极了。"

过了一会儿,鹧鸪鸟飞来告诉他说:"咕咕咕,大熊猫会翻跟头,咕咕咕,大熊猫会走钢丝,本领可大呢。"

这时,长颈鹿也跑来对他说:"你去看看吧,大熊猫会打篮球,会滑滑梯,会吹喇叭,真聪明啊!"

猪八戒从来没有看见过大熊猫。情况到底怎样,他决心亲自去看看大熊猫到底好看不好看,本领是不是真的很大。

猪八戒兴冲冲来到了动物园里的熊猫馆,果然看到了一只胖乎乎的大熊猫,正抱着一只花皮球在地上翻跟头。猪八戒看了摇摇头,皱着眉头说:"翻跟头有什么稀奇,我老猪比他翻得还好呢!"

猪八戒对大熊猫瞧了又瞧,觉得并没有像大家所说的那样好看。大熊猫表演了走钢丝、打篮球、吹喇叭等节目,围观的大人小孩都拍手叫好。猪八戒哼着鼻子说:"这有什么了不起!"

猪八戒扇着大耳朵,摇头晃脑地离开了动物园。小白兔、鹧鸪鸟和长颈鹿在路上拦住了猪八戒问道:"你说说,大熊猫是不是长得很好看?表演是不是很精彩?它算不算是世界上的珍贵动物?"

猪八戒扳着指头说:"不见得。第一,它的身体太胖不灵巧。第二,眼圈太黑不美。第三,翻跟头我老猪比他翻得还好。第四,打篮球十投九不中。第五……"

猪八戒最后摇着头说:"总之,它的本领没啥了不起。至于它的样子嘛——哼,既不像熊,又不像猫,所以只好叫它熊猫。哪像我老猪,猪就是猪。毫不含糊!"

三　养　猫

猪八戒住的那座山神庙里,老鼠闹翻了天。它们不但在夜晚出来吵吵闹闹,偷吃东西,而且在大白天也敢出来跳东跳西。猪八戒对这批可恶的老鼠,真是苦恼万分,毫无办法。

有人告诉他,农夫家里养了三只猫,建议他去要一只。八戒认为这个主意好,就急急忙忙向农夫的家跑去。

猪八戒到了农夫家中,说明了来意,农夫答应了,说:"好的,你自己挑一只吧!"

只见白猫瞪着眼睛对八戒瞧了瞧,理也不理他,只顾自己进里屋捉老鼠去了。

黑猫看见猪八戒,马上拱起了背,对猪八戒竖眉瞪眼的,"呜哇、呜哇"直叫。显然,它对这位面貌难看、服装奇怪的客人表示不欢迎。

长着黑白黄三色的花猫,对猪八戒的态度大不一样。她看见了这位客人,就亲热地走到他的脚边"喵呜、喵呜"地叫得欢。

猪八戒喜出望外,马上把花猫抱在怀里,对农夫叫道:"我喜欢这只,你看她长得多么漂亮,叫得多么讨人喜欢,你愿意送给我吗?"

农夫老实地告诉八戒说:"花猫是一只懒猫,白猫、黑猫倒是会捉老鼠呢。"

可是,猪八戒已经被花猫的亲热叫声迷住了,他坚决要花猫,不要白猫和黑猫。农夫没有办法,只好把花猫送给了八戒。

八戒高高兴兴地把花猫捧回庙里,心想,这下可好了,老鼠该不会出来"造反"了吧。哪知,花猫一进庙门,吃饱喝足,就钻到柴灰堆里睡觉去了。

猪八戒看着花猫睡觉的样子,越看越喜欢。他轻声呼道:"我的好猫猫,现在你安心睡吧,晚上起来捉老鼠。"

那天晚上,猪八戒睡在床上特别香甜。快到天亮的时候,猪八戒忽然感到鼻子奇痛,张眼一看,啊,只见十几只老鼠正在他的大肚子上面跳舞呢!

天色大亮,八戒赶忙爬起来,看见花猫正跟老鼠在菜橱里偷吃东西呢!

花猫吃完东西,洗好了脸,马上又跳到猪八戒的脚边,"喵呜、喵呜"地叫起来。猪八戒立即将它抱在怀里,亲着她说:"你叫得多好听,真是我的心肝宝贝。"

猪八戒虽然养了一只花猫,可是山神庙里的大小老鼠却闹得更加凶了。

四 变魔术

一天,天气晴和,猪八戒急急忙忙往前赶路,一头撞在魔术师的怀里。

突然,从魔术师的身上飞出了两只白鸽来,猪八戒吃了一惊。魔术师又从猪八戒怀里摸出两只白鸽。这样,魔术师的手臂上停着四只鸽子,猪八戒看着看着,一会儿,四只鸽子只有三只了,再一看只有两只了,最后只剩下一只了。

猪八戒不懂这是怎么回事,急忙伸手去抓剩下的那一只白鸽。这时候,魔术师把最后一只鸽子扔向空中,鸽子一会儿就飞得无影无踪了,猪八戒急得大叫起来。

魔术师对猪八戒笑了笑,用手碰了一下他的身子,那只白鸽重新回到了魔术师的手里。接着,魔术师又把鸽子向空中扔去,鸽子又飞得无影无踪了。

猪八戒看着这一切,心里想:他可以随意变出鸽子来,又可以使鸽子来去没有踪影,难道我老猪就没法变吗? 我就是不相信,不服气。

猪八戒立刻到市场上买回来一只花鸽子,对魔术师叫道:"你不要得意,戏法人人会变,各有巧妙不同,你能变难道我就不能变吗?"说完,他马上把鸽子向空中扔去,鸽子很快地飞走了。他得意扬扬地在怀里摸了摸,可是究竟是怎么回事呀?

猪八戒急得像热锅上的蚂蚁,慌忙朝魔术师的怀里摸去,摸来摸去,还是摸不出鸽子来。他不由对着天长叹了一声:"鸽子啊鸽子,我的鸽子在哪儿?"对他来说,这是一个解不开的谜啊!

五　自讨苦吃

猪八戒不知从什么时候起,有了十个小猪崽。

光是取名字,就使他伤透了脑筋,十个小猪取什么名字好呢? 猪八戒想了一下,觉得自己既然是老猪八戒,孩子就叫小猪八戒。这十个猪娃就取名为:小猪八戒,小小猪八戒……

该让他们穿什么衣服呢? 猪八戒想了一下,十个小猪既是兄弟姐妹,就让他们穿上一式一样的衣服。猪八戒越想越得意,越想越感到自己的聪明。

早上,十个猪娃要出门去玩耍了。猪八戒对孩子们吩咐说:"大的要照顾好小的,小小小猪八戒不要捉弄别人,小小小小小猪八戒要听哥哥姐姐的话,小小小小小小……"他说了半天,自己也不明白说了什么,话没有说完,小猪娃们早就冲出门外去了。

傍晚,天下大雨,有七八个农民奔进猪八戒的家里。

一个说:"你那小小小小小猪八戒……"还没有说完,另一个接上来说:"你那小小小小小小小猪八戒偷吃了我家的黄瓜……"另一个又接上来说:"还有那小小小小小小……"

天哪! 猪八戒越听越糊涂,这时候,又闯进来五六个人叫道。

"你家小小……八戒追赶我家那只老母鸡……"

一个口吃的人抢上来说:"你……你……那那……小……小……"

说了老半天"小"字,到底说的哪个猪娃,谁也弄不清。

这时候,十只小猪娃冒着大雨窜进了门。这些小猪娃满身烂泥,脸上、身上,全都搞得一塌糊涂,谁也认不出谁来。猪八戒又急又气,他根本闹不清哪只小猪干了坏事,哪只小猪没干坏事。他想:反正差不多,拿起一根棍子把这些小猪娃统统打了一顿。十只小猪娃大哭小叫的,有的逃,有的追,把全部家具推倒,也把好几个农民冲倒在地……简直闹得天翻地覆。猪八戒头昏脑涨地看着这个场面,对天长叹道:"我这不是自讨苦吃么!"

六　看　画

有一次,猪八戒和沙和尚为了一幅画,大吵了起来。

事情是这样的。

那天猪八戒在桌子上看到了一张画,就兴冲冲地跑回来对沙和尚叫道:"好画,好画,你快去看看吧! 画面上两个人笑得多好。"

沙和尚跑到那里,看了看画,就回来对猪八戒大叫:"老猪,你又在说谎了。画面上的两个人明明是在吵架,你为什么说他们在笑!"

猪八戒委屈极了,就拉着沙和尚的手,跑到那张桌子旁边。他站在桌子的南边,沙和尚站在桌子的北边,他们同时看着这张画。

猪八戒说:"这两个人不是在笑吗?"

沙和尚反驳说:"不对,它们在发怒吵架。"

猪八戒大怒:"你撒谎,这明明是笑嘛。"

沙和尚大怒:"你胡说,这明明是发怒嘛。"

两个人越争越凶,吵得不可开交。这时候,唐僧和孙悟空走了过来,问他们吵什么。

唐僧看了这张画,心里就明白了。

孙悟空在桌子四周转了一圈,也明白了。唐僧说:"悟空,这个问题你给他们解决一下吧!"

孙悟空不声不响地带着怒气冲冲的猪八戒和沙和尚,在桌子四周慢悠悠地转了一圈。猪八戒和沙和尚立刻转怒为喜,禁不住哈哈大笑起来。

猪八戒笑着说:"沙老弟,你的意见对!"沙和尚也笑着说:"猪老弟,你的意见也对。"

这是怎么一回事呢?

七　谁的话对

有一天,猪八戒从河里钓起一条肚子很大的怪鱼。他不知道这是什么鱼,就去问渔夫。渔夫回答说:"这是一条河豚。""可以吃吗?"八戒问。"有毒,不能吃。"渔夫说。

猪八戒非常奇怪,这鱼怎么会有毒不能吃?渔夫太没有见识了。

他又去问一个在河边摸鱼的小孩:"喂,你这娃娃,你知道这是什么鱼?"小孩说:"这是河豚,听妈妈说,这种鱼不能吃!"

八戒捧腹大笑道:"你妈妈是个妇道人家,懂什么?"

猪八戒决心要去找一个有学问的人问个明白。他来到竹园子旁边,听见里面有读书的声音,就闯了进去,看见茅屋门口有一个戴着深度近视眼镜的白胡子老头,在背诵古诗。八戒听了半天,一个字也没听懂,心想:这老头儿会念古诗,又戴着近视眼镜,一定很有学问。他走上前去,恭恭敬敬地鞠了一躬,问道:"老学生,你可知道我手中这条鱼叫什么名字!"老头儿细细地看了这条鱼,说:"这条鱼肚子很大,大概叫大肚鱼吧!"八戒心中非常佩服,心想:这条鱼肚子很大,叫大肚鱼,那才是名副其实哩! 八戒又问:"大肚鱼可以吃吗?"老头儿哈哈大笑:"既然是鱼,怎么不好吃? 凡是鱼都可以吃。古人说:'鱼,我所欲也。'这句话你可懂?"

八戒听了,高兴得手舞足蹈,说:"老先生很有学问,说得有理,佩服佩服。"

八戒原来就嘴馋,听说这条鱼可以吃,就急急忙忙回到家里,把鱼杀了,狼吞虎咽地吞下去,他吃完以后,还连声称赞道:"鲜鱼! 鲜鱼! 我几乎上了渔夫和小娃娃的当了。"

正在得意的时候,肚子忽然疼痛起来,而且越痛越厉害。猪八戒滚在地上,大声喊道:"痛死我了,痛死我了!"

这时候,幸亏来了一位高明的医生,及时救了老猪的性命。要不,他早就一命呜呼了。

八 鼻子的故事

人人都知道猪八戒有一个大鼻子,这个大鼻子有个特点,只要他一说谎,大鼻子就会自动缩小。有一次,人们发现他的大鼻子不见了。这是怎么一回事呢?

原来这一年夏天,天气热得厉害,猪八戒走了很长一段路以后,口渴极了。他来到小市镇上,看见前面有一个西瓜摊,可是西瓜摊前面挤满了人,怎么才能先买到西瓜呢? 猪八戒想了想,就来到一位妇人面前,说:"喂,我肚子痛,你能替我代买一个西瓜吗?"说完,他就装作肚子痛的样子喊叫起来。这个妇人一眼看出他是装的,就说:"你肚子痛,谁相信?"说也奇怪,八戒的鼻子就变小了一点。

猪八戒又跑到一个小孩子面前,说:"小娃娃,我头痛,你替老猪伯伯买一个吧!"小孩直截了当地说:"你说谎! 你既不老又没头痛,头痛是假的。你为什么自己不排队?"

这时候,八戒的鼻子又小了一点。但是,他仍不死心,又来到一位老人面前,说:"老头儿,我脚痛,你给我带一个,怎么样?"老人毫不客气地回答他:"你哪里是脚痛,完全是胡说! 你不照顾老人,反而要老人照顾你,这像话吗?"

老猪一连说了三次谎,鼻子一次又一次缩小,可是,他没有觉悟,又跑到一位老太太面前说:"老太婆,我的心痛,我知道你心地善良,替我代买一个吧。"哪知老太太回答得更加干脆:"你怎么知道我心地善良? 你不讲礼貌,专讲假话,谁也不会替你带的。"

猪八戒接连碰了几个钉子,没有办法,只好老老实实排在队伍后面买瓜。人们看到他没长鼻子的相貌,都哈哈大笑起来:"看,猪八戒的大鼻子不见了。"

八戒摸摸自己的鼻子,果然没有了。但是,你不用担心,当猪八戒改正错误,不再说谎的时候,那他的大鼻子就会长出来了。

九　树袋熊

一天,师徒四人来到了一座大森林里。他们走着走着,猪八戒突然大叫起来:"你们看,那树上有一个大鸭蛋。"孙悟空仔细一看,说道:"那不是大鸭蛋,是一个四足动物。"

八戒不信,拿了九齿钉耙,把那个大鸭蛋从树上打了下来。那怪物苏醒过来,张开眼睛,对师徒四人瞧了又瞧,仿佛在说:"你们为什么吵醒我的好梦?"

这叫什么呀? 八戒对悟空喊道:"猴头,你一向聪明,本领又大。你可知道这眼前的怪物名叫什么?"孙悟空仔细瞧了这个怪物,连连摇头说:"老孙不知,不知!"

八戒好像发现了什么秘密,大叫起来:"孙大圣也有不知道的! 我以为你是样样全知的万能博士呢!"

八戒正在得意,唐僧双手合十念道:"八戒休得胡说! 悟空不知就说不知,这是好的。你说说,这怪物名叫什么?"

八戒被问住了。他仔细看了这怪物,模样像熊,可是它没有尾巴,头圆而大,全身长着青灰色的柔密细毛,鼻子好像一块厚厚的黑皮。他实在叫不出名儿。可是他看它刚从树上落下,就自作聪明地叫道:"这叫树熊!"

这时候,沙和尚突然上前说道:"不对,这不叫树熊!"八戒怒道:"你算老几? 你懂什么,它不叫树熊又叫啥?"

沙和尚慢慢说道:"这叫树袋熊。他会爬树,脾气挺好。树袋熊妈妈肚子下面还有一个育儿袋。婴儿吃奶汁长大以后,就跳出袋外,趴在妈妈背上跟随妈妈外出找食。"这时候,小树袋熊爬在沙和尚怀里正亲着沙和尚的黑胡子呢!

八戒不由得跷起大拇指说:"想不到沙老弟还有这样的学问,真是了不起!"沙和尚忙说:"不敢,不敢,各人有各人的长处,有的地方我老沙还要向你猪二哥学习呢!"

这番话说得八戒红了脸,觉得很不好意思。这时候,唐僧开言道:"徒儿这番话很有道理。世界那么大,我们的知识又是那么少。谁能够说自己全知全能呢!"

说罢,师徒四人告别了树袋熊又向前进发了。

十　哈哈镜

猪八戒把镜子摔破以后,决心不再照镜子了。哪知过了一些日子,米老鼠拿来了一面大哈哈镜,对猪八戒叫道:"八戒,八戒! 我这面哈哈镜刚从外国买来,你照照,保证你满意。"

八戒听说是"外国来的"马上傻笑起来问道:"这面镜子为啥叫作'哈哈镜'?"

米老鼠摸摸小胡子说:"道理很简单,这面镜子谁照了谁就哈哈大笑,这就叫'哈哈镜'。"

　　八戒高兴极了,就拿起那面哈哈镜照了起来,米老鼠问他:"你觉得好笑吗?"

　　八戒虽然看到自己在镜子里变得又长又丑,心里很恼怒,但还是硬着头皮说:"好笑!好笑!"

　　米老鼠又说:"你蹲下来再照照,那还要好笑呢!"八戒蹲下来一照,他吃了一惊:"我的脸怎么变得又扁又歪了呢?难道说,我的眼睛有了毛病不成?"

　　老老鼠走到哈哈镜旁,跟八戒同照着镜子问:"你瞧瞧,好笑吗?"

　　八戒硬着头皮,装着笑脸说:"好笑,好笑!真好笑!"米老鼠说:"这就叫哈哈镜!你不是也笑了吗?"

　　米老鼠看见八戒哭笑不得的样子,更加觉得好笑。他摸摸胡子问:"你说说,外国货好吗?"

　　八戒连忙点头,笑着说:"好!好!这外国货就是好!这哈哈镜把我照得美极了!"

　　米老鼠听了笑得直不起腰,猪八戒不知道自己上了当,也跟着笑起来。"啊,哈哈哈哈……真是妙不可言的哈哈镜。"

（载《浙江儿童文学 60 年作品精选》,浙江少年儿童出版社 2009 年版）

猪八戒轶事

——猪八戒为啥叫八戒

美术片文学脚本(共八集)

序 幕

高山,流水。

蓝天,白云。

猪八戒在"老猪身上有三宝"的音乐声中,走出画面:

老猪身上有三宝:

头大、耳大、鼻子大,

头大——人聪明,

耳大——听得清,

鼻大——嗅觉灵。

画外音:

亲爱的小朋友,猪八戒为啥叫八戒?你们知道吗?

大家知道,他原来在天上有一个好听的名儿,叫"天蓬大元帅",后来他犯了错误,被罚下天庭,投胎人间。可是他性急得要命,急急忙忙错投到一只大母猪的怀里,结果生下来变成了猪八戒的怪模样。可是他又不甘心自己的蠢样儿,硬给自己的名字按上"悟能"二字,有了这个名字以后,他就得意起来。如果有人问他:

"你为啥叫悟能?"

他会滔滔不绝地给你讲一番大道理:

"因为我天生聪明,样样事情比别人高明,不学就会。比如吃东西,我一看就知道什么东西好吃,什么东西不好吃。而且从生下来第一天起,就知道用嘴吃东西,不会用耳朵吃东西;而且我天生就知道耳朵的用处是听,嘴巴的用处是吃。你说说,我不是又'悟'又'能'么!"

唐僧收他为徒弟以后,他就变得更加骄傲起来,他目中无人,不知天高地厚,到处逞能,结果出了不少洋相,吃了不少苦头,为了让他时时记住自己的许多毛病,最后大伙儿给他取了一个"八戒"的名字。

下面就是有关这个名字由来的八个小故事。

第一集 戒贪吃的故事

高山下的玉米地,金光灿烂。

金丝猴在玉米地里收摘玉米。

猪悟能来到玉米地旁边,看到金丝猴面前的那堆玉米,口水直流。

猪悟能:"好香的玉米!"

金丝猴拿了一个玉米给猪悟能说:

"你尝尝!"

猪悟能二话没说,一口将玉米吞下肚去。

金丝猴又给他五个。

猪悟能一口气又将五个玉米吞下肚去。他毫不过瘾,干脆走上前来把金丝猴面前的那堆玉米,统统吃光,然后抹了抹嘴,唱着"老猪身上有三宝"的歌儿,扬长而去。

金丝猴面对猪悟能远去的背影,摊开双手,直摇头。

森林深处,有一座神庙。

金丝猴跑进山神庙,来到唐僧、孙悟空、沙和尚面前,直叫哭:

"你们管不管那位大嘴巴的猪兄弟?他刚才把我辛辛苦苦摘下的一堆玉米全都吃光了。你们得好好治治他的毛病呀!"

唐僧:"你放心,我们正在商量对策呢!悟能的贪吃毛病不治,我们怎能到西天取经?我们会想法子治他的。"

夏日的一天中午,赤日炎炎,骄阳如火。

师徒四人冒着酷暑翻越了一座峻峭的山峰,来到了一亩西瓜地旁边。

猪悟能看见地里躺着许多又大又圆的西瓜,早就心里发急,口水一滴一滴地往外流。

一个农民摘了个大西瓜,切成四块,送到他们师徒面前说:

"四位师父,请尝尝这西瓜的味道可甜?"

唐僧、孙悟空、沙和尚正在向农民道谢,猪悟能一下子挨上前去,就朝嘴里塞进两块西瓜。他来不及吞下去,又用双手把另外两块西瓜拿在手中,连声叫道:

"好瓜,好瓜。"

农民见他们口渴得厉害,说道:

"四位师父就在瓜地里吃吧,可是我们这里有一条规矩。"

老猪张大眼睛:

"什么? 吃瓜还有规矩?"

农民:"我们的规矩是六个字:只许吃,不许拿。"

老猪:"没问题,你放心好了。"

唐僧、悟空、沙和尚分吃了一个大西瓜以后,已经解渴,坐在大树下的石凳上休息。

老猪低着头一个接一个地猛吃。他一口气吃完了三个大西瓜,还不过瘾。

唐僧:"徒儿,我跟你来一次吃瓜比赛好吗?"

老猪捧腹大笑:"没问题,论吃瓜,谁也比不过我。"

唐僧拿起一个西瓜,吃了几口就放下了。

老猪拣了个大西瓜,猛吃了一阵子就把大西瓜吃光了。

孙悟空:"好,老猪得胜!"

老猪:"师父呀,吃西瓜你得拜我为师哩!"

老猪的肚子还是膨胀起来。

沙和尚上前说:"你甭得意,我老沙来跟你比一下。"

老猪:"没问题,连师父也比不过我,你老沙算老几?"

沙和尚拣了一个西瓜,吃了几口就放下了。

老猪又飞快地吃完了一个大西瓜。

孙悟空:"妙,老猪又得胜啦!"

老猪的肚子已胀得高高的。(特写放大镜头)

老猪:"和尚跟我比,差得远呢!"

孙悟空走到老猪面前:

"你甭骄傲,俺老孙还没有跟你比过呢。"

老猪:"没问题。"

孙悟空:"我跟你比赛吃一个整瓜,看谁能一口吞下去。"

老猪闭着眼睛:"没问题。说句老实话,论本领你也许比我强。吃西瓜的本领,嘿嘿,你老孙绝不是我的对手。"

孙悟空摘了一个最小最小的西瓜,一口气塞进嘴里,藏在猴袋里。

猪悟能心狠嘴馋,摘了一个特大的西瓜往嘴里塞。

他拼着老命塞呀塞,这时候,他那大嘴巴不顶用了。

他不顾一切,用了九牛二虎之力,才把大西瓜塞进去一点点。

他用尽吃奶力气,又勉强塞进去一点点。

老猪眼见孙悟空要得胜了,急得满头大汗。

大西瓜进不去又出不来,老猪的眼睛开始翻白。

老猪的大肚子越胀越高,连喘气也困难了。

他躺倒在地,汗如雨下,眼看要断气了。

唐僧双手合十叫道:

"阿弥陀佛,快救一救这馋嘴的徒弟吧!"

孙悟空:"你这呆子,还说'没问题'吗?"

老猪直摇头。

孙悟空把老猪背在背上,沙和尚走上前来,狠狠朝老猪的背部一击,那个大西瓜从猪嘴里吐出来了,滚落地上,滚滚而去……

老猪吐出一地西瓜水,这才松了一口气。

唐僧:"徒儿,你以后还馋嘴不?"

猪呆子直摇头。他的肚子开始疼痛起来,直哼不停,嘴里又吐出了许多没有嚼碎的西瓜皮,西瓜子……

沙和尚:"你老说没问题,我看问题着实不小呢。"

老猪直点头。

唐僧:"以后就叫你猪一戒吧。要时时刻刻记住这个名字,不要再犯贪吃的毛病了。"

在"老猪身上有三宝"的歌声中,跳出了"猪一戒"三个大字

第二集　戒懒惰的故事

歌声:

> 夏日炎炎正好眠,
> 老猪整日床上眠,
> 呼噜呼噜正好眠,
> 老猪睡得香又甜。

夏日骄阳如火。

老猪躺在土地庙中一张大床上打呼噜。

他的肚子一上一下,就像海浪一样,有起有伏。

这一天,晴空万里,朵朵白云在蓝天飘动。

唐僧走到老猪的床前,轻声唤道:"一戒徒儿起来,跟我们去远游,见见世面吧!"

老猪:"我不去!"

一转身老猪又鼾声如雷,呼噜噜,呼噜噜。

孙悟空用金箍棒点着老猪的鼻子。

"呆子,快快起来,我们早点出发。"

老猪:"我不去,远游太辛苦了。"

说罢,他又打起呼噜来了。呼噜噜……

沙和尚上前用扁担将老猪弄醒:

"你说说,我们去了,你一个人怎么办?"

老猪擦了擦惺忪的眼睛:

"我一个人在庙里看守不是挺好吗?你们放一百个心,管自己去吧。"

说完,老猪又朝里打鼾,呼噜噜……

唐僧师徒三人对这个懒汉束手无策。

　　孙悟空和沙和尚从番薯地里掘了两大筐番薯,抬进庙里。

　　孙悟空和沙和尚轮流挑着水桶将一只大缸装得满满的。

　　孙悟空:"猪师弟,我们走了,你肚子饿了就吃番薯,这两筐番薯吃完了,你自己到番薯地里去掘吧。"

　　老猪:"我知道。"

　　沙和尚:"猪师兄,缸里的水喝完了,你自个儿到溪里去挑吧!"

　　老猪:"我全知道,你们放心走吧。"

　　唐僧:"阿弥陀佛,我们要过好些日子才回来,但愿你平安无事。"

　　老猪:"十分一百个放心,一万个放心!"

　　唐僧师徒三人出了庙门,渐渐远去。

　　老猪翻身下床,大叫大跳起来:

　　"现在,我老猪可以独立为王啦。啊哈哈,让我快快活活自由自在地过几天舒坦日子吧!"

　　从此以后,老猪饿了就吃,渴了就喝,日子过得赛神仙。他终日躺在床上,大唱他自己编的"猪歌":

呼噜噜,呼噜噜,

我是一个大猪猡。

肚子饿了吃番薯,

口中渴了喝缸水。

日子过得香又甜,

呼噜噜,呼噜噜

……

　　日子一天一天地过去,那两大筐番薯慢慢地吃光了。大缸里的水也慢慢地喝完了。

　　老猪瞧着缸底的一点水,拍拍自己的大肚子:

　　"今天让我再快活一天,明天我去番薯地里掘番薯,到溪里去挑水吧!"

　　他翻身倒在床上,又呼噜噜、呼噜噜睡起大觉来了。

夜晚,星光灿烂,老猪鼾声如雷,震耳欲聋。

第二天中午,他的肚子开始咕咕咕地叫起来了。

咕咕咕,咕咕咕……

老猪眨了眨眼睛,拍了拍肚子,翻了一个身,又鼾声大作起来。可是他的肚子不听使唤,又大叫起来。他无可奈何地起身到番薯筐前一看,哎呦,只有十来个番薯了,还不够他吃一餐呢。

他沉思了一会儿,觉得今天非去番薯地里掘番薯不可了。

他拿起九齿钉耙,步出庙门,手搭凉篷向前一瞧,只见太阳高高悬挂在空中,那炙热的阳光直射在他的脸上,使他的双眼也没法睁开。他猛一想到番薯地远在山坡上,立马就泄气了。

老猪:"番薯地那么远,太阳又那么猛,我明天再去掘吧!"

他转身回到庙里,想喝一碗水,可是缸水已经快完了。

他懒洋洋地挑起两只水桶。

他挑着水桶,走出庙门,没走几步,就汗如雨下。他停了脚步,叹着气:

"唉唉,溪水远在山的那边,还要翻过一个山头,这太累了,等明天是阴天,我再去吧!"

打定主意以后,他返身又回到庙里,先把剩下的番薯一口气吃完,然后又把缸里的水一口气喝干。他抹了抹嘴,又躺回床上了。

他自言自语:"今天让我养足精神,明天再去挑水掘番薯,嘿嘿,我就是这个主意。"

他伸了伸懒腰,又鼾声大作起来。

呼噜噜,呼噜噜,他睡得多香甜!

第二天清晨,太阳冉冉从东方升起,他洗漱完毕,打扮得当,正要出门去掘番薯,只见天色骤变,一场暴风雨快来了。

雷声轰隆隆,电光闪闪,瓢泼大雨,倾盆而下。

老猪快活地跳着、唱着:

　　　　　　　　下雨天，

　　　　　　　　留客天，

　　　　　　　天雨路滑难行走，

　　　　　　让我老猪明天再出门，

　　　　　　　　明天再出门。

　　他灵机一动，站在庙门口的空地上，对天敞开大嘴喝着雨水，他淋得像只落汤鸡，手舞足蹈地叫喊着：

　　"多甜的雨水！如此说来，何用我老猪辛辛苦苦去挑水喝呀！"

　　他高高兴兴地又过了一天。

　　次日早晨醒来，他腹中空空，饥饿难熬，再也起不来了。

　　他仰卧在床上，心里思忖着：

　　"师父他们今天该回来了吧！等他们回来，我又可以喝足吃饱了。"

　　老猪空等了一天，开始不安起来：

　　"明天我一定得去掘番薯了。"

　　可是到了第二天，他又改变主意：

　　"我再等一天吧，他们今天不回来，明天也许该回来了。"

　　今天等明天，明天等后天，这样又等了五天，仍然没见师父他们的影儿。

　　老猪的大肚子瘪下去了。

　　光阴如流水，这样又过了三天，老猪实在挺不住饥饿的煎熬。他硬着头皮从番薯筐底里拣了一些发霉的番薯皮，连同皮上的烂泥，一股脑儿朝嘴里送去。

　　吃完了番薯皮，他口渴难熬，顾不得把阴沟里的水舀上来解渴。过不了多时，他腹痛如绞，痛得在地上打滚。

　　一连几天，他上吐下泻，又懒又馋的老猪已经变得骨瘦如柴，气息奄奄了。

　　一百余只大小老鼠也大胆地爬在他的肚子上跳起舞来了。

　　特写镜头：大小百余只老鼠在老猪的肚皮上欢蹦乱跳。老猪懒得动手赶跑,大小老鼠愈聚愈多。

晴空万里,孙悟空腾空而来。

老孙左手拿着一盘桃子,右手拿着一瓶清水,来到了老猪的床前。

老孙:"呆子,老孙来也。"

老猪听见了"呆子"的叫唤声,又闻到了桃子的清香味,马上睁开了眼睛。

老猪:"孙哥,救我!孙哥,救我!我快饿死、病死了哇。"

老孙把一瓶溪水送到老猪面前,老猪咕噜一下,就把溪水喝干了。原先干裂的嘴唇也滋润起来了。

过了一会儿,孙悟空又把蜜桃放在老猪面前。老猪馋涎欲滴,马上抓了一个吃下了。

孙悟空:"你慢慢吃吧,别狼吞虎咽又把肚子吃坏了。"

老猪眼泪汪汪地:"我真该死,我懒得整日整夜昏睡在床上,任何活儿也不干,今天几乎饿死、病死。"

唐僧、沙和尚也随后赶到了。他们看到老猪又病又饿,像个瘦猴模样,大为吃惊。

唐僧:"徒儿,你怎么饿成这个样子?"

老猪低头不语。

沙和尚:"二师兄,你这个大胖子怎么变成了瘦猴子啦?"

老猪仍然低头不语。

唐僧听完了孙悟空的叙述以后,叹着气说:

"阿弥陀佛,一戒徒儿,要不是我们及时回来,你真会饿死、病死的。"

老猪不得不承认:

"是呀!如果你们再迟来一步,也许我已见不到你们了。"

唐僧:"你的懒病真已到了非改不行的时候了。"

沙和尚:"今后就叫他猪二戒吧!"

老猪无可奈何地点了点头。

沙和尚当即给他编了一首顺口溜:

昨天他是猪悟能，

因为贪吃变一戒。

今天懒惰把身伤，

霎时变成猪二戒。

明天变成啥模样，

要他自己做回答。

顺口溜唱完，屏幕上只剩下"猪二戒"三字。

第三集　戒吹牛的故事

初秋，大地上一片秋色。

猪二戒唱着"老猪身上有三宝"的歌儿，从森林中走了出来。他摆着大脑袋，扇着大耳朵，翘着大鼻子，在大路上走着，唱着，多么神气，多么高兴，又多么得意！

一天，老猪忽发奇想，走到唐僧面前，叫道：

"师父，我的头比你大，你说，是不是我比你聪明一点？"

唐僧手拿捻佛珠说：

"阿弥陀佛，头大不一定聪明。"

老猪轻轻哼了一下，很不以为然；他又走到孙悟空面前说：

"猴头，你说说，我的耳朵比你大，是不是我的听觉比你灵？"

"这个，恐怕不见得。"老孙说。

老猪重重哼了一身，又走到沙和尚面前，叫道："姓沙的和尚，我的鼻子比你大多了，你说说，我的嗅觉是不是比你强得多？"

"我看不一定。"沙和尚回答说。

"呸，你晓得个屁！"

老猪说罢，神气活现地走掉了。

这一天，他独自来到了香蕉林里。

他得意扬扬地在小路上走着，唱着：

老猪身上有三宝：

头大、耳大、鼻子大，

頭大——人聪明，

耳大——听得清，

鼻大——嗅觉灵。

他碰到一只小猕猴，嚷道：

"小小猴头，你瞧瞧，我的头比你大，总比你聪明吧！"

小猕猴说："你的头确实比我大，但是头大就比我聪明，那就难说了。"

老猪哈哈大笑起来。

小猕猴二话不说，马上从路旁香蕉树上摘下一只大青香蕉说：

"你说香蕉好吃吗？"

老猪："香蕉哪有不好吃的道理，你真是个小傻瓜。"

说罢，老猪拿起青香蕉就往嘴里塞，开始大嚼起来。妈呀，这味道，又涩又苦，很不好受呀，他连忙吐了出来，奇怪地问道：

"这香蕉怎么不好吃呀？"

小猕猴"哧哧"地笑了起来：

"香蕉要熟了以后，等皮色发黄才好吃，而且还得剥皮吃，那才香甜可口呢！"

这一下，老猪才知自己出了洋相，可是他口中却说：

"你这个小傻瓜，难道我真不懂吗？那是我故意试试你的。"

老猪大摇大摆地走进了一片松树林子。

他又哼着那首老歌：

老猪身上有三宝：

头大、耳大、鼻子大，

头大——人聪明，

耳大——听得清，

鼻大——嗅觉灵。

唱着唱着，他碰见一只小灰兔。

老猪拦着小灰兔问道：

"小兔崽子，你看看我的耳朵是否比你的大？"

小灰兔说:"对,比我的大。"

老猪:"那么,我的耳朵一定比你听得清了。"

小灰兔:"为什么耳朵大一定比耳朵小听得清?"

老猪:"大总比小好嘛。"

这当儿,小灰兔听见了一种奇怪的轻微的窸窣声。

小灰兔问:"你听见什么了吗?"

老猪扇扇大耳朵说:

"啥也没听见。"

"有狼!"

小灰兔飞快跑走了。

老猪回头一看,果然有一只大灰狼从附近山上飞奔下来了。

老猪见状拔腿就跑,跑呀跑……

跑到河边幸好有一只空船停在那里,他跳上船拼命摇到了对岸。

大灰狼被挡住在河边,对天长嚎了一场走开了。

老猪总算侥幸脱险了,但兔子比他跑得早,耳朵的听觉比他灵,心里仍然不服气。

他跑进了一片灌木林里,坐在一块大石上休息下来。他私下想道:"如果我跑不快,也不见得会被狼捉住,哎呀,这次我太慌慌张张了。"

他重新振作精神,向前赶路,走着走着,他把刚才的事情丢到了脑后,又得意地唱起了那首老歌:

> 老猪身上有三宝:
> 头大、耳大、鼻子大,
> 头大——人聪明,
> 耳大——听得清,
> 鼻大——嗅觉灵。

大路上迎面走来了一条黄狗,黄狗见他唱得神采飞扬,问道:

"猪兄,你在唱什么?"

"我在唱'老猪身上有三宝'。"

"啥三宝？"

"头大、耳大、鼻子大。光看我这只鼻子就比你大好几倍。"

"大有什么用？"

"大鼻子总比你小鼻子嗅觉灵。你信吗？"

"我不信。"

"那就试试吧！"

老猪用大鼻子朝路边一块萝卜地嗅了嗅说：

"你嗅出什么？"

黄狗不答。

老猪又用他的鼻子向空中嗅了嗅说：

"除了萝卜味，还是萝卜味。"

"老实告诉你吧，我已经嗅出老虎的气味来了。"

黄狗说罢便飞也似地跑走了。

这猪呆子捧腹大笑起来道：

"哈哈哈，光天化日之下，哪来的老虎呀！真是活见鬼！"

这呆子来到萝卜地里，大口大口吃着萝卜。他一边吃，一边说：

"好吃，好吃，这黄狗想吓我老猪，真是有眼不识……"

话未说完，一只斑斓大虎从灌木丛中窜了出来，向老猪猛扑过来。

老猪措手不及，连忙扔了吃剩的萝卜，拔腿便跑。

老猪在路上飞跑……

老虎在后面穷追……

老猪肥头大耳，肚子又大，怎能跑得快？

眼看老虎要追上老猪了！

老猪脑际一闪，出现了幻景：老虎追上了他，猪身被撕开，肠子被拉出……

这多么可怕！

老猪拼着老命穷跑……

忽然在他面前横着一根金光闪闪的金棒。

老猪不管三七二十一，一纵身就跳了过去。

老虎刚要跳越过去，突然被金棒猛击了一下，他的头部血流如注，马上倒在地上翻了几个身就不动了。

老猪还在前面狂奔……

突然，孙悟空拿着那根金箍棒出现在他的面前。老猪心慌意乱一头撞在孙悟空怀里，摔倒在地上了。

老猪以为这下必死无疑，连眼睛也不敢张开。他等待着死亡的来临，仿佛觉得自己的灵魂已经飞了出去。

他眼前又出现了幻景：他的头猛地塞进老虎的嘴里，被老虎的利牙咬得轧轧作响——这有多么痛呀！……

老孙上前叫道：

"呆子起来，呆子快醒来！"

老猪叫："我已经死啦，醒不了啦！"

孙悟空扑哧笑了起来，用金箍棒朝他鼻子上轻轻一点，这呆子微微张开眼睛，一看，原来是孙悟空。

他又惊又喜，跪在地上猛叫：

"孙大哥救我，孙大哥救我，老虎已把我吃掉了。"

"你在胡说什么，你不是还活着吗？"老孙笑着说。

老猪摸了摸头，果然完好无损地安在自己的脖子上，不禁又惊又喜。但是他猛然想起那只大老虎，连声叫道："老虎、老虎呢？"一跃而起拔腿又想跑，这时，孙悟空赶忙把他拖住说：

"不用害怕，你回头瞧瞧！"

"你瞧瞧，这大老虎被我一棒打死了。"

孙悟空用金箍棒朝他的大鼻子重重一点说：

"你还要吹牛！这次，要不是俺老孙及时赶来，你早被老虎饱餐一顿了。"

老虎忽然明白过来，刚才在路上碰到的那根金光闪闪的棒儿，不就是老孙的金箍棒么？

孙悟空："我看，得叫你猪三戒才好，你那好吹牛的脾气，真得好好改一改呢。"

这次,孙悟空为老猪编了一首歌:

　　　　老猪头大——不聪明;

　　　　老猪耳大——不灵敏;

　　　　老猪鼻大——不中用;

　　　　试看老猪今后在人前

　　　　　还敢吹牛不吹牛?

孙悟空从身上拔下三根猴毛,向空中一吹,变成了"猪三戒"三个大字。

第四集　戒猜疑的故事

秋天是丰收的季节,到处充满着欢声笑语。

这一天,风和日丽,猪三戒兴致勃勃地在桦树林间走着,忽然听见前面有一阵阵的锣鼓声。

咚咚锵,咚咚锵,咚咚锵……这是为什么?

老猪侧耳细听了一下,好像是演戏的锣鼓声。

老猪兴冲冲向锣鼓声的方向奔去,果然看见广场上人头攒动,好不热闹,老猪挤进人群,向舞台上一瞧,台上正演着《猪八吃西瓜》这个节目。

舞台上乐声悠扬,扮演猪八的演员正在作精彩的表演。猪八又懒又馋,正捧着一个大西瓜在大嚼,他一面吃,一面把西瓜皮掷在地上,他在台上走来走去,忽然被一块西瓜皮滑倒了。猪八痛得哇哇大叫,台下观众哈哈大笑。

观众甲高兴得大叫起来:

"猪八自作自受,摔得好!"

台上的猪八从地上爬起来以后,恶狠狠地骂道:

"谁家小子把这块西瓜皮丢在地上,害得我老猪屁股都摔痛了。"

台下观众又笑又叫:

"你这猪八倒打一耙! 西瓜皮都是你自己丢的!"

台上的猪八摇摇头说:

"这害人的东西,有朝一日被老猪碰见,一定要跟他评评理。吃西瓜怎能把西瓜皮到处乱丢呢？这真是太不讲文明了。"

猪八说罢，又啃起西瓜来了。他一边走，一边又把西瓜皮乱丢在地上。他一次又一次地摔倒在地上，同时一次又一次咒骂那个丢西瓜皮的人。

台上精彩动人的表演，赢得了台下观众的不绝掌声。哪知在热烈的掌声中，台下那位猪三戒早就按捺不住了，他纵身跳上舞台，一把揪住台上的猪八，怒道：

"你这不是存心丑化我老猪么！我一不乱丢西瓜皮，二不倒打一耙，三没有摔倒在地上……你……你不是存心败我老猪的名声又是什么，你说，你说！"

台上猪八据理说道：

"老猪大哥，这是演戏，不是演你！"

老猪怒气未消："你不演我，又演谁？你瞧你这副蠢相，又懒又馋实在叫人讨厌。难道我是这副模样么？"

猪八说："唉唉，这是演戏，猪老兄，你可不能'对号入座'呀！"

"啥叫'对号入座'？"老猪越说越火，"不管你演戏不演戏，总之，过去我又懒又馋，但这都是过去的事了，现在我既不懒又不馋，更不蠢……"

老猪怒火燃烧，拿起九齿钉耙，就朝猪八身上打去。

台上猪八哪肯罢休，也拿起九齿钉耙招架。

两猪在舞台上大打出手。

猪三戒愚蠢而又野蛮的行为，立即激怒了台下的观众。不少观众一齐涌上台来劝架。哪知猪三戒怒气未消，死死扭住猪八不放。这下激怒了观众，只好把老猪按倒在地，用绳子把他绑了起来。

观众乙说：

"猪悟能，你无事生非，简直是岂有此理！"

猪三戒叫道：

"不，我现在不叫猪悟能，我过去又懒又馋，又爱吹牛，现在改名儿叫猪三戒了。"

观众丙叫道：

"改得好哇,今天上演的是猪八,你是猪三戒,这跟你有什么相干?"

"怎么不相干?"老猪说,"猪八也罢,猪三戒也罢,反正都是猪,是猪就是我。"

老猪的蠢语,引得观众哄笑起来。姑娘们更笑得前俯后仰,直不起腰来。

一个俊秀的姑娘嚷了起来:

"你胡说,瞎猜疑!"

老猪:"啥,我胡说? 我猜疑?"

另一位姑娘叫道:

"不是你又是谁?"

说罢,姑娘们又都笑了起来。

老猪见姑娘们也批评了他的不是,马上软下来了,他开始感到自己理亏了,低着头说:

"看来,确是我犯了猜疑病了。"

观众见老猪已经认错,就给他松了绑。

老猪向扮演猪八的演员走去:

"猪八兄,我得罪你啦!"

这时候扮演猪八的演员,卸了妆,原来是一个漂亮的小伙子。

小伙子笑着说:

"没什么,你只要你把猜疑的毛病改了就好了。"

以后,不知哪位好事的观众,给他编了一首歌,很快就传开了,歌词如下:

猪悟能,

真无能,

一贪嘴,

二懒惰,

变二戒,

三吹牛,

变三戒;

四猜疑,

　　　　　　　变四戒；

　　　　　　一下变四戒，

　　　　　　人人都说怪。

　　　　　　今后变几戒，

　　　　　　要看猪四戒。

歌声唱到最后一句时,画面上亮出了"猪四戒"三个字。

第五集:戒啰嗦的故事

　　初冬的一天傍晚,彩霞染红了西半天,山坡上有一座孤零零的大房子。

　　猪四戒迈开大步正急急朝那座房子的方向走去。

　　突然,那座房子起火了。

　　老猪见此情景,目瞪口呆,不知所措了。

　　这时候,房主人——一位五十来岁的男子,从燃烧着的房子里奔了出来,他见了老猪,忙叫了起来:

　　"猪师父,你来得正好,请你快到前村去喊人,帮我来救火。"

　　房主人说罢就拿起水桶要去挑水救火,可是老猪拉着他的衣袖问道:

　　"我问你,你要我去叫多少人来救火呀?"

　　"看情况嘛,有多少叫多少人。"房主人急急忙忙地说。

　　老猪:"那么,男人、女人都叫来吗?"

　　房主人急死了:

　　"那还用说!"

　　可是,这该死的老猪还要问问清楚:

　　"那么,我再问你一句,老人、小孩要不要叫来呢?"

　　"少废话! 老人、小孩叫来干什么! 你这个呆子,快去快回!"

　　老猪一听火了:"你骂我是呆子,我到底呆在哪里? 你为什么无故骂人? 我老猪……"

　　"好了好了,我现在没工夫跟你辩论,我骂人,是我不对,但我求求你快跑到村里去叫人吧!"

　　老猪这才转过身来,往村里方向奔去,可是他奔出去没几步,又转身跑回来问道:

　　"我再问问你,你叫什么名字? 年龄有多大? 家中还有几口人? 你有没有结婚? 如果结婚了,有没有孩子……"

　　房主人在烈火浓烟中听了老猪的废话,不觉大怒起来:

　　"你这蠢猪,如此啰嗦,你没看见房子都快被大火吞没了吗? 你问这些废话干啥?"

　　说罢,房主人把水桶里的水向老猪头上泼去,这才使老猪的头脑清醒了过来。

　　老猪急急忙忙向村长跑去,跑到村口他舞着双手大叫起来:

　　"不好了,不好了。"

　　人民都围了上来,七嘴八舌地问开了:

　　"什么事不好了?"

　　"老猪你快说呀!"

　　"你倒是快说呀!"

　　……

　　在这紧张关头,老猪偏偏一句话也说不出来了。

　　一个年轻人火冒三丈,狠狠地打了老猪一个耳刮子,老猪才猛然醒悟过来说:

　　"村外那座房子,房主人看来年纪不轻了,到底几岁我也没向他问清楚,大概有五十多岁,这是我猜想的,不一定对;再说他的名字,他也没有告诉我。至于他有没有结婚,我也不清楚……"

　　老猪还要啰嗦下去,周围的群众早不耐顿了。

　　"这些废话说它干啥? 你刚才说不好了,谁不好了? 到底怎么回事? 你快说呀!"群众甲叫道。

　　"我不是说那房主人不好,"老猪涨红了脸说,"我得先向大家说明白,我跟他素不相识,既无仇,也无怨,也没有也吵过架。不过他刚才对我说了句'你这呆子',我光火了,我就要跟他辩辩清楚,到底我呆在哪里? 到底我呆还是他呆……"

　　群众乙是个急性人,他上前去拉住猪呆子的耳朵说:

"他叫你来干啥？你倒好好地说呀，真是十足的呆子！"

老猪立即光火起来：

"什么？你也骂我是十足的呆子！好哇，到底你呆还是我呆，我现在先跟你辩个明白，这十足的呆子到底呆在哪里……"

群众丙插进去嚷了起来：

"好了，好了，现在没工夫开辩论会。就算你老猪是天下最聪明的！到底是怎么回事？你快说呀！"

老猪："你说我是天下最聪明的，这是什么意思？我既不笨，可也算不上是天下最聪明的，你，你……"

群众丙："好了，好了，我收回这句话！你快说！"

老猪："他叫我到村里来叫人，我问他叫多少人，他说有多少就叫多少。我又问他是不是男人女人都叫来……"

真急人！群众丁跳到老猪面前叫起来：

"你只要回答这一句：叫去干啥？"

可是你急他不急，他又啰啰嗦嗦地说下去：

"你别急，我要把事情的经过原原本本讲讲清楚。我又问他：老人、小孩要不要叫去，他说……"

群众丙早就按捺不住了，他怒冲冲上前去在老猪的脸上狠狠拧了一把，说：

"别啰嗦了，快回答，他叫你来干啥？"

这一拧，老猪的脑子才清醒过来，吐出来两个字："救——火！"

群众一听到"救火"二字，无论大人、小孩、男人、女人都急急忙忙地向村外走去，老猪也急急忙忙在后面跟着……

翻过了那个小山头，才远远望见那座大房子还燃烧着……

等他们跑到现场，那座大房子已经完全变成一片废墟，房主人正坐在瓦砾堆上唉声叹气呢。

房主人一见猪呆子，不由得大怒起来：

"都是你说话啰嗦，害得我好苦！"

老猪也光火了：

"啥？你说我害了你？我害了你什么？天哪，你这没良心的老头，我为你叫来一大批人，你还骂我啰嗦，这真是'狗咬吕洞宾，不识好人心'。好，你们大家都在场，我要把这件事的前前后后，从头到尾，一字不漏地讲讲清楚，到底是我错还是他错？事情的经过是这样的……"

老猪正在唾沫四溅地讲话，可是谁也不听他的。这时候从人群里钻出来一个小娃娃。

他跑到老猪的面前，唱了一首《啰嗦歌》

猪五戒，真啰嗦，

啰啰嗦嗦，嗦嗦啰啰，

啰里啰嗦，嗦里啰嗦，

啰嗦啰嗦，害人无穷。

"猪五戒"三个字在《啰嗦歌》中滚了出来。

第六集　戒骄傲的故事

初春，大地回春，百鸟声喧。

桃树林里的飞禽要举行一次"迎春歌舞比赛"。喜鹊受大家的委托，特来邀请猪五戒去当评判员。

喜鹊飞到老猪面前叫道：

"嘻嘻，猪哥，听说你演过吃西瓜的表演，十分精彩。你真是一位天才演员呢。现在请你去当我们歌舞比赛的评判员吧！"

老猪听了暗暗好笑，他从来没演过戏，那吃西瓜的表演也不是他表演而是猪八表演的。可是他想：演戏就是跳跳蹦蹦，说说唱唱而已，有什么难呀？当评判员只要指指点点容易得很呢。

老猪立即摆出一副权威的架势答道：

"你们请我当评判员，我很高兴。"

喜鹊在前面带路，老猪扬扬自得地跟在后面走着……

老猪到了比赛场，鸟儿们唱着动听的歌热烈欢迎他的到来。老猪更加得意起来，肚皮鼓得更高了。

他坐在评判席上，环视了一周，向大家微微点了点头说：

"嗯，比赛开始吧！"

第一个上台表演的是安博鸟的舞蹈。她的舞蹈博得了全场的热烈掌声。

然而，老猪大摇其头。

黄莺问道：

"猪兄，你看安博鸟跳得可好？"

老猪回答十分干脆：

"一点儿也不好，她的主要问题是——没有尾巴，圆圆的屁股露在外面，这哪像是鸟！形象太难看了。"

喜鹊马上跟着老猪的腔调说：

"嘻嘻，猪兄说得有理。没有尾巴的鸟，一辈子也成不了舞蹈演员的。"

老猪见有人支持他，更加趾高气扬起来。

第二个上台表演的是八哥儿的独唱。

八哥儿的美妙歌声也博得了全场的喝彩，可是老猪又摇摇头。

黄莺问道：

"八哥儿的歌声总不错了吧！她是有名的歌唱家。"

老猪："不见得，不见得。八哥儿的歌声主要缺点是——依样画葫芦，没有独创性。再说，她的羽毛黑得像乌鸦，实在不美观。"

喜鹊马上跟着叫了起来：

"嘻嘻，八哥，八哥不会唱歌，嘻嘻，他哪里能算得上歌唱家呢？"

再下面的节目是孔雀的舞蹈。他的羽毛鲜艳夺目，舞姿十分优美，特别是他的"开屏"，更赢得了满堂喝彩，可是老猪仍然摇摇头。

八哥儿飞到老猪的肩上，问道：

"你为什么又摇头？"

"理由很简单：孔雀的羽毛虽然美丽，跳起舞来也过得去。只是他是个哑巴，我还从来没听到过他的歌声呢？八哥儿，你可听到过？"

喜鹊又帮腔叫了起来。

"嘻嘻，说得对，嘻嘻，说得对。孔雀是'美丽的哑巴'。有谁听过他唱歌呢？猪兄言之有理！"

这一下，老猪更加以权威自居了。

再下面的节目是：丹顶鹤的舞蹈，黄莺的歌唱，雉鸡的飞舞等。老猪看了无不摇头叹气。

　　这时候,该轮到喜鹊表演了。

　　喜鹊既不会歌,也不会舞。他来到台上,翘着尾巴,东跳跳,西蹦蹦,然后唱道:

喜喜喜,鹊鹊鹊,

喜喜喜,鹊鹊鹊;

鹊鹊鹊,喜喜喜,

鹊鹊鹊,喜喜喜。

　　台下的观众都哄笑起来。

　　八哥儿停在老猪的大鼻子上问道:

　　"猪兄,你以为喜鹊的表演如何?"

　　老猪迟疑了半晌,说:

　　"这个嘛——既不好看——"

　　"还有呢?"八哥儿啄了一下他的鼻毛紧追着问。

　　"这个嘛——也不太难听。"

　　老猪的答话,引得全场骚动起来。

　　孔雀走到老猪面前说:

　　"猪大哥,今天的比赛节目,你说这个不行,那个不好,究竟谁的最好?"

　　老猪不响了。

　　丹顶鹤也叫了起来:

　　"你是评判员先生,谁最好,你总得有个意见呀。"

　　全场哄叫了起来。

　　"你总得发表个意见呀。"

　　老猪仍然不响。

　　黄莺和八哥儿同时叫了起来:

　　"快说,快说!"

　　老猪支支吾吾地说:"据我看来,一个也不好!"

　　这一下,台下观众像一锅水闹开了,又是叫,又是吵的。

　　雉鸡开口了:

"他说我们都不行,请他上台表演一个节目给我们瞧瞧。"

全场观众齐声叫好。

喜鹊飞到老猪的头顶上叫道:

"嘻嘻,猪兄来一个! 嘻嘻,猪兄来一个!"

大家七手八脚把老猪推上了舞台。

老猪到了台上,不慌不忙向全场扫了一眼说:

"我先跳个舞,行吗?"

"行,行!"大伙儿一齐叫道。

老猪挺着大肚子,扭着大屁股,东扭西扭,丑态百出,引起全场大笑。

这呆子以为大家为他喝彩,就跳得更加起劲,直跳得头上冒热汗。

八哥儿忽然叫了起来:

"再请猪兄唱个歌!"

全场叫好,一片沸腾。

喜鹊飞到老猪的耳朵上说:

"嘻嘻,猪兄唱个歌,嘻嘻,猪兄唱个歌。"

老猪一直以为自己的嗓子比谁都高明。他清了清嗓子,然后放开喉咙,大唱了起来:

> 古噜噜,古噜噜,
> 古噜古,古噜古,
> 噜噜古,噜噜古,
> 噜古噜,噜古噜。
> ……

全场哗然:"这是什么歌?"

老猪挺着肚子说:

"这个叫'猪歌'! 是全世界最好听的歌!"

全场观众拥上舞台,七手八脚把老猪轰下台来。

雉鸡啄着老猪的腿说:

"回你的老家去唱'猪歌'吧!"

黄莺跳到老猪的鼻子尖上叫道：

"世界上最难听的歌，就数'猪歌'了"。

八哥儿飞到老猪的头上叫道：

"猪歌，猪哥，原来是猪叫，古噜噜，古噜噜。"

八哥儿学得那么逼真，全场大笑不止。

老猪摇着大脑袋说：

"唉唉，你们懂什么音乐呀，真是对牛弹琴，牛不入耳！"

老猪一个劲儿唱着他的"猪歌"。唱着唱着，回到了庙里。他把刚才发生的故事向师父、师兄弟们叙述了一番。大家不但没有赞扬他，反而狠狠地批评了他。

唐僧说：

"徒儿，你凭什么本事到处骄傲？"

沙和尚说：

"你那首'猪歌'，既不好听，也没有一点儿意思，算什么歌？"

孙悟空更是不留情面：

"你这黑胖子，扭着屁股，唱着猪歌，像个啥样子！"

老猪经他们点醒以后，也有所醒悟了，他低着头说：

"那么……你们今后就叫我猪六戒吧！"

"猪六戒"三字从老猪嘴里吐了出来，变成了特大的三个字。

第七集　戒嫉妒的故事

初夏的一天。杨柳依依，绿水盈盈。

老猪出门溜达，瞧见广场上有一位江湖艺人赤着膊在表演气功。那位江湖艺人拿起一块砖头，朝自己头上一碰，那块砖头很快就一分为二碰碎了。围观的群众都齐声喝彩叫好。

老猪见了十分好奇，他想这块砖头如此经不起碰，也许是江湖艺人特制的。他经路边乱石堆中拾起一块砖头走到江湖艺人的面前喊道：

"喂，你试试这块砖头。"

那位江湖艺人拿起老猪手中那块砖头，屏住气在头上轻轻碰了一下，砖头又立即碎了。围观的群众又齐声叫好！

老猪觉得这玩意儿挺有意思，也挺容易叫人喝彩的。他心里暗暗想道："我的猪头比人头大得多，既然人头可以把砖头碰碎，我这个大猪头难道就不能把砖头碰碎么？猪头比人头又大又硬，哼，这一下……"

他越想越得意了。

他乐滋滋地回到了山神庙住处，马上把师父唐僧、师兄孙悟空、师弟沙和尚叫到面前。

老猪放开嗓门大叫起来：

"师父、师兄弟们，往日你们老看不起我，今天我要让你们瞧瞧我的真本领了。"

唐僧师徒三人一时摸不着头脑，不知这呆子又要干什么傻事来了。只见老猪脱下袈裟，又脱去上衣，光着上身，孙悟空眨着猴眼，惊叫道："呆子，你赤膊上阵，准备跟谁干呀？"老猪一言不发，从地上抬起一块砖头，向他们走了过来。

唐僧奇怪地喝道：

"徒儿，你这是干什么？你拿起砖头准备跟谁打架？"

孙悟空也搞得迷糊了：

"这呆子今天又要发呆病了。"

沙和尚也摸不着头脑：

"这胖子今天居然要赤膊上阵，大干一仗。"

老猪大喊一声：

"你们看着，我可以用我的猪头，一下子把这块砖头碰得粉碎。你们谁敢出来跟我比一比？"

唐僧一见老猪的傻劲，担心地问道：

"徒儿，你干得了么？"

"干得了，"老猪叫道，"你们多说孙悟空本领大，我偏不信，难道我样样不如他吗？至少我的头比他的大、比他的硬。"

沙和尚见他尽说傻话，忙劝说道：

"猪老兄，碰砖头可不是开玩笑的。你学过气功吗？"

"什么气功不气功！"老猪根本不把沙和尚放在眼里，气呼呼地说："你老沙懂得个屁！你的本领除了挑挑行李担子，别的还有什么本领？

哼,你敢来碰碰这块砖头么?"

"我不敢!"沙和尚老老实实地说。

老猪又转身过来同孙悟空:

"你这猴头也敢来碰一碰么?"

"我不敢。猴头哪有你猪头硬!"老孙坦率地答道。

"师父,你呢?"老猪得意地问道。

"我也不敢。"唐僧如实相告。

老猪更加得意起来,他把砖头举得高高地,朝自己头上一碰,哪知砖头没有碰碎,他的猪头倒碰痛了。

"哇呀呀!"他痛得直叫起来。

"阿弥陀佛,徒儿住手。"唐僧急得直叫起来。老猪以为自己忘了屏气,才没有把砖头碰碎。他忍住痛,屏住气,再狠狠朝自己头上一碰,天哪!砖头还是没有碰碎,猪头上却起了一个大疙瘩。

唐僧又叫了起来:

"阿弥陀佛,徒儿呵,你别碰了吧!"

老猪骑虎难下,傻劲大发,非干到底不可,他狠命地举起砖头朝自己头上猛力一碰,砖头却依然完好无损,而老猪的头倒反被碰得头破血流,痛得老猪大叫不止。

孙悟空和沙和尚见傻子干了这件傻事,都禁不住笑了起来。

老猪气极了! 他想这块砖头一定特别坚硬,要不,早就该把它碰碎了。他甩手捂住伤口叫道:

"我上了这块砖头的当了。猴头,你甭笑,你敢试一试?"

老孙二话没说,拿起刚才老猪摔掉的那块砖头,朝自己头上只是那么轻轻一碰,就把砖头给碰碎了。

老猪气得大叫起来:"哼,连砖头也敢侮我老猪,真是岂有此理!"

"这不是砖头欺负你,而是你的功夫学得不深。"唐僧说道。

"你平时妒忌成性,从不虚心向老孙学习,你的本领怎么会提高呢?"沙和尚说道。

老猪听了沙和尚的话,更加妒火中烧,叫道:

"你老沙敢来碰一碰么?"

沙和尚摇摇头说：

"我没有学过气功,怎能轻易把砖头碰碎。"

"你没本事就靠边站。"老猪说罢,又从地上拾起一块砖头,赌着气朝头上死命一碰。这一次,更吃了苦头,头上碰出了一个大窟窿,血流如注,痛得昏死了过去。

唐僧、孙悟空、沙和尚七手八脚把大猪头包扎了起来。过了好一会儿,老猪才慢慢张开了眼睛,苏醒了过来。

唐僧给他念了一首"碰砖头"的歌：

> 徒儿碰砖头,
> 头上起疙瘩,
> 坚决不相信,
> 再来碰两次;
> 流血如水注,
> 痛得喊娘亲;
> 从此吸教训,
> 再不妒别人。

老猪听罢,轻轻地说道：

"今后你们就叫我猪七戒吧,我一定要以此为戒!"

"猪七戒"三字从砖头堆中跳了出来。

第八集　戒说谎的故事

巍巍高山,细细流水。

傍晚,西天抹上了一片落日的余晖。归巢的鸟雀纷纷向森林飞去。

这一天,唐僧师徒四人走了整整一天,还没有吃过东西,大家腹中饥饿难熬,老猪更是饿得发慌,嘴里涎水直往下流。

他们来到了一座土地庙前歇了下来。唐僧对老猪说：

"徒儿,你能给我弄些东西来吃吃么?"

老猪一听说找吃的,马上眉开眼笑,说：

"我老猪干别的事也许不行,找吃的,我还有一手。"

沙和尚见他又要吹牛了,忙阻止他道：

"老猪兄弟,你先别夸口,等找到了吃的再吹不迟。"

老猪翘着鼻子说:

"我老猪虽然算不得什么聪明,可比你沙和尚来,恐怕要聪明些。"

孙悟空听得不耐烦了,提醒他道:

"呆子,你不用多啰嗦了,快些找东西来吃便是,可路上且小心,莫叫妖精迷住了。"

老猪扑哧笑了起来,说:

"啊哈,你说哪里话来,我老猪从来没被妖精迷住过,你们等着瞧吧!"

老猪大步流星地上路了,他穿森林,跨溪水,翻高山,不知不觉走到了一处奇山怪石的地方。他往前瞧了一瞧,只见前面是黑压压的一片原始森林,周围看不到一户人家。老猪心里倒有些着急起来。

正在这时,忽然传来了一阵优美动听的姑娘的歌声:

> 啊——
>
> 太阳快下山啦,
>
> 姑娘采桃忙啊,
>
> 桃子献给谁呀?
>
> 献情郎呀!

这是谁在歌唱?老猪正纳闷,忽然从一棵大树后面闪出一位如天仙般的年轻姑娘来了。她那双水灵灵的眼睛,一下子把老猪迷住了。

这呆子又惊又喜,在这深山老林里,竟有如此如花似玉的姑娘,岂不妙哉!

他拍着双手,跳着双脚唤道:

"妙呀,妙呀!"

他走上前云,双手合十,作了一揖,道:

"阿弥陀佛,小姑娘的歌声真是美哉呀美哉,小姑娘一个人在这里干什么?"

这美姑娘举着手中的一篮桃子,笑盈盈地向前走来。

美姑娘轻声细语地说:

"我在这里摘桃子呢,你看看,这是多好的桃子啊!"

真是天晓得!这里连一株桃树的影儿也没有,哪儿来的桃子,但老猪听了这姑娘银铃似的嗓音,骨头早就酥软下来了。

老猪眯着眼睛说:

"小姑娘,我可以尝尝你的桃子么?"

小姑娘:"谁说不可以呀!要是您喜欢,您就吃吧!"

说罢,美姑娘把这篮桃子交给老猪。老猪接过桃子,心花怒放,口水直流。

这呆子坐在路旁一块大石头上,一连吃了十只桃子。他赞不绝口:"妙哉呀妙哉!这桃子太鲜太甜了。"

美姑娘笑盈盈地坐到老猪的身旁。盯着他说:"真的好吃吗?"

"好吃,好吃,一百个好吃,一千个好吃,一万个好吃,"老猪昏昏然说:"我这一生一世没有吃到过这样鲜美的桃子呢!"

老猪紧挨着美姑娘坐着,乐不可支,飘飘然忘乎所以了。

美姑娘娇声娇气地说道:

"猪师父,您把这篮桃子快带回去。给您的师父、师兄弟们吃吧!"

说罢,美姑娘对他嫣然一笑,随即飘然而去,一下子就无影无踪。

老猪神魂颠倒,沉浸在幸福的美梦中了,他梦见美姑娘拿着一个桃子,放进他的大嘴里,他笑得眼睛连成一条线……

老猪迷迷糊糊醒来,美姑娘的影子早已不见了。他昏头昏脑,弄不清刚才这场奇遇是真还是假?他更闹不清美丽的姑娘是何等人?为什么住在这深山老林里?为什么要送他这一篮又鲜又甜的桃子?为什么她知道我还有师父、师兄弟们?为什么她知道我姓猪,叫我猪师父?为什么她笑得那样甜美?为什么她一下不见了?对于这么多的为什么,他连想都不想,就昏昏沉沉拿起这篮桃子往回走了。

他走在弯弯曲曲的羊肠小路上,内心充满无限的喜悦。

一路上,一只花蝴蝶老是跟着他转悠,一忽儿东,一忽儿西,一忽儿在眼前,一忽儿又飞进了他的鼻孔,真是讨厌死了。他恶狠狠地骂道:

"你这小小的蝴蝶还想吃桃子么?呸!"

花蝴蝶在老猪头上转了一圈飞走了。

老猪大摇大摆地回到了土地庙,头一个看见他的是沙和尚,他神气十足地高声叫道:

"和尚,快来看看我手中拿着的是什么?"

沙和尚又惊又喜,说道:"这不是一篮鲜桃么?"

孙悟空迎面走了过来,也高兴地叫了起来:"老猪真不简单,你在哪里弄来了这篮桃子?"

老猪不理不睬他俩的话,只顾自己说道:

"你这猴头,瞧瞧这篮桃子比你当年在蟠桃会上偷吃的桃子还好吃几倍呢!"

孙悟空听了暗暗好笑。

老猪转过身去又对唐僧说道:

"师父,你看我老猪搞吃的本领还不差吧!"

唐僧也高兴地拍手说道:

"徒儿休得夸口,快拿来我吃!"

唐僧正要拿起桃子来吃,孙悟空连忙上前阻拦道:

"师父莫吃,让我先问问这篮桃子究竟是怎么得来的!"说罢,转向老猪问道:"你这篮桃子是怎么得来的?"

老猪:"从深山老林里采来的。"

老孙:"深山老林里有桃树么?"

"这……"老猪稍许迟疑一下,说,"深山老林里为什么没有桃树?那里的桃树多得很呢!"

"那么,你尝过这桃么?"

"不,连半个也不曾尝过。"老猪肯定地答道。"那么,你怎么知道这桃子的味道比蟠桃会上的还好呢?"老孙追问道。

"这个……我是猜想的。"老猪自作聪明地答道。

老孙紧接又问道:"那么,我再问你,你在深山老林里遇见过谁?"

"这个……一个人也没碰见。"老猪有些心慌起来。

沙和尚听不下去了,对老猪叫道。

"什么这个那个的,我看你说话吞吞吐吐很不老实。"

"你老沙不要冤枉好人。"老猪辩道。

孙悟空又紧追着问：

"一个美丽的姑娘也没碰见么？"

"这，这个……"老猪心里凉了半截，但他还是硬着头皮，继续辩说，"深山老林里，哪来的美丽姑娘？"

老孙："你的话句句是真么？"

老猪："句句是真，一句不假！"

"你还碰见什么东西？"老孙又问。

老猪有点火了，说道："啥也没碰到。"

"那么，我再问你，连一只花蝴蝶也没碰见么？"老孙紧追着问。

"这个，这个……也没看见。"老猪一下子又心慌意乱起来了。

沙和尚见老猪说话总是含含糊糊，不禁又叫道：

"什么这个那个的，我看你全是谎话！"

老猪慌了手脚，但他硬着头皮顶到底说：

"不，不，不，老天在上，我老猪说话，从来实实在在，句句是真，一句不假……"

老猪的话音未落，说时迟那时快。老猪的肚子突然大痛起来。他疼痛难熬，霎时滚倒在地，哇哇大叫："痛死我了，痛死我了。"

孙悟空紧追着又问道：

"你对花蝴蝶说过什么话来着？"

这傻瓜简直死不认错，要傻到底啦："这……我没有说。啊，痛死我了。"他滚在地上直喊道。

老孙紧追一句："'你这小小蝴蝶还想吃我的桃子不成？呸！'这句话可是你讲的？"

"这个……"老猪顿时语塞，无话可说了。

老猪知道事已败露，如果在说谎下去，必痛死无疑，他终于老实交代说：

"是我讲的。好师兄，救我一命。啊，痛死我，痛死我了！"

这可怜的猪呆子痛得冷汗直流，气息奄奄。

唐僧顿着足说："徒儿，你早就该说老实话了。"

孙悟空严肃地向老猪指出：

"你上了美女蛇的当还不知道呢，尽说些假话！"

老猪闻言，大惊失色，不禁叫道：

"这是真的么？这美姑娘会是美女蛇？"

孙悟空把美姑娘送给他桃子的过程一一叙述了一遍。这呆子此刻忽然觉得一阵恶心，一张口，从口中吐出了许多条蜈蚣、蜘蛛、蜥蜴等毒虫，这时他才明白自己上当了。

可是他还有一个问题不明白：

"这美姑娘现在何处？"

孙悟空不声不响把美女蛇从一个山洞里拉了出来，老猪一见美姑娘又花了眼啦，孙悟空正要用金箍棒向美女蛇砸去，哪知老猪猛冲上去，将美姑娘一把抱在怀里，大叫道：

"老孙，她明明是个姑娘，你可不能冤枉好人哪！"

美姑娘更是百般撒娇道：

"猪哥哥救我，亲哥哥救我，我可是个好人哪！"

老猪紧紧抱住美姑娘不放道：

"姑娘放心，有我老猪在，就有你姑娘在！"

偏偏在这节骨眼上，他的肚子又大痛起来，他滚在地上，大喊大叫："痛死我了，孙哥快救我，快救我！"

孙悟空再也不理老猪的喊痛，一棒将美姑娘打死了。说来奇怪，金箍棒打去，美姑娘立即变成一条美女毒蛇，老猪大惊失色，在事实面前，只好跪在地上向老孙求饶道：

"好师兄救我一命，下次我再也不敢说谎了。啊呀，我上当受骗了，啊呀，痛死我了。"

孙悟空想起刚才的情形，还很生气，不去理他。

沙和尚说："这老猪老讲假话，理应让他吃点苦头。不去理他。"

老猪急叫起来："这次我一定改了。沙老弟，你发发慈悲救我一命，啊呀，痛死我老猪了。"

老猪转身又向唐僧求情道：

"师父啊！快救救我吧，我要痛死了，徒儿下次再也不敢说谎了。"

唐僧马上心软下来，说道：

"阿弥陀佛，不看金面看佛面，出家人以慈悲为怀。徒儿既已认错，就饶了他这一次吧！但你要知道，要不是孙悟空变成花蝴蝶，跟在你的后面，及时识破了美女蛇的诡计，及时将她降服，我也几乎被你骗了。"

孙悟空看师父为老猪说情，心也就软了下来，他从身上拔了一根猴毛，吹了一口气，变成了颗神奇的药丸。他当即叫老猪吞下。不一会儿，老猪口中吐出一大堆毒虫，他的大肚子马上就不痛了。这时候唐僧正色说道：

"七戒徒儿，你毛病太多，今后该叫你什么，你自己说吧。"

"八戒，八戒，八戒。"老猪大叫三声。

从此以后，猪八戒的名声就这样传开了。

人们还专门为他编了一首歌，名曰《猪八戒之歌》

> 有个猪胖子，
> 本名猪悟能。
> 馋嘴又贪食，
> 改名猪一戒；
> 懒惰不干事，
> 又改猪二戒；
> 胡吹乱弹琴，
> 更名猪三戒；
> 瞎扯乱猜疑，
> 易名猪四戒；
> 啰嗦坏大事，
> 又唤猪五戒；
> 盲目逞骄傲，
> 唤作猪六戒；
> 存心忌别人，
> 又名猪七戒；
> 谎话连篇造，
> 从此变八戒。

在老猪大叫三声"八戒"声中,闪出了三个特大的字——"猪八戒"。

猪八戒在"猪八戒之歌"的音乐声中,在各种滑稽可笑的动作中渐渐隐去。

尾　声

画外音:

亲爱的小朋友,猪八戒今后会不会再度变成猪九戒、猪十戒呢?除了他自己以实际行动作出答案外,谁也不能替他回答,谁也不能替他作出保证。

然而,时代毕竟变了,我们深信猪八戒不会永远傻里傻气,尽干傻事情。他在众人的帮助之下,一定会变好的,他可能还会周游世界,让自己的眼界开阔起来,不但会变得聪明起来,而且还会做好事呢!你若不信,以后再看他的新传吧!

全集完。

（载浙江师范大学《儿童文学信息报》2012 年 57、58 两期,蒋风主编）

我是怎样爱上猪八戒的

　　我的朋友常常好奇地向我提问:"你是研究外国文学的,但你写了不少猪八戒的童话故事,你是怎样爱上他的?"

　　其实,我爱上猪八戒,也有一点传奇色彩。

　　20世纪50年代,浙江绍剧团在杭州胜利剧院演出新剧《孙悟空三打白骨精》,获得了好评。出于好奇,有一天晚上我走进剧院观看了这出戏。绍兴大班的唱腔,有它的特殊魅力。剧中人物个性鲜明,情节也曲折多姿。六龄童扮演主角孙悟空,武打十分精彩,唱腔、表演也都不错,可是我对七龄童扮演的猪八戒情有独钟。他一出场就博得满堂喝彩,一开口说话更使我笑开了花。他的唱腔很别致,一举一动都非常幽默、好笑。他虽然傻得可爱,可是他的本性善良,所以大家都喜欢他。我觉得这个人物太可爱了,从此以后,我就开始写猪八戒的童话了。多年以来,笔耕不断,写了将近一百多个,有的已在报刊上发表。其中十个故事在上海教育出版社主办的《拼拼读读画报》上连载了十期,责编王文霞女士富于创新精神,请了10位风格各异的画家画了10个不同形象的猪八戒,再加上10个有趣的故事,一下子博得了小读者的欢迎,刊物发行量猛增,为出版社取得了可观的经济效益。

　　此后,这激起了我的创作兴趣。我挑选了一批作品,定名《猪八戒新传》,交付河南海燕出版社出版,其中的插画由北京著名老画家郑熹先生创作。郑熹早年从中国美院毕业,在画坛耕耘数十年,成了著名的花鸟、人物画家。由于他生动的插图,初版4000册出版以后很快销售一空,成了"一书难求"的童话书了。我曾赠给我当时读小学的外孙一本,他看了以后喜欢不已,居然自己动手也写起了童话。有一天,他将这本童话拿到学校去献"宝",一下子被其他小朋友抢走了,后来他想取回这本宝书,可书已经无影无踪了,究竟谁拿走的,也无法查明,可见这本童话书多么受小朋友的喜爱。

进入新世纪以后,我发现动漫作品在动漫市场兴起。我想到猪八戒如果走向动漫市场必然会引起轰动。世界上有不少动漫人物,如米老鼠、唐老鸭、一休和尚……他们都是孩子们的开心果。我想猪八戒如编制精美,一旦走出国门,走向国际动漫市场,肯定会使世上的大人、小孩喜欢的。为此,我将《猪八戒新传》中的"猪八戒为啥叫八戒"的故事,于 2000 年改编成了动漫文学剧本"猪八戒轶事"(共 8 集)。完成以后,我一直藏在抽屉中,真成了"藏在深山人未识"。直到党的十八大以后,受到党的号召"文艺要大发展、大繁荣"的鼓舞,我将此搞投寄浙师大前校长、我的同事、早年在杭大中文系共同开设儿童文学课的儿童文学权威作家蒋风教授审阅并指教。蒙他常识,决定在他主编的《儿童文学信息报》连载。第一期三个故事连载以后,颇受好评,以后另一内刊《暨南渝讯》也分期连载了。以后省内外不少朋友来电来信,十分赞同将猪八戒改编成动漫故事。浙江省作协党组书记赵和平同志来电向我表示他的赞同。杭大中文系 1957 届毕业生、北京中国艺术研究院研究员、戏曲研究专家孙崇涛,来信称赞说:"老师童心未泯,所撰《猪八戒轶事》童趣盎然,读之喜甚、佩甚。"上海友人汪义生教授来信谈及他的意见:"多年来,美日英国的文化产业如海啸般席卷而来,对我国文化产业形成巨大的冲击,尤其是它们的动漫产品占领了我国儿童文化市场的绝大多数份额,如《机器猫》、《阿童木》、《变形金刚》、《狮子王》、《功夫熊猫》……吸引了亿万中国儿童,不仅在版权、票房上赚得盆满钵满,更令人忧虑的是,这些动漫产品以它们的核心价值观于潜移默化中影响着中国少年儿童的心灵,故振兴民族文化产业,大力发展中国动漫产业,乃当前的急务。您创作的《猪八戒故事》具有浓郁的中国风格,民族特色,是改编动漫不可多得的好脚本。"这些溢美之词,我都当作是对我的鞭策和鼓励。

我一直认为猪八戒有三大特色:第一,他风趣幽默,具有民族性。自古以来,不少人物如东方朔,都很风趣幽默;第二,他身上的缺点人人都有一些,所以人见人爱,对他十分亲切,因此具有人民性;第三,具有现实性,如他说话啰嗦,好讲空话、废话、大话,不说要害问题,令人讨厌,这种现象不是太普遍了么;又如他谎话连篇,不讲真话,结果大吃其亏,甚至差点丢掉了性命。回想在过去"左"的时期,大家讲假话,不敢讲真话,结果国家大丧元气,人民受苦,这种惨痛的教训大家都经历过,难怪巴金老人在"文革"以后,大声疾呼要人们"讲真话"。我以为,作为一个作家,尽量把作品写得风趣、幽默一些,少讲人人都懂的大道理,少板着脸孔训人,不是更好一些么!特别是儿童文学作品,没有趣味性,孩子们才不理你呢。当今社会,生活节奏紧张,追名逐利的现象严重,人人都喊"忙呀,忙呀",为什么不轻松幽默一点呢。我发现西方世界的人喜欢幽默,即使排着长队购物,也喜欢跟陌生人讲笑话。我深感自己愚鲁,不善言辞,更写不出幽默大师林语堂那样的妙文。撰写猪八戒的故事,对我来说也是一种学习。作品还存在不少缺点,如能得到广大读者的指教,我将深感荣幸,我已92岁高龄,来日不多,随时接受上苍的召唤,离世而去,如能像文化名人黄宗江先生那样能够问心无愧地"回家",那不是最大的幸福么!

最后,我想再啰嗦几句。绍籍演员七龄童是一位天才喜剧演员,生前出演了不少猪八戒的戏,他为观众带来了极大的快乐。据说他在"文革"期间被迫害致死,令人痛惜、悲愤不已。我希望有人能撰写他的传记,研究他的喜剧艺术。这不仅对他是最好的纪念,也是一笔宝贵的文化遗产。

不再啰嗦了,不然,我也变成猪八戒了!一笑。

2013年4月春暖花开写于美丽的浙大西溪校园

时届第九届中国国际动漫节

(载《绍兴晚报》2013年6月23日)

"天才"画家

（动画片文学脚本）

一

美国纽约。马路上成串的汽车像乌龟似的在爬行。摩天大楼高耸入云。人行道上拥挤着奇装异服的男男女女。

有一个衣衫褴褛、面容憔悴的中年人,背着一副破旧的画架,穿过马路向郊外走去……

这是一个风景画家。他的名字叫路易士。

二

傍晚。

纽约贫民区。

路易士家:四壁萧然,室内到处摊着破旧的家具和乱七八糟的画布、纸张、颜料……

路易士背着画架疲倦地走进了家门。他的爱人玛丽和他的六个孩子都拥上前来热烈欢迎他。小儿子查理最调皮,他用双手抱住路易士的大腿说:

"爸爸,夹心面包买来了么?"

路易士叹了一口气说:

"连画都卖不出去,哪有钱买夹心面包!"

查理马上哭起来了:

"爸爸骗人,爸爸骗人!"

妈妈过来,哄他说:

"别哭,爸爸怎么会骗人? 爸爸明天把画卖出去,会给你买来许多许多的夹心面包。"

查理摇摇头,说:

"不,爸爸骗人,他不会买来的。他答应过我好几次,可从来没有把夹心面包买来。"

小查理愈哭愈凶了。

这时候,小查理心爱的伴侣小猴儿彼得,冲到了小查理面前,跟他逗玩起来了。小猴儿装出了滑稽相,一下子给小查理逗乐了。

三

路易士一家八口围着桌子吃着几片黑面包干。小猴儿彼得在桌下啃着一个小萝卜。

大门忽然开了,路易士的朋友、时髦绅士、美术批评家汤姆斯进来了。他突出的眼珠,透过金边眼镜,看了看桌上的几块黑面包干,摇了摇头,对路易士说道:

"老兄,这样的生活怎么过?"

路易士:"可有什么法子呀?"

汤姆斯:"我多次劝你不要画风景画,你为什么老不听? 老兄,你得动动脑筋,画一些适合时代的画吧!"

路易士:"画什么好呢?"

汤姆斯:"比如画女人的裸体像。"

路易士:"不,我不愿干这一行。"

汤姆斯只好让步说:"那么,画画普通的人物像吧,也许比画风景画强些。"

路易士:"难道人物画一定比风景画销路好吗?"

汤姆斯:"也许好些。老兄,一条路走不通,总得另选一条道儿走走看。人,总得活下去才行。你说是吗? 嗯?"

四

路易士的画室。墙上悬挂着几张风景画和几张老人、妇女、小孩的画像。

路易士将小查理按在一张高凳上,说:

"不要动,画好了,我给你吃糖。"

小查理顽皮地嚷道:

"不,你先给我吃糖。"

路易士无可奈何地从袋里摸出了一颗糖。

小查理高兴地吃着糖,路易士迅速地拿起画笔……

小查理很快吃完了糖,在座位上扭呀扭的。

路易士:"你干什么呀?"

小查理:"我还要吃糖,爸爸。"

路易士双手拉出了两只空袋说:

"没啦! 乖孩子,我求你安静一会儿好吗? 我马上要画好了。"

小查理忽然看见小彼得在玩皮球,情不自禁地从高凳上溜了下来。路易士忙把小查理拉住,仍然把他放在高凳上。

路易士:"安静点,再坐一会儿。"

小查理天真地问:

"爸爸,你干么要画我呢?"

路易士:"画好了去卖钱!"

小查理:"什么? 你要把我卖了么?"

路易士:"不,不,谁把你卖了呀! 别捣乱,注意,要微笑!"

小查理偏不听,却装起鬼脸来。路易士大声说道:

"别顽皮,要微笑!"

小查理更顽皮了,故意装哭脸。

路易士火了,打了他一个耳光。这一下,小查理哭着从高凳上溜了下来。路易士用手捉住他,小查理像泥鳅似地一滑,逃出门外去了。小猴儿彼得也跟着小查理跑了出来。

在车水马龙的大街上,小查理和小猴儿在前面逃,路易士在后面追……

五

画商的办公室。室内充塞着奇奇怪怪的图画。

画商是一个秃头、大肚子的怪物。他正在聚精会神地欣赏着一幅莫名其妙的画。口中喃喃念着：

"妙画,妙画,可以标价一百美元!"

路易士夹着画架进来了。

路易士:"菲力浦先生,我给您带来了几张好画。"

菲力浦头也不抬,依然津津有味地欣赏着他的妙画。

路易士:"菲力浦先生……"

菲力浦:"唉哼。"

路易士拿出一张风景画,放在菲力浦先生的面前;

"您看,这张好吗?"

这是一张非常出色的风景画,可是菲力浦先生看了一眼,马上将它抛在一旁说:

"哼,这是什么画? 我不要!"

路易士又拿出了一张老人画:

"这张好吗?"

菲力浦:"呸,难看的老妖怪!"路易士谨慎地又拿出了一张青年妇人的像:

"这一张一定中你的意了。"

菲力浦:"不,画得太呆板了。"

路易士无可奈何地拿出了最后一张画,也是他最得意的一张画。这就是以小查理为模特儿的画。

菲力浦看了以后,马上将它摔在地上:

"这是什么画? 简直是胡闹!"

路易士像被泼上了一盆冷水,整个身子软瘫下来了。

路易士想到眼前生活的困难,只好向大肚子恳求道:

"这些画用便宜的价钱卖给您吧!"

"不行。"菲力浦先生仍然在欣赏他的妙画。

"那么,请您借几个钱给我吧。家里人都在挨饿。"

菲力浦先生忽然放下了他的妙画,装着笑脸说:

"借几个钱? 那没有问题。不过——你能给我画几张青年男女的裸体像吗? 要动人心弦的。要动——人——心——弦的! 你可知道?

唉嗯?"

"不!"路易士斩钉截铁地说。

六

路易士一家人愁眉苦脸地坐在一起叹气。

孩子们饿得骨瘦如柴。小查理挨在妈妈的身边又哭又喊:

"妈妈,我要吃面包,我要吃面包!"

小猴儿彼得也饿得在主人面前哇哇大叫。

路易士心里厌烦极了。他冲着小彼得骂道。

"你这猴儿,再要怪叫,明天将你宰了。"

小查理听说要宰猴儿,急得直嚷:

"不,不,我要彼得,我要彼得!"

小彼得紧紧挨在小查理身边,再也不敢叫了。

玛丽看到了小猴儿彼得可怜又可笑的状态,忽然想到了　个好主意:

"亲爱的,你画画猴儿吧,也许会碰到好运气呢!"

小查理也表示赞同:

"爸爸,你画画小彼得吧!"

其余五个孩子也拥护这个意见:

"爸爸,小彼得很有趣,画起来一定挺好看。"

"爸爸,你试试看吧,也许能卖个好价钱!"

"爸爸,你就马上开始画吧!"

路易士无可奈何地同意了。

七

三天三夜过去了。

路易士的眼睛布满了红丝。他终于把画画好了。

路易士把画挂在墙上,一家人都燃起了新的希望。

玛丽:"亲爱的,这猴儿画得像极了。我祝你成功。"

说完,玛丽在路易士瘦削的面颊上轻轻地吻了一下。

孩子们:"这猴儿跟小彼得一模一样。"

小查理:"爸爸,这小猴儿跟我傻笑着呢。"

小彼得也欢蹦乱跳地跑来跑去。它好几次跳起来,龇牙咧嘴地瞪眼望着画上的小猴儿,它可真想跟画上的小猴儿打架呢。

八

黄昏,一群叫着的乌鸦越过贫民区的屋顶,向远方飞去。

路易士一踏进家门,一家人都围了上来。

玛丽:"亲爱的,你得了多少钱? 今晚我们得好好吃一顿精美的晚餐啦。"

孩子们七嘴八舌地嚷开了:

"爸爸,你答应给我的新衬衫买来了么?"

"爸爸,我的钢笔买来了么?"

"爸爸,我的帽子呢?"

小查理嚷得最凶:

"爸爸,我的夹心面包,我的夹心面包!"

路易士双手一摊说:

"什么也没有!"

说完,他马上将那张画撕得粉碎,扔在地上。

晚风从窗外吹来,把碎纸片都吹起来了。

九

夜里 9 点左右。

窗外摩天楼上的霓虹灯广告,像魔鬼的眼睛还在闪着耀眼的亮光。

孩子们都入睡了。他们在睡梦之乡寻求着美好的生活。

小查理天真地微笑着。他正在梦中大吃果酱夹心面包,还有香肠、水果……

玛丽也睡了。可是她不时地翻来覆去,也许她在睡梦中还在为着家务操劳呢。

路易士愁闷地坐在画架前面呆想着:该画什么好呢? 这一家人以后的生活怎么办呢?

路易士愈想愈烦闷……

　　这时候,小猴儿彼得还陪伴在他的主人面前。它张大着眼睛向着主人呆望。路易士无处发泄他的愤怒,忽然对小彼得怒道:

　　"滚开,小畜生!"

　　小彼得一慌,将旁边的颜料瓶打翻了,弄得手上脚上都沾满了各种颜色。

　　路易士惹火了,他起身来追,小猴慌慌张张逃跑,将画架也踢翻了,并且从画布上踩了过去。这一下,可把一张清白的画布也弄脏了。

　　路易士忍无可忍,拿起一块画板来追打小猴儿,小猴儿狡猾得很,它在房间里跑来跑去,不但没被打着,反而把画布踩得斑斑点点,一塌糊涂。

　　这时候,玛丽和孩子们被吵醒了。一看到这幅情景,也都起来帮助路易士追打小彼得。只有小查理鼓励小彼得说:

　　"逃得快,逃得快!"

　　正当小猴儿被围困的时候,突然大门开了。汤姆斯进来了。他看了这幅奇妙的情景,不觉大吃一惊道:

　　"你们……你们在闹什么玩意儿呀?"

　　小查理乘机将小彼得带到门外去了。

　　路易士气呼呼地说:

　　"这小猴儿将我的画布糟蹋坏了。"

　　汤姆斯拿起画布一瞧。像天文家发现一颗新星似的大声惊叫道:

　　"什么? 就是这个吗?"

　　玛丽抱怨说道:

　　"是呀,好好一张画布给糟蹋坏了,不是很可惜么?"

　　汤姆斯尖着嗓子喊道:

　　"不,不,这没有糟蹋坏,这是张了不起的画,美极了。"

　　路易士不敢相信自己的耳朵:

　　"你胡说,这不是画!"

　　汤姆斯摇晃着脑袋,肯定地说:

　　"不,不,不,这是一张画,而且——一张妙极了的画!"

　　玛丽:"这算什么画呀?"

汤姆斯:"不,你不懂画。没有高度的鉴赏力,你就没法理解这幅画。我说,你们的小猴儿算得是一位天才画家呢!"

路易士怒道:

"你说谎,难道我比不上猴儿吗?"

汤姆斯哈哈大笑起来。

"对,老实说,这猴儿的画,要比你老兄的高明多呢?"

路易士再也听不下去了:

"你简直发疯了。"

汤姆斯:"不,不,我没有疯。这确是一位天才画家的杰作。老兄,你的好运到来啦,上帝保佑你!"

汤姆斯说完,匆匆将那幅"画"带走了。

十

第二天早晨。路易士一家人在吃着早饭。

玛丽:"亲爱的,汤姆斯先生也许真的发精神病了。"

路易士:"看来他的神色确实有些不正常。"

小查理从信箱拿进来一份当天的报纸说:

"爸爸,报纸!"

路易士边吃边翻开报纸,猛地从座位上跳了起来。

小查理和他的哥哥姊姊们惊问:

"爸爸,你怎么啦?"

玛丽以为出了什么大事,也慌了手脚。

路易士:"上帝呀,这难道是真的么?"

路易士一家人都围上来看报纸。原来小彼得的"杰作"已被刊登在报纸的第一版上。

玛丽:"天哪,这究竟是怎么回事?"

大门忽然砰地开了,冲进来十多位摄影记者。他们一进门就大声嚷开了:

"猴儿,猴儿,在哪儿?"

"不，不，那位天才画家在哪儿。"立刻有人更正说。

有的摄影记者到处乱钻，寻找小猴儿；有的摄影记者干脆先将"天才画家"的保护人拍下来。

室内砰砰砰砰直响，闹得一团糟。

小猴儿彼得早吓得躲在小查理的背后了。不知谁最先发现了这个"秘密"，立即惊呼了起来：

"天才画家在这儿！"

摄影记者们马上蜂拥向小查理袭来，小查理被挤倒了，大呼"救命"。小猴儿慌慌张张逃到床底下去了。摄影记者们不顾一切地也都爬进床底下抢拍"天才画家"的镜头。

路易士一家人正陷入迷乱的状态中，忽然又像旋风似地冲进了一批报社、电台的记者。他们一下把路易士包围了起来。有的拿出笔记本，有的拿着录音器、话筒，要求路易士发表谈话：

"路易士先生，请您谈谈您是怎样把猴儿培养成'天才画家'的？"

"请您谈谈'天才画家'的创作计划。"

"请您谈谈感想。"

……

路易士双手抱住头说：

"天哪，叫我谈些什么呀？"

玛丽不断用双手在胸前画十字。

路易士正设法对付记者们的问题时，忽然汤姆斯冲进来了。他手里高高地举起一张纸，尖声叫道：

"路易士，感谢上帝吧，这是菲力浦先生给你的报酬——一千元美金的支票！"

路易士显然被冲昏了头脑。他的口中不断念着：

"这不是梦吧？这不是梦吧？"

玛丽依然画着十字。

这当儿，大肚子菲力浦先生像一个大皮球似的滚进了门。

他摸出了一大叠钞票，拉住路易士的手说：

"尊敬的路易士先生，这是三千美金，我再向你预订三张图画！"

路易士拿着这一大叠钞票，突然发出了狂笑：

"天，这是什么世界？人不如一只小小的猴儿！"

路易士又哭又笑，突然发了一阵痉挛，把一大叠钞票撕碎，抛向空中，狂叫：

"天才画家，天才画家！"

路易士惊奇地拨开人群，向门外狂奔而去。

玛丽也向门外追去：

"路——易——士"

孩子们也追了出去：

"爸爸——爸爸——"

小猴儿彼得也突然从床下冲出，越过菲力浦先生的光头，紧跟在小查理的后面跑出去了。

摄影记者和报社记者也夺门而出，去追赶小猴儿彼得：

"天——才——画——家！"

室内平静了。菲力浦先生无可奈何地摊开双手对汤姆斯说：

"他疯了！"

（载《东海》1961 年第 11 期）

狐狸和灰狼

相　遇

太阳照在翠绿色的原野上,发散着迷人的香气,这是一个晴朗的好日子。狐狸一早起来,装满了一篮番薯皮,上面放了一个番薯,又盖上一块印花蓝布,提着篮子急匆匆出门去了。狐狸走了不久,迎面过来了一只灰狼,远远看见他背着一袋东西,沉甸甸的,狐狸心里想:这一定又是灰狼把人家的好东西偷来了。他灵机一动,就在大树旁边的石块上坐了下来。一会儿,灰狼背着严严实实的一袋东西渐渐走近来了,狐狸心里乐滋滋的,忙招呼道:

"灰狼兄弟,看你走得多累啊,不歇歇吗?"

"喔! 是你——狐狸兄弟!"灰狼一面揩着汗,一面说着,"歇一歇也好!"灰狼小心翼翼地把布袋放下,就在狐狸近旁坐下来了。

"兄弟,袋子里装些什么呀? 看样子一定是好吃的东西吧!"狐狸沉不住气先问了。

"是啊,是啊,狐狸兄弟,你真聪明,一猜就给你猜到了,的确是一袋好东西,又香,又甜,味道可太美啦! 你能猜得出是什么吗?"

狐狸闭着眼睛,想了一下,忙说道:

"萝卜吧!"

"不是。"

"栗子吗?"

"也不是。"

"那一定是橘子了!"

"对,对!"灰狼高兴得跳起来,抱住了狐狸的身子说,"我从来没有遇见过像你这样机灵的人! 好兄弟,你的篮子里装的是什么呀?"

"番薯,番薯,"狐狸高兴地从篮子里摸出了一个番薯说,"兄弟,你尝尝吧！这是真正的高山番薯,肉脆味甜。"

灰狼接过了番薯,向狐狸谢了一下,就吃起来了。

"甜吗?"狐狸问道。

"甜啊,甜啊,说老实话,这样甜的番薯我还是第一次吃到呢！"

狐狸看看时机已经成熟,忙装出不好意思的样子说:

"狼兄弟,我有件事想和你商量商量……哎,这……这叫我怎么说得出口呢……"

"讲吧！"灰狼一边吃,一边漫不经心地说,"谁不知道我是一个最肯帮助别人的人,你我又不是外人,有什么话,你尽管讲吧！"

"那太好啦！狼兄弟,不瞒你说,我家的孩子病啦,他很想吃点水果,比如苹果啦,橘子啦,为了这个,今天我特地拿了一篮番薯出来,想跟那些好心肠的人换几只橘子回去,现在……"

狐狸还没有说完,灰狼忙将吃剩的番薯皮向地上一掷,说道:

"你的意思我全明白了,为了交个朋友,我就把这一袋橘子跟你换吧！"

"真的吗?"狐狸又惊又喜地问道。

"那还会假的,一言为定,你拿去吧!"

灰狼把一袋橘子套在狐狸的臂膀上,狐狸装得很感动的样子,紧紧地抱住灰狼的头说:

"好心肠的狼兄弟,你真是我的大恩人,我有你这样一位慷慨的朋发,真是十分光荣！将来我的孩子病好了,一定要带他来谢谢你！"

"自己人嘛,这又有什么关系?"灰狼若无其事地回答。

狐狸跟灰狼交换了东西,随即就分路走了。

"合　作"

狐狸满怀高兴地急急往前走着,心里还不住地想着刚才跟灰狼交换东西时的情景。真是个愚蠢的东西,简直比笨猪都不如,他哪里比得上我狐狸聪明呢！这时候,狐狸忽然感到口渴起来,就在路旁一块草地上坐下来了。

"让我痛痛快快地吃一顿鲜美的橘子吧!"狐狸这样想着,就打开了布袋子,用手将袋里的橘子摸出来一看,不禁失声叫了起来:

"啊?! 是橘子皮!"

狐狸忙着用双手伸进袋里,摸出来看看,还是橘子皮,他气得连袋底都翻了出来,橘子皮撒了满地,连一只橘子都没找到,狐狸愈想愈恼火,一骨碌站起身来,低着头怒冲冲地朝原路跑去,想找灰狼算账,不料竟跟迎面跑来的一个人撞了个满怀。狐狸抬头一看,正是灰狼,立即张嘴骂道:

"你这骗子,敢到我狐狸面前来耍花招吗?"

"不用镜子照照你自己看,你才是骗子!"灰狼也恶狠狠地骂道。

"我是骗子? 我还有一个番薯呢,你却全是橘子皮,你才是真正的骗子!"

"橘了皮可比番薯值钱呀! 狗东西,我算上你的当了!"

"什么,你骂我狗东西! 你才是狗东西!"

骂着骂着,狐狸跟灰狼就扭打起来了。这一次扭打可真厉害呀!打得灰狼的嘴巴更尖了,狐狸的大尾巴也垂到地上了,双方都弄得筋疲力尽,最后,灰狼开口了:

"狐狸兄弟,我们这样打下去有什么意思呢? 我看我们两个还是合作起来吧!"

狐狸想了一下,觉得他说的也有道理,就答应道:

"好吧,凭我们俩的聪明,只要好好儿合作,生活应该会很美好的。"

"那么,你的孩子也跟我们一块儿生活吧!"

狐狸听了"扑哧"一声笑了起来:

"孩子? 孩子还在天上飞着呢!"

灰狼也禁不住大笑起来:"好家伙,你简直比我还狡猾!"

从此,狐狸跟灰狼"合作"了,一起住在一个山洞里。

受　骗

一天,狐狸跟灰狼照往日一样,分路去寻找食物。灰狼在前几天打听到森林边熊大娘家里养着两只小羊羔,决定去试探一下。

　　黄昏的时候,月亮笑嘻嘻地从东山头爬上来了,灰狼偷偷地溜到了熊大娘家门口,只见熊大娘正在门前一块菜园地里锄地。熊大娘见灰狼贼头贼脑的样子,就粗声粗气地问道:

　　"灰狼,你来干啥呀?"

　　灰狼装着正经的样子说道:

　　"熊大娘,我是来报告你一个消息的。"

　　"什么消息?"熊大娘奇怪起来了。

　　灰狼指着远远的一块果树园问道:

　　"那块果树园是你的吗?"

　　"是的,有什么事吗?"

　　"哎呀,"灰狼长长叹了一口气说,"有一只狡猾的狐狸溜进你的果树园去了。他在园子里大吃大嚼,还啃倒了不少小果树呢!"

　　熊火娘一听急得双脚直跳说:"这是真的吗?"

　　灰狼突然"扑通"一声,跪下地来说:

　　"苍天在上,我灰狼如果骗你,一定天诛地灭!"

　　熊大娘忙过去拉起灰狼说:

　　"好心的狼弟弟,你何必这样赌咒呢,现在请你暂时给我看一下家,让我去把那只该死的狐狸收拾了,再来好好地谢你!"

　　熊大娘说罢,忙丢下锄头,往果树园奔去。灰狼直着嗓子在后面喊道:

　　"熊大娘,你尽管放心吧,我一定给你好好看家。你可别摔跤呀!"

　　熊大娘气急败坏地赶到果树园里一看,树上的果子结得好好的,连个狐狸的影子也没有,才知受了灰狼的骗。当她气冲冲地回来的时候,灰狼早已跑得无影无踪了。她跑进后屋一看,两只小羊羔只剩孤零零的一只了。熊大娘这时才后悔得不得了,连连踩着脚骂道:

　　"灰狼,灰狼,你这样狡猾,总有一天会落在我手里的,哼,那时候才叫你知道我的厉害!"

捞　月

　　月亮已经升得很高了,狐狸还在森林里找寻食物。这一天对狐狸来说,真是一个倒霉的日子。从早到晚,他只抓住了一只小野兔,现在正饿着肚子往回走着。当他走近池塘边的时候,忽然瞧见黑黝黝的水里有一个圆圆的发着亮光的东西。他想:这是一只多么有趣的银盘呀!狐狸折了一根树枝去捞,捞了半天,始终没有把"银盘"捞上来,狐狸不甘心地想道:这明明是只银盘,你看它还发着亮光哩! 怎么会捞不起来呢?

这时候,一只归巢的喜鹊忽然在一株树上停下来问道:

"狐狸,你在捞什么呀?"

"捞银盘呀!"狐狸指着水中的"银盘"说。

喜鹊听了翘翘长尾巴,哈哈大笑道:

"狐狸,狐狸,你真是一个大傻瓜! 这哪里是银盘呀,这是月亮的影子呀!"喜鹊说罢,"嘟"地飞走了。

狐狸抬头一看,果然看到一轮明月高高挂在天空,才知道自己真的上了当;又受了喜鹊的讥笑,心中又气又恼。

"呸,真是倒霉的日子!"

狐狸独自咕噜着,随即拾起一块石头猛地向池中掷去,"银盘"敲破了,他也垂头丧气地走回山洞来。

卖　弄

狐狸走进山洞,只见灰狼正吃着小羊羔的大腿,害得他涎水直往嘴角边流出来。灰狼一边吃着,一边问道:

"老弟,今天带回来什么东西呀?"

狐狸装作高兴的样子说道:

"东西倒没带来,不过,带回来一个好消息。"

"什么好消息?"灰狼把羊腿一放,急急问道。

"我在森林里发现了一口池塘,池塘里有一件东西,啊呀,那才是一件有趣的东西呀!"

"一件什么样的有趣东西? 快说吧!"灰狼显然有些焦急了。

狐狸故意停了一会儿,才慢吞吞地说道:

"那是一只圆圆的大银盘,还发着亮光呢?"

"这是真的吗?"

"老兄,谁骗你呀! 我看见一只喜鹊在那里唱着歌儿赞美银盘呢!"

狐狸说罢,装着喜鹊的声音咬声咬气地唱道:

> 在那美丽的森林里,
>
> 有一口明镜一般的浅池塘。
>
> 池塘中央有一只大银盘,
>
> 在黑夜中发出耀眼的亮光,
>
> 简直跟夜明珠一模一样……

"那么怎样才能把银盘捞上来呢?"灰狼耐不住问了。

狐狸听了笑了起来:

"傻瓜,那不简单吗? 只要跳进水里去,不就拿到了吗?"

"那不是要淹死了吗?"

"唉,不是刚唱给你听了吗? 那是一口浅池塘。"

"那么,你为什么不把银盘捞上来呢?"灰狼有点疑惑起来。

"唉呀,老兄,你到现在还不知道我的脾气吗? 有任何好东西,我都愿意先来告诉你的,这才叫知心朋友呢!"

灰狼听了,忙将吃剩的一只羊腿递给狐狸道:

"好兄弟,你吃着吧,我明天一定把那只有趣的银盘捞上来。"

"但是你必须要晚上去,听喜鹊说,那只奇怪的银盘白天是不会出现的。真像夜明珠一样,天色愈暗,它才愈亮。"

"知道了,亲爱的好兄弟,你快吃吧!"

狐狸实在饿极了,片刻工夫就将一只羊腿吃光了。最后,他抹着油润的嘴巴问道:

"老兄,这只小羊羔的味道实在太鲜了,不知道你从哪里偷来的? 可以告诉我吗?"

灰狼哼着鼻子,不高兴地说道:

"偷来的? 我可从来不干这玩意儿,老实告诉你吧,那是住在森林边的熊大娘送给我的。"

狐狸忍不住笑了起来:

"你骗谁呢? 我一百个不相信。"

灰狼扮着严肃的脸孔说道：

"老弟,你别以为我吹牛,我还是熊大娘的大恩人呢!"

狐狸觉得奇怪,眨着眼睛问道：

"这……这会是真的么?"

"好吧,让我把今天发生的事情告诉你吧! 这会使你更了解我的。"

灰狼清了清喉咙,就有声有色地讲起来了：

"傍晚,当我路过小河边的时候,忽然传来了'救命'、'救命'的声音,我连忙向前跑去,只见河中心有一件'黑色'的东西在水里一浮一沉的。我仔细一看,原来是熊大娘落水了。我当时想：见死不救是应该的么? 你也知道我一向是很慈悲的,于是立刻在岸边找了一根粗树枝,费了好大的劲,才把熊大娘救了上来。当熊大娘被我拉上岸的时候,连忙扑在我的怀里说道：

'我的救命恩人,我应该怎样酬谢你呢?'

'还用谢吗? 这是我应该做的事!'我说。

哪知道熊大娘一定要谢我,硬把我拉到她家里,立刻拿出了一只羊羔说：

'恩人,拿去吧,我这里还有一只呢!'

这怎么能收呢? 当时我一定推却不要,哪知熊大娘生气了：

'难道你嫌少吗?'

这样一说,我就不得不拿来了。"

"这……这会是真的么?"狐狸张大着眼睛,又追问了一句。

"唉,别打岔,我还没说完呢。后来熊大娘送我出门时,还再三对我说：

'明天傍晚再来吧,我还要好好请请你呢!'"

"明天傍晚,让我也跟你去吧。"狐狸恳求道。

"跟我去是不行的,"灰狼想了一下,"我看这样吧,明天傍晚我要去捞银盘,没工夫去,还是你代我去吧,你只要说我病了,你是我的好朋友,我相信熊大娘一定会很好招待你的。说不定还会把另一只小羊羔送你呢!"

狐狸听了高兴得跳了起来,忙抱住灰狼的头,吻着他的面颊说：

"好兄弟，你真是我的知心朋友，我将永远记得你的恩情。"

当天晚上，狐狸跟灰狼谈得亲密极了。但是各人的心里，却都这样想着：好吧，明天看你遭罪吧，让你知道究竟谁比谁聪明！

离　别

第二天黄昏，狐狸跟灰狼要出发了。他俩拥抱在一起久久不能分开。狐狸热泪盈眶地说道：

"亲爱的狼兄弟，我衷心祝贺你胜利归来！"

灰狼也感动得酸着鼻子说道：

"好兄弟，熊大娘是非常好客的，你千万别狂饮暴食呀，吃坏肚子可不是闹着玩的！"

他俩终于难舍难分地离开了。灰狼向东去，狐狸向西去，两人还时常回转头来看看，挥着手，打着招呼，露出了得意的微笑……

月亮慢慢地从山腰升到山顶上了，夜色愈来愈浓，黄昏过去了，可是狐狸跟灰狼还没有回山洞来。昨夜还是充满着欢笑的山洞，今夜却显得分外冷清、凄凉。晚风阵阵吹来，隐隐约约地传来了狐狸和灰狼绝望的叫喊声，但是过了一会儿，什么声音也听不见了，只有晚风吹动这树叶子，发出了哗哗的声音……

（载《狐狸和灰狼》，浙江人民出版社 1956 年版）

奇怪的帽子

从前,有个秀才不管刮风下雨都喜欢戴一顶帽子。戴上这顶帽子,他就喜笑颜开。

这是顶奇怪的帽子:只要听见有人夸奖或恭维秀才,它就升高一尺。

有一天,秀才去参加一个朋友的宴会。路上,他碰见老友马二先生。马二先生一见他就拱手说道:"秀才先生,今日驾临何处?"

"到友人家赴宴。"

"好哇,先生的文章令人钦佩。今日出门赴宴,幸会,幸会!"

马二先生说完了这句话,那顶帽子就升高了一尺。

秀才继续向前走着,迎面又走来了李四先生。

李四先生笑道:"先生的帽子与众不同,妙哉,妙哉!"

那顶帽子又升高了一尺。

秀才快到友人家门口的时候,忽然又来了王五先生。

王五先生向秀才作了一个揖,说道:"看先生的福相,将来一定官运亨通,福星高照!"

话刚说完,帽子又升高了一尺。

秀才到了友人家门口,友人早在门口迎接,并大声说道:"先生是名流学者,誉满天下,今日枉驾寒舍,顿使蓬荜生辉,欢迎,欢迎!"

秀才的帽子又升高了一尺。

秀才戴着这顶四尺多高的帽子,走起路来摇摇晃晃。友人家的门太矮、太小,他只好弓着身子走了进去。

他入席以后,主人和席上的亲朋好友都纷纷向他敬酒。他越喝越兴奋,可是他的酒量原来就不大,喝完了五杯酒,他就有点飘飘悠悠,忘乎所以。席上忽然有人提议:"秀才先生的诗作,名闻遐迩,堪称诗圣。请先生即席赋诗一首,以饱耳福。"

当众人拍手称好的时候,他的帽子又升高了一尺。

秀才盛情难却,就当场作起诗来。他想了一下,立即说出了头一句:"清明时节雪纷纷。"

"妙哉,妙哉,清明时节下雪,乃祥瑞之述也。诗人别出心裁,妙不可言。"座中一位客人叫道。

帽子又升高了一尺。秀才接着说道:"路上行人笑盈盈。"

主人拍案叫好:"诗人反其意而用之,美哉,美哉!"

帽子又高了一尺。

秀才的高帽子,分量越来越重,使他头昏目眩,不能自持了,但他又接下去说道:"借问诗人何处去,羊倌近指……"

诗尚未作定,座上客掌声不断。秀才正得意忘形的时候,许多瓦片忽然向他的头上袭来,原来高帽子已经升到了房顶,并把房顶戳穿了。座上客都受了伤,秀才更是头破血流,狼狈不堪……

秀才一怒之下,把那顶帽子扔到了地面,从此再也不戴帽子了。

人们都说:"谁捡到了这顶帽子,都会倒霉的。"

(载《中学生杂志》1986 年第 2 期)

摩天塔

　　有一个人姓高，名高，真是名副其实的高高了。他样样都想要比别人高出一个头才高兴。比如说，三个人分吃三个梨，他一定挑最大的吃；四个人出去看电影，他一定挑最好的位子坐；五个人出去散步，他一定要走在最中间……他还有个怪脾气，老是想去登高望远。他想，如果能登上最高处，芸芸众生都在他的脚下，那该多高兴啊！

　　有一天，他听说某市有一座摩天塔，高兴极了，兴冲冲赶到那里，果然看到一座很高的摩天塔，抬头往上一看，头上的帽子竟会掉在地上。他心花怒放，很想往上爬，可是偏偏这座摩天塔没有楼梯可以上去，可望而不可即。

　　高高多么希望有人能帮助他登上塔顶啊！

　　他日思夜想，一直想不出办法来。有一天，他突然想到了云梯，不觉大喜，跑到云梯面前说："云梯老弟，你能帮助我上塔顶吗？"

　　"能！"云梯说。高高高兴极了，他顺着云梯一个劲儿地往上爬。神奇的云梯也一直自动地往上升。高高终于登上了高高的摩天塔塔顶。他一登上塔顶，便神气非凡，马上一脚把云梯踢翻了，说："见鬼去吧，你这供人攀登的云梯！"

　　云梯倒在了地上，然而高高却永远留在了塔顶上。

　　这到底是喜剧呢，还是悲剧？

含羞草

含羞草种在一只精致的花盆里,主人将他放在客厅里。因为他经常自我陶醉,洋洋自得,所以人们都叫他得意草。

他为什么要如此得意呢?因为他觉得自己的叶子颜色翠绿,是世界上最美的。

因为他觉得自己的神态婀娜多姿,是世界上最俊的。

因为他觉得自己的花朵颜色淡雅,是世界上最好看的。

因为他觉得……

主人觉得得意草太自鸣得意了。有一年春天,主人将他放到门前的庭园里去。庭园里有一株盛开的月季,得意草与月季花一比,觉得自己的花和叶子太寒碜了。

夏天来了,主人将得意草放到池塘边去。池塘里的荷花正在怒放,得意草和荷花一比,无论叶子或花朵,都没有荷花那样美丽雅致。

秋天来了,主人将得意草放到菊花丛中去。得意草的花朵和千姿万态、色彩斑斓的菊花一比,他觉得自己太不像样了。

冬天来了,大雪纷纷扬扬,主人将得意草放到红梅树旁边,得意草和不畏严寒的红梅相比,他羞愧得再也抬不起头来了。

第二年,主人将得意草重新放回客厅的时候,他再也不洋洋自得了。

主人碰了一下得意草,说:"得意草,你还自鸣得意吗?"

得意草羞愧地将叶子收拢,低下了身子,摇了摇头说:"不,跟别的花草相比,我实在太惭愧了。"

从此,人们一碰得意草,他就羞愧地收拢叶子,低下头来。不知从哪一天起,人们不再叫他得意草,而是叫他含羞草。

"研究"先生

有一位先生不知姓甚名谁,可是大家都叫他"研究"先生,因为他不管碰到任何问题,只要你去征求他的意见,他马上就会回答说:

"我研究研究再告诉你。"

比如有人问他:

"你看今天天气怎样?会下雨吗?出门要带伞吗?"

他马上闭起眼睛说:

"好,让我研究研究。"

再比如,有人拿了一朵白兰花和一朵玫瑰花去问他:

"请你说说,哪朵花颜色好看?哪朵花香气好闻?"

他也会马上回答:

"好!你把两朵花放在这儿,让我研究研究。"

有一次,他在山边暴雨中行走,附近刚好有一座宝塔,忽见前面跑来几个人,对他叫道:

"前面山洪暴发了,你快跟我们到塔上去暂避一下吧。"

这位"研究"先生闻听此言,不动声色地想到:"山洪怎么会突然暴发呢?我为什么要跟他们一起跑上塔去呢?如果山洪不暴发,岂不是说明我判断事物的水平太低了么?"

他想完后,马上高声回答他们道:

"让我研究研究再作决定!"

"研究"先生还没研究出结果来,滚滚山洪已经袭来。只见他在汹涌的洪流中挣扎了一会儿,就再见不到身影了。

马鹿之死

灰狼想捉住马鹿来饱餐一顿。

可是马鹿跑得比灰狼还快,灰狼好几次追赶马鹿都未追上。

有一天,灰狼看到马鹿在溪边站定了。

马鹿有一对美丽的角,他在山野荒地里漫游时却无法看到他那对美丽的角。因此他每次来到溪边、塘边、河边的时候,都要停住自我欣赏一番。

这天,马鹿站在溪边对着水中自己头上的那对漂亮的角,欣赏不已:

"我这对角有多漂亮呀!"

灰狼轻手轻脚地朝溪边走过来了。

"我的角比梅花鹿的角还美丽呢!"

灰狼愈走愈近了。

马鹿还是出神地看着:

"世界上的动物算我最美丽了。"

"对!世界上的动物算你最美丽,特别是你那对角真是稀世珍宝呢!"灰狼细声细气地说道。

马鹿忘乎所以,依然陶醉在自己的美丽之中。

灰狼猛扑过去,等马鹿惊醒过来时,他已经来不及逃走了。

马拉松

事情是这样的：

松树在山上被砍下来了，到底是让马把松树拉下山来，还是让驴子把松树拉下山来，人们一直争论不休。

甲说："马的力气大，应该让马把松树拉下山来。"

大家认为甲说的有道理。

乙说："马的力气大，应该派更大的用场；驴的力气小，但也足够把松树拉下山来了。"

大家认为乙说的也有道理。

忽然间，丙开口道：

"我看，马、驴都不合适，还是让人把松树拉下山来吧！我们这里人力多，马、驴数量少，还是让马、驴派更大的用处吧！"

丙的话也有道理。

于是为了马拉松、驴拉松还是人拉松，大家争论了一天，还是没有结果。

于是第二天再争论。

一日复一日，一年复一年，一晃十年过去了。砍下的松树躺在山上已经烂了，可是马拉松的问题，至今还在争论，尚未解决呢！

一朵玫瑰花

有一天,邻居给朱呆子送来了一朵玫瑰花。

朱呆子把这朵深红色的玫瑰花,放在自己鼻子下面闻了又闻,叫道:

"好香的玫瑰花呀!你从哪儿弄来的?我园子里的玫瑰花开了不少,可是都没有你这朵玫瑰花香!"

邻居笑而不答。

朱呆子玩赏了一会儿又说:"我园中玫瑰花开了不少,可是没有一朵好的。你这朵玫瑰花大概是外国品种吧!"

邻居听了大笑不止,朱呆子摸不着头脑,这到底是怎么回事呢?邻居二话不说,一把将朱呆子拖到他自己的园中,对着园中盛开着的一株玫瑰花说道:

"我送你的这朵玫瑰花就是从你园中摘来的。你可相信?"

朱呆子大吃一惊。这怎么可能呢?

他走到自己园中那株玫瑰花旁边,仔细瞧了又瞧,又将邻居刚才送他的那朵玫瑰花和它的枝条花朵比了又比,觉得果然不差。他不禁长叹道:"原来好花就在我自己的园中。"

1990 年 7 月 20 日

有这样一本童话

　　有一个人送了一本厚厚的童话书给朋友的孩子皮皮。皮皮高兴极了，他怀着极大的兴趣，坐在桌边翻看起来。哪知一翻书，顿时使他目瞪口呆。

　　原来书的第一页写着，本册童话推荐人：王皮皮。第二页写着，本册童话主编：许皮皮。第三页写着，本册童话责任编辑：李皮皮。第四页写着，本册童话美术编辑：梅皮皮。第五页写着，本册童话终审编辑：金皮皮。第六页写着，本册童话发行人：沈皮皮。第七页写着，本册童话校对人：赵皮皮、钱皮皮。第八页写着，本册童话出版人：丁皮皮。第九页写着，本册童话法律顾问：邵皮皮。第十页写着，本册童话售书人：吴皮皮、胡皮皮、孙皮皮。第十一页写着，本册童话印刷人 108 人：

　　周皮皮、黄皮皮、朱皮皮、屠皮皮……

　　天啊！这一长串名单，把皮皮搞得又气又急。他一狠心，一下翻到 20 页上。哪知童话故事的正文和插图还没有出现。仍是一长串名单：

　　本册童话作者的曾祖父是何皮皮。曾祖母是童皮皮。祖父是……

　　皮皮气极了，愤怒地把童话书扔进了纸篓。

1986 年 12 月

第五辑

童话小品翻译

　　这一辑的内容主要是童话翻译作品。外国童话对我影响很大，外国童话作家的奇思妙想是一笔宝贵的精神财产。

兰恩童话两篇:
半小鸡 小单眼、小双眼和小三眼

半小鸡

从前有一只漂亮的西班牙黑母鸡,她养育了一群小鸡,在这群小鸡中最小的那只很丑,其余都长得美丽而又丰满。真的,他长得那么奇特,又那么难看,当初他啄破蛋壳钻出来的时候,他的妈妈简直不敢相信自己的眼睛。他跟另外那十二只小鸡完全不同,他们长着细软的绒毛,样子柔嫩小巧,都愿意依偎在妈妈的翅膀下面。他却偏偏不是那样。他看起来好像一分为二了。他只有一条腿,一只翅膀,一只眼睛,而且他还只有半个头,半个嘴。妈妈看着他的样子,忧愁地摇摇头说:

"我最小的亲骨肉只是个半小鸡,他不会像他的兄弟们那样长成高个儿、英俊的公鸡了。他们将来会出去见世面,经风雨,好好管理他们自己的场地的。这可怜的小东西只好永远跟他的妈妈待在家里了。"她叫他密多玻力吐,西班牙语"半小鸡"的意思。

现在看来,密多玻力吐虽然是那么古怪、没有希望的小东西,可是不久他妈妈发觉他根本不想留在妈妈翅膀下面求得保护。说真的,从性格方面看,正像他的样子那样,他一点儿不像他的兄弟姐妹。他们是脾气好又听话的小鸡,当老母鸡咯咯唤他们的时候,他们就叫着跳着奔回到妈妈的身边来了。但是密多玻力吐尽管只有一条腿,却有一种傲视一切的精神,当他妈妈唤他回鸡窝的时候,他假装没有听见,不理不睬,因为他只有一只耳朵呀!

当妈妈带着全家孩子在田野里散步的时候,密多玻力吐一个人跳来蹦去,把自己藏在苞谷林里,当他妈妈怀着担惊受怕的心情跑来跑去呼唤他的时候,他的兄弟姐妹都怀着焦急的神情,花费好多时间来寻找这位古怪的小兄弟。

他渐渐长大起来了,变得更加自作主张,更加不听话了。他对妈妈的态度常常很不好,他对另外的小鸡,脾气也非常暴躁。

一天,他外出游玩比平时走得远多了,当他独自回家的时候,他用他特殊的一蹦一跳的走路姿势,跳到他的妈妈面前,抬起一只眼睛,冒冒失失地说:

"妈妈,老待在死气沉沉的庭院里,我实在厌倦死了,除了眼前一片令人沉闷的玉米地外什么也没有。我要到马德里去见国王了。"

"到马德里去,密多玻力吐!"妈妈惊叫了起来,"哎,你这个傻小子,到那里去即使对成年公鸡来说,也有一段很长的旅程!像你这样一个可怜的小家伙,没有走上一半路,你就会累死。不,不能去,跟妈妈待在家里吧,有朝一日,你大一点的时候,我们再一起出去作一次短途旅行吧。"

但是密多玻力吐已经下定决心,非去不行。他不听妈妈的忠告,也不听他的兄弟姐妹们的恳求和劝告。

"我们这么多孩子互相拥挤在这么一块局促的小地方会有什么出息呢?"他说,"当我在国王宫廷里有了一块好地方以后,我也许会邀请你们当中的几个,到我那里作一次短期访问。"说完,他来不及向全家人告别,就跳到大路上向马德里前进了。

"要记住:对你遇到的每一个人都要和和气气,讲究礼貌。"妈妈跑在他的后面喊道,但是他跑得那么快,也不回答她,甚至连头也不回就一直朝前走去了。

这一天,他走了一段路以后,为了抄近路穿过一块地去,他必须穿过一条小溪,现在这条小溪被丛生的杂草和水生植物堵塞住了,因此小溪不能自由畅通了。

"啊!密多玻力吐,"当半小鸡一蹦一跳地到达溪边的时候,溪水叫了起来,"快来帮我把这些杂草清理了吧!"

"帮你,你说得真好!"密多玻力吐回答说,一面翘起他的头,摇摇他尾巴上的几根鸡毛,"你以为我没有事情好干,宁愿浪费我的时间来干这些小事么?你自己想办法吧,不要来麻烦忙碌的旅行者啦。我要到马德里去见国王呢!"密多玻力吐说完以后就一蹦一跳地走开了。

又走了一段路,他来到了一个火堆旁边,这是一些吉卜赛人离开时留下的。火势已经很微弱了,一会儿工夫就将熄灭了。

"啊,密多玻力吐,"火堆用微弱的、颤抖的声音叫了起来,"一会儿我就要熄灭了,除非你把一些树枝和干叶子放在我的上面,帮帮我吧,要不我就要完蛋了。"

"帮助你!你说得真好!"密多玻力吐回答说,"我有别的事情要干,你自己去捡一些树枝吧,不要来麻烦我。我要到马德里去见国王呢!"密多玻力吐说了以后一蹦一跳地走了。

第二天早晨,当他靠近马德里的时候,他经过一株大栗子树,风被缠在了他的树枝中间。"啊,密多玻力吐,"风叫了起来,"请在这儿停一下吧,帮我把这些树枝清理一下吧。我不能吹走了,这对我来说是多么不舒畅呀!"

"这是你自己的过错,你就不应该到这里来,"密多玻力吐说,"我不能浪费我早晨的时间停留在这儿帮助你,你自己把树枝弄开吧,不要来麻烦我,我正要到马德里去见国王呢!"说罢,他欢天喜地一蹦一跳地走开了,马德里的许多宝塔和屋顶已经遥遥在望了。当他到了市区以后,他看到自己面前矗立着一座辉煌的大房子,有些士兵还站在大门口守着呢。他明白,这就是王宫。他决定跳到前门口,在那里等待国王出来。但当他跳过后窗的时候,让国王的厨师给看见了:

"这正是我需要的东西,"他喊了起来,"国王刚通知下来说,他需要鸡汤下晚餐。"他打开窗门,伸出双臂就把密多玻力吐捉住了。他立即动手把密多玻力吐丢进附近火炉上的汤锅里去了。水浇在密多玻力吐的头上,翅膀毛都倒在一边去了,他感到全身潮湿,黏糊糊的十分难受。

"水呀,水呀!"他绝望地叫了起来,"可怜可怜我吧,不要把我弄得那么湿淋淋的吧。"

"嘻!密多玻力吐,"水回答说,"当我是一条小溪在田里流着的时候,你为什么不愿意帮助我呢?现在你必须受到惩罚。"

这时候,火开始烧起来了,要煮烧密多玻力吐了。他跳了起来,从锅子这一边跳到那一边,想逃脱这次烧煮。他痛苦地喊了起来:

"火呀,火呀,不要像这样烧煮我吧,你无法想象到这会多么伤害我呀!"

"嘻!密多玻力吐,"火回答说,"当我在树林里快熄灭的时候,你不肯帮助我,现在你正在受到惩罚。"

最后,当痛苦如此强烈地袭击着他,使他感到毫无生还的希望时,厨师拿起锅盖看看为国王晚餐享用的鸡汤是否已经熬好了。

"糟啦!"他惊呼起来,"这只小鸡已经没有用啦,他已经烧焦了。我再也不能把他送到皇家的餐桌上去了。"说罢,他打开窗门,就把密多玻力吐扔到街上去了。这时候,风把他吹了起来,他在风里旋转得飞快,连气都喘不过来了。他的一颗心怦怦直跳,他担心老这样下去,心脏都会碎的。

"风呀!"他最后叫了起来,"如果你这样把我吹来吹去,你会把我折腾死的,让我休息一会儿吧,否则——"他气喘得厉害,连这句话也没法说完。

"嘻,密多玻力吐,"风回答说:"当我在栗树的枝条中被缠住的时候,你不愿帮助我,现在你该受到惩罚了。"他把密多玻力吐吹过屋顶,一直吹到市里最高的教堂上。他还把他紧缚在尖塔的顶上。

至今,密多玻力吐还站在那里呢。倘若你到马德里去,经过大街,来到最高的教堂,你一定会看到密多玻力吐用一条腿站在尖塔的顶上,他那一只翅膀挂落在他的身边,他还张着一只眼睛正忧郁地注视着这个城市呢!

小单眼、小双眼和小三眼

从前有一个女人,她有三个女儿:大女儿叫小单眼,因为她的前额只有一只眼睛;二女儿叫小双眼,因为他和平常人一样有两只眼睛;最小的叫小三眼,因为她有三只眼睛,那第三只眼睛长在前额中间。因为小双眼跟其他孩子没有什么两样,她的姐姐、妹妹和妈妈对她就看不顺眼了。她们对她说:"你有两只眼睛,但你并不比别人好,你是不属于我们的。"她们对她处处刁难,扔给她最破旧的衣服穿,把残羹剩饭让她吃。只要有可能,她们总要随时随地让她吃些苦头。

有一天,她们要小双眼到野外去放羊,但她很饿,她的姐姐妹妹给她吃的东西太少了,她坐在草地上哭了起来。她哭得那么伤心,两行泪水从她的眼睛里涌了出来。但是,当她忧伤地抬起头的时候,有一个智慧女人站在面前问她:"小双眼,你为什么哭呀?"小双眼回答说:"我为什么不哭呢?我有跟平常人一样的双眼,我的姐姐妹妹和妈妈都看不惯我,她们把我推来撞去,给我最破烂的衣服穿,除了给我吃些残羹冷饭,别的什么也不给我吃。今天她们给我吃的东西太少了,我到现在还饿得慌呢。"智慧女人说:小双眼,擦干你的眼泪,我要告诉你一件事,你就不会再忍饥挨饿了。你只要对自己的山羊说:

小山羊,咩咩,
小桌子,快来。

这样,一张灵巧的小桌子就会出现在你前面,桌子上还放着很多美好的食物,这样你就可以吃到你所需要的东西了,当你吃饱以后,不需要小桌子时,你只要说:

小山羊,咩咩,
小桌子,离开。

这样,小桌子就会马上消失了。智慧女人说完就离去了。小双眼想:"我必须立即试一试她说的话是否可靠,我还从来没有这么饿过呢。"她就说:

小山羊,咩咩,
小桌子,快来。

她一说完,面前就出现了一张小桌子,上面铺着一块白布,白布上放着一个盘子,还有一把刀、一把叉、一根银匙和一些非常漂亮的碟子,那些食物还在冒热气呢,好像刚从厨房里拿出来似的。于是小双眼说了一句她所知道的最短的感谢话,就开始进餐了。当她吃完以后,就说了智慧女人告诉她的那句话:

小山羊,咩咩,
小桌子,离开。

那张桌子和桌上的东西一下子都不见了。"这事真奇妙!"小双眼想,她现在非常愉快和满足。

傍晚时分,当她带着山羊回家来的时候,她发觉在一只陶瓷小碟儿上,放着她的姐姐妹妹留给她的剩菜冷饭,可是她不去碰它。第二天,她带着山羊出去时,那些留给她吃的剩菜冷饭依然留在那儿。头一二次,她的姐姐妹妹没有留意到这件事,但是每次这样,她们就注意到了,并且说:"小双眼每天把食物留下来不吃,到底是怎么一回事? 过去这些东西放在她前面,她总是狼吞虎咽吃得精光。这里面一定有什么鬼名堂。"为了弄清楚真相,她们决定当小双眼赶羊到牧场去时,让小单眼跟着她,特别注意她在那里搞到什么吃的东西,是谁给她捎来的。

现在,当小双眼出发时,小单眼走过来对她说:"我要跟你到野外去看看你照看山羊的情况,看你是否好好赶着羊吃草。"小双眼一眼看穿了她的用意。她故意把羊赶到茂盛的草地说:"来,小单眼,我们坐在这儿,我给你唱支歌吧!"

小单眼坐下来了,她不习惯走路,再加上天热,所以感到十分疲劳,当小双眼唱着:

> 小单眼,你可醒着?
> 小单眼,你可睡着?

小单眼的那一只眼睛睡着了,当小双眼发现小单眼已经睡去,不可能发现自己的秘密时,她说:

> 小山羊,咩咩,
> 小桌子,快来。

她就坐在桌旁又吃又喝,直到吃饱喝足为止。于是她又说:

> 小山羊,咩咩,
> 小桌子,离开。

一眨眼的工夫,每一样东西都消失了。

这时,小双眼叫醒小单眼说:"小单眼,你来的目的是要注意我的行动,可你睡着了;这期间山羊四处乱跑,来,我们回家去吧!"她们就这样回家了,小双眼依然不碰那些留在小碟子里的食物,小单眼也无法向妈妈说明小双眼为什么不吃的原因,她只好抱歉地承认:"我在那里睡着了。"

第二天,妈妈对小三眼说:"这次你跟小双眼出去,看看她在野外吃些什么,看看是否有人来给她送吃喝,看来她一定偷吃了。"于是小三眼跑去对小双眼说:"我要跟你去,帮你照看山羊。"但小双眼看出了小三眼的阴谋诡计,她把山羊赶到茂盛的草地说:"我们在这里坐一会儿,小三眼,我给你唱支歌儿吧。"小三眼坐下了,她被走路和天热弄得疲惫不堪。小双眼又唱起了那支歌:

> 小三眼,你可醒着?

但她接下去没有唱:

> 小三眼,你可睡着?

而是不假思索地唱:

> 小双眼,你可睡着?

她继续唱:

> 小三眼,你可醒着?
> 小双眼,你可睡着?

这样一来,小三眼的双眼睡去了,但第三只眼睛在歌里没有唱到,因此没有睡去。当然,小三眼狡猾地把那只眼睛也装作睡着的样子。她眨了眨眼睛,什么东西都看得清清楚楚。

小双眼以为小三眼睡得挺熟,她就念起了那首诗:

> 小山羊,咩咩,
> 小桌子,快来。

她心满意足地吃着,喝着,等下面那首诗念完,小桌子马上就不见了:

> 小山羊,咩咩,
> 小桌子,离开。

小三眼对眼前的一切都看到了。小双眼来到她面前,叫醒她说:"喂,小三眼,你一直在睡吗?你真是一个好看守!来,我们回家去!"当他们回到家里,小双眼依旧不吃东西。小三眼对妈妈说:"我知道她不吃东西的奥妙了!当她在野外对山羊说:

> 小山羊,咩咩,

小桌子，快来。

一张桌子就出现在她的面前，桌上有最好的食物，比我们家的好得多。当她吃够了就说：

小山羊，咩咩，

小桌子，离开。

每样东西又都不见了，我把全部情况都看清楚了。她让我在一首小曲儿声中闭上了眼睛，可走运的是，我前额中间的那只眼睛依然醒着！"

这嫉妒的妈妈大喊："好哇，你以为日子过得比我们好吗？你再不会有这样的好日子过了！"她拿起一把屠刀就把山羊杀死了。

小双眼看到这一切，她满怀忧伤地跑了出去，坐在草地上啼哭。这时智慧女人又一次站在她面前，问她："小双眼，你为什么哭呀？""我为什么不哭呢？"她回答说："我的妈妈杀死了山羊，那山羊每天当我念起你的那首小诗时，就为我送来一桌子美食。"智慧女人说："小双眼，我愿意给你一个忠告，你去要求你的姐姐妹妹把死山羊的心送给你，然后埋在屋前的地上，那会给你带来好运的。"说完，她就不见了。小双眼回到家来，对她的姐姐妹妹说："亲爱的姐姐妹妹，让我得到一点山羊身上的东西吧——不论什么我都不会计较——让我得到它的心吧！"她们笑了笑说："如果你别的都不要，那就把心给你！"小双眼拿了心，在静悄悄的夜间，埋在门前的地上，像智慧女人对她吩咐的那样。

第二天早上，当全家人醒来，来到门前的时候，只见在那里长出了一棵奇怪的树。它有银叶子和正在成熟的金苹果。——你这辈子都见不到这么美妙和华丽的树！她们一点也不知道这树是怎样在夜晚长起来的。只有小双眼知道那是从山羊的心上长出来的，因为树就长在埋山羊心的地方。妈妈对小单眼说："爬上去，我的孩子，把那些果子摘下来给我们。"小单眼爬上去了，当她快拿住一只金苹果时，那树枝就从她手里弹开去。每次都这样，尽管她费尽心机，却一个苹果也摘不下来。妈妈说："小三眼，你爬上去吧，你有三只眼，对周围的东西要比小单眼看得清楚些。"于是小单眼下来，小三眼爬上去，可是小三眼依然没有成功。她东张张西望望，那些金苹果总是弹开去。妈妈再也忍不住了，最后她自己爬了上去,但是她一点儿也不比小单眼和小三眼强,她什么也没抓到,只是空抓一番。这时候,小双眼说了:"我来试试,也许能干得好一些。"两姐妹叫起来:"哦,对了,你有两只眼睛,毫无疑问,你会成功的!"当小双眼爬了上去,金苹果不再从她那里跳开,而且弯到她的手里,她把金苹果一个个地摘下,摘了满满一堆。妈妈从她的手里拿走了那些金苹果,他们总该不会像以前那样对待可怜的小双眼了,但她们嫉妒她,只有她能摘到苹果,所以她们仍然对她不好。

有一天发生了这样一件事:正当她们一起站在这棵树旁的时候,一个青年骑士骑马走来。"快,小双眼,"两姐妹叫道,"从树上下来,这样你就不会给我们丢脸了。"她们急忙把小双眼藏进树旁的一只空木桶里。她们把她摘的金苹果也推进木桶里去。当那个非常漂亮的年轻骑士骑马过来的时候,看见了这棵奇妙的金银树感到异常吃惊。他问两姐妹:"这棵美丽的树是谁的?谁能给我一根树枝,她就能得到她所要求的任何东西。"小单眼和小三眼回答说,这棵树是属于她们的,她们非常愿意为他攀折树枝。她们费了九牛二虎之力,依然白费劲,那些树枝和果实每次都从她们手中跳开去了。骑士说道:"这棵树归你们所有,而你们又没有力量把树枝和果实摘下来,这真是太奇怪了!"但她们还是坚持说这棵树是她们的,当她们这样说的时候,小双眼从木桶下面滚出了两个金苹果,金苹果一直滚到了骑士的脚边,他为小单眼和小双眼不能讲真话而感到非常愤怒。骑士看见了金苹果,十分惊奇。他问这些苹果是从哪儿来的。小单眼和小三眼说她们还有一个姐妹,但她见不得人,因为她跟平常人一样,只有两只眼睛。但骑士一定要见见她,而且嚷了起来:"小双眼,出来吧!"于是小双眼十分高兴地从木桶底下钻了出来。骑士对她的美丽非常吃惊,说:"小双眼,我相信你一定能为我摘一根树枝下来。""行啊,"小双眼回答说,"我能摘,因为这棵树是属于我的。"说罢就爬上去,毫不费劲地摘了一根带银叶金苹果的树枝,并把它交给了骑士。于是他说:"小双眼,我用什么来酬谢你呢?""唉,"小双眼回答说,"我从早到晚又饥又渴,一无所有十分忧伤。如果你愿把我带走,将我从不幸中解救出去,我该会多么幸福啊!"于是骑士把小双眼抱上自己的马背,将她带回到他父亲的城堡中去。在那里,他给她最漂亮的衣服穿,给她吃的、喝的,使她称心满意,他非常爱她,便向她求了婚,婚礼在非常愉快的气氛中举行。

当英俊的骑士带走小双眼的时候,两姐妹非常嫉妒她的好运。"总而言之,这棵宝贝树仍然属于我们。"她们想:"虽然我们不能从树上摘下果子,但每个行人都将在这里停留、观赏,他们也会来拜访我们并赞赏这棵树,谁知道我们能从这棵树上取得怎么丰硕的成果呢?"但是第二天一早,这棵树就无影无踪了,她们的希望成了泡影,而小双眼从她的窗口望出去时,窗下却长出了这棵奇怪的树,这对她来说,该是多么快乐啊!

小双眼度过了一段很长的好日子。一次两个可怜的女人来到城堡乞求救济。小双眼认出了她们——小单眼和小三眼,她们现在变得那么贫穷,她们沿门乞讨面包。小双眼对她们表示欢迎,关怀备至,她们为小双眼在年轻时受到的虐待而悔恨不已。

（载《童话》第九辑,新蕾出版社 1985 年版）

一只玫瑰花镶嵌的茶壶

【美】露丝玛丽·加兰

从前有一只小茶壶,浑身镶嵌着玫瑰花蕾,美极了,是一只地地道道的瓷茶壶。你可知道,她怎么晓得自己是用真正的瓷器制成的?如果你将她举起在亮光下一照,你就能看到亮光穿透她的全身。要是她不是用真正的瓷器制造的,你就看不到这样的情景了。

玫瑰花蕾茶壶明白,她自己有点与众不同,因为她常常被放在最好的瓷盘上,而且只有在礼拜天或非常特殊的场合,她才被带出来让大家瞧的。

但是一天,有一个人粗心大意,在厨房的水龙头上把她的壶嘴碰了一下,这样,壶嘴就碰碎了。可怜的玫瑰花蕾茶壶!她伤得不轻,从此以后,她每次哭喊着,要倒出茶水来。

"我们再不能很好使用这只茶壶了,"他们说,"因为茶壶嘴碎了,而且茶水老滴落在桌子上。"

玫瑰花蕾茶壶对此并不介意,因为现在她已不受重视,反倒每天可以被人使用了,她爱每天忙乎乎的。他们用一块海绵领子围着她的脖子,塞住她的泪水,免得茶水滴落在桌布上面。

但是另一件不幸的事发生了。这一次,另一个人把她的小小玫瑰花蕾的帽子——壶盖摘下来弄碎了。可怜的玫瑰花蕾茶壶眼看着这些碎片越过她的壶盖口,落到了垃圾箱里。

现在她感到非常寒碜,因为她被带出去时不再像就是那样有一顶帽子了。

"现在我们真的再不能使用她了。"他们说。她被丢进一只暗色茶盘的背后。可怜的玫瑰花蕾茶壶不久满身都是灰尘,不再有人像往常那样将她洗刷得漂漂亮亮了。

好长一段时间,她根本看不到一个人。直到有一天,有一个人将她从茶盘背后取出来,说道:"你们可以将她拿到旧货市场去卖,她对我们来说已经一点儿用处也没有了。"

他们把玫瑰花蕾茶壶跟其他许多旧东西一起放在一个盒子里。她离开了,不知到何处去安身。

她被放在市政大厅旧货市场的货架上。忧伤地坐在那里,周围也都是些倒霉的旧东西,一些被穿坏了的旧衣物,这些旧东西曾经被人爱过,但现在已不再被人爱了。

许多双手在大厅旧货市场上的旧货上面摸来摸去,拿起这些东西,然后又将这些东西重新放下。一直没有人来理会玫瑰花蕾茶壶,直到集市快散时,一个小姑娘才把她捡起来,说道:"这挺美,是吗?"她的妈妈说:"是呀,亲爱的,可是她的壶嘴碎了,也没有壶盖了。不过你可知道,这是真正的瓷器呀。"

"你怎么知道?"小姑娘问。

"你把她拿到有光亮的地方去照一下吧!"她的妈妈说。

小姑娘将她拿到有亮光的地方去照了一下,发现茶壶满身透亮。

"这茶壶只卖二角五分钱。"站在货架上的姑娘说道。

"我愿意买它。"小姑娘说。

"你买去干什么用呢?"她的妈妈问。

"我回家以后再告诉你。"小姑娘说。

她把玫瑰花蕾茶壶小心地拿回来。她爱这把小玫瑰花蕾茶壶,小玫瑰花蕾茶壶非常高兴自己又被人爱上了。

"在这以前我还没用过真正的瓷器呢!"小姑娘说。

小姑娘跑到树林里去了,回家以后,那只小玫瑰花蕾茶壶已插满了樱草花。

"它们看起来不是挺好的吗?"她的妈妈说,"你在旧货市场买来了一只非常好看的小花瓶。"

这樱草花香气四溢,玫瑰花蕾茶壶感到自己非常清洁美观,从此以后,她永远在小姑娘床边的桌子上生活下去了。

玩具店的夜晚

整个白天,当男孩们和女孩们从玩具店进进出出的时候,玩具们都端端正正地站在他们的架子上面。

但当夜晚来临,店门关上的时候,他们全都跳下来,度过一个欢乐的时刻。玩具们跳呀,玩呀,像小姑娘们和男孩子们喜欢玩的那套游戏一模一样。

一天晚上大象吉姆坡说:"让我们都来跳舞吧!"

他举起他的前腿,在店中心的地板上跳起了欢乐的、轻快的捷克舞,意大利洋娃娃吹起了口琴为他伴奏。

不一会儿,所有的玩具全都参加进来了,那瑞士洋娃娃牵着法国洋娃娃的手,法国洋娃娃的手又牵着荷兰洋娃娃和德国洋娃娃的手。

袋鼠牵着绒毛熊的手,绒毛熊又牵着大熊猫的手,大熊猫又牵着一个名叫苏桑的小姑娘的金耳环。

他们转着圆圈跳着,跳着,这当儿,小花公鸡、企鹅和黄鸭跳着他们的小步舞。

仙女娃娃舞动着她的魔杖,使一直待在角落里的所有氢气球,都离开了系着他们的棒子,漂浮下来了。

兔子绞紧了有发条装置的老鼠,在这些跳舞者中间蹿进又蹿出地玩儿。

不久,每个玩具都跳起来了——除了猴子以外。他像往常那样,又想搞恶作剧了。

他发现了一袋石弹子,他坐在角落里,用他那狡猾的眼睛,看着这些跳舞的玩具们。

　　突然，他倒翻了那只袋子，让所有的弹子在地板上乱滚。

　　"全都要你们倒下！"当玩具们踩在弹子上，开始七倒八歪的时候，他咯咯地大笑起来了。

　　他们一个接着一个倒下了，那只调皮猴子笑得越来越响了。

　　但他没有笑很长时间，因为看守玩具的玩具警察站起身来，很快走到猴子面前，抓住了他的耳朵。

　　"你现在马上向大家道歉，不然，我们就把你放到积满灰尘的架子上去！"玩具警察警告说。

　　猴子害怕了，立刻对大家道歉，因为他不想被放到那积满灰尘的架子上去，那里是店中最高的架子，靠近天花板了。在那里，没有人会抬起头来看他一眼，直到主人要出售他时，才将他拿下来以半价出售，这滋味儿绝不好受的，猴子想到这些就害怕了。

　　所以，他说他愿意向大家赔礼道歉，并愿意收拾起那些滚散了的弹子。

　　他开始收拾起这些弹子，但他偷偷留下了一颗。

　　"看啊，"兔子叫起来了，"太阳正在升起，很快到了开店门的时候了。"

　　"好啦，我们必须回到自己的架子上去。"大象吉姆坡说。

　　所有的玩具和洋娃娃全都爬回到他们的架子上去了。当店主人走来打开店门的时候，他们都乖乖地坐在那里，好像整个夜晚没有发生过什么事一样。但是当店主人走到他的柜台旁的时候，一颗弹子滚到地板上来了。

　　他虽然踏着了这颗弹子，但他没有倒下，他停下步来将它捡了起来。"我不知道它从哪里滚来的。"他说着，将弹子放进了袋子里。

　　猴子偷偷笑着，他最清楚弹子是从哪里滚出来的。这是他丢出来的呀！他真是一只淘气十足的猴子，他大概想玩具们不会真的将他放到那个积满灰尘的架子上去的。

　　　　　　（载《幼儿故事大王》第 4 辑，浙江少年儿童出版社 1992 年版）

绿　伞

　　这把绿色的伞又旧又寒酸，可是它不是一直这样的。它曾经是一把漂亮的丝织伞，属于一位有钱的年轻姑娘。

　　可是她是一位粗心的姑娘，一天，她出去散步时，将它遗忘在公园的栏杆上了。

　　它在那里被一个小矮人发现了，他是一个小丑，在马戏团工作。

　　他把它带回家里，放在车篷里，跟一只猫和一条狗关在一起。每天晚上，他带它到马戏场上去表演。他撑着这把伞骑在一辆非常奇特的自行车上，表演各种惊险动作。

　　他一会儿把绿伞顶在鼻子上，一会儿顶在头顶上；一会儿，他又倒转身子来骑，将绿伞顶在他的大脚趾上。绿伞压根不知道下次它将被顶在哪里。

　　它表演得非常出色，从不出差错，使它的主人小丑难堪。

　　可是，不幸的一天终于到来了，小丑有了新花招，就把绿伞扔进了废物堆里。

　　它不知道怎么办。不久，它发现自己有了新的出路。

　　一个流浪汉捡起了它。他非常高兴有这样一把绿伞，把它挎在肩上，跟一包午餐绑在一起。

　　他们一起漫游在这个国家，有时候穿过城镇和村庄，有时候经过房屋和田野。夜晚，他们一起睡在干草堆上，觉得非常舒适和温暖。

　　每天清晨，他们迎着朝霞继续上路，日子过得多么快活。但是有一天，他们不得不分手了。他们根本不想分开，这都是一件偶然事故造成的。

那一天，他们正坐在一起，流浪汉正在吃午饭。一阵大风吹来，突然将绿伞吹进溪水中去了。流浪汉想尽了办法，想把绿伞夺回来，可是无情的大风将它吹到很远的地方，接着又被激流冲到了一处岸边。

一只鸭子看到了这把绿伞，非常喜爱。她铲了一些青草放在伞下面，接着她在绿伞下产下了几枚蛋。

过了几天，小鸭子被孵出来了，这把绿色的伞，就变成了小鸭子们的保护伞了。

但是过了不久，小鸭子们长大了，他们都各自生活去了，这把绿伞又变得孤零零的了。

奇怪的是，它对目前的孤独生活毫不在乎。它已经到过不少地方，也经历过不少事情，其中也有一些激动人心的事情，到现在，它已经感到相当疲倦了。

现在，它待在废物堆里，没人愿意看它一眼，它看着世间万物匆匆从身边溜过。

它看见，小鸭子们从它的身边走过，它也看到，夏去春来，时光在流逝。

当有一个春天来临时，鲜花盛开了，小鸟们在树林里唱歌。这把绿伞多么希望能在晨风中升起，远飞他乡，到处去漫游啊！

但是它没有这样做。它停留在它应该停留的地方，为各种小动物提供保护的场所，因为它们在这把友好的绿伞下面，一直感到非常安全。

三只小猪

从前,有一只母猪跟她的三个孩子生活在一个宽敞、舒适、老式的场院里。大小猪名叫褐褐,二小猪名叫白白,三小猪最好看,名叫黑黑。褐褐是一只非常肮脏的小猪,整天就在泥堆里滚呀,转呀,所以全身弄得都是泥巴。他的妈妈常常为此而责备他,还摇着头忧愁地说:"唉,褐褐,你不听妈妈的话,将来总有一天要后悔的。"但是这些劝告或警告,对他的坏脾气一点儿用处也没有。

白白是一只相当聪明的小猪,但是她贪嘴。她老想吃东西,老想找一顿美餐大嚼一顿。当她看到农场姑娘拎着一桶食物穿过场院来的时候,她就伸直后腿,高兴得又舞又跳。当猪食倒进食槽的时候,她为了吃到最好最大块的食物,便拼命把褐褐和黑黑挤开去。妈妈对她的自私自利常常加以责备,并且告诫她说,如此贪食和强横,她总有一天会倒霉的。

黑黑是一只好小猪,他既不肮脏又不贪食,他相当整洁(对猪来说,可不容易啊),他的肤色像黑缎子一样又光又滑。他比褐褐、白白聪明多了。当他妈妈听到农友们在谈论说,这黑小崽总有一天会成为一只受人称赞的猪时,她真是从心底里感到骄傲。

日子一天天地过去,猪妈妈老弱将死的日子终于来到了。一天,她把三只小猪叫到她的身边说道:

"我的孩子们呀,我感到一天天地老了,不中用了。我死去以前愿意为你们各自建造一座房子。我们现在生活着的这座老猪圈,将移交给别的猪家庭了。你们必须出去另建新家了。现在,褐褐,我问你,你喜欢建造怎样一个新家呢?"

"一座泥房子。"褐褐回答道,眼睛盯着角落里的那个泥水坑。

"你呢? 白白。"母亲用愁闷的语调说,因为她对褐褐那种愚蠢的选择完全失望了。

"包心菜房子。"白白说,她满嘴都是东西,一面说话,一面还在猪槽里掏掘洋山芋皮,连鼻子也不抬起来。

"傻,真是傻孩子!"猪妈妈说,露出十分失望的表情。"你呢? 黑黑,"她转身来对她的小儿子问道,"我为你造一间怎样的房子呢?"

"请妈妈给我造一间砖房。因为这种房子冬暖夏凉,一年四季都很安全。"

"这是一只有头脑的小猪。"妈妈回答说,高兴地看着他,"我会把三间房子马上为你们准备好的。现在,听我最后一句忠告,你们都早已听我讲过,我们的仇敌是狐狸,当他听到我死去的消息,他一定会想方设法抓住你们。他非常狡猾,毫无疑问,他会伪装自己,假装成朋友。你们一定要答应我,在任何情况之下,都不能让他走进你们的家。"

三只小猪一下子都答应了,他们对狐狸一直是害怕的,因为他们听到过许多有关狐狸的可怕故事。过了几天,猪妈妈死了,小猪们都各自住到他们的新家去了。

褐褐对新居的松软泥墙和潮湿土地十分满意。他马上在里面打起滚来,泥地泥墙一下子都不像样子了。他高兴极了,整天滚在泥堆里,弄得满身一塌糊涂。一天,他正在泥地里打瞌睡的时候,听到了轻轻的扣门声。一个柔和的声音叫道:

"我可以进来吗? 褐褐先生,我要来看看你这个美丽的家!"

"你是谁呀?"褐褐问,开始有点害怕起来了。听声音虽然是柔声细气的,但他确信那是假装出来的,他担心这就是狐狸。

"我是来访问你的朋友。"那个声音回答道。

"不,不。"褐褐说,"我不相信你是朋友,你是个狡猾的狐狸。我们的妈妈告诫过我们,不要接近狐狸,我不能让你进来。"

"好呀,那就是你回答我的态度吗?"狐狸粗暴地喊道,"你马上就会明白谁是这儿的主人。"他用爪子抓起来了,在松软的墙上抓出了一个洞。一会儿工夫他跳了进来,抓住了褐褐的项颈,把他背在背上,快步地回到了窝里。

第二天,当白白在她自己的屋角里大嚼包心菜叶子的时候,狐狸偷偷走到了她的家门口。他开始同样用假装的柔和声音跟她说话,正如他跟褐褐说过的那样。当他说话的时候,她就非常害怕了。

"我是来拜访你的朋友,我向你要一点好包心菜去准备我的晚餐。"

"请不要碰它。"白白担心地说,"这包心菜是我屋子的墙,假使你吃了它们,你就会弄出一个洞。风雨要吹进来,这会使我受冷的。离开吧,我相信你不是一个朋友,而是我们的敌人,狡猾的狐狸。"这可怜的白白开始哭哭啼啼地哀求起来。此时,她才觉得自己如果不那么贪吃该有多好。但是现在已经为时太晚了。在几分钟内,狐狸吃掉了一些包心菜,穿过包心菜墙,抓住这只吓得发抖的白白,将她带回了自己的窝。

第三天,狐狸向黑黑的房子进发了,因为他已打定了主意,要把这三只小猪统统抓回到他的窝里来,然后一起杀了他们,请他所有的朋友来大吃一顿。但是当他到了砖墙房子时,他发现门是拴着的。他又开始耍起花招来了:"亲爱的黑黑,让我进来吧。我为你捎来了许多蛋,这是我在路上捡到的。"

"不,不,狐狸先生,"黑黑说,"我不打算为你开门,我对你的狡猾行为一清二楚。你已经把可怜的褐褐和白白背走了,你不用再在我的身上打主意了。"

听了这句话,狐狸大光其火,他用力撞墙,要想把墙推倒。但是这座墙非常坚固,造得又好,虽然狐狸用爪子狠命地抓墙,但只能伤害他自己,不能动摇砖墙半根毫毛。最后,他不得不放弃自己的打算,带着他伤痛的前爪一瘸一拐地走了。

"没有关系,"他一边离开一边愤怒地骂道,"总有一天我会抓住你的。当我把你抓回到我的窝里时,看我会不会把你的骨头碾个稀巴烂。"他露出牙齿,凶狠地吼道。

第二天黑黑到了镇上,他买来了一只大水壶。当他背着水壶回家来的时候,他听到有人偷偷跟着他走。他怀着恐惧的心情站着听了一会儿,一个好主意突然出现在他的脑子里。他转身走到了一座小山上,看到自己的房子偎依在山脚下的树林里。他把水壶盖拿开,自己跳了进去。他把自己的身子蜷缩起来,紧贴着壶底;同时又用他的前脚把壶盖盖好,这样他就把自己完全隐藏起来了。他在里面稍稍踢动一下,水壶就动起来了。水壶斜着滚下山来,当狐狸走上前来的时候,他看到的只是一个大水壶在地上滚动。当他看到水壶滚近小砖房的时候,他非常失望地转身走了。过了一会儿,黑黑从水壶里跳了出来,很快带着水壶溜进了自己的房子。他闩好门又把百叶窗也关好了。

"好哇,"狐狸对自己叫了起来,"你用那个方法避开我,是吗?我们等着瞧吧,我的朋友!"他静悄悄地、偷偷地朝房子四周转了一圈,看看有什么法子可以爬到屋顶上去。

这时候黑黑把水壶装满了水,并把它放在火上烧了起来,他耐心地等待将水烧开。当水壶里的水开始响了起来,蒸气从壶嘴里喷了出来时,他听到一种声音,像是一种轻轻的踮着脚走的脚步声,在他头上叭哒、叭哒地响着。过了不久,可以看见狐狸的头和他的前脚从烟囱里伸下来。黑黑非常聪明,他把壶盖掀开,随着一阵痛苦的嚎叫声,这狐狸落进滚水里去了。在他要挣扎着逃出来之前,黑黑又把壶盖盖上了。狐狸被闷在里面活活烫死了。

当黑黑确信狡猾的敌人真正死了,不会再来伤害他们的时候,黑黑马上动身,要把褐褐和白白救出来。当他快到狐狸窝的时候,他听到了可怜的小哥哥和小妹妹发出的咕噜咕噜的哀叹声,他们正在担心狐狸要把他们杀死吃掉。当他们看到黑黑出现在窝门口的时候,他们的高兴劲儿是无法形容的。他很快找到了一块尖石头,把绑缚他们的缚结弄断了。于是这三只小猪一起来到了黑黑的家中,此后他们就快快活活地生活在一起了。褐褐不再在泥堆里打滚了,白白也不再贪吃了,他们永远不会忘记几乎使他们丧生的教训。

变成鹳鸟的哈里发

巴格达的伽色,是一个年轻勇敢善良的哈里发。有一天,他从一个奇异的献宝人那里,弄到了一盒黑色的魔粉和一卷羊皮纸。羊皮纸上写着看不懂的文字。他找来了最有学问的赛里姆,赛里姆仔细地看了羊皮纸上的拉丁文后说:

"任何人,只要嗅一下魔粉,同时喊一声'魔他白',就能变成他所喜欢的动物,可以听懂所有动物的语言。如果想恢复人形,就只要向东方鞠三次躬,重新说一声'魔他白'就行了。不过在他变成动物时,切记不可以笑出声来,否则他一定会忘记那个有魔力的词,不能恢复成人了。"

哈里发高兴极了,他要赛里姆发誓不将此事告诉别人,然后找来了心腹大臣门所尔。他要跟门所尔一起体尝一下变成动物的滋味。

第二天早晨,哈里发伽色和大臣门所尔一起出发了。他们穿过御花园,到一个远离市镇的小湖去。他们一到那里,就看到两只鹳鸟神气活现地飞着,追逐着一只青蛙,而且不时喃喃地自言自语着。

"我用我的胡子担保,仁慈的主人。"大臣说,"这两只长腿动物将马上会闲聊起来,如果我们也变成鹳鸟,听听它们在说些什么倒挺有意思。"

"说得对,"哈里发回答说,"但是首先让我们小心记住,怎么才能恢复人形。好吧!向东方三鞠躬,说一声'魔他白',我将变成哈里发,你将再次成为我的大臣,但是老天爷保佑,我们千万别笑,否则,我们再也不可能变成人了。"

哈里发说完以后,看见那两只鹳鸟正慢慢地降落到地面上来了。他很快从他的腰部抽出那只盒子,拿了一撮吸鼻粉,给自己,又拿了另一撮给门所尔,两个人一齐叫了起来:"魔他白!"

他们的腿很快地收缩起来,变薄,变红了,他们漂亮的黄鞋子变成了鹳鸟脚;臂膀变成了翅膀;头颈伸长了一码;胡子不见了,全身披上了羽毛。这时,哈里发和大臣就听到那两只鹳鸟说的话了:

"早上好,长腿夫人,今天你出来得这么早? 我得到了一份可口的早餐,能允许我送你一点蜥蜴或者一只青蛙腿吗?"

"非常感谢,亲爱的喋喋不休的长嘴先生! 但是今天早晨,我一点胃口也没有,今天我要在父亲的客人面前跳舞,因此我现在必须到草地上安静地练习一会儿。"

于是这年轻的鹳鸟开始用非常美妙的步子跳起舞来了,哈里发和门所尔惊奇地看着。最后,她以别致的姿态,用一条腿平衡自己的身子,开始一上一下柔和地拍打起翅膀来,两只新变的鹳鸟再也安静不下去了,一阵长鸣从它们的长嘴中发出,而且持续了很长一段时间。

哈里发首先镇静下来。"那真是我见到过的最好的玩笑了。"他说,"真遗憾,这愚蠢的动物,由于我们的笑声飞走了。"听到这里,大臣突然记起了他们在变形期间是绝对禁止发笑的,他把他的担心告诉了哈里发。哈里发叫道:"天哪! 让我试试记起那个该死的词来吧,这个词已经从我的记忆中溜走了。记得我们必须向东三鞠躬,同时说'魔……魔……魔……'!"

他们向着东方,弯下身来,直到他们的长嘴碰在地上为止。但可怕的是,那个有魔力的词,已经完全被他们忘得一干二净了。虽然,哈里发一再鞠躬,一再碰碰他的大臣,叫道:"魔……魔……"可他们还是什么也记不起来了。不幸的伽色和门所尔只好永远当着鹳鸟了。

两只中了魔的鹳鸟,忧伤地走过草地,不知下一步该怎么办。他们再也不能从鹳鸟变成人形了;即使回到城里,告诉人们说他们原来是什么人,也无济于事呀,因为谁能相信一只鹳鸟的声明,说他就是哈里发呢? 即使他们相信他是哈里发,但是巴格达的老百姓愿意让一只鹳鸟来统治他们吗?

他们心神不定地闲荡了好几天,用果子充饥。唯一的安慰,就是他们还有飞行能力,因此,他们常常飞临巴格达上空,看看下面发生了什么事情。

在开始的几天里,他们看到了大街上有许多表示困惑和悲痛的迹象。但是到了第四天,当他们坐在王宫的屋顶上时,发现大街上有一队光彩夺目的队伍在行进着,鼓声和喇叭声响彻云霄。一个男子穿着镶着金子的大红斗篷,坐在一辆有华贵马鞍的马车上,四周簇拥着穿着漂亮的奴隶。巴格达的一半老百姓都跟在他的后面,他们不断地高呼:"向巴格达的主人密尔查致敬!"

坐在王宫屋顶上的两只鹳鸟互相看了一眼,哈里发伽色说道:"大臣,你现在能猜想到为什么我们会中了魔。这个密尔查是我的死敌,大魔法师卡斯吉努尔的儿子!他在一个罪恶的时刻起誓要向我报仇,现在他的目的达到了。我忠实的朋友,跟我来,我们到穆罕默德的基地去,也许在那个神圣的地方,那咒语会被我找到的。"

他们从王宫顶上站了起来,展开他们的双翅向圣地麦加飞去。

夜晚到了,他们停留在一个山谷的废墟里,打算休息一晚,明天再飞。这废墟早先是一座城堡,中间竖立几根漂亮的柱子,有几个房间,仍然保持着当年华丽的模样。伽色和他的同伴沿着通道走去,找到了一处干燥的地方,这时候,门所尔突然站住了。

"我的主人,"他轻轻地说,"我感到十分紧张,因为有人或者说有一样东西非常靠近我,听起来十分清楚,它在叹气和呻吟。"

哈里发静静地站着,他也清楚地听到一阵低低的哭泣声,像是一个人在哭泣。他怀着非常好奇的心理,准备冲到发出悲哀声的地方去,这时候大臣阻止了他,恳求他不要对不可知的危险去冒险。哈里发,在他的鹳鸟的胸中有一颗勇敢的心在跳动,他对大臣笑了笑,飞快地来到了一处黑暗的通道。他看见有一扇门半开着,这道门的后面,十分清楚地传来了叹息声,夹着嘤嘤的哭泣声。他用鸟嘴推开了门,站在门槛上,被眼前的情景惊呆了。房间的地板上,躺着一只巨大的猫头鹰。从它那巨大的圆眼上滚下了大滴的泪珠,从它的弯嘴里发出了可怕的悲鸣声。它一看见哈里发和他的大臣,马上发出了快乐的叫声。它用它那有斑点的褐色翅膀轻轻抹去了眼泪,对这二位来访者表示了极大的欢迎。然后,它用优美的阿拉伯语言说道:

"欢迎你们,鹳鸟。你们将会使我获救,因为命运早就向我预言:好运气将从鹳鸟那儿降临到我的身上。"

哈里发镇静下来,说道:"啊!叫声响亮的猫头鹰,从你的谈话中,我们相信,你和我们一样正处于不幸之中。但是,你希望通过我们获救的愿望是要落空的。你先听听我们的故事吧。"

于是,他把自己和大臣的遭遇告诉了猫头鹰。

当哈里发讲完了他的故事,猫头鹰说:"现在,请你听听我的故事吧,我并不比你幸运多少。我的父亲是印度的国王,我名叫罗莎,是他的独养女儿,那个使你中了魔的魔法师卡斯吉努尔,也就是致我于不幸的罪魁祸首。有一天,他来到我父亲面前,要求将我的手交给他的儿子密尔查,同意跟他儿子订婚。我的父亲——他是个脾气暴躁的人——立即命令将他丢下楼梯去。一天,当我在花园里呼吸新鲜空气恢复精神时,这家伙靠近我,给了我一口水喝——他化妆成一个仆人——我喝下以后,立即变成现在这副可怕的样子。当我惊魂未定时,他就把我弄到这里来了。而且用可怕的声音对我说话:你将寂寞地、可怕地留在这儿,甚至野兽也不愿来理你。你待在这儿等待末日的来临吧,除非有一个自由人,他请求你做他的妻子,那时你才能恢复原形。这就是我对你和你骄傲的父亲的报复。

"自那以后,好几个月过去了,我忧伤地、寂寞地生活在这些围墙里面,像一个隐士一样与世隔绝。大自然的美丽我看不见了,因为白天我是盲人,只有当月亮撒下她的苍白的亮光时,我眼前的白纱才会移开,才能看见东西。"猫头鹰说完了,眼泪如泉涌似地流下来。

哈里发听了这位公主的故事以后,陷入沉思之中。"如果我判断不错的话,"他说,"在不幸中间,有一根神奇的纽带联系着我们。但如何去猜出这个谜语,倒是一个难题。"

猫头鹰回答道:"啊,我的主!我非常相信你这句话。在我还很小的时候,有个聪明的女人曾经预言将来会是一只鹳鸟带给我巨大的幸福。我能告诉你如何拯救我们自己的办法。"哈里发非常惊奇,问她有什么好办法。

"这魔法师每月到这个废墟中来一次。离这间房子不远的地方是一个大厅,他老是在那里跟他的同伴一起宴饮。他们一边大吃大喝,一边互相讲述他们的罪恶行为。在最近的宴饮中,很可能他们在谈话中间会提到你已忘怀了的那个魔词。"

"啊,最亲爱的公主!"哈里发叫了起来,"告诉我吧,他何时来,何处是大厅?"

猫头鹰停了一会儿,说道:"不要以为我不是一个仁慈的人,我只能在一种情况下才能答允你的请求。"

"说吧,说吧!"伽色叫道,"下命令吧,不论你希望我做什么,我都会非常高兴去做的。"

"好吧,"猫头鹰回答道,"你起誓,在你恢复自由以后,要娶我为妻。"

哈里发犹豫了一会,因为他不知道猫头鹰会变成怎么样一个女人。但想到他们现在的处境,想到无论如何,也要把猫头鹰解救出来,他下了决心,说:"好,我一定娶你为妻。"猫头鹰高兴极了,她说:"那些魔法师们很有可能今晚就会到这儿来的。"

于是她带着两只鹳鸟穿过一条黑色的过道,来到一个地方;那里有一线光亮通过半倾毁的墙壁裂缝射到他们的前面。猫头鹰忠告他们必须保持绝对安静。通过离他们最近的裂口,他们能够清楚地眺望到大厅的全景。这大厅被许多漂亮的雕刻石柱装饰着,许多有颜色的灯把大厅照耀得如同白昼。大厅中间放着一张圆桌子,桌上放着各式各样的菜盘,围着桌子放着一张长沙发,上面坐着八个人。他们认出了这些坏人当中的一个就是那个出售魔粉的商贩。这时,商贩旁边的那个人,要求他说说最近做过的坏事。于是,商贩就把哈里发和他的大臣的故事告诉了在座的人。

"你给了他们一个什么魔词?"另一个老魔法师问道。

"一个念起来非常困难的拉丁词,它叫'魔他白'。"

两只鹳鸟一听到这个词,简直喜出望外了。他们一刻也不停留,向废墟的大门跑去。猫头鹰紧紧地跟随着他们。他们跑出废墟大门,转身朝着东方,双双对着升起的太阳,三次弯下他们的长头颈。"魔他白!"他们一齐叫了起来。转瞬之间,他们又恢复了人形。他们欣喜若狂,拥抱在一起笑呀,笑呀,笑呀——当他们终于停止笑声,转过身来时,看见一位穿着华贵衣服的美貌姑娘正站在他们面前,不禁一下呆住了!

她带着微笑,向哈里发伸出了双手,问道:"你怎么不认识那只高嗓子的猫头鹰了?"

果真是她,哈里发被她的娴雅和美丽征服,他不得不认为这次变成鹳鸟的事故,倒成了一件非常幸运的美事了。

他们三人立即向巴格达进发。哈里发发现那只藏有魔粉的盒子和他的钱袋都还藏在他的腰部,所以他们能在附近的村子里买到他们在旅途中需要的一切东西。

哈里发的到达,轰动了巴格达全城。过去有消息传说他已经死去了,而今人们加倍高兴他们所爱戴的国王回来了。

他们对密尔查非常愤怒,他们武装前进来到王宫,把那位老魔法师和他的儿子抓起来投入监狱。哈里发把魔法师送到公主变为猫头鹰时住过的那间房子里,然后把他绞死。至于他的儿子,并不知道他父亲的罪行,但哈里发为了惩罚他,让他在死亡和一撮魔粉中间选择一样。当他选择后者时,大臣就将那只盒子递给他,一点魔粉再加那个魔词,使他变成了一只鹳鸟。哈里发命令将他关在铁笼子里,放在王富花园里。

从此,哈里发跟他的妻子愉快地生活着。他对老百姓仁慈宽厚,他的疆域国泰民安,这是上帝对他的仁慈和勇敢的奖赏。

刺猬汉斯

从前有个农夫，他的妻子为他生了一个孩子，这小家伙的下身是一个蛮好的男孩子，腰部以上却是一只刺猬。他的母亲很惊慌，但也没有办法，只好把他养大呀。他们给他取名叫刺猬汉斯。

他的父亲很讨厌他，从小就让他睡在灶脚旁边，对他从来不闻不问。一晃八年过去了。有一天，汉斯对他父亲说："爸爸，请你给我买一只风笛来吧。另外，还请你到铁匠那里去一趟，为我把家中的公鸡打一双脚垫吧。这样，我可以骑着公鸡走，从此不再来麻烦你了。"他的爸爸非常高兴，以为从此可以摆脱这个半人半兽的东西。他给公鸡弄好了脚垫，买来了风笛。当一切准备停当，刺猬汉斯就跨上了公鸡的背脊，带领了一大批猪和驴走了，因为他自己提出，要在森林里把这批牲畜圈养起来。

到达森林里后，他叫公鸡飞到一株大树上面去，他可以坐在那里照看猪和驴。他就这样在树上过了好多年，每天吹着风笛，照看着牲畜。一直等到这群牲畜长得非常大了。

有一天，当他又吹起风笛时，一位在森林中迷路的国王经过他的旁边。当国王听到这优美的音乐声时，感到十分奇怪。他派遣了一个仆人去打听这音乐声的来历。仆人东张西望，只见一个小刺猬模样的人，坐在公鸡背上吹着风笛。国王叫仆人去问问这奇怪的家伙为什么要坐在那儿，问问他是否知道回王国的路该怎么走。

听到要他指路，刺猬汉斯马上从树上跳下来了，说他愿意给他们指明回家的路。但是国王必须给他写下书面保证：在他回家的路上第一个碰到的东西，必须归刺猬汉斯所有。

国王暗自想了一下:这有什么难呢? 刺猬根本不懂我写的啥。

所以,他拿了笔和墨随便划拉了几下。当他写好了,刺猬汉斯马上给他指明了回王国的路。国王安全地走出了树林。

当国王的女儿,看到她的父亲从远方向家里走来了,她是多么高兴啊! 她跑上去迎接他,投入他的怀抱。国王这时记起了刺猬汉斯。他告诉他的女儿说,他如何被迫答应给那个稀奇古怪的小家伙以他回家路上第一样碰到的东西。因为他可以指引迷津。他说这家伙骑在一只公鸡身上,好像骑在马上一样,他奏出美妙的音乐,但是他绝不会读懂条子上写的话的。因为上面什么也没有写。公主听了十分高兴,称赞父亲干得非常聪明。这样,刺猬汉斯根本就不可能得到她——他父亲回家路上第一个碰到的人。

这时候,刺猬汉斯仍然坐在树上照料着他的驴和猪,仍然高高兴兴地吹着他的风笛。一天,他又遇见了另一位迷路国王。这位国王也听到了音乐声,便命令他的一个随从去找出这音乐声从何而来。和上次一样,随从找到了汉斯。汉斯要国王写下保证书,保证把他回家途中遇到的第一样东西归他所有,那他就给他们指出回家的路途。

国王说:“好呀!”为酬谢汉斯的效劳,国王就给他写下了书面保证。

于是,他带着公鸡骑到国王面前,为他们带了路,国王平安地回到了自己的家园。

国王只有一个女儿,长得美丽非凡。她跑出来迎接国王,围住他的脖子吻他。她多么高兴看到了她的老父亲回家来了。她问父亲在什么地方耽搁了这么久,他告诉她说,他怎样在大森林中迷了路,碰到了一个奇怪的动物,半人半刺猬,骑在一只公鸡的背上面,坐在树上,吹奏着美妙的音乐。幸亏他给他指明了道路。他又告诉她,他如何给了他保证,保证把他回国途中遇见的第一样东西归汉斯所有。现在他感到非常忧伤的是这“第一样东西”竟是自己的女儿。

但是公主却安慰他说,不管他何时来娶走她,她非常愿意跟着刺猬汉斯去,因为她对父亲有深挚的爱,只要父亲答应了的,她就坚决照办。

汉斯继续在森林里喂养他的猪群,它们的数量成倍地增长起来了,多得满森林到处都是猪仔。他现在决意不再在森林里住下去了。他把猪群赶回了父母的村庄,把它们赠给所有的乡亲。然后,他再次骑上公鸡,出远门去了。

汉斯到了第一个国王那里。谁知国王早已严格命令,倘若发现有骑着公鸡,带着风笛进来的人,就把他驱逐出去,刺他,射他,绝不允许他进到王宫里来。当汉斯骑着公鸡走进去的时候,卫士们用他们的刺刀责令他离开。但他用脚踢了一下公鸡,公鸡飞进了大门,直接飞到国王的窗口。他停在窗台上,叫道,如果答应了的东西不给他的话,国王和他的女儿都将为这件事付出生命的代价。这样,国王只好用好话恳求他的女儿跟他去,否则父女俩的生命就难保住了。

公主全身穿上白衣,他的父亲给了她一辆六匹马拉的马车,还有穿着华贵衣服的仆人,以及大量的金钱。她走进了马车,汉斯带着他的公鸡和风笛坐在她的旁边。他们乘上马车离开了。他们离开城镇有一段距离以后,汉斯撕碎了公主漂亮的衣服,并且用他身上的刺猬针,狠狠刺她,直到她满身都是血为止。然后汉斯说道:"这就是你背信弃义所得的报应,现在,你回去吧,我永远也不要再见到你了。"说完以后,他把她送回家。她又伤心,又羞愧,没几天就死了。

于是汉斯带着公鸡和风笛到第二个国王那儿去了。这个国王也早已发布了命令,倘若有像汉斯那样的人来到的话,守兵们一定要举双手欢迎他,老百姓要向他欢呼,让他雄赳赳地走进王宫。

当国王的女儿看到汉斯时,她非常震惊,因为他看上去可怕极了。但不管怎样,她想到她既已答应了他,无论怎样也不应反悔。所以她欢迎了汉斯,他们订了婚,他在王宫的桌子旁,和她坐在一起,吃着,喝着。

当他们吃完以后休息时,汉斯要求国王给他寝室门外配好四个人,再让他们生一堆大火。当他躺在床上时,他必须脱下自己的刺猬皮,并把它放在床边。到那时候,那四个人,必须立即冲进门来,把皮扔到火中,并站着看它完全烧毁为止。

钟打十一响,到了汉斯该上床睡觉的时候了,他脱下了刺猬皮,将它放在床的一头。那四个人冲了进来,很快抓住刺猬皮,将它丢入火中,刺猬皮着了火,马上就烧了起来。汉斯身上的魔法解除了,但他好像也被燃焦了,浑身皮肤像炭一样黑。

国王派来了一个医生，他用各种香料和药膏洗他的全身，所以他很快就变白了。当国王的女儿看见站在她面前的是一个英俊漂亮的小伙子时，她高兴极了。第二天他们就举行了婚礼，老国王把他的王国交给了汉斯管理。

过了几年，他和他的妻子去拜访他的老父亲，但这老农夫怎么也认不出他来。汉斯把自己的故事告诉了他，他的老父亲又羞愧又高兴。汉斯把父亲带到他的王宫里，从此他们生活在一起了。

第六辑

暨南情深

　　我于1944年考进建阳时期的暨南大学，读了两年。抗战胜利以后，我随校迁回上海，又读了两年。这四年的大学生活影响了我一辈子。教师中间有不少是大师级的学者、专家，使我受益无穷；同学中间也有不少后来成为著名的学者、专家，同样使我受益无穷。特别是同学之间，有一种同窗之谊，感受更加深刻一些。岁月易逝，有不少同窗好友先我而进了"天堂"之国，如今健在的好友，大都已达耄耋之年，随时都会倒下西去，但他们的音容笑貌，为人为学，将使我永记心中，人生有缘来相会，这是多么幸运啊！本辑中的文章均选自各地暨大校友会刊物，不一一注明了。

暨南精英、社会名流徐亨学长二三事

一提起徐亨学长的大名,老一辈的暨大校友,无不知晓他是一位出色的运动健将。早在 20 世纪 30 年代他在暨大求学时,就以全能体育明星出名。足球、排球、篮球、水球、游泳等项目,他样样都能。他为祖国的体育事业赢得许多世界级的金牌和荣誉。他的社会职务繁多,是名副其实的社会名流。从 1950 年起,他历任中国台湾地区"体育协进会"副理事长,中国台北奥林匹克委员会主席,1970 年起,被选为国际奥委会委员。

随着岁月的流逝,徐亨学长年事渐高,他从体育战线上退下来以后,从事旅馆业。他出手不凡,在台北创办了台北富都集团,经营很有名望的富都大饭店;此外,还在美国洛杉矶开设了颇具规模的希尔顿大饭店。徐亨学长聪明能干,人际关系极好,有很高的组织才能和商业经营头脑。他经营的大饭店,凡是入住的旅客对它的科学管理和服务质量无不交口称赞。所以这两家大饭店,不但经济效益高,而且声名远播。如今他 93 岁了,两家大饭店已交付他三位男女公子经营。他们都非常能干,经营得红红火火。

徐亨学长富有爱心。他担任台湾地区红十字总会会长,对各地受苦受难的贫困群众,经常伸出援助之手。

徐亨学长对暨南大学有一段浓浓的深情。凡大陆暨南校友到台湾访问,他均前往富都大饭店给予热情款待。上海金永礼学长去台湾探亲时,受到他的盛情招待,至今记忆犹新。

我由于工作关系,和海外校友经常通信联络。近年来我和徐亨学长常有鱼雁往返。徐亨学长对浙江校友会十分关心,几乎每信必复。

从徐亨学长的书信中,可以看出他有很高的文学造诣。他曾获韩国庆熙大学、美国春田大学、台湾辅仁大学等大学的法学、文学荣誉博士学位。他来信言简意赅,却又充满暨南情谊。我曾写信请他方便时重游杭州,并将西湖美景的照片寄与他欣赏。他如今腿脚不便,需坐轮椅行动。他看了这些照片,萌生了重游西湖的雅兴,并希望能和浙江校友会面。今从他今年寄来的三封信中选出一封刊登如下,从这封信可以看出他的深情。我们热切期待着徐亨学长早日来到杭州欢聚。

徐亨学长来信

明耀我兄如握:

承赠三峡风光照片,动我游兴,先谢。我上周曾赴日四天,赏樱访友,感觉很好,回台熟睡养神,恢复元气,心境获得调试,也是一种养生之道。

夕阳无限好,只要你能以自得其乐的心情去欣赏、去珍惜,生命就既可贵,又充满希望!

你的腰痛,病在骨质老化,除了药石,是否也在食疗、物理方面做过治疗?

我对京剧可说是门外汉,阁下有此专长,而且乐此不疲,是最佳精神寄托。请以此作为祛病延年良方,自得其乐,动静得宜,亦属抗老一法也。

专陈　并颂

康泰

弟徐亨敬复
2005 年 4 月 6 日

九叶派诗人唐湜学长走了

2005 年 1 月 28 日下午 4 时,九叶派诗人唐湜(本名唐迪文)因病医治无效,在温州仙逝,享年 86 岁。唐湜是暨南大学学生中的佼佼者,在建阳暨大学习期间,就以诗歌闻名,在抗战期间他积极参加抗日救亡运动,写了大量的诗歌、散文。他的几千行长诗《森林的太阳与月亮》在报上发表以后,就为广大读者所瞩目。

新中国成立以后,他诗情迸发,写下了大量的诗歌,出现了多部著作,在诗坛获得了盛名。九叶诗派,形成于 20 世纪 40 年代,因他和曹辛之、辛笛、陈敬容、杜运燮、郑敏、唐祈、袁可嘉、穆旦等诗人合出诗集《九叶集》而闻名。唐湜是其中创作十四行诗最多、写作评论文章最有影响、撰写长篇叙事诗最丰富的一位诗人。

1957 年他被错划为右派,发配到冰天雪地的北大荒受苦受难。以后又在温州建筑工地从事沉重的体力劳动。他一边劳动,一边写下了大量的诗稿。"文革"时期,他为避流弹,竟躲在桌下,盖上棉被,在黑暗中沉思着写诗。他的许多优秀诗篇就是在如此艰苦条件下写成的。他一生热爱诗、迷恋诗,可说是诗神缪斯虔诚、真纯的信徒。

他除了诗歌以外,又研究戏曲、莎士比亚,由于和我志趣相同,粉碎"四人帮"以后,我趁去温州参加学术研讨会之便,登门拜访了他。他既谈诗,又谈戏曲艺术,也谈莎士比亚。他多才多艺,知识渊博,令人惊叹不已。他一生坎坷,受苦之深,难以想象。可是他和我叙谈时,从不谈及他过去的受苦情况,他依然满脑子诗,诗是他的第二生命,诗歌像涓涓细流,不断从他的脑海中喷涌而出。他生活清贫,对他的不公平待遇,很少怨言,他的一生可说是说追求通向诗的王国的"幻美之旅",在"幻美之旅"中表达他的人格力量的坚毅和丰厚。

(载《暨南浙讯》2005 年第 4 期)

夸一夸：台湾校友傅湘霞、上海校友金永礼

我们平常过日子，也有许多可以节约的地方，这使我想起了暨南校友会的两位校友：

一位是台湾校友傅湘霞。他是建阳时期的校友，他去台湾以后，经商致富，但他是个生活十分节俭的人，从不铺张浪费。他对暨南情深，看到《暨南浙讯》，唤起了他对建阳时期艰苦岁月的怀念，也深深怀念同窗好友的情谊。有一次他慷慨给浙江校友会叶光庭学长汇寄1万元捐款。以后我和他通信，他利用废纸给我写信，我深深感动。他的节俭精神更令人钦佩，后来我也利用废纸写了回信，他没有责怪我。

另一位是上海校友金永礼。谈起此兄，上海校友无不知晓。他是《暨南沪讯》的创办人之一。他为"沪讯"提供的讯息很多，他联系海内外的校友面较广，所以讯息量大，他写作勤奋，不但为"沪讯"写稿，也为"浙讯"、"渝讯"、"潭讯"、"京讯"、"宁讯"以及母校的《暨南校友》、美国南加州通讯、新加坡通讯等写稿。凡是各地校友会的通讯都可以看到他的大名。由于通信往来频繁，他往往利用废纸为校友写信，有时还自制信封，他的节约精神同样令人感动。他的可贵之处是：该出手时就出手。他常常为各地校友会的通讯捐款，他靠退休金生活，收入有限，自奉极俭，可是在这方面他慷慨大方，这种专门利人的精神是何等的可贵。

金永礼出身于书香门第，写得一手好诗，他又是上海诗词组的创办人，出钱又出力，毫无怨言。他的老伴故世以后，全靠一个女儿照顾他的生活，他患病以后在家休养，如今年事已高，已很少出门了。我去沪时多次和他见面，他是一位非常朴素、诚实、热心的老学长。有一次我

去沪住在四川中路浙大招待所,第二天我要回杭了,离沪前夕,他特地赶到招待所来看我,他一定要请我吃一顿便饭,我再三婉谢,他执意不肯。最后,我们就在一家饭馆吃了一碗川面,虽然只是一碗面,可是他的深情厚谊,我至今难以忘怀。多好的暨南校友啊,我恭祝他新年快乐,健康平安。

写到这里,我不由地想起了一个故事,大家知道日本,土地面积不大,资源也少,但经济腾飞。他们富日子当穷日子过,节约已成为全民的共识,有一位中国人去日本福井市参观学习,他深深为他们的节约精神所感动。这个城市的家庭和学校一直注意培养孩子的节约意识,浪费被认为是没有修养的表现。有一天,主人陪同中国客人去饭店吃饭,他看到中国客人掉在桌上的饭粒,就用手捡起来吃。并将中国客人吃剩的两碗荞麦面全部吃掉,最后吃到所有盘子底朝天,这一举动,使中国客人大为震惊并感到惭愧。

他山之石,可以攻玉。不少校友的优秀品质,值得我们学习,国外人民的优秀品质,同样值得我们学习。

2007 年岁末于浙大西溪河畔

（载《暨南沪讯》2008 年第 1、2 期）

为林钧祥学长而歌

前些日子收到加拿大多伦多校友会副会长林钧祥学长的来信，内有他简述他欢度米寿寿宴的情况。原文如下：

钧祥八十八米寿之宴

我的生日是农历 1921 年十二月二十九日，阳历则是 1922 年 2 月 14 日，今年八十八岁，俗称米寿之年，今年 2 月 12 日（星期五）为农历十二月二十九日，年关中国餐馆较忙，乃商定寿庆提前办理，择定 2 月 6 日星期六。是日天公作美，无雪无风而晴空万里，客人前来无交通问题，宴会席开四桌，林家占两桌，老朋友两桌。六时恭候，七时入席，客人准时来临，准时开席。餐厅服务周到，主客尽欢。十时半结束，餐后奉赠每人一瓶葡萄冰酒留念。

大女儿林怡全家四人，自美南三地飞回祝贺，林怡来自佛州之 Jacksonville，女儿自芹来自 Virginia，自峰来自 North Carolina。全家难得团聚。次日上午往墓园拜祭佩贞，中午在一家北方菜馆吃午餐，下午各自返回各居地。

今年寿宴在多伦多一家高级餐厅"名门金宴"举行，地点与菜肴由我选择，会场布置以及其他杂务则由女儿共同负责，宴请客人，不收礼金礼品，表示诚意。

今年林家人数共 18 人，四女儿各家 4 人，老三林憬之儿子去年结婚多一位孙媳妇。林怡之女郑自芹是外科手术医生，郑自峰是家庭医生，老三林憬之子郭德宇是会计师兼律师，老二林悦长子任职银行，林悦次子及林憬之子明年大学毕业,林恒一子读初中,女儿读小学,各家均安好。

我贱体粗安,健康情况良好,堪可告慰。

2010 年 2 月 16 日记述

读罢他的原文,感叹良多。我和他鱼雁往来多年,虽未谋面,但暨南情谊使我们紧紧联系在一起。我们又是同庚,更觉心灵相通。他在来信中向我传达了他晚年幸福生活的情况,更使我为他祝福和高兴,他的老伴虽已离世多年,但有四位美而贤的千金陪伴左右,使他深感欣慰。如今他们事业有成,儿孙也满堂了,当他举办米寿之宴时,儿孙们都从四面八方飞到他的身旁向他庆祝,共有 18 人,好不热闹。举办全家福很不容易。如果没有一股凝聚力,能办得起来吗?在现实生活中不少家庭,儿女成长以后都各奔东西了。儿女多的家庭,更有不少烦恼和矛盾,有的儿女为了争夺遗产,烽烟四起;有的甚至闹得不可开交。杭州某名医,故世以后,留下不少遗产,尸体衣服尚未穿好,众儿女为争夺遗产已大打出手了,这类家庭悲剧并不少见。这和林兄的和美家庭相比,岂可同日而语!

林兄有不少好友,免不了要邀请他们前来参加寿宴同乐,可是他事先有规定:一不收礼金,二不收礼物,以表达他的诚意。这虽是一件小事,却可看出他的胸襟何等高尚。联想他常为大陆各地校友会捐款,那就毫不奇怪了。又联想到某些贪官,往往借婚嫁、做寿之际,大肆向属下收受巨额礼金和礼物,借此大发一笔横财,不是形成了鲜明的对比么?

我从他的回忆集中,知悉他从小丧父,全靠母亲含辛茹苦将他培养成人,当年他在上海暨大求学时,全靠吃救济粮完成他的学业,吃一碗阳春面度过他的生日。他从小受苦受难,所以他长大以后,内心充满了仁爱之心。如今他有亲情的照顾,友情的温暖,生活安详而快乐。我目睹他的近照,他怡然坐在客厅中,墙上挂着他自绘的国画黄山风景图,我心中不禁为他欢快地歌唱起来:

好人一生平安,好人一生快乐。

好人一生幸福,好人一生长寿!

2010 年初春于浙大启真名苑

在暨南大学求学的日子里

　　1944年,对我来说是丰收之年,我一连考取了几所大学,我考虑再三,决定进当时在福建建阳办学的暨南大学。这所老牌大学从上海迁来,是一所专收华侨子弟的大学。因为抗战关系,华侨子弟不多了,内地的流亡学生倒不少。

　　跨进大学的校门,给我最强烈的印象有两点:

　　生活非常自由,大学不像中学管教得那么严格,一进大学,根本没有人来管我们,没有班主任,我像一朵浮萍在河水中自由漂荡。开始时,我住在童游街上的大祠堂里,是集体宿舍,后来我和几个要好的同学搬到老百姓家里去住了,开始我们还集体吃饭,后来我们包到饭店里去用餐了,随时可以吃饭。这样的自由生活,我从来没有经历过。

　　中学时代我们有固定的教室,也有固定的老师,师生天天见面。可是大学完全不同了。各系同学有必修课,也有选修课。教室也常常变动,所以上课前大家都忙着找教室,找座位。教室里常常有不认识的同学坐在你旁边。更使我吃惊的是,找不到老师,老师上完课以后就各自回家,不再和学生接触了,学习完全靠自觉性。还有,有的课由于老师讲得好,课堂里挤得满满的,有的课选修的人不多,课堂里冷冷清清,甚至只有一两个学生在听课。

　　为了轻松考进暨大,我选的专业是史地系。可是一年下来,我对这个系不感兴趣,当时学校规定,二年级只要有正当理由就可以转系,当时我以史地系不感兴趣为由,要求转系。转什么系就成了我的难题。我觉得中文系可以自学,外文系比较适合我的兴趣,将来出路也比较好,后来我就转到外文系了。以后我就一直读到毕业。

1945 年 8 月 15 日日寇投降,全国人民欢欣鼓舞,学校忙于迁回上海。我们读完了两年,于 1946 年夏在上海宝山路暨大分部继续求学。到了五光十色的大上海,我大开了眼界,后两年的读书生活对我的影响太大了:一是领略了各教授的风采,如为我们上课的名教授钱锺书、李健吾、曹未风、周煦良、孙贵定等,他们都是博学多才的学者,他们的人品和学问,使我倾慕不已;二是大上海的风采,也使我惊叹不已。那些有钱人的奢华生活着实使我非常羡慕。我想,将来能过上他们的生活,人生才有意思呢!

四年大学生活很快结束了,这四年的大学生活,为我开启了人生之路,也为我今后研究外国戏剧打下了初步基础。值得一提的有几件事,它们使我感触良深。

(1)大学要办好,一定要拥有相当数量的名教授。名教授愈多,学校的知名度就愈大,培养高精尖的学子才有可能。

(2)选修课可以扩大学生的知识面。我曾选修了两门课,对我影响不小,一门是教育系张耀翔教授开设的"变态心理学",张教授(曾留学美国)讲课十分生动,使我了解到不少奇人奇事。由于心理的变态才使某些人行为古怪。这对我认识社会、了解世态有不少帮助。另一门是微积分,那位吴逸民教授讲得极好,我虽是文科学生,也容易听懂,做他的习题也很有趣。他虽然上课声音很轻,但是讲得非常清楚。这门课使我思想开窍,可见文理渗透是成才的必由之路。旧社会大学里所开设的课程完全是开放式的。可由学生自己选修,文理科不分,除了必修课,其他很多课程可以选修。

(3)我懂得学外语,不能光学外国文学,也要学口语。大学四年级时,班里一位同学毛仲缪(北大名教授毛子水之子)为我们请了三位美国牧师(两女一男):Mrs. Collpaper, Miss Franks, Dr. Lide,他们一星期在一所中学里义务为我们上口语课。他们轮流来上课,也没有教材,只是和我们随便谈谈。其中 Mrs. Collpaper 教学方法很好,她要求我们把当天报上的重要新闻用英语讲给她听。她对我十分欣赏,称赞我讲得好。有一次,他们邀请我们去参加他们的宗教活动,还请我们吃饭。他们的目的是希望我们参加基督教,可是我们一个也没有参加,他们也不勉强我们。临别之时,我们在校园里拍了一张合影,并请他们在北四川路一家馆子吃饭。那次宴请,其乐融融,至今难忘。毕业以后,我们就失去了联系。

(4)在大学期间,我有时在报上发表一些豆腐干文章。在上海读书期间开始向《大公报》投稿。《大公报》、《文汇报》都是我十分喜爱的报纸。当时厦门大学著名戏剧家洪深教授主编《大公报》开设了"戏剧与电影"专栏。我写了一篇文章《平剧(京剧)台上一些容易改革的毛病》,化名白衣人,寄给洪教授审处。不久这篇文章刊出了,我真是喜出望外。更使我喜出望外的是洪深教授给我寄来了稿费,还给我写来了一封热情的信,他称我为"白衣人先生",我真有点受宠若惊了,他鼓励我再写文章,以后我又投了一两篇稿,虽未刊出,但是这"第一次在大报发文章",对我的影响太大了,以后我又写了一篇《大学和大学生》,谈谈我四年大学生活的感受,直寄主编王芸生先生,他不嫌我是一名无名小卒,也在《大公报》上发表了。这两篇文章的发表,影响了我的人生走向。

(5)大学教授对我的影响。大学时代不少教授的风范,使我受到了潜移默化的教育。特别是钱锺书教授(英国留学)和李健吾教授(法国留学)。钱的博学多才,李的多才多艺,都使我一生受益。关于这两位教授,我都有怀念文章纪念他们。

(6)何炳松校长的风采。何炳松校长在暨大有很高的威望,他办学主张学术自由,兼容并包,他邀请了不少知名学者、专家来校讲学。给我印象最深的是邀请《资本论》译者王亚南教授来校讲学。当时听讲的学生不少,在课堂上老师完全可以百家争鸣,何校长从不干涉。何校长颇有学者风度,他是著名历史地理学家,著作不少。他每天从家门口到文庙办公室的路上,凡是遇到学生,他都主动颔首微笑和学生打招呼。他的校长办公室朴素简陋,没有豪华装饰。我有一次到他家访问,他和气地接待了我,并请我用茶,临别时,他还主动送我到门口,使我感动不已。据说他每年春节要宴请部分教授到他家做客,并征求教授们对办学的意见。在抗日战争时期,条件艰苦,延请教授也相当困难,但他总是设法拜请著名教授来校作重要的讲学。学校内社团林立,他从不干预,他认为学生自己组织的社会团体能锻炼学生的才干,他对全校的文娱活动坚决支持。他自己爱好昆曲,有时也邀请一些昆曲爱好者来家奏曲唱和。由于他的热心倡导,学校的学术气氛是浓浓的,文化娱乐活动也是活泼的。校长是一校之长,他的一言一行对全校师生都有影响。他题写的校训"忠信笃敬",就是处世治学的良方。何校长在校十年,全校师生都对他有良好的印象。我曾在何校长诞生一百周年之际,在《联谊报》上发表了一篇文章《民主办校的暨大校长》以纪念这位受人尊敬的好校长。

(7)我参加了暨大京剧社的活动。大学生中有不少是京剧迷,有的唱老生,有的唱青衣,有的唱花脸,有的拉京胡,有的打锣鼓……我虽然唱得不好,拉得也不好,可是参加了京剧社活动,我非常开心。以后我在京剧研究方面取得一些成绩,不能不归功于京剧社对我的熏陶。

(8)观赏了京剧大师的精彩演出。我在上海读书期间,观赏了不少京剧大师们的舞台风采。如梅兰芳、周信芳、言慧珠、童芷苓、俞振飞等,我都欣赏过了,使我真正感受到京剧艺术的博大精深。这为我以后研究京剧艺术打下了良好的基础。以后我写了有关京剧方面的文章,都得归功于学校的熏陶和这些大师对我的影响。

(9)我参加了学生运动。在沪期间我参加了反饥饿、反内战以及抗美暴行的学生运动。我还组织了"燧火社",以情报的形式,发表了抗美暴行的文章。可是斗争形势十分紧张,国民党开始抓人的时候,我就溜回杭州了,我知道自己胆小怕事,不是一位革命者的料,还是回家过我的安逸生活吧。

(10)同窗之谊,情深似海。我在大学时代结交了不少德才兼备的同学:有的同学勤奋好学;有的同学长于辩才;有的同学多才多艺;有的同学是写作高手;有的同学是京剧票友,能拉能唱;有的同学颇有组织才能……这些同学都是我的学习榜样。毕业前夕,班会编了一本纪念集,刊有师生的照片,还有不少同学的临别赠言。这是一本十分珍贵的纪念集。我为同窗四年的好友题词,同学也在我的照片旁题词。教育系蒋培元同学给我的题词是这样的:

君性喜学习,孜孜不倦。擅长文学,曾作《平剧(京剧)台

上一些容易改革的毛病》一文,颇为洪深先生所赏识;平时酷
爱平剧、音乐,待人彬彬有礼,喜助人,办事精明而干练,可为
一般青年之楷模。

这段话虽有溢美之嫌,但也道出了一些真实情况。比如我对学习
确实比较爱好。

暨南学子对母校有一股浓浓的情。海内外的暨南学子,见面以后
都有说不完的话,至今全球各地有暨南学子的地方都有暨南校友会的
组织。他们每年都有聚会,以沟通思想,增进情谊,这已经成了传承暨
南精神的优良传统。浙江校友会于 2000 年 5 月举办了年会,数十年不
见的校友在会上相见,都激动万分,热泪盈眶。

1948 年夏,我大学毕业了,当时想在上海找工作,可是在"毕业即
失业"的旧社会,找工作多么难啊! 我在上海碰了几次鼻子以后,我想
想妻儿老小都在杭州,还是回杭州去吧! 另外,我长期关在校中读书,
缺乏社交能力,也没法在上海找工作。

四年大学生活对我来说是极其重要的,使我成熟了不少,要想在社
会上争得一席之地,得有一番拼搏精神。当时岳父希望我出国留学去,
父亲的态度并不积极,我自己也没有雄心壮志去海外深造。因此失去
了出国留学的机会,这是我的一大失误。

今后的道路如何走? 我一片茫然。从政,还是经商? 从教,还是从
事新闻工作? 心中无数,走着瞧吧!

(载《暨南往事》,暨南大学出版社 2006 年版)

值得永远怀念的人

——傅春龄学长二三事

傅春龄学长于 2011 年下半年默默驾鹤西去了，回首往事令人怀念不已。

一

他在暨大时就是一位才子。建阳时期，他主持的壁板，十分出名。抗战胜利以后，学校迁回上海，他积极参加学运，是领导学生运动的积极分子，后来他被捕了，没有了他的踪影。

新中国成立以后，听说他回到了家乡衢州地区，从事革命领导工作。"文革"以后，有一年我应浙江省作协之邀，去江山参加一次文学青年创作座谈会，听说他在江山任教育局局长，威望甚高。为了落实中、小学教师的政策，他做了大量的工作。当时他订下了几条规则：1. 对每个来访者，必须倒茶接待。2. 接待人员对每一个来访者，必须耐心倾听来访者的申诉。3. 必须妥善保管好每一位申诉者的材料，并尽快按照党的政策平反他们的冤案，不留一点尾巴。所以，江山的许多中、小学教师，都把教育局当作"教师之家"，感到十分温暖、亲切，没有衙门之风的坏作风。那天，我去教育局访问了他，久别重逢，自然有说不完的话，可是他当时正忙，他以一杯清茶招待，我们匆匆谈了一会儿工夫就告别，可是他的公仆形象却深深地印在我的脑海中了。

二

在"文革"期间，批斗成风，傅春龄和其他老师都在批斗之列。有一次他和一批老教师都在台上被批斗，他见一位老教师被批斗有点受不了啦，他不顾自己的安危，走到一位造反派头头的面前，轻轻向他讲了几句话,不久,那位受苦的老教师被松绑了,挽救了这位教师的生命。"患难之中见真情",傅春龄的人道主义精神是多么了不起!

三

傅春龄在暨大时,就是一位才华横溢的诗人,经常在报刊和壁板上发表他的诗歌。他离休之后,重新拿起他的笔,写了不少歌颂改革开放以来的大好形势的诗文,还出版了他的诗文集和回忆录,博得了广大校友的好评,特别是纪念革命烈士林维雁、王多祥的诗文,为衢州留下了珍贵的革命史料,功不可没。

四

傅春龄学长后来和王祖勋学长一起担任浙江校友会的副会长。他们两人在校友中间极有威望,王祖勋在生前担任过杭高校长,在中学语文界声名卓著,还出版了多部中学语文教学的著作。他们两位副会长不是挂挂名的,而是办了许多实事,最突出的例子就是他们曾担任"暨大百年华诞、浙江校友会成立20周年纪念集"的正、副主编,他们两位和叶光庭副会长是三大功臣。这本厚厚的数十万字的纪念集,都有他们付出的心血,傅春龄学长刊发的诗文,计有《方光焘先生评选为衢州市十大文化名人之一》、《高展同志,你走好!》、《无愧是暨南人——痛悼王炳森学长》、《无私无畏大义凛然——忆马寅初先生在暨大的一次演说》、《洒向人间热与光——忆王多祥烈士生前三两事》、《九九澳门行》、《傅春龄诗歌15首》、《两地书一封(甘兰畹—傅春龄)》等。

人生苦短,春龄学长在短暂的人生中留下了许多珍贵的脚印。有一位哲人说过:"人生最大的痛苦是谁也不需要他,人生最大的幸福是谁都怀念他。"傅兄就是一个最幸福的人,因为他的五彩人生,当他驾鹤西去以后,许多人都时时怀念他。他的精神不死,他能不幸福吗?

2012年春节病中完稿于浙大启真名苑

(载《傅春龄纪念文集》,香港"文汇出版社"2012年版)

暨南大学校友中的京剧名票季振宇

季振宇是暨大校园中的京剧名票。他性格豪爽，为人热情，在暨大校友中颇有名气，我和他有共同的爱好，成为知友。

他早年嗓音洪亮，在建阳时期爱唱花脸，扮演过黄鹤楼中的张飞，一声哇啦啦，博得了全场喝彩声。以后他回上海，由于嗓音的关系，改唱麟派了，他参加了上海不少票房，是上海滩上的有名麟派票友。

关于他痴迷京剧，还有不少趣事。

有一年，他去南美探亲，可是那里没有票房。日子渐过，有一天，他在广场散步，只见游人众多，他忽然来了戏瘾，不知不觉在广场上演唱了唐共派名剧《徐策跑城》，他又唱又演，越唱越起劲，吸引了大批观众前来围观，他越唱越欢，观众大声拍手叫好，演完以后，不少观众向他投币表示感谢，观众将他当成了街头艺人，这一下，季兄慌了手脚，他不懂当地方言，只好抱拳向他们表示感激，他跑回女儿家中，向他的女儿和夫人说起这件趣事，大家哈哈大笑。

季兄不但会唱、会演，而且对京剧艺术颇有研究。他曾写过一篇文章刊登在《京剧票界》报上，博得了读者的好评，现将他的美文全文刊登如下，可见他的高见多么正确：

　　2001 年 10 月 13 日，我有幸去同济大学听京剧名家关怀的演讲。晚 7 时许，一踏进"一·二九礼堂"，就有一种新鲜感。座位上有朝气蓬勃的大学生四百余人，中老年人则寥寥无几。由此，过去说"年轻人只爱听歌曲，不喜欢京剧"的老观念，现在在我的脑海中开始转变了。

　　讲座十分生动，他说自己十五岁开始学戏，经过十二年舞台艺术实践，二十七岁便一举成名。曾经选修过京剧课程的同济学子，个个听得津津有味。我与大学生一样，被精彩的演讲所吸引，回家后久久不能平静。夜不能寐，故情不自禁地拿起笔来写点观感与联想，和大家谈谈。

首先，亲眼见到四百余大学生的神情。发自肺腑的笑声、激动钦佩的掌声等，使我长期以来听到的、见到的"青年人不喜欢京剧（例如在戏院里很少见到青年观众，在票房里尽是白发老人等)"的传说，在观念上开始转变了。事实证明：问题在于"有没有好好组织青年人大力宣传、传授京剧艺术"。同济大学多次举办的"京剧艺术讲座"以及为大学生开设的京剧课程，充分证明：只要组织他们学习，何愁没有青年爱好者？又何愁京剧后继无人？在这里，勾起了我六十年前对母校——暨南大学——开展京剧活动的回忆：暨大，有过一段京剧的辉煌史，为弘扬国粹曾有所作为，受到社会的好评。在真如时期（1938 年以前)，应暨大文学院院长陈钟凡教授之聘，俞振飞先生自 1931 年冬至必到。俞老师对青年学生很有感情，最初，每周仅上一节课，后加到二节，再增至三节。因学生欢迎，最后发展每周一、三、五三次，每次三节课。特别喜爱京剧的同学，每逢下午 5 时下课以后，三五成群，意犹未尽，则随侍俞老师席地坐在校园草坪上，继续聆教，及至夜幕低垂方休。学生们还利用晚饭后时间成立"同乐会"，继续活动。暨大的实践，是否也可为现在的大学借鉴？如今，曲阜远东职业技术学院已写下了答卷：由台湾知名实业家、教育家王乃昌博士创办的山东曲阜远东职业技术学院率先在全国非艺术类高校中设立国剧系，要求全校学生学习、了解、演唱京剧，在系主任姚中言先生的领导和专业教师的努力下，一年来已培养了一批既能唱又能演的大学生演员。不仅如此，而且培养了开脸、包头、穿戏服、管服装等专业人才。该校还陆续添置了不少戏服，目前演出的《空城计》、《坐宫》、《起解》等十出戏，完全自力更生，不依靠外界。王乃昌校长继承了母校的光荣传统，首创了这一举措,为弘扬国粹、振兴京剧作出了贡献,可敬可佩,值得大家学习。

再者,又引起笔者联想。我以为,京剧是我国独有的优秀文化艺术,是其他任何国家所没有的。因此,海内华人一致公认为"国粹"、"国宝"。既然如此,就应正式定为"国剧",由全国人大会议讨论定下去,建议在小学里开设京剧课程(或在音乐课程中增加京剧的教学),这是最根本的基础建设。唯有这样,才能保证实现国家领导人"京剧不但不会失传,而且要发扬光大"的指示。山东、沈阳等城市已在青少年中贯彻了类似的教育,效果显著,值得在全国小学中推广。

这次,关怀在高校的京剧知识讲座,内容很好。同济大学有现场录音,我建议翻录,在全国设有京剧课程的学校中广为传播。并希望新闻媒体载文宣传,我想,全国京剧爱好者、戏校学生、京剧专业演员都将受到一次深刻、有益的教育。同时,笔者希望全国各大报纸,对弘扬国粹的人与事,多作一些报道、评论,为振兴京剧鸣锣开道,使"国宝"家喻户晓。

最后再言五点小建议。

1.剧场与学校也需要挂钩。例如上海市杨浦区新建的大剧场,其建筑、设备等不亚于逸夫舞台,与同济大学很近,但该剧场从来不演京剧,而同济大学组织集体看戏,须去很远的逸夫舞台,这种局面,应该改变。上海各区的剧场有条件的都应邀请上海专业剧团或戏校经常安排演出京剧,剧场与附近的学校、票房挂钩,岂非两便。

2.票房与学校也可以挂钩,相互交流(清唱、彩唱等),共同提高。

3.专业演员、戏校学生与票房挂钩。目前上海的部分票房偶尔也请专业演员光临献艺,也有少数退休或退下来的专业演员、教师经常出入于各票房,受到广大票友和观众的热烈欢迎。但仅仅是少数。

4.需要更多的戏院安排京剧演出,一家逸夫舞台,使人感到粥少僧多,不能满足观众的需要,有关方面要考虑安排更多的戏院演京剧。这样也可能会吸引海内外一些投资者的兴趣,国家就要鼓励他们投资,并适当给予优惠。

5.关于"演出时间"也须要改革。每场演出时间一般不超过两小时(双休日除外)。把传统的半天或一个晚上都分为二场。为适应大约两个小时的演出,剧目内容应相应地去粗求精,适当精简,达到精益求精的效果。有些剧目如全本《四郎探母》、全本《四进士》等可以分为头本、二本等数次演出。

总之,中心问题只有一个:要使"国粹"千秋万代传下去,关键在于后继有人。这是弘扬国粹、振兴京剧需要解决的首要问题。笔者撰写此文的目的也在于此。

哭雷公

2009年10月18日上午,叶光庭兄来电话告知我一个不幸的消息:美国南加州暨南大学校友会雷博平会长于16日故世,我含泪想起和雷公的交往,不禁悲从中来,多好的一位老学长啊!

雷博平学长是暨大30年代真如毕业的老学长,他品德高尚,爱国爱校,热爱校友会的工作,贡献巨大,大家都称他为雷公,他年事已高,本该早早退家颐养天年,过着幸福的晚年生活了。可是南加州的校友们一再挽留他,直到98岁仍担任会长工作,日夜为校友会工作操心,离世前还亲自动手编辑一本纪念集。精美的纪念集出来了,可是他却病倒了,终于不治驾鹤西去,睹物思人,能不悲乎!

我和雷公鱼雁交往,有两件事给我留下了深刻的印象:

其一,当我担任浙江校友会常务副会长时,和光庭兄一起负责"浙讯"的编务工作,我曾写信向他约稿。不久,他就寄来了《西湖犹在萦怀中》。雷公所学专业不是文科。可他这篇游记文章,不但情意深深,而且文采斐然,可见他的文学造诣很深。

其二,我们在通信交往中,知道他热爱中华文化的国粹——京剧艺术,看过不少京剧名家的精彩演出。我找到了知音,喜出望外,即将出版的拙著,京剧艺术评论集《梅兰芳九思》寄他请他指教。他很快回信,对我的拙著,倍加赞赏,使我愧不敢当。他在信中还追忆早年在上海看过梅兰芳、程砚秋、马连良、周信芳等的演出。如今买了一盒VCD,常常观赏他们昔日的舞台风采,他写道:"京剧日趋式微,殊为可惜,可否将详细振兴计划……具函李长春(时任政治局常委,主管中宣部工作),希望获得他重视,则中宣部、文化部就会大力推行。事在人为,愿祝得偿宿愿,一得之愚,未知是否可行?"

　　雷公作为一个长居海外的知识分子,对祖国的文化艺术,如此关怀备至,能不使我们感动么!

　　10 月 18 日下午,南加暨大校友会副会长梅凡学长又给我打来了越洋电话,谈及他在雷公临终之际赶到医院去探望,只见雷公病危不能言语,可是他双眼紧紧盯着他,不愿闭上,梅凡深深懂得雷公的心意,他上前安慰雷公说:"雷会长,我们一定会接好你的班,将校友会的工作搞得更好,你放心吧!"

　　雷公终于闭上眼睛含笑离世,他深深懂得,长江后浪推前浪,今后南加州校友会在新班子领导下,必会将校友会的工作搞得更加出色。

　　雷公那"鞠躬尽瘁,死而后已"的精神,将永远留在全球暨南校友的心中。敬爱的雷公,您安息吧!

2009 年 10 月桂子飘香时写于浙江大学西溪校区

(载《暨南校友》2009 年第 4 期)

美哉，金向明学长

重庆暨大校友会：

昨日接到渝讯，惊悉金向明学兄已于 2013 年 10 月 1 日仙逝，不胜悲痛，哀哉！惜哉！

金向明学长主编"渝讯"，成绩卓著，受到全球暨大校友的赞赏，我曾写过一篇《美哉，渝讯》，表达了我对渝讯的赞美之情！早几年我和他在杭州见面，他热情如火，颇有相见恨晚之感。从此我和他鱼雁往还，深感他是一位可以深交的朋友，是我的良师益友。我在悲痛之余，不禁要呼出："美哉，向明学长！"

向明学长美在何处？

他有一颗火热的心，他对革命事业忠诚，将暨大重庆校友会的"渝讯"办得有声有色，对暨大校友情同手足。和他接触过的人都终生难忘，他真是一位好人儿啊！他病重期间，还为我写下了诗词，对我期望之深，使我泪流满脸，我是一个普通的老知识分子，他对我的溢美之辞，愧不敢当。他最后留下的诗词附后，是对我极大的鞭策和鼓励！

他又是一个幸福的人。什么是幸福？我的理解是：活着的时候，人们喜欢你；离世以后，人们怀念你。他离世以后，全球有那么多的暨大校友怀念他，敬佩他，哀悼他，这不是最大的幸福么！如今他已进入"天国"，必然受到天国人们的热烈欢迎。

向明学长，安息吧！

浙江暨大校友

任明耀敬上

2013 年 11 月

于浙江大学启真名苑

（载《暨南沪讯》2014 年第 1、2 期）

第七辑

读书和生活

这一辑的内容虽然庞杂，但基本上是围绕着读书和生活有感而发。读者读了以后，如有所体悟，则幸甚！

钱学森故居遐想

2006 年 12 月,闻知杭州市钱王祠举办杭州之子钱学森院士事迹展览的消息后,我的老友,南京理工大学量子信息专家包广珏教授马上赶往自己的故乡,他一到杭州,就直奔钱王祠仔细参观了这个展览。钱学森的爱国情怀和科学成就深深感动着他。回忆多年以前,他和钱学森的交往,至今仍历历在目。20 世纪 50 年代,包广珏从杭高毕业考进上海交大以后,钱学森便成了他心目中的偶像。对钱学森的崇拜至深,促使包广珏多方收集钱学森的资料,阅读钱学森的著作,随着了解的深入,钱学森的形象也在他心中更显得伟大。

包广珏心中一直做着一个梦:如果以后遇到问题,写信向钱师请教,他威望那么高,工作那么忙,对我这个无名小卒,能给我回信吗?他反反复复考虑这个问题,弄得寝食难安。但他一想到钱师特别慈祥的面容,他又胆大了起来,终于,他伏在案桌上给钱师写了一封信。信发出以后,他不抱多大的希望,日子一天天地过去,终于有一天钱师回信来了。他不由得喜出望外,怀着一颗虔诚的心,读完了这封珍贵的来信,他热泪盈眶,又一次被钱师的谦逊和科学精神感动了,钱师对包广珏的问题回答得十分仔细,书法既秀美又工整。从他的信中完全可以感受到他是一位多么严谨的科学家,这封来信至今都被包广珏小心珍藏着。

此后,包广珏又开始做着第二个梦:

如果有一天能见到这位科学大师,当面向他求教,那么他将多么激动啊。机会终于来了,那一年,他在一次科学讨论会上见到钱先生了。只见钱先生坐在主席台上,态度和蔼,面带微笑,向大会代表致意。他在会上的发言,大家屏息凝神谛听,生怕漏了一个字。大会休息期间,包广珪激动万分,斗胆走上前去向这位科学泰斗致意,他用杭州方言跟钱师交谈,钱师一听到乡音,仿佛也顿时产生了一种他乡遇故知的亲切感,又见眼前这位中年科学家穿着朴素、态度诚恳,他更觉由衷的喜悦。包又谈起曾与他通信的事,钱师更对包感到亲切万分。大会结束时钱师和与会代表合影留念,包也在其中,虽未能坐在钱师的身旁,但能和他一起合影,他也感到像春风一般的温暖和幸福。

2006 年 12 月 10 日上午,包广珪匆匆忙忙到了我家,我们师生兼朋友数十年不见,自然有说不完的话。不过我们的话题始终是围绕着钱学森的。参观了钱学森的事迹展后,包觉得展览馆的资料还不够齐全,需要很多补充,听他娓娓道来,我竟也十分入迷。他说:"你可知道钱先生的科学态度有多认真,我给你举两个小例子:他看校样时,极其认真仔细,要删改的地方不是随意勾出就算了,他一定是用一根尺子笔直划出的;另外计算公式时的等号,一般人就随意划出两根短线就行,他可不,也要仔细用尺子划上两横才满意。他的科学严谨精神表现在许多方面……"

不知不觉到了中午时分,午饭以后,包广珪继续谈论钱学森,由于刚刚看了钱学森事迹展,也深受钱学森精神的震撼和感动,此时的我已然沉浸在包教授娓娓动听的叙述之中了,正听得入神,包教授一看手表,马上惊叫起来。

"啊呀,已经 3 点了,我晚上就要赶回上海,还有一件重要的事——钱学森故居还没去呢!"

于是,我们立马起身赶往钱学森故居。我们急匆匆地来到马市街,但不知故居在何方。正好迎面走来一位老太太,我们便立即上前询问。老太太一听我们要打听的是钱学森故居,兴奋异常:"我们小营巷小区的人,谁不知道钱学森的大名,来来来,两位老先生,请跟我来。"

我们随老太太拐进了一条名叫方谷园的小巷,到了 2 号门口,她说:"这就是钱学森的故居了。"

走进故居,我们被眼前的景象惊呆了,这不是一座"27 家房客的大杂院"吗?对,确实是个杂乱无章的大杂院,不过是只有 27 家房客而已。院子里有人在发煤炉,有人在倒痰盂,有人在刷马桶,有人在走道上打牌,还有小孩在四处奔跑……房屋破旧,地面潮湿,电线乱拉,居民说这里一到下雨天房子就漏水,火灾隐患也很严重。这都已经是21世纪了,正在大步奔小康,构建和谐社会的杭州城市中心地带竟还有如此落后破旧的房屋和陈旧的设施,而且居然就出现在大师级的航天专家钱学森的故居内,我和包教授心中不觉有些酸楚。居民周大伯和一位退休女工围着我们说:"我们也希望能早日搬迁新居,享受一下现代人的生活。那样,这个故居才能恢复原貌,让人们来这里感受钱大师的风采和魅力,这里可是最好的爱国主义教育基地呢。"

周大伯还拿来一张2004年12月3日的《新民晚报》,他指着上面说:"你们看看,这是前几年上海记者特地到此来采访钱学森故居的消息了。"果然,只见上面的标题写着:"钱学森故居旧韵尽失,只剩破败——星火成灾,滴雨成涝。"文章最后还说:"来自杭州市有关部门的消息说,争取明后年把钱学森故居打造成爱国主义教育基地。"可是时至今日,两年多过去了,仍然毫无动静。周大伯还告诉我们:"前些日子杭州市委副书记叶明带着一些市政府有关部门的人员到这里来视察了,看到这里的破败景象,叶书记深感必须尽快修复故居原貌,他当时还指着那块'钱学森故居'的小牌子说:'这样的小牌子挂在这里,太不合适了。'"

夕阳西下,我和包教授依依不舍地离开了故居。我们由衷地对那里的居民们说:"但愿明年再来这里时,能看到面目一新的钱学森故居。"

从钱学森故居回来以后,我想了很多:不少欧美先进国家的城市,历来都是以人文与自然和谐共处而著称。城市里到处是挺拔、秀美、苍劲的古树,不少名人故居让游客们感受着名人的气息和精神,接受着心灵的洗礼。英国莎士比亚故居,巴黎巴尔扎克、雨果的故居,丹麦安徒生故居,挪威易卜生故居……无不以保存完好的原貌,吸引着世界各地的人们,这是一笔巨大的精神财富啊!古城杭州也有得天独厚的条件,中外许多名人和杭州有着千丝万缕的联系,人文景观非常丰富,如何利用这笔财富打造和谐的杭州,应该成为我们研究的课题。我们不仅要让来杭的中外游客有看不够的西湖景,还要有读不完的人文景观!

　　岁月如流,时隔三年,我一直牵挂着钱学森故居是否已经修缮完毕,也不知何时可以对外开放。今年 5 月 6 日上午,我独自一人特地前往方谷园 2 号探视,那里的管理员老罗将我这个耄耋老人搀扶入内参观,三年前那破败不堪的故居已于半年前被修整得焕然一新了,后花园内种上了花草,一口水井依然保存着,据说这是钱学森童年时期最喜欢玩的地方。遗憾的是,几百平方的故居内至今空空如也,故居中的珍贵文物也尚未整理、布置起来,故而还不能对外开放。老罗说经常有人兴冲冲赶来参观,但均失望而归,其中不少是青少年学生。钱学森大师的事迹对我们,尤其是青少年,有着非常重要而鲜活的教育意义,是一笔巨大的精神财富。希望有关部门能尽早将故居进行整理和布置,早日对外开放,这也算是故乡人民对钱学森大师的一份最好的礼物。若是能邀得钱学森亲自回杭一睹故居的新面貌,想必他也会感到无比激动和兴奋,并深深地体会到家乡人民对他的深情厚谊的。

(载《开明》2009 年第 3 期)

程季淑和梁实秋的生死恋情

　　为翻译莎士比亚著作作出杰出贡献的梁实秋教授,晚年曾说过这样一句话:"一个人在事业上有所成就,很大部分是因为家有贤妻,一个人一生中不闯大祸,也很大部分是因为家有贤妻。"

　　对照梁实秋一生在文学事业上的成就,这话是很有道理的。

　　梁实秋一生著述甚丰,他既是散文家,又是翻译家。他的散文代表作是《雅舍小品》,从1949年起,20多年共出四辑,他的文笔简练圆润,颇有自己的独特风格,为世人所称道。他的翻译代表作是《莎士比亚全集》。他从20年代开始翻译莎士比亚作品,持续时间长达38载,于1968年翻译完成了全集共40册。其中剧本37册,诗3册。梁实秋成了中国第一个译完全部莎翁著作的翻译家。他的译笔流畅,忠实于原著,在这方面的贡献是举世公认的。

　　梁实秋在漫长岁月的翻译过程中得到妻子程季淑无微不至的照顾。她的功劳是卓著的。前面那段话是梁实秋有感而发,绝不是随便说说的。著名女作家谢冰莹对程季淑的功绩,有过中肯的评论。她说:"莎氏全集的释译之完成,应该一半归功于梁夫人。"梁实秋结婚40周年纪念日,也正好是全部译完莎氏著作之时。梁实秋在纪念会上,曾动情地说:"我翻译莎氏,没什么报酬可言,穷年累月,兀兀不休,其间也很少得鼓励,漫漫长途中陪伴我、体贴我的只有季淑一人。"这正如另一位著名翻译家朱生豪在贫病交迫中释译莎剧时,陪伴他的只有他心爱的恋人、妻子宋清如一样。可见一位学者、专家在事业上如想有所成就,多么需要有一位贤德的夫人在精神上和生活上的支持、关怀和理解。

风雨人生中与爱妻相伴

梁、程的婚姻是由梁父与黄运兴夫人牵线的。程季淑祖籍是安徽绩溪人,是胡适的同乡。她生于 1901 年,比梁实秋大 2 岁。季淑生长于北京,家里开了一家笔墨店,店名叫"程王峰斋"。原来生意不错,后因废科举,生意一落千丈。程父只得出关外去谋生,后客死他乡。梁实秋 18 岁那年,程季淑刚从北京女子高等师范毕业,梁实秋十分聪敏有主见,他怕媒妁之言靠不住,竟然大胆地给程小姐打电话去问候,并要求晤面一谈。程小姐十分开明,竟然也同意见面了。人们常说男女相爱往往一见钟情,可是梁、程之间却是"一听钟情"的。梁在电话中听到程小姐美妙的声音,立即陶醉了。那一口纯正的北京话,简直使他着迷。梁后来回忆说:"她说话的声音之柔和、清脆是我从未听到过的。形容歌声之美往往用'珠圆玉润'四字,实在非常恰当。我受到刺激,受了震惊,我在未见季淑之前先已得到了无比的喜悦。"后来见面以后,双方都留下了美好的印象。从此,他们在北京的公园,花前月下喁喁而语,爱情之火喷涌而出。

1923 年秋,梁实秋要去美国留学了,他们不得不暂时分手。离别对一对热恋中的青年男女当然是十分痛苦的。一别三年,1926 年 7 月,梁实秋学成回国。1927 年 2 月,他们在北京举行婚礼,婚后小两口恩恩爱爱,度过好多个春秋。程季淑为梁实秋生下两女一子。她从此辞去小学教师的工作,安心在家料理家务,养儿育女,日子过得美满温馨。1937 年抗日战争爆发,程季淑留在北京,侍奉公婆和老母,养育幼小的孩子,操持家务。梁实秋则去四川任职。一别六个春秋,直到抗日战争胜利,夫妻又在北平重聚。梁实秋经过离乱之苦,深有感触地说:"在战乱之时,如果情况许可,夫妻儿女要守在一起,千万不可分离。"岁月匆匆,到了 1948 年冬,梁带着全家人到了广州,梁迫于形势于 1949 年 6 月赴台,他偕妻与次女文蔷一家三口朝夕相处,梁则安心于他的大学教学工作和著译工作。之后文蔷远嫁美国,只剩下老俩口了。

在美国梁实秋成了孤鸟

1960 年 7 月,57 岁的梁实秋飞赴美国西雅图出席"中华文化关系研讨会",顺便探望了住在西雅图的文蔷一家人。在美国 20 多天,梁无时无刻不牵挂着他心爱的妻子季淑。季淑也时时计算着丈夫的归期。到了梁返台的前两天,季淑亲手赶制了一件新衣,以便迎接丈夫归来。梁一下飞机就看到了穿着新装的爱妻在迎候他的到来,欢愉之情不减当年,可见他们的恩爱之情是多么的浓烈!

晚年的程季淑患高血压病,为了让女儿文蔷能照顾他们老俩口的生活起居,他们决意卖了在台湾的房子,于 1972 年飞往美国西雅图和文蔷一家人住在一起。西雅图是美国最美丽的城市,气候温和,风景宜人,他们以为从此可以享受晚年生活了,殊不知这种温馨的日子没过几年便飞来横祸,这真是应了一句古话:"天有不测风云,人有旦夕祸福"。1974 年 4 月 30 日上午 10 时半,他与爱妻高高兴兴走出家门到附近一家市场去购物,哪知到了市场门口,一架竖着的梯子突然倒下,刚好击中程季淑的头部。梁慌了手脚,急急忙忙将妻子送往附近医院抢救。在进手术室的最后一刻,妻子见梁神情焦急,很吃力地劝慰说:

"华,你不要急,华,你不要急!"

梁实秋怎么能不急呢?他不能没有爱妻呀!生活中如果没有爱妻的照顾,他怎么能活得下去呢?为了放松梁的紧张情绪,医生对病人说:

"你最好笑一下,让你丈夫宽一下心。"

她为了宽慰丈夫,果然笑了一下,梁实秋感动极了。梁说:

"她在极痛苦的时候,还是应人之请做出了一个笑容,她一生茹苦含辛,不愿使任何人难过。"妻子进入手术室以后,就再也没有醒过来。相依相伴近半个世纪的爱妻猝然离去,他怎么受得了呢?从此,他夜夜入梦,希望爱妻的亡灵能跟他来相会,可是亡灵何在?为了怀念亡妻生前对他的关爱,他只能每日坐在案头,以自己真挚的感情,写下了悼念亡妻的散文集《槐园梦忆》。这本回忆集同年底由台湾远东图书公司出版发行,立即轰动台湾文坛。许多读者都被这部回忆录所感动。不少读者含着热泪读完了这本回忆录。出版公司介绍这本书时写道:"梁先生与程季淑女士结婚逾四十七年,鹣鲽情深,世人钦羡。历历往事,娓娓道来,读来如随之走遍大江南北。作者笔下的'她',一位典型的中国传统女性,受新式教育,描写其如何相夫教子,创造家庭和谐气氛,辅助作者完成《莎氏全集》翻译巨著。如今人事已非,读来令人不禁哽咽。"书中感人的事迹,俯拾即是,我随便举几个例子:

1.爱妻赠诗

每年旧历腊八那天,是梁实秋的生日。天还未明,季淑照例忙着起床要为梁熬一大锅梁喜吃的腊八粥。他们移居美国以后,因为限于环境,她才罢手制作腊八粥了。到美国第二年,将近甲寅,她在梁的纪念册上写了一个"一笔虎",并写下了一首小诗:

> 华:
>
> 明年是你的本命年,
>
> 我写一笔虎,祝你寿绵绵,
>
> 我不要你风生虎啸,
>
> 我愿你老来无事饱加餐。
>
> 季 淑

"无事"和"加餐"这简单的四个字,却包含了妻子对丈夫多么深厚的感情啊!

2.肺腑之言

梁实秋在翻译莎剧时,往往废寝忘食不知时刻。季淑不时地喊他:"起来!起来!陪我到院里走走。"待译完全部莎氏著作由台湾远东图书公司出版时,由几个单位联合发起举行庆祝会。有两位女士代表献花给梁氏夫妇。梁对季淑说:"好像我们又在结婚似的。"是日台湾某报纸有一段报道,说梁实秋是"三喜临门":"一喜 37 本莎翁戏剧出版了,这是中国第一部由一个人译成的全集;二喜,梁实秋和他的老伴结婚 40 周年;三喜,他的爱女梁文蔷带着丈夫邱士耀和两个宝宝由美国回来看公公。"但最使梁实秋高兴的是女作家谢冰莹和《世界画刊》社社长张自英均认为"梁先生的成就,一半应该归功于他的夫人"。梁实秋也深有所感地认为:"她容忍我这么多年的这样没有急功近利的工作,而且给我制造身心愉快的环境使我安心地专于其事。"

这确实是梁实秋的肺腑之言。

3.争着"先死"

梁实秋老两口已到垂暮之年,有时也会谈及生死问题。有一天,季淑对她的丈夫说道:

"我们已经偕老,没有遗憾。但愿有一天我们能够口里喊着'一、二、三',然后一起同时死去。"

这怎么可能呢?梁说:"先死者幸福,后死者痛苦。"妻说:"我愿先死。"梁说:"我愿先死。"两人争论不休,后来梁考虑一下,说:

"那后死者的苦痛还是让我来承当吧。"

季淑听了以后,谆谆叮嘱梁说:

"万一我先你而死,你须要好好照顾自己,如工作时间不要太长,补充的药物不要间断,散步必须持之以恒,甜食不可贪恋……"

每当读者读到此处,不觉泪如泉涌,如此恩爱夫妻真是世间少有!季淑终于先梁而去了,祭奠那日,梁不能亲去一恸,他托人带去一幅亲自撰写、书写的对联:

形影不离,五十年来成梦幻;

音容宛在,八千里外吊亡魂。

当梁实秋写完《槐园梦忆》,最后的结束语是这样的:

缅怀既往,聊当一哭!心中伤悲,掷笔三叹!

(载《世纪》1998年第6期)

大家共同的事业

——从李健吾的书法难认想到的

　　由于工作关系,我曾和国内的一些知名专家、学者有过一些文字交往。从他们的来信中可以看出他们各自的个性和修养。有些学者字迹工整,有些学者书法秀美,有些学者则字迹潦草像天书。其中法国文学专家、翻译家、戏剧家李健吾教授的书法,就属于第三类。他自己也承认字迹潦草不好辨认,但我们又不得不承认他的书法极富于个性:潇洒、活泼,洋溢着才气。

　　李健吾是我大学时代的恩师,生前他和我通过 24 封信,我曾将他给我的 24 封信整理注释以后,先后发表在北京的《新文学史料》(季刊)2004 年第 4 期和《古今谈》(浙江省文史馆编)2004 年第 4 期、2005 年第 1 期上。我在整理过程中,相当吃力,因为他的字迹实在太潦草了,要认清他每封来信每一个字是极不容易的,有时甚至不知他在说些什么,令人费解。外国文学专家、莎士比亚十四行诗著名翻译家屠岸先生和我有同感。他曾给我来信,谈到当年识别李信的过程,说来也十分有趣。现将他来信中有关李师的内容,摘录如下:

　　　　你回忆李健吾、钱锺书先生的文章亲切感人。《围城》人文版是我签发出版的。钱先生为人民出版社能在新中国首先出版他的这本被埋没了六十年的小说感到很高兴。40 年代上海沦陷时期,在巴黎大戏院上演李健吾先生改编的法国莎尔都的作品,我以一个素不相识的大学生给他写信,不意竟收到李先生的回信。我的信是从尊重、爱护他出发,希望他到内地去从事抗日戏剧活动,何必留在沦陷区呢? 他的回信写了三四页纸,字迹难认,尤其是他的签名。他对我这个无名小卒十分坦率真诚,说到他的许多文学战友都战斗在各条战线,时有信息相通,有的在大后方,有的在边区,各在其岗位上做着有益的工作。他说他的一片爱国心是永不磨灭的。他的签名更难认,好像是一个"绳结"符号。我请我的一位对书法素有研究的同窗好友来辨认,他终于认出是"健吾"二字。这封信我一直保存到 60 年代,最后毁于"文革",可惜啊! 可惜! ……

从这封来信中可以印证,辨认李师的字迹确实不易。

由此我想到收集、整理已故名家的信件,也是抢救文学遗产的任务之一,不能等闲视之。这些信件真实地流露出他们的思想感情和真知灼见,是值得我们研究、保存的。但这一工作至今未曾引起有关领导、部门的重视,这使我想起了现代文学史上著名女作家赵清阁的一段往事。她生前和不少中国现代著名作家、文化名人有着良好的友谊和书信往来。经过"文革"浩劫,大部分书信已散失。她曾哀叹道:"最令人伤心、遗憾的事是,我随身保存了几十年的友人田汉、洪深、徐悲鸿、老舍、傅抱石等的书信,全被造反派红卫兵拿去,至今杳无消息。"因此,赵清阁手中劫后残存的书信,就更加宝贵了。从包括郭沫若、茅盾、老舍、冰心、阳翰笙、谢冰莹、陆晶清、苏雪林等 50 多位名人的 200 多封信中,可以映射出半个多世纪的历史侧影。她生前花了两年时间,于 1996 年编成了《中国现代著名作家书信集锦》一书。她在医院病榻上写下了"前言",交付沪上一家出版社,希望在次年出版,却因种种原因未能问世。1999 年,赵清阁驾鹤西去了,她的愿望变成了遗憾。最近我从新闻媒体中获悉,有一位现代文学研究者史承钧先生,深感这部书稿的重要价值,经过他多方奔走呼号和有关方面的共同努力,上海文艺出版社终于在最近以《沧海往事——中国现代著名作家书信集锦》的书名出版了(参见《文学报》2006 年 10 月 19 日综合新闻报道)。其实,不少有识之士早就认为出版著名作家生前的书信、签名、手稿等是一件十分有历史意义的工作。现代文学著名作家端木蕻良夫人钟耀群老人在病中得悉此书即将出版,十分兴奋。她在电话中回答史承钧在补注中遇到的问题时,认为此书的出版是"大家共同的事业"。据悉,此书包括从

1941 年到 1996 年,共 52 位中国著名作家的 212 封信件,其中大部分从未发表过,包括人像、书影、原件、绘画、手迹等共有 178 幅珍贵照片。这里面也有多年来照顾赵清阁的吴嫂不少心血。如今她已老了,为了出版这本书,她不厌其烦地一次又一次地翻出赵清阁先生遗下的书信、手稿和照片以供后人搜寻和使用。这本书的问世包含了多少人的劳动和心血啊!

2006 年重阳节于浙江大学

(载《文艺报》2007 年 2 月 3 日)

关于书信那些事儿

先谈两件小事:

其一是前些日子我去大学校园里一家小店买信纸和信封,一位年轻的女营业员十分惊讶地对我说:"老先生,现在什么时代呀,电话、电脑这么发达,你还写什么信呀!"我漠然。

其二是我外孙大学毕业以后,在南京一家公司任软件工程师。最近他从法国、德国以及非洲的一些国家出差回来,我对他说:"你去国外出差,见闻一定很多,请你来信写一些海外见闻让我们见识,如何?"他听了哈哈大笑说:"外公,现在是什么时代呀!工作很忙,哪有时间写这玩意儿!"我只好向他苦笑。

我静下心来想了又想:现代人人际交往十分频繁,书信难道真的可以废弃了吗? 但从我的切身体会来看,书信不但不能废弃,而且应该大力提倡。我想以两位大学者的书信为例,说明书信多么值得我们重视和珍惜啊!

一位是文学大师钱锺书。我有幸在大学时代做过他的学生,在钱先生生前曾和他通过数信。

且先不说书信的内容,先看那行云流水般的书法,我就爱上了他的书信。试想,若没有深厚的书法功底,能写出如此漂亮的书法吗! 一般老学者从小就练书法,以后他们成长为学富五车的老专家时,他们的书法更趋成熟。钱先生学贯中西,他的书法更见功力,人见人爱。钱先生学术研究工作十分繁忙,他惜墨如金,中外来信很多。他写回信开门见山,直奔主题,没有客套话,常常用毛笔只写一张纸,因为忙,往往只写日期不写年月。他的签名连在一起,很有个性。他的书信和他的文学作品一样，充满机智、幽默，语言简洁。在给我的这封书信中提到赠送茶叶之事，他写道："君子之交淡如水，茶已过浓矣。"已隐含着对我的婉转批评。在重大原则问题上，他可毫不含糊，他对我的回信用词不当，直言"一捧便俗"，使我汗颜。当前文坛上互相吹捧之风盛行，他对我的批评，不是很有现实意义吗？

另一位是科学大师钱学森。我的好友包广琎教授曾经大胆写信向钱学森先生请教科研上的一个问题。信发出以后，他并不期望能得到回信，因为钱先生实在太忙了，可是有一天他意外收到了钱先生的信，拆阅以后，不觉感动得热泪盈眶。先生丝毫没有架子，为一个不知名的科学工作者详细回答了他的问题。

我想每一个看到这封信的人，必然对钱先生肃然起敬。新的内容深奥难懂、专业性强，在我们外行人看来，简直像"天书"一样。可是他的字体秀美、端庄，字里行间更觉他的科学态度是多么严谨而谦逊！

环顾周围为数不少的年轻学子，写字七倒八歪，一点不美，写一张条子也句子不通，错别字屡见。难怪有识之士在报上发出了"拯救汉字"的呼声，提倡尽量用汉字写信。其实自古以来，人们就重视书信交往，历代尺牍可称是我国文学宝库中一朵奇葩。著名的《古文观止》中就选了许多名人书信。又如《秋水轩尺牍》、《曾文正公家书》，都是许多人的必读之作。古代文人所写的每封书信都十分重视书信写作。现代著名翻译家、法国文学专家傅雷先生的《傅雷家书》一直受到人们追捧，成为畅销书，就是一个明证。

我国不少老年知识分子，退休以后，不甘寂寞，依然继续读书学习，汲取新的知识，有的还笔耕不辍，常和老朋友鱼雁传书，抒发自己的所见所想。他们乐此不疲，生活充实又富于乐趣，得益无穷，其乐无穷。其中不少老年学者的书法精湛，成了人们的收藏品。中国书法是世界上独一无二的艺术品，有哪一国的文字像中国书法那样美妙，似书似画，值得人们去"读"！又有哪一国的文字像汉字一般如此美丽，值得珍藏传之于世！

书写至此，我想到了法国的拿破仑，他不但是战场上的英雄，而且在书写情书方面，也是一个胜利者。据媒体介绍，世上最珍贵、最感人的一封情书是拿破仑写给未婚妻约瑟芬的。美联社报道说，因为约瑟芬的家庭财产问题，她和拿破仑发生争吵，约瑟芬指责拿破仑不是爱她本人，一气之下不再理睬他了。为了挽回约瑟芬的芳心，拿破仑在吵架后的第二天上午写下了一封情书，其中最重要的句子是："我送你三个吻，一个吻你的心，一个吻你的唇，一个吻你的双眼。"这三个"吻"终于征服了约瑟芬。据说这封字迹潦草的情书原件，被瑞士一位名叫施拉姆的先生收藏。他死后这封书信被家人发现，一家拍卖行估价高达460万美元。这当然是像天方夜谭一样，现实生活中并不多见。由此可见，书信是多么重要的交际工具，绝不可以小看它的作用，它引发了人间许多悲欢离合的故事。书信不仅仅抒发人们的思想感情，也书写人生，书写历史，书写人间万象。中外文学史上，不少书信还成了著名的文学作品，如李健吾的《意大利游简》就是他写给新婚夫人尤淑芬的情书集。如此看来，书信可以随便废弃么！

近据媒体介绍，有识人士鉴于国人进入提笔忘字的时代，提倡大力珍惜汉字，保护手写的习惯。今年7月份的《今日美国》报道，炎炎之夏美国各大夏令营命令禁止参加者携带手机、电脑，提倡用手书写信给家人和朋友，可见传统书信方式已引起他国的注意。美国人提倡从儿童时代做起，他们的做法很有前瞻性，值得我们重视。

亲爱的人们，你们的工作再忙，也不可忘记写信，拿起你们的笔，书写你们的丰富人生吧！

（载《群言》2010 年第 10 期）

城市、河道、文化

　　要把杭州市建设成一个旅游城市,我以为治一治杭州的河道十分
必要。

　　中东河治理以后,使杭州市除去了一条臭水沟,换来了一条清水
河,确实为杭州市办了一件大好事,也使杭州市多了一处景观。可是光
治理中东河是远远不够的。据老杭州人说,杭州之美,美在杭州市内拥
有不少美丽的河道,如浣纱河曾是一条通西湖的河道,绿水茵茵,杨柳
依依,使不少市民和游客着迷,如今浣纱河已变成了一条马路,昔日的
风姿已不复见。可是现存的河道是否该治一治呢? 例如笔者住宅附近
的一条西溪河,曾是一条清洁美丽的河道,60 年前笔者还在孩童时期,
曾随校中师生坐着小船沿着西溪河前进,观赏了西溪芦花,芦花在微风
中摇曳多姿,至今记忆犹新。如今西溪河已变成一条臭水沟,鱼虾已经
看不到了。往日的恬静风景区,已经变成了大楼林立的文教区了。

　　时代在前进,城市在发展,我们绝不能原地不动,发思古之幽情。
可是对河道来说,应该让它们绿水长流,使它们成为美丽的自然景观,
为人类造福。杭州市的河道有好几条,有的直通古荡,有的直通余杭,
成为沟通城郊的重要航道,但由于长期未经治理,如今有的淤塞,有的
断流,有的变成了臭水沟,这无疑将影响杭州市作为旅游城市的声誉。
我们知道世界上许多城市都与水有关。巴黎有塞纳河,伦敦有泰晤士
河,开罗有尼罗河,广州有珠江,上海有黄浦江,苏州有"东方威尼斯"之
称,其关键也在水。晚唐诗人杜荀鹤对苏州曾赋诗赞美:"君到姑苏见,
人家尽枕河。古宫闲地少,水港小桥多。"意大利的威尼斯以水为世人
所仰慕,每年吸引了大量游客到这个水都来观光。该城有大小河道

170 余条,这些河把城市切成 120 余小块,然后用桥把它们连接起来。有水、有桥、有船,增添了城市的无限情趣。其实一个城市的河道,也是城市文化的映射,许多作家、艺术家都与城市的水有关系。在这里我们不能不提莱茵河与科隆这座城市,那高耸入云的科隆大教堂和河畔的秀丽景物,曾被音乐家舒曼描绘过,他的《第三交响曲》以"莱茵"为标题,使这座城市和这条河都被音乐所渲染。像这类例子是不胜枚举的。杭州得天独厚,东有钱塘江,西有西子湖,如果让江湖之水直通杭州市的每一条河道,形成清水长流、四通八达的网络,使死水变成活水,让游艇荡漾在这些河道观赏杭州市的风姿,岂不是使杭州真正变成了人间的"天堂",这不是造福子孙后代的大好事吗?

(载《浙江民进》1991 年 11 月 15 日)

大做"绿"字文章

　　前段时间杭城连续高温，市民深受其苦，即使闭门家中坐，也会挥汗如雨。每天晚餐以后，青年朋友可以带着妻子、孩子往西湖风景区避暑，可是对于老年市民来说，真是苦不堪言。我看到不少老年市民走出鸽子笼似的家门，只好坐在附近马路边纳凉，他们多么希望有个街区小花园、小喷泉供他们休息、闲聊、纳凉之用。可是市区的绿化工作，仍然不尽如人意。少年宫广场、武林广场虽然绿草如茵，树影婆娑，这对附近居民来说，确是纳凉的好去处。可是，对许多市郊住宅小区来说，距离颇远，如果每晚挤公共汽车去纳凉，岂非得不偿失！因此，加强市内住宅小区的绿化工作，扩建、多建街头花园就十分必要了。

　　笔者前几年去欧洲访问，发现那里的城市很美，奥妙就在于他们在"绿"字上做文章，他们对市区每个角落都加以绿化，地面上都种上花花草草，即使在楼顶、墙面也都铺上一层绿色，使整个城市处在一片绿色包围之中，给人一种舒适凉爽之感。杭州曾被不少外宾称为"美丽的西湖，破烂的杭州"。平心而论，这几年杭州市的城市建设，成绩不小，西湖景观，更加迷人，高楼林立，面貌大改。可是不可否认，杭州市内仍有不少角落，仍然破烂不堪，那里的卫生面貌不佳，绿化工作更差，有少数居民搞违章建筑，甚至将大树故意弄死，这种破坏绿化工作的行为，能够容忍下去吗？我想，动员全市人民大做"绿"字文章，树立绿化意识，把全市所有角落绿化起来，让每个市民在炎热的夜晚，能在家门附近的街区小花园内纳凉，岂不美哉！"碧玉妆成一树高，万条垂下绿丝绦。

不知细叶谁裁出，二月春风似剪刀。"这是前人为我们描绘的一幅绿化美景图，如果这幅美景能在杭州每个角落实现，我们的杭州城岂不可以跟"美丽的西湖"媲美吗？

可怜的戴厚英

　　我常常为名作家戴厚英的冤死,唏嘘不已。

　　女作家戴厚英以她的长篇小说《人啊人》蜚声文坛,以后又发表了《闻捷之死》,记述了她和著名诗人闻捷的生死之恋,数不清的报刊连篇累牍地推出了有关她和诗人闻捷之恋的文章,这使她的名声愈来愈大。以后她又在上海大学文学院兼任教授。不知底细的人,以为她是教授兼作家,必然腰缠万贯,结果却招来杀身之祸。

　　这件轰动全国的命案,颇值得人们深思。

　　深思之一,戴厚英一生坎坷,她有一颗善良的心。她为了帮助中学时代一位老师的孙子陶峰在沪寻找工作而接待了这位年轻人,结果好心人不得好报而惨遭杀害。俗话说:"好人一生平安",可是她却连遭不幸,这不是太悲哀了么!

　　深思之二,人们以为作家一定有钱,殊不知作家有好几种类型,那些严肃作家写作态度严谨,作品不多,往往清贫得很。戴厚英就属于这一类型。她虽兼任大学教授,可是"穷教授满街走",她是赚不了多少钱的。如此说来,陶峰岂不是找错了作案对象!

　　深思之三,陶峰恩将仇报,可见他的道德水平何等低下,据他供认,他要杀害戴厚英时,戴义正词严地对他说道:"你这样做会后悔的。"陶峰哪里听得进去。戴逃进自己的卧房躲避,可是她慌慌张张忘了将钥匙拔去,陶峰此时如果稍有良心,也该猛然醒悟过来刀下留人,可是他不顾一切,竟然冲进内室,活活将这位善良而可怜的女人杀害了。待他抢到了钱财要离去时,还向戴的尸体深深地鞠了一躬,向她表示歉意。陶峰的行为荒谬、愚蠢到如此地步,怎不叫人愤慨!可见加强精神文明建设何等重要,人不知耻,不讲道德,必然走向犯罪的深渊。

谈到精神文明建设,使我联想到国民素质问题,见死不救,随意破坏公物现象到处可见。最近柳浪闻莺公园园林工人辛辛苦苦在湖边种下杜鹃花,结果被游人无端抛入湖中,更令人气愤的是,中东河沿岸居民要乔迁新居,原本是大喜事,可是沿河有的居民,竟将不用的旧家具、旧沙发、旧床……扔进了中东河,如此不讲文明、不讲道德的行为,令人愤慨而叹息。

细想那些犯罪分子犯罪,绝不是偶然的。戴厚英含恨离世,给人的思索无穷。

名人之累

　　做人难，做名人更难，确有其理，试举数例论之。

　　一例是我国著名书法家启功先生，他成了书法家以后，苦乐自知。据说早些年他有一句名言："人家求你写字，那是人家看得起你，你怎能不给人家写？"自此以后，求字者门庭若市，近几年，气势更猛，如洪水泛滥，吓得他高挂免战牌，叫道：

　　"我这儿不收活儿，有事找侯刚（原北京师范大学出版社副社长，他的字酷似启功先生）。"

　　然而事情并不到此有所好转，每晚电话铃声不断，直闹得启功先生休息都成问题。还有的求字者不知从何处打听到他的住址，竟然"登堂入室"，求启功先生写字，直把启功先生折腾得哭也不是，笑也不是，这不是名人之累么？

　　近读倪萍的《日子》一书，发现她成了名后日子也不好过，她说过这样的话："最称心的日子就是一天在家没有外人，穿上随便的衣服，吃几口随便的饭，用清水随便洗几下脸，然后就是随便地翻书，随便地睡觉。"可是她能做到吗？每当她做完节目精疲力竭地回家，正想随便睡个好觉，电话机、BP机一个劲儿地响，她能睡得了吗？

　　更典型的例子是戴安娜王妃，她原是平民的女子，日子过得太太平平，可是当了王妃以后，马上成了新闻媒体追逐的对象。离婚以后，更加糟糕，那些摄影记者经常打听她的行踪，这次她与男友在法国巴黎游玩，原想平静地欢度她的幸福岁月，岂料七名摄影记者紧追不放，致使戴安娜和她的男朋友在车祸中命丧黄泉，这原本是可以避免的悲剧，如果摄影记者不追戴安娜，她会死吗？如果戴安娜不是一位名人，摄影记者会追逐她吗？

　　戴安娜真是死得冤枉，如果她不嫁给王子，平平静静地做她的幼儿教师，嫁个普通的男子生儿育女，过一份平淡的日子，也许她现在依然幸福地生活在这个世界上。呜呼，名人之累向我们敲起了警钟！做人难，但是做一个普普通通的人也许不难。平平淡淡才是福，你信吗？

如此活宝贝

　　现在独生子女,把孩子当宝贝看待,这是常情,不足为怪。可是如果宠爱过头,当作"活宝贝",那造成的后果难以想象。

　　日前从新闻媒体中获悉,世界上真是有如此"活宝贝",令人称奇。

　　话说吉林省某地有一户人家,60多岁的老奶奶有一位6岁的小孙子,老奶奶每次哄小孙子吃饭,必然像拜佛似的要给孙子磕三个头,孙子才肯吃饭。以后养成了习惯,每到吃饭时候,老奶奶就得向孙子三跪三磕,不然小孙子就不吃饭了。一次来了客人,老奶奶觉得不好意思,磕头未磕到地上,孙子马上大闹起来,老奶奶忙对孙子说:"奶奶该死,奶奶重磕。"直到老奶奶三次认认真真磕到地上,孙子才肯罢休。此事在当地传开,成了笑谈。可悲的是,如此活宝贝至今仍然我行我素,谁也奈何不了他。这真叫作"自作孽,不可活"。

　　当然在现实生活中像这类畸形现象是极个别的,可是无原则溺爱孩子的现象却是极普遍的。古时候,有一个"偷白鲞,咬奶头"的故事,是人人都熟悉的。按说,到了21世纪,这种怪现象应该绝迹了。如果大家见怪不怪,习以为常,那是十分危险的。我想在这里告诫那些为人父母者,为人长辈者,如果再不严格教育我们的下一代养成尊老爱老之风,"三跪三磕"的现象如果任其泛滥下去,我们的国家和民族还会有希望吗?

善意的谎言

　　1986 年春,我刚从西欧出访归来,坐在北京火车站软卧休息室,等南归参加上海的中国莎士比亚学术研讨会,当时坐在我旁边的是一对外国年轻夫妇,我和他们用英语闲聊起来,才知他们是一对英国籍夫妇,他们对中国印象很好,这是他们第一次带着女儿来中国访问。

　　后来,我跟他们身边的小姑娘闲聊起来,小姑娘大约有七八岁,我们之间有一段有趣的对话,译文如下:

　　"小姑娘,我见了你很高兴,你叫什么名字?"

　　"玛丽亚。"

　　"好漂亮的名字哦!"

　　姑娘高兴起来,随即她反问我:

　　"你有女儿吗?"

　　"有!"

　　"她叫什么名字?"

　　这一下,使我为难了,其实我女儿的名字也很漂亮,叫"笑影"。

　　我随即回答她说:

　　"名叫笑影。"

　　女孩立即张大眼睛说:

　　"什么,什么,多古怪的名字!

　　我耐心向她解释说:"她从小爱笑,所以给她取名笑影。"

　　小姑娘的眼睛越睁越大,她愈听愈不明白了。我急中生智取了个假名:"她叫克里斯蒂娜!"

　　这一下,女孩马上明白了,她拍手连叫:"克里斯蒂娜,克里斯蒂娜,好美的名字啊!"

　　这善意的"谎言",解了我的围,从此,我明白过来,国情不一样,各国取名的方法,也各不相同。如果样样跟国际接轨那是要闹出许多笑话来的,你说呢?

施光南现象

被誉为"时代歌手"的中年作曲家施光南,英年早逝,谁不为他事业未竟、才华不永而感到痛惜?当歌星们唱着《祝酒歌》成为万元户时,谁也不曾想到他得到的作曲稿费才15元。当有人借学赖宁致富时,他抱病为小英雄谱写的歌曲,报酬仅10元。如此分配不公的怪现象,怎不令人扼腕!施光南在培养人才方面也做出了杰出的贡献。著名歌唱家关牧村的成长倾注了施光南的心血,她在听众中广有影响的歌曲,大多是施光南谱写的。由关牧村主演的我国第一部电影音乐故事片《海上生明月》,也是施光南特地为她创作的。施光南中年离世留给关牧村的是巨大的哀痛,无穷的思念。施光南现象已成为知识分子十分关注的问题。

知识分子的劳动价值究竟应该如何估计?应该引起有关领导的重视。社会主义的分配原则是按劳分配,可是实际上并不是这么回事。作曲家绞尽脑汁,谱写了时代的歌曲,稿费仅得十几元,还有谁来当作曲家?学者、专家积一生辛劳写出来一部学术著作,结果还得自掏腰包出书,直至把多年的积蓄贴上还不够。这种不合理现象,怎么能不让"读书无用论"重新抬头?作者写文,不管质量如何,一律按字数计酬,岂不是鼓励作者写裹脚布似的长文章吗?自古以来,也不按文章长短来计稿酬的,如果按字数计酬,古代大诗人如李白、杜甫岂不早饿死了么!

施光南现象应该引起人们的思索:应该充分估计知识分子的劳动价值,对他们付出的劳动应根据社会效益和经济效益,给予足够的报酬,如科技工作者的创造发明,为国家创造的财富,往往是无法估计的。

然而现在知识分子的家庭，靠工资收入，日子都过得比较紧，相反，社会上有些富得冒油的个体户，他们的文化程度不高，可是却有一套"致富"的本领。他们挥霍浪费，日掷千金，不足为奇，不以为耻，他们之中有的在高级宾馆长期包租房间，供自己享乐，过着糜烂透顶的生活，他们结伙出入卡拉 OK 歌舞厅，甚至强占话筒，不让其他顾客演唱，经理向他们劝说时，他们竟拿出一沓高额人民币，扬言要将歌舞厅包下一个月。气焰之嚣张，令人侧目和愤慨！

现在社会上流行一句话，名叫"穷教授，馊博士"，这种现象从本质上来讲与施光南现象是一样的。国家提倡让一部分人先富起来，我想应该包括知识分子在内。如何让知识分子先富起来，特别是对国家有杰出贡献的知识分子，让他们先富起来，则国家幸甚！民族幸甚！

世界真奇妙

人们都说"世界真奇妙",证之现实,确乎如此,有些事情不但奇妙,而且奇怪到了令人不解的程度。

前些日子,一张报纸刊出了一张照片,一男一女,一老一青,照片的说明文字是:今年2月2日,93岁高龄的安娜·玛格丽特·瑟伦森在丹麦哥本哈根与她的丈夫、25岁的彼得·拉尔森合影。拉尔森与瑟伦森结合是为了不让瑟伦森的家人把她送进养老院,两人于去年10月结婚,当时的牧师因为两人的年龄差距太大而不肯主持仪式,婚礼被迫在教堂以外举行。

青年男子与行将就木的老妇结婚,你说怪也不怪!

无独有偶,百岁老人、老报人、老作家章克标丧偶以后在报上登出了"征求伴侣"的启示,刊出的第二天,就有两位女士打电话到报社应征,一位是50岁的离异女士,因儿子长大而感到寂寞,想与章克标"伴伴老",另一位是40岁的未婚小姐,做服装生意的,想与章克标结秦晋之好。之后应征信纷至沓来,其中年龄最大的是80岁的老人,最年轻的是25岁的姑娘。其中有一位是大学毕业生,她专程从上海到海宁去见了章克标,并约他去浦东参观……还有一位已移居海外,也特地去见了章老。至1月26日,应征信已达20多封,其中还有不少故事呢。

百岁老人征婚,应征者竟有如此之多,年龄最低者是25岁的姑娘,100:25,你说奇也不奇!此事成了众多媒体和热心人追逐的目标,令百岁老人难以招架,有人据此画了一幅漫画,画中,章老叫道:"我头晕了,请各位帮帮忙。"

男人的一半是女人,女人的一半是男人,男女婚嫁只要双方有意,原不该受年龄的限制,只是双方年龄悬殊如此之大,恐怕没什么幸福可言! 这里是否真有纯洁的爱情,不能不让人怀疑。也许仰慕对方的才华,也许贪图对方的名誉、地位,也许贪图对方的钱财,也许为了上吉尼斯世界纪录……我想,各自都有所求吧!

男女情爱原是说不清的事,你觉得奇也罢,怪也罢,世上多多少少的悲欢离合的事,不都是由男女双方演绎的吗?

说"老"

　　悠悠岁月，吾已进入老境矣。

　　生、老、病、死，原是自然规律，谁也不能违抗。如果老而不死，小小地球焉能容纳得了！所以人老了，用不着叹息、悲观，应该安然处之。法国作家巴尔扎克在他的名著《邦斯舅舅》中有一句名言："老而又穷是讨人嫌的。"我想自己已到了"讨人嫌"的地步了。现在年轻人比老年人有办法。老年人退休以后只能靠微薄的退休金过活。在职的年轻人这个"奖"那个"贴"的，加起来大大超过退休的老年人的收入，至于经商的年轻人那就更不用说了。面对这样的现实，老年人不用悲观失望，因为青出于蓝而胜于蓝，终究是令人高兴的。

　　老人退休以后，如何打发日子才没有"失落感"？窃以为：

　　第一应该"老有所乐"。我主张"快乐人生"，人生苦短，何必自寻烦恼，辛苦一辈子，到了晚年也该好好寻求快乐了。如何寻求快乐？不能搞一刀切，有的喜欢筑方城，有的喜欢打桥牌，有的喜欢外出旅游，有的喜欢读书看报，有的喜欢学画练字，有的喜欢唱戏拉琴，有的喜欢跳舞做香功……我以为这些活动都有益身心健康，值得提倡，但要注意"适度"二字。

　　第二应该提倡"老有所为"。人到老年，如果一味在吃喝玩乐中度过，也未必好。如果能根据自己身体条件适当搞些有益于社会的事，岂不更好！如医生可以义务为别人看病，老专家、老学者可以著书立说，有的老同志如有办法也可以搞一点经济实体……总之，一切要量力而行，不能强求。国外有些老人常常忘记自己的年龄。有些老人把退休以后的生活，当成另一种人生的开始，有些七八十岁的老人竟然还在体育比赛中得奖。这种不服老的精神固然令人钦佩,但是老人也应有服老的一面,西洋中古时代的修道士,手上常戴指环,上面雕刻着一具骷髅,还有几个拉丁文:Memen to mori ,意为"记住你一定要死的"。我想每个老人都应有这样的思想准备和自知之明,这样也就不会出现花白头发老人硬染成黑发,秃顶老人硬戴上波浪形假发的现象了。

　　花有开有谢,树有荣有枯,人有生有死。如果一个人能问心无愧地含笑离世,那是最幸福的。梁实秋曾在一篇《敬老》的小品文中提道:"唯有老而且贤,贤而且老,才真值得受人尊敬。"这是老年人的最高境界。我认为,这也是每个老年人应该追求的目标。

伟哉,蔡元培

前北大校长蔡元培先生真是一位了不起的教育家,他当校长以后,一是采取"兼容并包"的教学方法,各家学说,只要言之成理,均可登台讲授;二是不拘一格降人才,他深知办好北大关键在于有一批高水平的教授,有了名教授,学校就会办得有声有色,俊彦人才才会喷涌而出。有两件事,值得大书特书:

一是延聘梁漱溟当教授。梁氏年轻时期就显露了非常的才华,他在学术刊物上发表的哲学论文颇受学界的重视。可是他投考北大时,由于数理化不行因而名落孙山。蔡元培闻知此事,毅然决定延聘他当教授,因为他阅读过梁氏文章,心仪已久,并确认梁是一位饱学之士。他说:"北大有权不让他当学生,我却有权聘他为教授。"他的果断、胆识,在北大传为美谈。

二是延聘陈独秀当文科主任。按说陈独秀一无学位、文凭,二无教学资历,怎么当北大文科的领头人? 可是蔡元培在《新青年》杂志上拜读了陈独秀的鸿文,决定聘他来北大任教。时在 1916 年冬,陈独秀住在北京一家旅馆里,蔡元培闻讯后,几乎天天清早赶至旅馆坐冷板凳,等待陈独秀起床。有人回忆说:"蔡元培先生差不多天天要来看仲甫(独秀),有时来得很早,我们还没有起床,他就招呼茶房,不要叫醒,只要拿凳子给他坐在门口等候。"

蔡元培求贤若渴的精神令人激动不已。求贤的故事古已有之,三国时期刘备三顾茅庐请诸葛亮出山的故事,人人皆知。可见大至治理国家,小至办好一所学校,都要有杰出的人才。当今社会,各行各业都亟需人才,蔡元培求贤若渴的精神,值得每一个领导干部学习。

书写至此,不由得我从心底里喊出:"伟哉,蔡元培!"

喜中有忧

投稿原本是一件喜事。文章如果发表了，可能会引起读者的反响。有的读者赞同你的观点，有的读者可能不赞同。无论赞同与否，总是令人高兴的。文章引起争论是好事。作者和读者均可从中得到教益。这难道不是一件喜事么！回想我高中时代，曾在报上发表一篇小文，结果引起一位读者的不同意见。意想不到的是，这次争论，引起了我对写作的兴趣，也影响到我人生的走向，从此走上了文学创作和研究的道路。岁月悠悠，如今我已到古稀之年，但还能感受到发表处女作时的喜悦之情。

投寄出去的文章，如果不能发表，倘能得到编辑先生的指教，也是一件喜事。回想青年时代曾得到过一些不相识编辑的鼓励和帮助，至今我对他们还怀着感激之情。

可是投稿也会带来一些"忧"。第一种最常见的现象，是稿件投寄出去以后，如石沉大海，虽多次去信催问，依然杳如黄鹤。有时作者不得不重抄一遍，另投别处，结果两家杂志先后发表了。第二种情况是稿件发表以后，既不寄样刊，也不寄稿费；或者只寄样刊不寄稿费；或者只寄稿费不寄样刊，即使作者多次函催，对方也不予理睬。第三种情况是文章发表以后，由于校对不严，导致错误百出，读者读了以后摇头，作者读了以后尴尬。试举几例。我有一篇万字左右的文章，发表在一家著名学术杂志上，仔细审校下来发现大小错误有数十处。如原文是："如以黑脸来扮演奥赛罗，老生来扮演安东尼，青衣来扮演朱丽叶，花旦来扮演鲍细霞，小生来扮演罗密欧，小丑来扮演福斯塔夫……"许多人都熟知罗密欧是男主人公，而刊出时变成了"……青衣来扮演罗密欧"，岂不是闹成了大笑话！另有一篇文章,原文是:"其人今年才 20 岁,渊默若处子,轻易不发一言,闻英文甚深,之江办学数十年,恐无此不易才也。"结果变成了"……闻英文正课",简直不知所云。即使是人称代词也马虎不得,如原文是"……传到朱生豪手中时,他带着微笑把头低下了,既没有说话,也没有表情。"结果"他"变成了"她",使人怀疑朱生豪究竟是男人还是女人？像这类不该发生的错误比比皆是,作者能感到舒心吗？第四种情况是,有的学术性杂志,文章发表以后,不但没有稿费,还得作者自掏腰包付版面费、审稿费数百元。知识分子辛辛苦苦的精神劳动,如此不值钱,岂不令人伤心！

　　当然,情况也有令人满意的。如稿件投寄出去以后,编辑部很快来信说:"大作已经收到,审处结果当再奉告。"过了一段时间,编辑部又来信说:"大作决定采用,安排在第×期发表,欢迎继续赐稿。"有的编辑职业道德高尚,他们取稿标准"只看质量,不看情面",令人钦佩。有时还会出现样刊未到,稿酬先到的情况。但是,这类令人满意的情况现在越来越少见了。

　　以上所谈,不仅仅是个人的感受,可能有一定普遍性。

　　人们常说"顾客是商店的上帝",那么,作者该是报刊的上帝了。话说得有理。试想,报刊一旦离开广大作者的支持能办好吗？可是实际情况却并非如此。我相信,随着精神文明建设的加强,投稿的忧虑现象,一定会得到改善,你信吗？

文学梦

青年人爱做文学梦。我早年读中学时，读了一些名作家的作品，也做过文学梦，可是我有自知之明，觉得当作家太难了，当名作家就更难了，我终于根据自身的条件走上了教育岗位，当了一名普通的教师。蜡烛虽然快燃尽了，可是眼看自己教过的莘莘学子一个个变成有用之才，青出于蓝而胜于蓝，我委实喜不自胜。

最近，我忽然收到了一封从安徽一所中学的来信，写信人是一位年轻的中学教师，他自称是"落难书生"。我不知他为何落难？他来信的内容归纳起来有三点：一是想进杭大中文系免试入学；二是附来了一篇论文，要我推荐到《杭州大学学报》发表；三是要我帮助他实现文学梦。我想想真是好笑，进大学学习怎能免入学？学报是学术性很强的刊物，怎能刊登一般性的论文？我虽是一位中国作协会员，但只是一位普通的作者，焉能帮助他实现文学梦？我觉得有些年轻人太富幻想，太不懂世事了，他们忘记了一条做人的根本原则：一切要靠自己的努力和创造，世界上从来没有救世主。

我提笔给他写了回信，来信不予理睬是不礼貌的，特别是对年轻人的来信，更不能不理不睬。我回信的内容，概括起来三句话：

文学梦是不好做的，条条道路通罗马，何必一定要走文学小道呢！如果到头来做了一个"空头文学家"（鲁迅语），岂不悲哉！

多读一些中外名著，从中提高自己的文学修养，做好本职工作，从生活中学习，从生活中提取文学的素材。

我是一位退休教师，年已老迈，既无权又无势，更无钱，对他无法帮忙，实在抱歉。

　　我的回信也许会使他不高兴。

　　不高兴又怎么办呢？我讲的是老实话，希望他不要做"落难书生"，而做一个有益于人民的人。奉劝他一句话：路要靠自己走！

（载《浙江民进》1998 年 10 月 25 日）

文风小议

文章是写给人看的,如果别人看不懂你的文章,岂不是白白浪费了自己的精力和时间,也浪费别人的精力和时间。这个道理谁都明白。可是现在有些人写文章特别是理论文章往往使人捉摸不透,不知作者的真实意图是什么。

随手摘录一段文字:

"有些作品过于晦涩空灵,造成了阅读障碍,使作品输出和读者接受之间形成新的断裂,回归艺术本体的超脱,必须考虑读者接受的可能和介入读者之间保持必要的张力。探索文学应该在克服自身局限的过程中,调整读者和现实生活距离,不断发展前进。……"

使人迷惑不解的是,作者在批评别人"晦涩空灵"的同时,自己也在制造"晦涩空灵"的词句。例如"作品输出"、"回归艺术本体的超脱"、"张力"等,这些新名词使读者如云里雾中,不得其详。

我想,写出这些晦涩难懂文字的作者,其用意何在,值得研究一番。如果是"故弄玄虚",实在不可取;如果是"卖弄自己",实在面目可憎;如果是"故意吓唬读者",实在令人讨厌!

我想,其中另一个重要原因,也许这些作者读前人理论文章太多,看了众多的新理论、新名词、新术语,自己一知半解,为了显示自己的"高明",将它们原封不动地照搬过来,殊不知这样的"照搬",结果却反衬出自己的浅薄无知。

我以为,写文章也要有群众观点。我国人口的总体文化水平不高,如果不考虑到这个国情,你的学问再好,你的头衔再多,写了别人看不懂的文章,岂不是竹篮打水———一场空!

由此看来,在新时期树立明白畅晓的文风,是何等的必要啊!

我为关公鸣不平

三国时代的关羽在中国老百姓心目中是个大英雄。他忠于刘备，讲究忠义二字，人们都称他为关公、关老爷，人们为了纪念他，在全国各地建了许多关帝庙，戏曲界还为他编演了许多关公戏，如《单刀会》、《走麦城》等。

如今，我忽然为关公鸣不平了，这是由一位老友来信引起的，老友前不久游历了不少名胜古迹，当他游到洛阳东面的关林时，他写道：

"……所谓关林者，实际上是一座关帝庙，中华大地上关帝庙多矣。关林的关帝庙之所以出名，是因为里面有关羽的坟，坟里有关羽的脑袋。关羽被孙权杀了以后，孙权将其首级送给曹操，曹操为了外交上的需要，厚葬其脑袋。据说明书上介绍，关羽共有三个坟，一个在荆州，内为无头的躯体；一个在关林，内为其头；一个在山西老家，乃衣冠冢。关林的关帝庙规模似乎大一点，三大殿里供的都是关羽的塑像，还有光绪皇帝写的匾。改革开放以后，为了提高经济效益，近两年在第三个大殿加塑了一个活关公。所谓'活关公'乃是一个电动的关公，大小和正殿的一样，平常时躺着，来了善男信女布施了钱，'活关公'的操作人员按动电钮，令关帝坐起来。如再布施一次，操作人员可令关帝向布施者行注目礼。这样一来即使非虔诚的信徒，只要花点钱，即可得到关公的敬礼。故而买卖兴隆，把关老爷累得够呛。据说，有善男信女精神上没有准备，看到关老爷突然坐了起来，吓得晕倒在地。我们在远处遥望'活关公'的表演，感到十分有趣，也为关公不平……"

老友的这一番议论使我感慨系之。在市场经济条件下，把我国名胜古迹中的历史人物拿来作为赚钱的工具，实在是对历史人物的大不敬。我国不少人物都有可歌可泣的事迹,体现了中华民族的传统美德和高尚气节,使我们敬而爱之,引以为豪。如今有人为了多捞钞票,想出歪点子,让游客拿出几个钱,可以使关公随时向他们敬礼,关公地下有知,也该大为生气了。

　　赚钱我们并不反对,但要取之有道。如果以糟蹋历史人物来赚钱,我们坚决反对。

　　尊重历史,尊敬历史人物,也是一种高尚的精神文明。学习历史人物的高尚精神更应该成为我们良好的社会风气。

智利来信

我的老友贺教授最近去智利探亲、讲学，近接他的手书，谈及智利的风土人情、文化教育等，使我大开了眼界。来信很长，涉及许多方面，我只能谈印象最深的两件事：

一是学校教育。

贺的外孙7岁开始在智利上小学，书包却空空如也，里面只有一本练习本，一本老师和家长的联络手册，不像我国小学生书包有的竟达十数斤。他的家庭作业只写三五句西班牙文书法，画几张简单的图画，贺的儿子望子成龙心切，每日辅导儿子一小时，哪知反而弄巧成拙。自此他儿子上课不安心，专搞小动作。一次老师上算术课提问时，他儿子大喊大叫起来："这题目太容易了。"老师又出一个较难的问题，他又大叫起来："再难一点。"老师又出了一个更难的题目，哪知这孩子也马上答对了。老师目瞪口呆，同学佩服得五体投地。算术课变成了他一个人的表演课。事后老师特地找孩子爸爸谈话，说这孩子已远远超出全班同学，但也扰乱了整个课堂秩序，请他以后赶快停止辅导，孩子只要随班听课就可以了。老师还规定，孩子在家做作业，每天不许超过15分钟。这件事对我们极有启发，对孩子教育不是作业压得愈重愈好，而是应该让他们在轻松、愉快中学习，做家长的更不能加班加点使孩子透不过气来。

二是男女婚姻问题。

来信谈到智利因气候、饮水或其他不可知的原因，生育比例失调，成了一个女多男少的国家。男女比例是1∶6。为此，智利的女孩谈恋爱极富"进攻性"。在大街上男女拥抱、长时间接吻、难舍难分是普遍现象,智利姑娘的最高理想是和外国人(包括中国人)结婚。有一台胞在智利经商,他和四个智利女人同居,并生下了孩子,结果大吃苦头。因为智利的法律规定,生下孩子就算合法婚姻。如要离婚必须付出一大笔赡养费。由于他是有钱人,结果女方的七姑八奶都涌到男方家里来白吃白住,这位台胞苦不堪言,不但钱财被瓜分,他连日常生活也困难,每天只好吃些方便面。有一位中国青年见此情景,发誓说,一定要和中国女孩结婚,非中国人不娶。由此可见,国情不同男女关系各国也不一样。如果稍不谨慎,也会陷入困境,搞得狼狈不堪。

自酿"苦果"

一日老友来访,气鼓鼓地谈了一件事,令我十分吃惊。

他的儿子、儿媳前几年到加拿大留学,以后就留在那里工作,他们千方百计将留在大陆的儿子弄到加拿大去读小学。老友当然舍不得孙子远行,但他无权阻拦,只好让他去了。

这小孙子一到加拿大,他的妈妈就跟他约法三章,其中一条是:

"从此以后在家不准说中文,要说英语。"

为了加速培养孩子学好英语,这样的措施也是情有可原的。孩子初到加拿大,一时难以说完整的句子,只好中夹英说话。一天,孩子对妈妈说:

"Mami,今天我骑 bike 去 school,OK?"(妈妈,今天我骑自行车去学校,可好?)

妈妈不同意:"No,No,No."(不,不,不。)

这孩子聪明过人,半年下来,他的英语水平大大提高了。每日放学回来向他的爸妈谈起学校的事,还夹着连父母也不甚明白的俗语土话,需要儿子当老师,好好解释一番,父母才会明白过来。

日子一天天地过去,一年以后,儿子的英语达到了很高的水平,他满嘴英语,连一句中文也不说了。有一次,一个中国友人来访,父亲对儿子说:

"你叫他丁伯伯。"

"What,What?"儿子大叫起来,他连"丁伯伯"的中文也不会说了。

爸爸火了,"你快去倒一杯咖啡来,在丁伯伯面前必须说中文,不要说英语。"

这可难住了孩子,愣了半晌,才说出了一句英语式的中文:

"Mr. 丁,我为你去倒一杯咖啡,如果你需要的话。"

妈妈为儿子纠正说:"不是 Mr. 丁,是丁伯伯,你说中文太别扭了。"

儿子听不懂"别扭"是什么意思,大叫:"什么意思是别扭?"

有一次,老友的儿子给国内的父亲打越洋电话,父子俩说完后,我的老友对儿子说:

"我要跟孙子讲几句话。"

孙子接过话筒,祖父问:

"孩子,你好吗?"

"Very well, thank you."孩子答。

"你学习好吗? 目前的生活如何?"

孩子没有很多中文词汇,就说了一大堆中夹英的汉语,我的老友气坏了,一把将电话挂断。后来写信去大骂儿子一顿:"我的孙子连中文也说不好了,像话吗?"

这样的故事恐怕带有普遍性。我想年轻人出去留学深造是好事,可是学会了说英语却把中文给丢了,这岂不是数典忘祖? 不可行也!

才子佳人　柴米夫妻

——朱生豪和宋清如的婚恋

在中国现代文学史上，朱生豪和宋清如的婚恋以及朱生豪在翻译莎士比亚戏剧方面所作的贡献，是值得大书一笔的。

1992 年 4 月中国莎士比亚研究会在上海举行纪念朱生豪诞辰 80 周年研讨会，与会专家对朱译莎剧均有极高评价。朱生豪生于 1912 年，1944 年在贫病交迫中离世，享年只有 32 岁。英年早逝，知者无不叹息。他是浙江嘉兴人，才华横溢，中、英文造诣极深。早在之江大学国文系求读时期，就为著名词学家夏承焘教授所赏识。夏在《天风阁学词日记》中记录了他对朱生豪的评价："阅朱生豪唐诗人短论七则，多前人未发之论，爽利无比，聪明才力，在余师友之间，不当以学生视之。其人今年才二十岁，渊默若处子，轻易不发一言。闻英文甚深，之江办学数十年，恐无此不易才也。"

朱生豪在毕业前一年认识了国文系一年级女生宋清如。他们的相识相恋颇有传奇色彩。当时之江大学有一个诗社，爱好诗词的师生经常聚会活动。有一次诗社活动时，宋清如拿出一首半文半白的宝塔诗。传到朱生豪手中时，她带着微笑把头低下了，既没有说话，也没有表情。哪知这一笑竟打开了这位青年才子的心扉。过了几天，朱给宋写去一信，并附上他自己创作的三四首新诗。从此以后，他们书信往还，开始了他们漫长的 10 年恋爱历程。直到 1941 年 5 月 1 日在国难深重的时刻，这对恋人才在上海举行了简单的婚礼。夏承焘为这对新人题写了"才子佳人，柴米夫妻"八个字，生动地体现了这对夫妻相濡以沫，患难与共的精神。当时参加婚礼的之江师友们对这八个字无不拍手叫绝。

朱生豪在世界书局老同事詹文浒的倡议下，开始翻译他心爱的莎士比亚戏剧。他从 1936 年开始译出第一部莎剧《暴风雨》以后，就立志要把莎翁全剧翻译过来，及至病逝前，已完成 31 部，剩下的 5 部历史剧尚未译出。其中经历的艰难困苦，非常人所能忍受。他的工具书少得可怜，只有两部。为了一个句子的译法往往要推敲好半天，他又不愿参看梁实秋的译文，以免先入为主，反而受累。更令人敬佩的是，译稿在战乱中曾数度被毁，他又数度重新翻译，没有坚强的毅力，谁能做得到！他的译作问世后，博得了海内外学界的好评。美国文坛"为之震惊"，认为华人竟有如此高质量的译文，而且出自无名译者之手，实属奇迹。宋清如在一篇回忆文章中谈道，朱决心翻译莎剧以后，不管工作多忙多累，都感到"只有埋头于工作，才多少忘却生活的无味，而恢复了一点自尊心"。离世前夕，他病体恹恹，生命垂危，仰卧床上，还在高声背诵莎剧原文。他的音调铿锵，表情严肃，然后慢慢闭上了眼睛。他多么不愿意离开自己所从事的事业、爱妻和降生不久的幼子啊！他为翻译莎剧真可谓"鞠躬尽瘁，死而后已"。

人们都说，一个成功男人的背后，往往有一位贤德的女人。朱生豪也不例外。两人相恋时，宋清如就为朱生豪抄写、审阅译稿。婚后，宋更是全心全意支持丈夫的莎译工作，独自操持家务，不使丈夫分心。朱生豪由于父母早亡，从小寄养在姑母家里，所以性格一向内向、古怪。他平时很少说话，更不善交际。他自己说过："一年之中，整天不说一句话的日子有 100 多天，说话不到 10 句的有 200 多天，其余日子说得最多的也不到 30 句。"即使与恋人在一起，也往往沉默缄口。可是宋清如钦佩他的人品和才华，理解他有一颗纯真的心。虽然也感到他"孤独古怪"，可是从心底里爱着这个年轻人。

朱生豪以自己特有的方式——写信，和心爱的恋人沟通，信中不仅袒露了自己的心声，有时还写得很长。这些书信是研究朱的第一手珍贵资料，可惜由于抗日战争和十年动乱，绝大多数信件均已毁弃。如今幸存下来的 200 余封信，可算是"劫后余生"。宋清如把这些信件编成朱生豪书信集，以"寄在信封里的灵魂"为书名，于 1995 年由东方出版社正式出版。

阅读这些信件，从表象上看，可谓古怪得很。如朱生豪给宋的称谓,花样繁多,又是还很古怪。记有:清如、宋小姐、好人、小弟弟、傻丫头、好友、阿姐、好、宋儿、宋神经、澄儿、孩子、青子、清如老姐、Darling Boy、爱人、女皇陛下、宝贝、青女、宋千金、姐姐、澄子……有时干脆不用称呼。至于他自己的署名,除了最常用的朱、朱朱外,古怪的名字多得使人莫名其妙,如黄天霸、牛魔王、阿米巴、叽里咕噜、冬瓜、也也、阿二、小物件、元始天尊、张飞、丑小鸭、Julias Ceasar、Bird、Bad Wolf、伊凡、伊凡诺维支、伊凡诺夫、哺乳类脊椎动物之一……可是从内容上看很不简单,他在信中诉说了对宋的爱慕之情、思念之情,其中也谈到了他对现实生活的苦闷。更多的是谈他的读书心得、电影观感以及译莎情况,自然也表述了一般青年男女在恋爱时期那种矛盾、苦闷的心情。一会儿他写道:"总之你是一切的不好,怨来怨去想不出怨什么东西好,只好怨你。"一会儿他又写道:"我发疯似地祝你好!"甚至写道:"我秘密地告诉你,你不要告诉人家,我是很爱很爱你的。"

在这本书信集中,我认为最重要的是写于 1943 年春天但未寄出的一封信。婚后宋回常熟老家探望母亲半月未归,由于爱妻不在身边,朱生豪整日烦躁不安,一次次去火车站迎接,结果都失望而归,便每天写信,虽然一封也未发出去,却最真实地表露了他的心态:

"我不愿向上帝祷告,因为他是从来不听人的话的,我只向你妈祷告。好妈妈,天晴了赶快放她走吧!"

"天气还是那样捉摸不定,又刮起了风,要是你今天来了多好。一定是你妈出行要拣好日子。明天下雨了怎么办,我一定经受不住第二次的失望,即使那只仅是一天的距离。今夜无论如何不能入睡的了。"

"明天、明天、明天、明天该是这半个月来最长的一天,要是你不来,那一切都完了。"

最后一封信的结尾是这样写的:

"第二次从火车站推着沉重脚步归来,头痛、腰酸、身上冷得厉害,我的精神已经在这几天完全垮了。

为什么? 为什么? 为什么?"

试想,没有极深厚的感情会如此思念妻子吗? 宋清如早年写给朱生豪的信,想必一定美丽动人,估计已全毁了,我们无法看到。但是

1934 年春,宋清如致朱生豪的一首情诗至今还在,从这首情诗可以充
分看出她那纯朴的、炙热的感情和诗人的才华:

　　假如你是一阵过路的,西风

　　我是西风中飘零的败叶

　　你悄悄地来　又悄悄地去

　　寂寞的路上只留下落叶寂寞的叹息

　　宋清如如今已到耄耋之年。她经历了半个多世纪的风风雨雨,回
忆往昔的岁月,更加珍惜现在的幸福生活来之不易。朱生豪在天之灵,
看到爱妻和儿孙们今天过着和平、安详、幸福的生活,定会露出由衷的
微笑吧!

(载《民主》,1996 年第 12 期)

附记:

　　上文于 1996 年在北京《民主》第 12 期发表以后,惊悉宋清如女士
于 1997 年 6 月 26 日因猝发心肌梗塞在嘉兴逝世,享年 86 岁。她在晚
年生活中致力于朱生豪遗著的收集整理。除了编辑出版了《寄在信封
里的灵魂——朱生豪书信集》,还曾参与拍摄了反映朱生豪经历的电视
剧。1997 年春天,她还着手整理朱生豪早年的 60 首诗词,编成《芳草
诗撷》,在逝世前她已誊抄完毕。如今一对爱侣已在天堂相会了。一对
贤伉俪虽不能同年同月同日死,但他们始终心心相印。作为妻子,宋清
如安于清贫、始终如一理解和支持丈夫的文学事业,朱生豪也算有福
了。他们的爱子朱尚刚不久前出版了他撰写的长篇回忆录《诗侣莎
魂——我的父亲和母亲》(华东师范大学出版社 1999 年版),内容翔实,
文笔生动,资料十分珍贵。他们的孙子现在已留学美国深造。朱生豪
地下有知,也该含笑九泉矣。

2001 年冬

评《聊斋志异·董生》

　　小说描写了狐女勾引两位书生的故事,给读者不少人生启迪。

　　小说从医生给两位书生董遐思和王九思按脉说起。这位医生按了他二人的脉,预言他们有灾难,董生尤其如此。

　　以后故事的发展就一一应验了。

　　董生归后见一位年轻貌美的女子已经躺在他的床上,他十分动心。可是他毕竟是个读书人,不是一个粗心人、急色儿,他摸了摸这年轻女子的下身,不觉大吃一惊:她竟有一条狐狸尾巴。他本该立即清醒过来,可是这位狐女变着法儿,尾巴突然消失了,又花言巧语了一番,直把董生弄得晕头转向。从此,他夜夜跟狐女胡来,弄得病体恹恹。董生妻子虽然想方设法阻拦,也无济于事。董生终于一命呜呼。在这段描写中,董生和狐女的对话是极其生动的。狐女已经露出了尾巴,可是董生还要往火坑里跳,真是色胆包天,"死当其罪"!

　　狐女害死了董生还不罢休,她又到王九思家来勾引他了,狐女这次采取贼喊捉贼的方法,欺骗王生:"我是董生的邻居,他以往和我友好,想不到他被狐狸精迷住而死。这种害人精,你们读书人可要提防着啊!"王生为她的美色所迷,也忘乎所以。听了她的"忠告",更加佩服。从此就和狐女好上了。结果纵欲过度患了重病。董生托梦警告他:"她过去弄死了我,如今又要来弄死你,你得当心啊!"对这样的警告,王生该猛醒过来了,可是他依然执迷不悟。后来幸亏家人暗暗将狐女弄灭的香炷又烧了起来,终于使狐女倒地而亡。在烛光之下,王生目睹了狐狸的原形,才真正猛然醒悟过来,于是将狐女的皮剥去,使她永世不得翻身。半年以后,他的病终于好了。

　　小说告诫人们,莫贪女色,也不要为花言巧语所惑。董生、王生是十足的书呆子。他们贪恋女色,结果才大上其当。

　　在艺术手法上,本篇不像《陆判》那篇出奇制胜,跌宕有致,但在描写狐女形象方面,仍然极为出色,特别是写狐女的花言巧语,更为生动。

　　作者用讽刺的手法,塑造的两位书生形象栩栩如生。他们既有共同点,也有不同点,没有雷同的感觉。作者使用语言极为简练、准确。塑造人物又独具匠心。在《聊斋志异》中,他创造了许多书生的形象,同中有异,各不相同,他笔下的狐狸形象,也各有神态,不是千人一面。这就是作者的高明之处。

　　　　　　　　　　　　　　（载《历代志怪大观》,上海三联书店 1996 年版）

评《聊斋志异·陆判》

本篇描写阴司的陆判官和阳间的书生朱尔旦两人之间的故事。

故事是从阳间打赌开始的。首段写朱尔旦深夜把十王殿中的陆判官背至宴席,及次日陆判官践约来访,描写了书生的大胆和陆判官的雅兴。

接下来一段是故事的高潮。有一晚,陆判乘书生醉卧之际,竟然剖肚开膛,将书生的一颗心血淋淋地挖了出来。书生大惊问道:"我和你无冤无仇,为何杀我?"这话问得有理!可是陆判官回答得更有理:"你的文章写得不好是因为你的心有毛病,如今我给你换上一颗好心,难道不好么!"从此书生文思敏捷,下笔有神,终于在当年秋天考取了功名。在这一段生动的描写中,显然讽刺了科举制度的弊病,同时也讽刺了书生求取功名的心念。

小说到此本可以结束。可是作者以他的生花妙笔,并用更大胆、更奇幻、更荒诞的手法,描写了陆判官的换头术,来讽刺朱尔旦的贪得无厌。这件事不是陆判官主动,而是书生自己提出请求的。书生得了功名,嫌妻子容貌不够漂亮,就请求陆判官想想办法。陆判官除了将两颗头互换以外,还有啥法子呢?在互换过程中,书生毫不动心,甚至还做了陆判官的助手。书生何其冷酷无情!

文章到此,总该结束了吧!可是作者还要交代一下互换头颅的结果,这样又引出了另一个故事。原来这颗美人头是属于吴侍御的闺女的。当吴侍御得知女儿的头已安在书生妻子的颈上,便来问罪,由于陆判官的机智聪明,结果化险为夷,甚至使吴侍御和朱尔旦从仇人变成了翁婿关系,这真是一场奇妙而又合乎情理的大裂变,在这一场描写中,生动地证明了鬼比人聪明多了。

小说的结尾描述了朱尔旦死后的情景,迷信色彩比较浓厚。朱尔旦死后常带陆判官回家宴饮,甚至教导儿子玮熟读诗书求取功名。玮举进士后的一日,在车道上与父亲相遇。父赠子一把剑,剑上刻着为官之道的箴言:"胆欲大而心欲小,智欲圆而行欲方。"玮后来官至司马,生子五人。又根据父亲梦中的嘱咐,赠剑给最有出息的儿子浑。这个儿子后来当了总宪官,颇有政声。这个结尾没有前面几段写得精彩。从思想内容看,还是宣扬了"学而优则仕"的思想,艺术手法上也没有前面的大胆、奇幻。

综观小说全貌,作者首先歌颂了陆判官讲义气、有难就帮的性格特点。其次也表现了陆判官的机智,没有他的妙法,朱尔旦必然要吃那场冤枉官司了。第三也讽刺了科举制度,朱尔旦如果没有换得那颗"慧"心,只好一辈子当老童生了。在艺术描写上,作者运用了夸张、荒诞的手法,使作品始终洋溢着浪漫主义的气息。他那种描写手法,既是怪异的,又是合乎情理的,这是蒲松龄小说中最值得称道的地方。所谓志怪小说,荒诞只是它的形式,实质上其讽刺、隐喻的作用仍然十分明显。当然,作为封建时代的文人,小说自然也带有迷信色彩和宿命论观点。但他提出的为官之道,不是仍有一定的现实意义!

(载《历代志怪大观》,上海三联书店 1996 年版)

第八辑

欧旅散记

　　1986年春,我有幸第一次去西柏林参加第三届国际莎士比亚会议。这次出访活动,时间虽短,但感受极深,原来西方世界有不少好东西值得我们学习借鉴,回国以后,我先后写了数十篇游记,目的只有一个:我要把自己的感受写出来,向国人汇报。以后我虽有两次出国参加国际莎士比亚会议的机会,可是由于囊中羞涩,国内办事机构的拖延,这两次机会均失去了,但愿今后让我们的学者、作家有更多的机会出访西方世界,帮助他们解决一些实际问题,让他们感受多元文化的交流,这对我们的"强国梦"是大有好处的。我写的这些文章,大都公开发表了,这里选择一些,留作我出国的纪念,不一一说明出处。

当我飞抵西柏林的时候

　　我乘法国航空公司的班机到达西柏林的时候，已是夜幕时分了。

　　我走出机场，乘上 9 路公共汽车，就直向市中心奔去。这是一辆大型公共汽车，司机是一位四十来岁的中年妇女，车上没有专职的售票员，乘客就向这位女司机买票。司机问我要去何处？我用英语回答说："到 Platz Hotel。"初到西方城市，对我来说一切都是新鲜的。只见房屋由疏到密，十分整洁美观。大概开了半小时光景，我突然看到了远处房屋上面有 Platz 四个大字，我连忙向司机打了招呼。女司机微笑着对我说道：

　　"请放心，到前面那一站下车就行了。"

　　我兴冲冲到了这家旅馆门口，只见里面柜台里站着两位德国女郎。其中一位高个子女郎向我微笑着用英语问道：

　　"先生到这里来住宿吗？"

　　"是的，"我用英语回答说，"我从中国来这里参加第三届国际莎士比亚年会。请你给我查一下，我预定的房间是几号？"

　　"请把你的名字告诉我。"

　　我当即将名字告诉她。她立即在一架电脑上按了几下，马上告诉我说："很抱歉，先生，你没有安排在我们这里住宿。"

　　这一下，使我原来平静的心，有点乱了起来。"怎么会没有我的名字呢？请你再查一下，是否有其他中国代表住在这里？"

　　她又在电脑上按动了一会儿，耸耸肩膀说："很抱歉，我们这里没有中国代表住宿。"

　　这可怎么办呢？我又向她解释道："按照我预定登记的住宿表，我要求住在二级旅馆,对方也同意安排了。我想我应该安排在你们这个旅馆住宿的。"

德国女郎对我的解释表示无法理解。

我要求她替我向大会秘书处打个电话,问一问我到底被安排在哪个旅馆住宿。那位女郎看了一下手表,摊开双手说:

"很抱歉,现在已经是晚上六点了,早下班了。我们没法为你效劳。"这真可把我难住了。今晚叫我到何处去住宿?

那位女郎思索了一下又向我问道:

"你身边有证明文件吗? 如邀请信、住宿通知单等。"

天呐,这可使我狼狈不堪了。因为前几天我在上海向西德领事馆办理签证手续时,这些证明文件全部上交了。我责怪自己工作太不细心,如能多复印一份,就不会遇到这个难题了。我便开了我的箱子,只发现一只西德莎学会主席 Habichit 教授给我写信时留下的空信封,我忙把那只空信封交给她说:

"请你给我查一下这位教授的住宿处,如能找到他,我的住宿地点就会查明了。"

她看了一下信封,和另一位姑娘交谈一会,马上对我说道:

"好吧,请你稍等一下,我替你查问一下吧。"这位女郎耐心地安慰我,她一点也没有为了我这个"不速之客"的到来而感到麻烦,更没有为我这个粗心的旅客而恼怒。

她忙着打了一会儿电话,笑呵呵地对我说道:"找到了,那位教授住在 Exclesour Hotel,你是否直接去找他,还是今晚就在我们这里住一宿?"

我想了一下,回答她说:"还是去找 Habichit 教授好。"

我知道,Exclesour Hotel 是西柏林最豪华的旅馆。我人生地不熟,如何去这家旅馆呢?

这位女郎大概看出了我的难处,说道:

"我替你叫一辆 Taxi 好吗?"

我点了点头。她又忙拿起电话替我去叫 Taxi 了。我在休息室里坐下不到五分钟,那位高个子女郎又跑来招呼我了。

"先生,Taxi 停在门口,请你上车吧!"

她将我的箱子拿上了出租汽车,又向司机用德语交代了我要去的旅馆,向我微笑握手告别。

当我坐进了小汽车,直奔 Exclesiour Hotel 时,我不由得心潮起伏。

这是一位多好的女郎啊!她为我这个从异国他乡来的旅客,千方百计解忧解难,这种高尚的服务精神,怎不令人感动不已!

人活着,应该让他人活得更幸福,这样的人生才是有意义的。我从这位德国姑娘身上悟出了人生的这一哲理。

德国人的时间观念

　　我在西柏林访问期间,发现德国人的时间观念特别强,他们讲话干脆,办事利索,从来不跟人磨嘴皮。如果发现对方说话啰嗦,办事拖拉,他们就会流露出厌烦情绪。

　　我举例来说明吧。参加第三届国际莎学会议的代表一报到,报到处办事人员就发给每个代表一本印刷精美的一周日程表。因此你不必多问:"这次会议怎么开法呀?""什么人做报告呀?""晚上有什么活动呀?""专题讨论会由何人主持呀?"等等。所有这些活动内容,都在那本日程表上写明,根本不用探问。如此,就可以大大节约双方的口舌之劳。

　　再说,有五六百人参加的国际性学术会议,报到处的办事人员只有七八位女士和小姐,她们有条不紊地、彬彬有礼地为从世界各地赶来的代表们服务,使每个代表都感到温暖如春,心情舒畅。这种高效率的服务是极不容易做到的啊!

　　大会日程的安排,严格按照预先规定的项目进行。一周日程安排,从没有一次半途更改,或临时通知改变时间、内容或地点,要做到这一点也绝非易事。

　　大会的开会时间极为准确,不像我们那样八时开的会往往要拖到八时半才开始。有一天,大会安排下午的活动除了分专题讨论外,下午四时就开始参观西柏林市区的名胜古迹。大概三时五十分光景,各代表纷纷从各个会场来到大门口,我们各自上了三辆豪华的双层公共客车。当汽车开动时,我一看手表刚好是四点整,我随着汽车开动,观赏着西柏林市美丽、繁华的街景,不觉感慨万千。我想,如果我们在四化建设中,也能像那些先进工业国家那样讲究时间观念,不拖拖拉拉,不浪费时间,那么,我们的建设速度不是会更快,成效会更显著吗?

(载《浙江民进》1987 年 6 月 15 日)

欧游点滴

一、飞往巴黎

经过多方面的努力,我终于在晚上九时光景登上了从北京飞往巴黎的民航班机。

这是我生平第一次去西方国家参加国际学术会议,也是我生平第一次乘坐飞机,因此我的心情特别激动。

这是我国的第一架大型波音 747 客机,整个机舱大约可以乘坐二三百人,那天班机的乘客人数不多,大概只占全部座位的三分之一光景,因此座位比较宽敞。

飞机起飞前空中小姐关照我们乘客必须把保险带系好,因为飞机起飞时,机身容易摇晃,为了安全起见,每个乘客都必须这样做。

夜幕早已笼罩大地,我向舱外望去,只见稀疏的星星闪着光亮,向我微笑着,我向大地望去,只是模糊的一片,但城市和农村中的灯光,清晰可见。

空中小姐给每一位乘客送来了可口的饮料和精美的点心,可是我发现不少乘客似乎对饮料和点心不感兴趣,他们的脸色普遍有不安之色。我估计他们大概和我一样,第一次登上出国的飞机,虽然,我国的民航是有安全保障的,然而乘客们都知道,当飞机起飞或降落时,由于空气震荡,难免有不适之感。

我开始和邻座的旅客攀谈起来了,我第一位认识的旅客是一位女青年,她是从湖南长沙赶到北京来搭飞机的。我问她:

"你到巴黎去做什么?"

她笑眯眯地答道:

"我爱人在巴黎留学,我是去他那里伴读的。"

"你真幸运,你懂法语吗?"

"懂一些,我在国内已经学习了两年法语。"

坐在她对面的是一位漂亮的年轻姑娘,我们在交谈中才得知她是从西安来的。她说自己的爱人也在法国留学,他们婚后已经分别了三年,这次她是婚后第一次出国探亲,她谈着这一切,内心充满了幸福、温馨的感觉,我听了她们的谈话,不由地衷心祝愿她们的幸福,久别新婚,这次他们久别重逢,而且又在异国他乡,那种甜美的感情,只有他们自己才能有深切的体会。

电影小屏幕上开始放电影了,内容都是一些格斗侦探片,我对此不感兴趣,就随手翻起身边的画报、杂志。

夜渐渐深了,人们都逐渐进入了梦乡,我找到机舱后面的空位子,倒下身子,也渐渐进入了梦乡。

我的梦境是杂乱无章的。我将到达的第一站是巴黎,巴黎在我的心目中是一个十分美丽而富于浪漫色彩的城市。我首先想到了巴尔扎克的故居,他生前为人类创作了由 96 部长短篇小说构成的巨著《人间喜剧》,然而他却以穷困潦倒的悲剧告别了人间。然后又想到了雨果笔下的巴黎圣母院,又想到了凡尔赛宫、埃菲尔铁塔、凯旋门……这些名人轶事和历史古迹,使人撩起了无限的情思。突然,我听到了嘀铃铃的铃声,这是一种信号的铃声,飞机要下降了,空中小姐又传出了要求大家系好安全带的声音。我不知飞机为何要半途下降,问了一下空中小姐,才知飞机已经到了一个叫莎加的城市。飞机要在这里加油,大概停留一个小时左右。

乘客当中有人知道这是一个自由港,是去欧洲旅行必经之地。外国货物在这里可以免除一切关税。显然,这里的东西要比其他城市便宜得多。我随着其他旅客走下了飞机来到莎加的候机厅参观,这个候机厅十分宽敞,走廊两旁商店林立,店里都是有色人种阿拉伯人,他们笑脸欢迎顾客的到来。商店里面陈列着不少精致的商品,如手表、钻石戒指、项链、金银饰物以及其他各种工艺品等,真可谓应有尽有,琳琅满目,美不胜收。尽管每样货物要比其他城市便宜一些,可是都是美金标价,在我看来,仍然贵得出奇,我囊中羞涩,无法问津。有的旅客在这里买到了自己的心爱之物。有个旅客在这里买了一架日本产的电子琴，他喜滋滋地抱着它跑上飞机来，我问他：

"便宜吗？"

他说价格要比国内便宜约三分之一，这是他送给小孩子的礼物。尽管他要付出不少美金，他还是挺高兴的。

一小时以后，飞机重新起飞，我又重新进入了梦乡。

天色微明，我从梦中醒来，在飞机上观望晨景，别有一番情趣。太阳从云层中穿出，霞光四射，把整个宇宙空间都染上了金黄色的色彩。我低头向大地望去，其间群山像小笔架似的绵延开去，河流像一条小白线那样，在蜿蜒的笔架中间绕来弯去，房屋小的像火柴盒。天色渐渐明朗起来，那美丽的山河、森林、村庄、城市构筑成一幅自然的美景，令人惊叹不止。造物主赐予人类这样一块富饶美丽的大地，这不是人类的幸福么？我们该多么小心地爱护她啊！

铃声又一次响起来，播音员小姐告诉我们巴黎机场快到了，要求大家系好安全带。

飞机慢慢地下降了，下面是一块法兰西的土地，人类历史上有多少名人名作家诞生在这块神奇的土地上，他们为人类做出了多大的贡献啊，我贪婪地向下面望去，不由对这个产生过许多著名作家、艺术家和科学家的美丽国家，激起无限景仰之情。

正当我这样遐想时，忽见那位陕西来的美丽姑娘脸色苍白，呼吸也急促起来。她几乎晕倒了。空中小姐不由得手忙脚乱起来，我们也慌了神，猜不透是怎么回事。也许飞机下降时，她心脏不适应感到难受，也许她想到即将见到日夜思恋的爱人而兴奋过度休克过去，也许……

飞机终于停住了，我一看手表，正好是下午二时光景。可是曾经到过巴黎的旅客告诉我说，因为时差的关系，现在巴黎的时间正好是上午八时光景。

我走出飞机一踏上这块陌生的土地，不由心里有些紧张，我不懂法语，该怎样跟眼前的许多法国人交谈呢？当天下午我还要转机到戴高乐机场去等候。戴高乐机场在何方？我将如何去戴高乐机场？这一系列问题搞得我慌张起来。幸好天无绝人之路，同机的一位青年旅客懂

法语,他跟机场服务人员交谈以后,马上将我带到一个长廊口说:

"你从这个长廊一直走下去,再向右转,下去以后有一辆大轿车停着等候去戴高乐机场的旅客,你放心去吧!"

"谢谢,谢谢!"

我跟这位好心的旅客告别以后,就单枪匹马,直向长廊奔去。

在我的面前又将发生怎样的奇迹?又将遇到什么样的困难?又将会碰到什么样的人?我想也不去想它。我心中只有一个念头:"人间自有真情在!"我一想到这句格言,勇气不觉油然而生。

二、戴高乐机场候机大厅

法国巴黎的戴高乐机场是世界上最繁忙的机场之一。平均每一分钟有一架飞机升空或降落,我在这个候机大厅静静地观察了半天,发现这个候机厅有两大特点:

第一,舒适安宁。这个候机大厅,虽然人流如潮,各种肤色的游客都有,可是却很安宁,游客中间没有高声谈话,他们行色匆匆,脸上都堆满笑容。大厅里面的电脑告示牌,明白无误地告诉每一位旅客的每一班航班的班次时间及进口处的号码,所以旅客用不着问这问那,大厅里开着各种商店和咖啡馆,给旅客带来了极大的方便,候机大厅的旅客可以舒适地坐在皮沙发上休息,绝不会有人来打扰你。

第二,清洁明亮。偌大的候机大厅非常干净明亮,清洁工作全由一位黑人姑娘包下了。她的职务是清扫工作,我只见她忙忙碌碌地将地上纸片清扫干净。地上原来是干净的,可是她一发现地上有小纸片,就俯身捡起来,特别是每个候机室内,常常有旅客将饮料瓶或果壳丢在桌子上或窗台上,这位红衣女郎不厌其烦,随时随地将桌上、窗台上、地上的垃圾捡拾起来,因而整个大厅始终给我们以明净、舒适之感。我发现整个大厅只有她一个清洁工,可见工作效率之高。这同我国候机(车、船)厅的情况大不相同。我们往往不止有一个清洁工,人数不少,但他们的打扫工作往往马马虎虎,不能做到时时刻刻打扫,因此我们的候机大厅,往往脏、乱、差。

另一位年轻漂亮的小伙子是白种人,他的任务是搬运行李车。行李车是机场免费提供的,这给行李多的旅客带来了极大的方便。这里的候机厅没有"红帽子"的设施,却有大量排列整齐的行李车。旅客将行李装上行李车,轻松自如地推到出口处后就站在那里了,这位小伙子的工作,就是时时刻刻将行李车推到进口处,将他们排列得整整齐齐。旅客一进候机大厅就马上可以使用它们了。这种轻巧、简便的行李车,大可以在我国的机场、车站、码头推广开来。这种便民措施,将会给旅客带来不少的方便啊!

一位清洁工、一位搬运工,他们的运作,将带给我们多少启迪啊!

三、文明乞丐

西方大城市有没有乞丐？有!

作为一个大城市,找不到一个乞丐,那是不可能的。尽管这个城市非常富裕,甚至很讲文明,也难免有乞丐存在。不过在数量上比较少,如果一个城市乞丐成群,那就变成严重的社会问题了。

我在西柏林访问时看到过三个乞丐,他们的要饭方式比较文明,不像我国有些乞丐,要饭蛮不讲理,有的很不文明,甚至是"强讨饭",不给还不行呢,成了社会的公害。我把文明要饭的乞丐称为"文明乞丐",这也算是西方文明社会的病态之一吧。

我在西柏林市看到的"文明乞丐",有三种不同的类型:

一是告地状式的乞丐,这位坐在地上低头求乞的乞丐年龄大约四十岁,面前有一张纸摊在地上,纸上不用德文而是用英文写着一段文字。(估计到西柏林来观光旅游的外国游客不少,所以这位肯动脑筋的乞丐使用了英文,以便争取更多的行人来同情他。)我看了一下内容,大体上讲他家有三个孩子嗷嗷待哺,他自己又失业,故而请求行人施舍一点。我看到纸的一边已放有不少行人施舍的马克。

第二类是乐观的"文明乞丐"。有一个乞讨人,年龄大约三十来岁,身体很棒,吃得红光满面。他笑嘻嘻地坐在地上,身前放着盆子。我看到不时有一些乐善好施的行人,在他的盆子里掷马克。有一位年轻女郎还在他的盆子里放面包,并特地端来一杯热咖啡放在他面前,然后走掉了。这场景委实使我十分吃惊。我看这位乞丐神情喜乐,毫无痛苦、羞愧的表情。如此喜乐的乞丐,对我这个东方人来说,真是"见所未见,闻所未闻"了。

更使我吃惊的是第三种类型的"文明乞丐",这位要饭的是一位二十多岁的小伙子。他体格健壮,相貌堂堂,具有美男子的形象,他身旁坐着两条大狗:一条是黄色的,另一条是黑色的,它们神情自若,跟主人关系非常亲热。主人面前放着二只盆子,地上摊着一些白纸。上面写着这样一行英文字:

Give my dogs a chance!

译成中文就是:"给我的两条狗以生存的机会。"这位年轻人假狗的名义,以优雅的语言向过路行人要饭,这新鲜的一招,不由得使我叹为观止了。

我没有去询问这位年轻人,为什么在风华正茂之际不去找个工作做做,而是要去乞讨? 但以上三个例子从侧面回答了我的问题:西方世界并不是天堂。在那里依然存在着失业现象和贫富悬殊的社会问题。乞丐问题已成为当前西方世界的一大社会问题。有些乞丐并非是找不到工作而是懒汉、酒鬼或瘾君子,有的甚至是骗子,他们利用人们的同情心来骗取钱财供自己享乐。有识之士指出,如果对这些人随手施舍,那么很可能并非行善积德,相反却是助长了邪恶。我想,人类进入真正的幸福世界:人人有工作,人人有饭吃,人人有衣穿,人人有房住,人人讲文明,人人有道德,人人有理想,那还有一个漫长的过程呢!

四、人口! 人口! 人口!

从人口众多的中国来到欧洲,我的第一印象是:欧洲人口密度不高,有些国家甚至给我以人口稀少的感觉。

我逐渐悟出了一点道理:人口密度如果跟国家资源成适合的比例,将会给国家带来繁荣富强的有利条件;如果人口无限制地增长,将会给国家带来无穷无尽的困难或灾难,如住房、吃饭、交通、文化教育、生活供应……都会陷入困境。要想做到"国富民强"是办不到的。

上午八九点钟我在西柏林街头行走时,路上几乎看不到行人,小汽车也很少在大街上奔驰。人们都到何处去了呢? 原来联邦德国的人口原来就不多,再加上就业的比例较高,因此闲杂人等在街上是很难碰到的。由于人口问题解决得好,那里的住房不紧张,上学不困难,交通很畅通,供应很充裕,一系列的问题都迎刃而解了。

我发现西柏林的旅馆从来不挂"客满"的牌子。公共汽车上面,稀稀拉拉没有几个乘客,百货商店里也空空荡荡,看不到像我国那样拥挤的场面。购买火车票,飞机票随到随买。在他们的词汇中,根本听不到"开后门"这个词儿,即使是在公园、动物园里,游人也不多,给人一种宽松、愉快的感觉。

有一位外国友人对我说过这样的话:

"看到中国公园里人海如潮,游兴也没有了。"

这话一点不假,在人堆里挤来挤去难道还有乐趣吗?

台湾著名女作家琼瑶坐船游西湖时,原计划到三潭印月,没想到游人如蚁,连上岸游览的兴趣也全打消了。

当前中国大陆的人口已达 13 亿。这个巨大的数字,应该使每个中国公民有危机感和责任感。据说,只有 158 平方公里的上海市区,居住着 650 万人,平均每平方公里 4.1 万人。静安区每平方公里高达 6.9 万人。如此密集的人口,叫人如何安静地生活?再从中国人口素质的现状况看,更令人担心。农村人口失控,素质低下,文盲占全国人口三分之一以上,如果我们再不严格控制人口的增加,我们中国人只能在"别挤啦!"的喧闹声中拥挤而死。

美国著名乡村歌手约翰·丹佛有一首著名的歌曲:《是时候了!》,唱出了控制人口增长、关心保护生态平衡的心声。他这样唱道:"……是时候了,人人应该意识到:或者一同生存,或者一同灭亡;是时候了,要记住地球是我们共同的家;是时候了,去结识我们叫不出名字的兄弟;是时候了,倾听着风,了解天气的变化;是时候了,你和我应该现在就做出决定! 是时候了……"

我想,人人都应该懂得这样一个普通的道理:地球提供给人类生存的物质是有一定限度的。超过这个限度,就意味着人类的死亡。

从欧洲归来,我更加感到,控制人口增长的确是到了每一个有理智的中国人密切注意并采取强有力的措施的时候了!

让友谊之花香飘全宇宙

4月上旬，西柏林的天气寒意正浓，街上穿着皮大衣的行人还着实不少呢。可是街头花园中的迎春花已经盛开，和平鸽到处飞翔，它们不时地停在行人的周围，咕咕地欢叫着，似乎告诉人们：春天已经悄悄地来临了。

前一天，我收到西柏林工业大学校长的邀请信，得知次晚7时半在该校二楼大厅举行招待会，招待出席第三届国际莎学会议从世界各地来的专家和代表。我怀着异常兴奋的心情准时到达二楼大厅。

当我到达大厅的时候，只见三五成群的代表已在自由地交谈了。我原以为招待会开始以前要举行一个简单的仪式，按常情推断，那位东道主校长先生总该讲几句话，表示欢迎之意。哪知那位校长先生一直没有正式露面，很可能他已经在代表中交谈了。招待会就在不知不觉之中开始了。这时候，几位年轻的德国女郎举着托盘不断送酒上来，代表们可以自由取用，同时，也送一些花式小点心上来，代表们可根据自己的爱好，随意食用。整个大厅没有一张台子，也没什么布置，代表们在空荡荡的大厅里，可以自由走动，自由找人交谈，气氛轻松，而又十分欢快。

我开始找了两位日本代表谈话，以后又找了西德代表、英国代表、美国代表、马来西亚代表、瑞典代表谈话……他们对中国都怀有美好的感情，他们向我提出了各种各样的问题，特别想了解中国当前开放、改革的情况。

招待会完全变成了寻求友谊的恳谈会，大家不拘形式，既可以谈学术问题，也可以谈各自感兴趣的问题。通过自由交谈，大家沟通了思想,增进了友谊,那是一种多好的形式啊！在这里看不到杯盘狼藉的浪费现象,有的只是谅解、和谐、友谊、和平。

在招待会上我碰到了一对从瑞典来的学者夫妇。他们对我这个从东方来的客人似乎很感兴趣,他们围着我向我提出了许多有关中国的问题,其中给我印象最深的是两个问题。

第一个问题是计划生育。他们对中国人口的增长表现了极大的关注。"你们中国人只能生一个孩子吗?"他们问我。

"我们提倡一对夫妇生一个孩子。可是碰到特殊情况也可以生两个。"我回答说。

"什么叫特殊情况呢?"

"例如第一个孩子患有先天性的缺陷,那么,可以允许生第二个孩子。"

"听说,你们采取了强制手段节制生育,是这样吗?"

"不,那是误传。一般来说夫妻俩都是自觉节制生育的。"

"那么,你也只有一个孩子吗?"

"不,我年轻时国家还没有注意人口问题的严重性,所以我有几个孩子,如果发生在今天,我也会受罚的。"

他们听了我的话不觉都笑了起来。

第二个问题是"文化大革命"。他们对中国发生的这场灾难性的"革命"是有所耳闻的。他们问我:

"'文化大革命'中你们中国知识分子都吃了不少苦,你当然也不会例外吧。"

"是的。可是现在一切都过去了。如今,像我们这些知识分子也有机会到国外来参加国际性的学术会议了。"

他们点头微笑,对我的回答十分满意。

在招待会上我又碰见了一位德国老太太,她前几年刚来过中国,她访问过中国许多地方,如北京、上海、苏州、南京、杭州……还参观过西安秦始皇兵马俑,她滔滔不绝地跟我谈了许多访问中国的观感,听说我是从杭州来的,更夸赞西湖的美景,她似乎有点微微的醉意了,简直容不得我插话。最后她给我留下了通信地址,愿意跟我结成朋友。

在招待会上我还结识了一位年轻的德国学者，他个子高大，为人热情，长得也很帅，是一位典型的日耳曼血统的青年。由于我们有共同的研究兴趣，使我们结成了忘年交。我回国不久，就收到了他的热情奔放的来信。他在信中写道：

"……莎士比亚直到今天仍然活在各国人民的心中。世界文学永不会消亡，它使每个人在和平和友谊中交往。在当今世界面临各种严重、危险的挑战中，它是人类和平的一线希望。愿我们的友谊长存。"这就是招待会带来的友谊之花，愿友谊之花永远开放，香飘宇宙！

晚上9时半，招待会快结束了，可是人们还在娓娓交谈，寻求新的友谊。

当我恋恋不舍地从招待会出来时，街上依然灯光辉煌。西柏林的夜景是迷人的。我迎着灯光走去，忽然想起了莎士比亚在《暴风雨》中的诗句：

"我们的狂欢已经中止了……

亲爱的朋友，我们真的化成淡烟消散了么！"

不，绝不是这样。我心中默想着，当全世界各国人民之间的友谊日益增进的时候，我们的世界不是会变得更加美好吗？

魏仑小姐

我在西柏林参加国际第三届莎士比亚年会期间，最早结识的朋友是魏仑小姐。

这位小姐年龄约 30 岁，是联邦德国莎士比亚协会主席威纳·海柏恰特教授的秘书。我未到达西柏林之前，就知道她的名字了。因为她曾在海柏恰特给我的信中附了一封英文短信：

> 请你立刻将房间预订卡寄到西柏林旅行办事处，并让我知道你到达西柏林的确切日期。如果你没有及时收到旅社的预订通知单，请你直接跟西柏林欧洲旅行中心办理预订房间手续。
>
> 祝你一切如意。
>
> 　　　　　　　　　　　　　　　　　　　　　卡琳·魏仑

之后，她又专门给我写了一信，希望我到达西柏林以后，直接找她报到。

4 月 1 日上午 9 时半，我按时到达会议的东道主西柏林工业大学的报到处。我正在迷惑不知所措的时候，一位德国姑娘过来用英语向我问道：

"先生，你叫什么名字？来自哪一国家？"

我当即报了自己的名字和国籍，那位姑娘马上又用英语对我说道：

"请你稍等一会儿，魏仑小姐已经通知过我，她正在开会，半小时后，她会赶来的。"

我只好坐在一张长椅上等待。

半小时过去了,一位约 30 岁的小姐匆匆跑来了。我迎上前去问道:

"对不起,请问你就是魏仑小姐吗?"

她马上意识到我是何许人也。

"啊,你就是任明耀教授,欢迎,欢迎!"

她言辞亲切,我原先紧张、焦急的情绪一下子消散了。

我随即办理了报到手续,办理完毕,她马上送我一盒文件,又从文件盒里抽出一个信封说:"这是为你预订的 4 张歌剧院票子,请你付 150 马克,其中一张是大会赠送的。"

我身上没有带那么多马克,只好抱歉地说:"我没有带钱,戏票我先带去,下午我再来付钱,行吗?"

"不,"她很有礼貌地说,"请你下午带钱来取票吧!"

我不能再多打扰她了,我深知德国人的脾气,他们说一是一,没有讨价还价的余地。

下午,当我将 150 马克带去取票时,她笑着对我说:"真对不起啊!"

她说话彬彬有礼,使我十分感动。其实,是我找了她的麻烦,她反而先向我道歉了。

过了在三天,我在下榻的旅客钥匙箱内,发现了一张她写给我的条子:"亲爱的任明耀先生,张君川教授已于今日中午到达。如你愿意的话,请你跟他联系。他住 208 房间。魏仑。"

我收到这张纸条,不觉浮想联翩。我实在太感谢魏仑小姐的细致、周到的服务精神,她使我跟张君川教授及时取得了联系。

后来,我又碰到过她一次,她问我:"回国的飞机票,你愿意订在哪一天? 本月 7 日还是 8 日?"

我说:"最好 7 日,如果 7 日买不到,8 日也行。""OK!"她用最简洁的话回答了我的问题。

"我给你订了 7 日的飞机票,从苏黎世再转机飞返北京,行吗?"

"OK,谢谢!"我也用最简短的话回答了她。

我拿出一套西湖风景明信片送给她,表达我的谢意。

她打开一看,立即被美丽的西湖风光迷住了。她赞不绝口地说:"妙极了,妙极了!"

我欢迎她有机会到西湖来旅游,她向我再三表示了谢意。

之后,我再也没有见过魏仑小姐的身影,她是那么忙碌而有秩序地工作着。那天上午,当我离开西柏林的时候,我想再次向她表示我的感激之情。可是,我再也找不到她了。

至今,我还深深怀念着这位热情友好、办事仔细的魏仑小姐。她说话不多,然而她那日耳曼民族特有的气质,以及带着浓重德国腔的英语和两句口头禅:"呀!""OK!"至今还萦绕在我的脑海里。

人生何处不相逢,相逢何必曾相识! 我们真的能在西子湖畔重新相见吗?

我是中国人

我在欧洲访问期间,强烈地感受到国家的强盛对提高民族自信心和自豪感是何等的重要!

我在出访期间,常常被人们当作"日本人"。这到底是什么原因呢?我细想了一下,原因有二:

第一,日本人和中国人同属亚洲黄种人,由于地域邻近以及中日之间长期文化、经济交流等历史原因,因此中国人和日本人在外表上很难识别。

有一天,我在巴黎戴高乐机场大厅里候机时,很想找一个中国人聊聊。忽然看见前面有一个人,误以为中国人,上去用中国话与他打招呼,闹了笑话。自然,也有些洋人把我错当成日本人。

第二,大概跟国家的强盛有关。因为在一般洋人眼中,中国的形象比较穷,中国知识分子的形象自然也比较穷。这一点我在西柏林参加一次国际性学术会议期间,感受特别强烈。有一次我去商店购物,当买完了东西走出店门时,后面突然飘来一句德国话:

"他是日本人!"

这显然是那位女售货员的声音。我听了这句话,感到民族自尊心受到了伤害。难道中国人就买不起德国货么?我真想回转身去向她说一声:"我是中国人,堂堂的中国人!"

然而,我毕竟没有回转身去向她申辩。我想,当我们的国家真正在经济上跃到世界强国之列的时候,洋人就会对我们刮目相看,我们也许再也听不到这种使我心中难受的话了。

在西柏林一家豪华旅馆里

当我飞抵西柏林的时候,夜色已笼罩着这个繁华的城市。

我走进这家最豪华的旅馆——Exdesiour Hotel 时,迎面走来了身穿红色西装、蓝色西裤的年轻服务员。他将我的手提箱拿到柜台边时,柜台里面的工作人员用英语向我问道:

"先生,你来这里住宿么?"

"我从中国来到这里参加国际莎学会议。我想问问会议的东道主——住在这里的联邦德国莎学会主席海柏洽特教授,不知他可知道大会秘书处给我安排在何处住宿?"我说明了来意。

"好吧,请问你的姓名?"

我把我的名字告诉了他。

"请稍等一下。"他立即按动一台电脑。

大约过了半分钟,他告诉我说:

"先生,你被安排在我们这里住宿,房间号码是 830,海柏洽特就住在你的隔壁 829 房间。你要跟他通电话吗?"

"不,用不着打扰他了。"我想,既然我的住宿问题已经得到解决,何必再打扰别人呢!

打开了 830 房间,我坐在沙发上长长地舒了口气,暗自庆幸自己总算及时赶到了西柏林,并找到了自己的旅馆。大会接待处给我安排在最高级的旅馆住宿,正好说明了国际学术界对中国代表的尊重。我正这样想着,突然感到口渴起来。我拿出了从祖国带去的一小罐龙井新茶,正想泡上一杯热茶美美地喝上几杯,我发现桌上没有热水瓶,我找遍房间的每个角落,都未找到热水瓶。我不由得心中愤懑起来:

"难道西柏林人不喝茶吗？怎么房间里连个热水瓶也没有呢？这难道是服务人员的疏忽吗？"

我带着一连串的疑问，继续在房间里寻找，终于我在壁橱里发现了不少饮料，有矿泉水、可口可乐、柠檬水、白兰地酒、葡萄酒、香槟酒等。于是我拿起一瓶可口可乐饮了起来，一瓶还不过瘾，又开了一瓶矿泉水，一口气就饮完了。

我的口渴暂时止住了，立刻想到要痛痛快快洗个澡，然后安安稳稳睡个好觉。我脱去上衣开始找拖鞋了，哪知道找不着，我无可奈何，只好光脚套在皮鞋里走进了浴室……

浴罢以后，我躺在松软的床上，不觉思绪万千。我真想下楼去责问服务员一番，你们忘了放热水瓶，忘了放拖鞋，难道不是失责行为吗？忽然，我想起了"入境问俗，入乡随俗"的格言，我可不能冒冒失失行事出洋相啊！我终于耐下性子，迷迷糊糊进入了梦乡。

第二天清晨起来时，天色尚未大亮，我从窗外望去，远处是霓虹灯广告，还在晨霭之中闪闪发光，我低头向窗下望去，只见绿色草坪上停放着好几辆漂亮的小汽车。不远处还站着四位彪形大汉。这使我有点微微吃惊，四位大汉站在那里干什么？怎么一动也不动？

我重新回到床上，又迷迷糊糊入睡了。

当我第二次醒来时，天色已亮，我又往窗外一瞧，嚇，这四位大汉仍然一动不动地站在那里。

"真是非常称职的警卫员呢！"我心中暗暗称赞道。

7时以后，旅客陆续进入餐厅就餐，我也进去了。我在靠窗的餐桌坐下来，只见窗外那四位彪形大汉正站在我的对面，我仔细一瞧，原来是四尊穿着古代盔甲的雕像。这个谜底终于解开了。后来我一打听，原来这四尊雕像是很有价值的历史文物，尽管以后在这里建起了现代化的建筑物，可是人们还小心保护着这珍贵的历史文物，让后人瞻仰。

"请随我来吧，这里的早餐是免费供应的，但得自己亲自去取。"

我谢谢服务员的关照，跟随他转到附近一处地方，只见满桌子放着各式各样的早点、水果和菜肴任旅客们挑选。我拿了一些面包和肉、蛋之类的东西，就回到座位上吃起来。咖啡壶就在自己的手边，可以边喝边吃。我发现不少出席会议的代表，就在座位上边吃边谈。不少人利用早餐时间会见旧友。边吃边谈工作，这真是别开生面的早餐。后来我了解到西方国家的高级宾馆，都免费供应早餐。他们对早餐不像中国人那么随便，认为早餐必须吃饱吃好。他们没有午休习惯，中餐都比较简单。中餐以后，略作休息，就继续工作。由于工作时间比较长，因而需要营养丰富的早餐。这也许是西方国家对早餐特别重视的原因吧！

事后我才知道，由于这家旅馆从进大门到走廊，一直到卧室，全铺上干净的地毯，因而进入房间可以赤足行走，拖鞋就变成了多余之物了。至于热水瓶，西方人没有喝热茶的习惯。他们供应的饮料是大量的、高质量的，品种也是多样的，因此热水瓶也成了不受欢迎的多余之物了。

这家旅馆还设有酒吧间，旅客不用出门，尽可以在里面度过愉快的夜晚。

旅馆的层次很高，有四、五架电梯在 24 小时之内为旅客服务，电梯完全自动，根本用不着专人管理。

每个旅客都有自己的钥匙箱（兼信箱），出门时将钥匙丢入箱内就行了。旅客之间如需约定时间会见，或者外来旅客需要约见住在这里的旅客，都只要将信丢入钥匙箱内就行了。这给旅客带来了极大的方便。

这家旅馆的服务质量堪称是一流的。有三件小事，使我深受感动。

第一件事：服务员每天将一块巧克力放在每个旅客的床边柜上，让旅客享用。第一天晚上，我没去吃它。第二天晚上我回房时，服务员早把两块巧克力并排放在我的枕上了。昨天你没有将那块巧克力吃了，今晚就请你吃两块吧！我深深为服务员的细心周到所感动了。

第二件事：这家旅馆开启房门有特别的方法。我初到这里，一时不习惯如何开启房间的门。有一次，我急得满头大汗，还是开不了房间的门，我只好请求那位年轻的女服务员帮我打开房门。这位穿着白衣戴着白帽的德国姑娘听见了我的求助声，急急忙忙跑来帮我打开房门。

我连声向她道谢,她彬彬有礼地用德国话笑着说:"不用谢!"并帮助我很快掌握了开启房门的窍门。她那甜美的笑容和小跑的样子至今还深深地留在我的脑海中。

第三件事:这家旅馆充分利用电脑来管理事务的科学方法,给我留下了深刻的印象。他们将每个旅客所花费用,按日存储在电脑中,因此当旅客离开旅馆前去结账时,只用花几秒钟的时间,就把详细账单送到旅客的手中。账目算得清清楚楚,绝不会有半点差错。

当我将要离开这家旅馆的时候,我跟他们一一握手告别,心里默默念叨着:人生何处不相逢,但愿来日再相见!

尊重艺术,尊重艺术家的出色劳动

——在西柏林观看莎剧演出有感

4 月初,当我到达西柏林的时候,街上行人还穿着厚厚的大衣,这里的天气虽然还有寒意,可是街头的鲜花已经盛开,显然,春天已经来到了这个美丽的城市。

可是,人们心头的春天,更加浓郁,因为第三届国际莎士比亚年会从 4 月 1 日到 6 日正在这个繁华的大都市召开,五百多名莎学专家从世界各地云集在这里,探讨和交流新的莎学研究成果。为配合这次难得的盛会,每天晚上在德国歌剧院都有莎士比亚的戏剧演出。我有幸参加了这个盛会并观看了三场莎剧的演出。现在,就我的记忆所及,简要地谈谈我的观感。

这三场演出的剧目是:《奥赛罗》、《麦克白》和《温莎的风流娘儿们》。它们都是被改编成歌剧形式演出的。将莎剧改编成歌剧演出,目前正是西方国家演出莎剧的主要倾向。

用歌剧演出莎剧,在某些方面也许更能表现人物的思想感情。

头天晚上,当我从一次招待会出来赶到剧院去观看《奥赛罗》的时候,迟到了五分钟。按照剧院规定,戏剧开演以后,迟到观众不能马上进场。因此我被挡在剧场外面的休息厅里观看电视的实况转播。等第一场演完以后,我才允许进入场内。我立即被舞台上的豪华场面和演员的精湛演技迷住了。我自始至终陶醉在美妙的音乐声中。其中扮演埃古、苔丝德梦娜、奥赛罗的演员,嗓音特别洪亮、圆润。扮演埃古的演员特别受到观众的赞赏。他虽然是一个阴险、毒辣的反面角色,可是观众时时为他的精湛技艺鼓掌,当金丝绒的深红色的帷幕徐徐下降时,演剧结束了。热情的观众一再为演员热烈鼓掌,有的观众当场向扮演埃古和苔丝德梦娜的演员送去了一束鲜花和一只花篮。虽已谢幕十余次，但是热情的观众还迟迟不肯离去。当我离开剧场，漫步走回旅社时，我的心情久久不能平静下来。我想，优秀的表演艺术家给观众以美的享受，他们受到观众的热情称赞是理所当然的。

　　第二天晚上，吸取了迟到的教训，我提早赶到了剧场，在《麦克白》尚未开演时，我先参观了这个剧场。剧场的设备和装饰皆称第一流的。我虽然坐在三楼上，可是台上的表演，我既看得清又听得明白。观众之中极少数有望远镜的。场内禁止戴帽子或穿大衣进场，地上全铺上软绵绵的淡灰色地毯，墙上还装饰着精美的艺术品，整个剧场给观众以美好、舒适的感觉。

　　《麦克白》的演出是高质量的。每一场下来，观众都报以热烈的掌声，演员也都出场谢幕。在整个演出过程中，演员和观众的感情始终是交融在一起的。

　　《麦克白》的场面似乎比《奥赛罗》的场面更大，布景也颇有象征意义。人物未登场，舞台上已铺满了黄叶，在演出过程中也时有片片黄叶从空而降，给人有一种肃杀之感。麦克白的扮演者是德国著名歌剧演员。他在演出过程中一再受到观众们的热烈鼓掌。《麦克白》的演出并没有受到原著的束缚，它的演出在不少地方具有创新精神，如三个女巫的形象几乎未在剧中出现。当代西方各国莎剧演员在演出莎剧时，都根据自己对莎剧的理解，有自己的创新。后来我在上海参加首届莎士比亚戏剧节时，看到上海昆剧院根据《麦克白》改编的《血手印》，其中三个女巫的形象非常突出，她们的舞蹈动作和演唱，具有中国传统戏曲的特色。她们既是丑角的形象，又是美的形象，她们的舞蹈动作给我们以特殊的美感。

　　第三天晚上，《温莎的风流娘儿们》的演出，给我们有耳目一新的感觉，演出获得了极大的成功。一进剧场，戏未开演，舞台上就出现了温莎的街景。那八张长短不一的桌子四周，围满了各种身份各种打扮的市民，其中有绅士、老人、妇女、青年男女、小孩等。有的在喝酒，有的在闲聊，有的在谈情说爱，有的在打打闹闹，有的小孩还在拍皮球玩。左侧的台口是三层楼房，二楼和三楼窗口都有居民探身窗外在观看温莎的街景。一楼大门口有一对老年夫妇倚墙而坐,仿佛在回忆往昔的岁月,也仿佛在谈论着最近发生在温莎地方的什么新闻……这一百多人的场景,仿佛给我们带进了16世纪的英国乡镇,使我们嗅到了温莎地方的泥土气味。戏剧的演出主要是在稍高的一块平台上进行的。

《温莎的风流娘儿们》的演出显然经过改编者的精心处理。改编者将剧中两条平行而又交叉的故事线索扭成一条,这样就重点突出了福斯泰夫和两位风流大娘的冲突。福斯泰夫的扮演者演出非常成功,他的扮相是符合人们想象中那位没落骑士的形象的。他头顶光秃秃,两边稍有一些头发,他的大肚子特别显眼。这位胖骑士的风流好色,引起了场内观众一阵又一阵的笑声。两位风流大娘圆润的歌喉和精湛的表演,同样博得观众一阵又一阵的赞美声。

福斯泰夫第一次上当被两位风流娘子关进脏衣篓子里,被人丢进了泰晤士河,情节是饶有趣味的。他被人直接推下了舞台,使人感到痛快。他第二次上当被迫扮演巫婆狼狈逃出时,被傅德大娘的丈夫乱棍痛打了一顿,更叫人拍手叫好。最后在林苑化妆舞会上福斯泰夫更是出足了洋相。这位杰出的艺术典型,既是受人嘲笑的,因为他色胆包天,好色成性;又是讨人喜欢的,因为他蠢得可爱,一再上当,毫不知耻。我想,莎士比亚的伟大之处,正在于他能塑造出奇妙的矛盾而又统一的人物形象,叫人对他们怀有一种复杂的感情。

总体来说,这次在西柏林观剧,使我感受最深的有三点:

1. 当今世界各国演出莎剧,无论改编成什么形式演出,都在忠于原作的基础上做一些必要的加工。毕竟时代不同了,我们不能原封不动地搬出莎氏剧本,由于各人对莎剧的不同理解,各有不同方式的演出完全是允许的。改编意味着创新,没有创新也就用不着改编了。

2. 从这次演出的情况来看,西方国家演出莎剧基本上是采取写实的手法。无论从演员表演形式、场景布置、道具使用等来看都是写实的,但同时又是浪漫的,两者结合非常自然。比如在《温莎的风流娘儿们》一剧中,描写范诸和安妮这一对青年男女的相亲相爱,他们既可以在大雨中在鲜花丛中相互偎依在一起,又可以一同在空中飞舞。他们的表演是自然的,又给人以耳目一新之感。

　　3.演员和观众的感情交流,真切而又感人。这种交流只能在剧场里出现,电影和电视是无法代替的。每次演剧终场时的动人场面是令人感动的。大幕落下了,观众立即发出了暴风雨般的掌声。主要演员一再谢幕,可是观众仍然不肯退去,主要演员拉着次要演员上场谢幕,观众仍然不肯离去。鲜花一束又一束地投向观众心目中最爱戴的演员,演员一次又一次地用飞吻来答谢观众美好的情意,可是大厅里仍然有许多观众流连忘返,久久不肯离去!

　　尊重艺术,尊重艺术家的出色劳动,这也许是我在西柏林观看莎剧最深的一点感受吧!

人类啊，让我们跟动物友好地相处吧！

　　动物园是城市建设中不可忽视的景观之一。大自然赋予了各种动物以生存的权利。人们喜爱动物、观赏动物、保护动物，那是顺理成章的事。观赏动物不但能增加生活的情趣，也能陶冶身心。

　　但是如何办好动物园，这是一门新的管理学科，值得有关部门的重视，国外动物园的一些先进办园经验，值得我们借鉴、学习。

　　英国的伦敦动物园是世界上最大的动物园之一，不少珍禽鸟兽都可以在那里看到。英国还有一些天然动物园，其中最著名的有湖区天鹅动物园。在那里天鹅可以自由飞翔，也可以自由地散步。由于人们对它们的爱护，它们见游人来参观，一点都没有惊慌、害怕的样子。你看，它们兀立在那里，还让人们替它拍照呢！如果你有兴趣，还可以伸手向它们开玩笑，它们还非常欢迎你呢。那里是水禽的天下，不但有大批的天鹅在那里生养繁殖，而且还有其他水禽如野鸭等生活在那里，它们和睦相处，互不干扰，是一幅极妙的水禽乐园图。另外英国还有专门性的动物园如孔雀园，在这个园子里，许多孔雀没有关在笼子里喂养，而是放养在野外的。游人进了孔雀园以后，孔雀会走到游人面前讨食吃，他们一点儿也不怕人类，人们对它们也爱护备至。如果你碰上好运气，雄孔雀还会开屏向你显美呢！

　　美国最大的动物园是华盛顿国家动物园，有不少稀世动物。这个动物园不但绿林葱郁、景色宜人，而且还有禽鸟实验室、动物实验室和大型鸟舍，可供科学研究之用。美国除华盛顿国家动物园外，也有一些专门性的动物园，如佛罗里达州有一处鹦鹉动物园，里面放养着各种品种的鹦鹉。这些鹦鹉也不怕人，可以在园中自由飞翔活动，游人喜欢跟鹦鹉一起拍照。让人奇怪的是这些鹦鹉自由生活在园里,脚上没有铁链锁着,可是它们绝不会远走高飞,可见那里的生态环境是多么和谐,多么适合鹦鹉的生存!

澳大利亚有一种特产动物名叫考拉,又名树袋熊,既不像熊又不像袋鼠。考拉的名字在当地土族语中是不可知的意思,可见这种动物的形状很难叫出恰当的名字。考拉性温驯,样子十分可爱,也不怕人。游人到了那里参观,都喜欢将它抱在身上拍照。你瞧,那位女游客像自己孩子一样,把一只考拉抱在怀里,多亲密的样子啊!

前不久,我访问西柏林,曾去参观过那里的动物园,感受深切。这个动物园规模不小,里面的珍禽异兽也不少,世界上稀有动物中,犀牛也可以在这里看到。这里的鸽子品种特别多,有些鸽子我从未见过。

那里的猩猩馆特别引人注目。有的大猩猩身材特别巨大,像巨人一般。有一种雄性狒狒,脸上有五彩条纹,长得十分好看。猴子的品种多极了,有长臂猴、黑猴、金丝猴等,还有身材特别小的小猕猴,动作灵活,甚为滑稽。

在熊猫馆里,我看到了一只来自中国的大熊猫,真有"他乡遇故知"的亲切感。它躺在松软的草地上,好像很舒适的样子,但是它只是孤身独影,显然有寂寞之感。

最引人注目的还是大象馆,馆里有四只大象,这些庞然大物正在草地上做精彩表演,吸引了很多游客。我就是被游客的喝彩声吸引过去的。当我走过去的时候,大象正在表演吹口琴,口琴吹完以后,四只小象在一个驯象师的指挥下,表演了各种各样的动作,它们会站起来走路,会向游客鞠躬致意,会翻跟斗,还会表演各种惊险动作。

当前,西方动物园不光是展览各种动物,介绍动物方面的知识,有些动物园还把展览跟驯兽结合起来,这样就能吸引更多的游客,增加游园的情趣;有些动物园还跟科学研究结合起来,具有多功能的作用;有些专门性的动物园,使游客和动物直接交往,让他们成为亲密的朋友,这一开创性的做法,受到了游客的热烈欢迎,特别是受到儿童的欢迎。

另外,我从西柏林的动物园看,他们颇讲究自然景观的配合,每个动物展览室的前面都有动物雕塑的装置,使游客既领略了艺术雕刻的乐趣,也饱览了活生生的动物习性。

　　再从动物园的管理水平看,他们非常重视科学管理和生态环境。动物园内绿树成荫,空气十分新鲜,根本嗅不到一点动物的腥臭味。园内有好几处各种动物配制食料的厨房,食物品种较多,又清洁卫生,演出动物不易得肠道感染的疾病。管理人员把每个动物室都打扫得干干净净,使动物住在里面感到十分舒适。

　　总之,从国外动物园的现状反思我国动物园的现状,可以给我们不少启示。城市动物园不仅是城市的重要景观,也是建设精神文明的重要窗口,同时也是重要的旅游资源之一。我们绝不能等闲视之。动物是大自然的宠儿,它们在生态环境中扮演了重要的角色。我们没有理由伤害它们,即使是食肉的猛兽,它们也为建立良好的生态环境建立了功勋。

　　人类啊,让我们跟动物友爱地相处吧!

第九辑

国际友人

改革开放以后,中国大地迎来了春风,世界各地的朋友向中国涌来,因此我有机会结识了不少国际友人,使我增长了不少见识,他们的优秀品质,值得我学习。在结交的过程中都有一些传奇色彩,其中不乏有趣的故事。不信,你就耐心看看吧!这些文章均未曾公开发表。

英国朋友爱礼森小姐(Miss Alison Williams)

改革开放以后,杭州大学外语系聘请了一些外籍教师来系授课,受到外语系师生的热烈欢迎,这对提高学生的外语水平起到了极大的作用。

爱礼森小姐是英籍英语专家,来杭时年约50岁,端庄美丽,一直未婚。我和她的相识颇有传奇色彩。有一天,我俩在杭大邮电局邂逅。她正在寄信,我也在寄信,我们用英语交流起来,方知我俩均爱好英国文学,尤爱好莎士比亚,这一下子拉近了我们之间的距离。

我邀请她方便的时候到我家做客,她欣然答应了。她说,有机会结交中国研究外国文学的老师,感到十分高兴。我们约好了日子,请她上午来我家做客,并一起吃午饭。那天上午,她捧着一束鲜花来我家访问了。我们交谈甚欢,她对我们的热情接待,非常感激。我的老伴不会说英语,但她对我老伴的热情接待和烧制的杭州菜肴非常满意,对中国家庭中的温馨深有好感。当时我的小孙子还在幼儿园上学,他很懂礼貌,不时用公筷给她夹菜,她感到好玩极了。从此以后,我们成了常来常往的好朋友,有时候,她也邀请我到杭大专家楼食堂吃饭。她点了几个简单的中国菜,吃得非常开心。我发现外国人请客吃饭,有良好的习惯,不多点,吃光为止,不像中国人请客,往往摆一桌子大吃大喝,浪费现象十分严重。朋友相聚,贵在真情,不在于形式上的摆阔,这种良好的风气,值得中国人好好学习。

有一次,我们聚会时,她向我谈及了她早年在日本教英语的经历。她在那里结识了一位好学的日本学生,以后,他们也成了很好的朋友。她说这位日本朋友很想到杭州来访问,是否可以请我向他发一封邀请信,便于办理出国手续。我觉得这是一件大好事,改革开放以后,国门大开,来往的国际友人增多了,对中国大有好处,不但增进了双方的友情,还能引进不少国外的先进技术,对增强国力大有好处,而且通过旅游活动增加了外汇储备收入,这是一举多得的好事,对国家大大有利,我马上答应了她的请求。以后那位日本友人(山田喜八郎先生,下文专门写他)果真来杭州访问,还游览了美丽的西湖,也增进了他们的师生之间的情谊,这是后话了。

爱礼森小姐对莎士比亚颇有研究,有一次,杭大外语系学生,举办了一次朗诵莎士比亚作品《暴风雨》的活动。她特地向我发出了一封邀请信,请我光临指导,可惜我因教学工作太忙,未能参加,深感遗憾。我在杭大中文系虽开设莎士比亚课,但未举办过这样的朗诵活动,朗诵莎剧原著对进一步理解莎士比亚的作品,必然大有帮助。我原来想举办一次这样的教学活动,但因年龄原因,退休了,未能办成,如今回想起来,深感遗憾。

爱礼森小姐还对中国高校引进人才,做了有益的工作。有一次,她在火车上遇见一位美国的高校教师,莎士比亚专家 Levith 教授。在交谈中,这位美国专家希望她介绍一些中国高校中的莎士比亚学者,以便他有机会来中国高校交流学习。她将我推荐给了他,后来这位美国莎士比亚专家专门和我通信联系,我还邀请他来杭大讲学,和中国的大学生、中国的莎士比亚学者座谈交流,得益良多。有一年,武汉大学举办国际莎士比亚研讨会,我将这位美国专家推荐给会务组,我们有幸在武汉大学的莎士比亚研讨会上重新见面,快乐无比。

爱礼森小姐有一个幸福的大家庭,众多兄弟姐妹分布在世界各地工作。她的妈妈一直关心她的婚姻问题,可是她一直是一个单身贵族。她回英国以后,有一次她给我来信,讲述她繁忙的工作情况。我回信婉转地向她问起她的个人问题,她回信说无可奉告。其实爱礼森小姐年轻的时候是一位令男人追慕的美丽姑娘,可是不知是何原因,一直单身。

2013 年 6 月 22 日修改

日本友人山田喜八郎先生

我遵照爱礼森小姐的意见,给日本的山田喜八郎先生发出了邀请信。他接到我的邀请信后不久,带着夫人到杭州来访问我。我不会说日语,只能用英语和他交谈。从谈话中,知道他是一位高级职员,早年受教于爱礼森小姐。

日本人深受中国传统文化的影响,非常讲究礼仪,他们夫妻俩在爱礼森小姐的陪同下,于某日傍晚时分,来到我家,并和我的家人共进晚餐。他们一到我家,就送我一些日本的小礼品,我回送一些杭产的礼品,如丝巾、手帕等。他们对杭州的小菜十分赞美,连称鲜美无比。

在以后的日子里,我邀请他们同游西湖,并于三潭印月合影留念。他们对西湖的美景称赞不已。

分别以后,我们经常鱼雁往来,友谊日增。有一天,我收到了他的来信,热情邀请我到日本访问一周,并随即汇来了十万日元,作为我去日本的旅费,并在以后的来信中,详细地介绍了一周的旅游计划。特别令我感动不已的是,他仔细关照我到达东京机场以后,如何乘坐高铁到达他们的居住地。我决定接受他的邀请,之后一面自学日语,并将数十句日常交际对话,请我一位懂日语的亲戚辅导,一面积极准备杭产的丝绸礼品,有的热心朋友,还向我关照日本人通行送小礼品,凡是遇见山田喜八郎的亲朋好友,或者交上了新的朋友,都要送上一些小礼品。这是日本交际场上的惯例。如不送小礼品,是一种失礼的行为。

之后,山田喜八郎,又挂号寄来一些有关资料,便于我办理出国护照。当时改革开放不久,国门刚开,出国的手续极其繁复,一关又一关的手续往往会遇到意想不到的困难,国内有关办事人员,办事谨小慎微,怕担风险,卡得很紧,能推则推,不像国外办事人员文化素质较高,他们往往千方百计帮助你将事情尽快办妥。回想我1986年春第一次出国访问欧洲的时候,遇到各种各样的困难,简直可以写成一篇中篇小说。这次我有机会访问日本,可以增加不少见闻,素知日本国民素质甚高,讲究文明礼貌,城市整洁,商品质量优秀,家家户户有榻榻米,进门必须脱鞋,屋内十分干净。可是,好事多磨,一件意想不到的事情发生了,使我的美梦破灭。原来,我的一个孩子替我跑腿办理出国手续,哪知她一不小心,竟将我重要的出国资料,在一次骑车外出办事时不小心丢失了。当时我期待好心人捡到这些资料可能会送还给我,因为这些资料对他们毫无用处,哪知我的梦想成了空想,好心人没有出现,成了我的终身遗憾。

之后山田喜八郎先生因病去世,从此阴阳两隔,只能在梦中会见这位既善良又慷慨的日本朋友。我和他贤惠的夫人通信数次,才知他们没有小孩。我手头有两张照片留作纪念。一张是三潭印月的合照,另一张是山田喜八郎夫人的照片,穿着我送她的一套美丽的衣服,在客厅中打太极拳,墙上还挂着我赠送他们的一张中国画。中日两国一衣带水,都深受中国传统文化的影响。日本在军国主义统治之下曾侵略过中国,中国人民经历了八年战争的惨痛经历,这段历史虽然过去了数十年,但往事难忘。最近日本少数执政者,妄图推翻历史,独霸东亚,侵占别国领土,不得不使我们倍加警惕。可是中日两国人民自古以来的友谊却会世世代代传承下去。爱好和平始终是世界人民的愿望。

2013年4月初稿,6月完稿

坂田弘治

——一句日语交了一个日本朋友

我和日本友人坂田弘治的相识,太有传奇色彩了。

1986 年春,我在上海火车站软卧候车室休息时,忽见一个日本旅游团进来休息了,其中有一位日本旅客,大约四十岁光景,向我走来。我不知他有何事找我帮忙,我忙站起来,用一句日语说了一句"谢谢"。哪知这句日语引起了这位游客的浓厚兴趣,他当即对我说了几句日语,可是天呀,我除了这句"谢谢"的日语,其他的一句也不会说,更听不懂,怎么办。我急中生智,忽然想起了我在暨南大学学日语的时候,语言学家方光焘教授,曾经在日语课上教过我们十几个日语语音。我把十几个日语语音一口气说了出来。哪知那位日本游客对我更加感兴趣了,一定要和我交朋友。我在慌乱中将一张名片送给他,他也送了我一张名片,我们便匆匆告别,期待以后再见面。天晓得,重新见面那是梦想,哪有偶然邂逅会重新见面的呢。事后,我细细想来,这位日本人为什么对我如此感兴趣,大概他很想在来到中国旅游时交上一个中国朋友。回想我初次出访欧洲的时候,也期待着能交上一些外国朋友。朋友多,快乐多,朋友多,办法多,这已成为交际场上的格言了。

这件生活小事,我早就忘记了,哪知过了一两年,我忽然接到他的来信,定于某年某月某日来杭州访问我,希望我去杭州火车站迎接。这下将了我一军,使我一下子手忙脚乱起来,这该怎么办? 如果我置之不理,有损国格,更丢失了中国礼仪之邦的美誉。孔老夫子早就教导我们说:"有朋自远方来,不亦乐乎!"如此的乐事,我怎可放弃不予理睬呢?而且,我的个性喜交各方朋友,这是我一贯的作风。于是,我想到了我的一位亲戚,他是我表妹的儿子,姓周,精通日语,常去日本。我和这位亲戚商量了一下,请他当我的翻译,他满口答应,这下我一直悬着的心放了下来。

坂田弘治先生到杭的日期终于来到了,我和小周到火车站迎接他的到来,并安排他在黄龙饭店住宿。他送了我一件精美的见面礼——立即成影的照相机。这种相机拍了以后,相片马上就出来了,不用到照相馆去洗印。这种新产品在国内还不多见,可谓既精致又实用。那天晚上,我设家宴招待这位远方来客,我们通过小周的翻译,交谈甚欢。方知他是一位工厂的高级技工,生活待遇相当不错。这位日本客人善饮酒,三杯落肚以后,谈兴更浓,时钟已指向 9 时,也该收场了。天下哪有不散的宴席,岂料他还不肯收场,时钟指向 10 时,我们才依依相别,一别以后,从未再见。

我们通信不断,几年以后,他也退休了,从此他周游世界,到各地旅游,但他一直没有忘记我这位中国朋友,他十分重情义,每到一个地方,必然给我来信,并附来不少相片,我没有条件周游世界,可是我从这些照片中梦游了世界各地。外国人把旅游活动当成是生活中的重要内容,每年要外出旅游,退休以后,更加经常出国旅游,在旅行生活中,不但增加了见闻,还增强了体魄。

多年没有和他联系了,岁月如梭,大家都年老了,我时时在心中默默地祝他健康长寿、生活幸福。

2013 年 4 月初稿,6 月修改

德国友人海尔曼先生(Mr. Hermann Bergerhoff)

我和德国友人海尔曼先生的交往,更带有传奇色彩了。

20 世纪 80 年代的某一年春天,杭州正是花开的季节,西湖更加妩媚动人。一天我在湖边散步,忽然碰到一位外国老先生和两位外国老太太在向路人问路,我好奇地走向前去,用英语和那位老先生交谈了起来。原来他们正在寻找一家出售杭州丝绸的商店。这事好办,我将他们带到湖滨一家丝绸商店,他们高兴极了。他们二人一下子购买了一大批丝绸产品,有一位女售货员轻轻地对我说:"今后你将外国人带到这里来买丝绸产品,我们可以给你回扣。"我马上向她解释,我是一位大学教师,今天遇到他们完全是帮忙的性质,何用什么回扣,你太小看我了。那位女售货员向我微笑致歉,双方的误会解除了。

他们三人买完了丝绸商品,又向我提出了另一个要求:"我们想去看看杭州百货公司,请你再帮一次忙好吗?"好人做到底!我立即将他们带到湖滨最大的杭州百货公司去参观,他们高兴地参观了这家百货商店,但他们没买东西,因为他们还要继续旅行,到各地参观,东西太多会带来麻烦。

百货公司出来以后,已是午饭时分,我们同去知味观吃午餐,他们请我点菜,我想应该由我做东,理应请他们点菜。他们点了几个家常菜:一盘炒鱼片,一盘炒肉丝,两三个素菜,并要了一瓶西湖啤酒,我们边吃边谈,气氛十分融洽。我谈到 1986 年春天应邀到西柏林参加第三届国际莎士比亚会议,对西柏林有良好的印象。他们对我更加热情了,他们欢迎我有机会去他的家乡做客。我深知德国人的性格,他们说话算数,态度真诚。记得我小时候购买铅笔,只要有德国制造的字样,质量肯定优秀,可以放心使用。结果老先生做东,使我很不好意思,饭后我们双方交换了通信地址,就依依惜别了。

从此以后,我们书信往来,成了好朋友。其中有几件令我印象特别深刻的事情,值得一记:

1. 他寄来了大量家庭生活的照片。他是一位高级工程师,收入丰厚,有一个幸福的大家庭。从他的一张全家福中可以看出,他有一个和谐幸福的家庭,四代同堂,大小有二十余口人。他来信向我表达了希望双方的孩子们今后能通信成为好朋友的愿望。他的愿望虽然美好,但是对我来说很难做到。因为我的孩子文化偏低,其中只有一个外孙经常出国公干,有可能去德国出差,顺道去探望他们,但这只是一个美妙的梦想而已。

2. 他住在一个小镇上,德国早就城镇化了,城乡差别不大,交通四通八达,家家有私家车,出行十分方便,他们的住房十分宽敞,有前后花园,他曾经给我寄来一本画册,反映了他们的城市建设具有多元化的格局。我曾将这本画册送给一位搞建筑设计的朋友,他看了这本画册,如获至宝,觉得太有参考价值了。德国的住宅建筑不像我国城市建设那样单调,住宅大楼千篇一律都是火柴盒式的,各家各户都不来往,自成一套,过着封闭式的生活。他们的住宅区,花草满地,绿化面积很大,郁郁葱葱,空气清新,生活条件极好,老百姓身材高大,身体健康,红光满面,即使是老人也看不出老态。日耳曼民族的身体素质是非常棒的。

3. 德国人十分重视读书,我在西柏林发现城市里面有不少大大小小的书店,儿童书店更加精美,画册版本很大,他们十分重视儿童的课外阅读,我曾将我的童话书《猪八戒新传》寄给这位德国朋友,他请在德国的中国朋友或者懂中文的德国朋友翻译成德文,讲给他的孩子们听,孩子个个都开怀大笑。他们十分欣赏由著名画家郑熹先生绘画的插图,孩子们看了猪八戒的形象个个大笑不止,世界上竟有如此美妙的喜剧形象,使他们惊叹不止。海尔曼先生曾经和德国的出版社联系,希望用德文出版这本童话书,后来因为德国出版社考虑到两国文化背景不同,审美情趣不同,难以出版。我一直有一个梦想,如果能使外国的儿童看到中国竟然有如此善良、风趣、好心办坏事的猪八戒形象,这岂不是一件大大的好事！外国有米老鼠、唐老鸭、一休小和尚、变形金刚……中国为什么没有自己独有的受人喜爱的卡通形象？中国文化要大发展、大繁荣，必须要走向世界，让世界了解中国有如此灿烂的文化是多么的重要！

2013 年 4 月初稿　2013 年 7 月 1 日修改

美国朋友杜复先生(Mr. Robert Durff)

说起美国的杜复先生,真有说不完的话。

杜复,原名 Robert Durff。他为了表达对中国的爱,特地取了一个中国名字,还刻了一枚中文印章。

我是怎样认识他的呢? 20 世纪 80 年代初,中国改革开放的大门刚开不久,中国大地回春,改革开放的春风吹遍了中国大地,世界各国的游客向中国涌来,学习汉语之风也猛吹起来。当时杭州大学就迎来了一批美国人,大约二三十个,专门学习一个月的汉语。当时中文系的领导要我参加这项工作,我从来没有教过外国人如何学习汉语,但我学过汉语拼音,也教过英语,领导认为,我有条件做好这项教学工作。我就硬着头皮接下了这一光荣而又艰巨的教学任务。

当时,分配给我三位男同学,其中一人就是杜复先生。在教学中我发现他非常热爱中国,热爱中国人民。我了解到他是一个普通的美国人,文化程度并不高,是一个虔诚的天主教教徒,干过不少行当,当过面包工人、教堂神职人员等。

一个月的时间很快过去了,我们初步建立了友谊,分别的前夕,我们交换了礼品和通信地址,相约今后通信,如有机会,重新相聚。分别以后,其他两位学员一直没有和我联系,独独杜复先生经常有信来,他来信问我需要什么帮助,请直接告诉他。有一次我写信去,需要一本最新出版的英语大字典,这对学习英语、翻译均很有用,不久他就寄来了。另外有一次,他主动寄来了一支相当于派克钢笔的 Waterman 钢笔。又有一次,他托参加美国旅游团的朋友给我捎来了一本文学方面的书籍,可惜联系不上我的地址,我一直没有收到,深感遗憾。他还经常寄来他家人的照片和住宅的照片。可是他一直单身,没有结婚,后来我写信问他,是什么原因他迟迟不结婚,他来信向我直言,他有一个梦想,就是想和一个中国姑娘结婚,非中国姑娘不娶。后来,他又来信,请我为他找一个合适的中国姑娘。这下真使我为难了。中国有 13 亿人口,茫茫人海,叫我到何处去寻找这位姑娘呢。后来我托我的朋友,在杭州物色了一个大龄的未婚姑娘。我将这一信息告诉他,杜复先生闻讯后急急忙忙从美国来到杭州,我摆了酒席,宴请男女双方和介绍人见面。杜复对这位姑娘十分满意,中途离席外出和这位姑娘谈心去了。第二天,他在知味观请客,席间,他们因语言障碍,只能由我当他们的翻译,我看他们两人颇有情谊,以为大有希望,结果泡汤了。第二天,我打电话给那位姑娘,探问情况,才知那天吃饭的时候,姑娘的妈妈偷偷来到知味观,看到了杜复先生,觉得年纪太大了,坚决不同意。她妈妈只有这个独生女,女儿的婚姻,必须由她说了算。这也难怪,但是时代毕竟进步了,儿女婚姻应该由儿女自己做主,这位大龄姑娘的幸福,受到父母的干涉,真是令人可悲又可笑。

这件好事没有办成,我的内心深感抱歉,但此事怪不了我。悠悠岁月,又过了几年,有一天,我突然接到一个从安庆打来的电话。这是一位女同志,她在电话中跟我说:“任老师,我向你咨询一下,你觉得杜复先生靠得住吗?”这个莫名其妙的问题叫我如何回答。对方情急,一定要我回答,我想了一下,只能坦诚相告:“我觉得杜复先生,为人诚恳,他最大的优点是热爱中国,喜欢找中国姑娘成为终身伴侣,所以至今未婚,其余情况,只能由你自己考虑。”对方对我的回答十分满意,便将电话挂断了。从此以后,我就没有杜复的消息了。

按照惯例,杜复先生每年必然来访问我一次。我们的情谊依然存在。忽然有一天,他来电告知,他将在下周二来访问我,我当然表示欢迎。我们相见的日子终于到来了。那天上午,他带来了一位美丽的中国中年女人,我有惊有喜。我招待了他们午餐,谈话中方知,他们已经结婚了。这位美丽的女人姓杨,她向我坦告,她是一位离过婚的女人,原来的丈夫见异思迁,又爱上了一位年轻漂亮的女人,双方感情破裂,只好分手了。以后有人介绍她认识了杜复先生,他们交往了一段时间,双方情投意合,便结婚了。事情就是如此简单,结婚以后,杜复卖了在美国的房产,重新在安庆购买了一套200多平方米的大房子。从此他们幸福地生活在一起。这位杨女士退休以后做了全职太太,一心照顾杜复的生活,她和前夫育有一个女儿,女儿结婚后在德清一家工厂工作,育有一个女儿,生活幸福,每年他们去德清探亲的时候,顺便来杭州探望我。杜复先生现在年纪也大了,招了少量的中国学生,在家教授英语会话。平日里杨女士向杜复先生学习英语,杜复先生向杨女士学习中文,他们配合默契,过着和谐幸福的生活。前几年,杜复先生带着他的夫人杨女士到美国探亲。年已九十多岁的杜复先生的母亲见到如此美丽的中国姑娘,高兴不已,特别是杜复结婚了,了却了她多年的愿望。

今年4月27日上午,他们又一次来访问我这位独居老人。我的老伴病逝两年了,生活孤寂,他们的到来给我带来了欢乐。我赠送他两张我写的书法和一张我朋友画的松鹤延年的中国画,他们非常高兴,表示一定会装裱起来,挂在客厅,象征中美的友谊。他们盛情邀请我,欢迎我去安庆做客,在他们的新居住一些日子。我已92岁高龄,难以出远门了,只能向他们表示感谢和抱歉。杜太太答应给我找一个适当的伴侣,我深表感谢。杜复先生对我说,自从他认识了我这位中国朋友之后,改变了他的一生,用英语说就是,"You change all my life",真要好好谢谢我。杜复先生是一位虔诚的教徒,他感谢我的同时,也感谢主的安排。他认为这一切都是主的安排。

其实地球村的人民原本是一家人,能够一起和谐相处,相互友爱相互帮助,这不是人类最大的幸福么。可是,世界不太平,很多老百姓还在吃苦,很多老百姓还在战争中生活,这是人类的不幸,让我们大家努力把美丽的地球村建设得更加美丽吧。

2013年5月9日初稿,7月2日修改

第十辑

师生情谊

　　我自 1948 年大学毕业以后，一直在中学、大学教书，直至 1987 年退休，共有数十年时间，桃李不少了，师生关系比较融洽，其中在杭大中文系教学时间最长。杭大中文系历来出人才，尊师爱生、教学相长是中文系的良好风气。中文系有不少大师级的学者，是他们潜移默化的影响，造就出一大批学生成为全国闻名的专家学者。我有幸成为中文系教师中的一员，深感荣幸。青出于蓝而胜于蓝，这是社会发展的正常现象，人无常师，所以我常常把他们当做我的老师。他们常说："一日为师终身为父"，他们来访问我这位昔日的老师往往一鞠躬，使我愧不敢当。我选用了几篇他们的大作，以表达我的敬佩之情。收到他们的来信，拜读他们的美文，这是我生活中最快乐的事！

带着"发现"走遍中国

哈 敏[*]

2004 年 12 月 15 日,我从浙江卫视来到了中央电视台中文国际频道的《走遍中国》栏目。

《走遍中国》是 2002 年 9 月开播的一档大型的人文地理栏目,它以纪录片的表现形式,故事化的叙述方式,透视文化现象,解密历史事件,记录现实生活,以点带面,生动而深入地反映中国历史与现实的发展变化,旨在打造中国电视领域的"国家地理"栏目。

十年的时间,电视领域发生了翻天覆地的变化,《走遍中国》栏目也发生了巨大的变化。虽然栏目的宗旨一直没有改变,但节目的形态已发生了多次蜕变。我刚到《走遍中国》栏目时,节目的形态是纯专题片式的(即采访加解说的形式。采访对象是站着、固定式的拍摄,采访对象的景别,甚至要求卡到衣服从上往下的第二个纽扣的位置,要求之严格、规整,给我留下了很深的印象。这个时候编导几乎是不出现在画面里的)。几年后,栏目形态演变成专题加纪录式(纪录的增加,使片子开始活了起来,不像原来那么呆板、沉闷。这个时候的编导,开始出现在画面里,但基本上是一个引领故事发展的符号,不出正面的镜头,只出远景和侧景)。而在最近一年时间里,栏目的形态又开始出现变化,片子的形态要求加大现场的纪实拍摄,编导要出境,甚至要面对镜头表达所见所闻,台里统一印制的名片上,甚至把编导也改成了记者。节目形态的不断变化,使许多编导倍感吃力。但不断变化的节目形态有一点是毋庸置疑的,节目开始变得轻松,变得好看。

---

* 哈敏简介:杭州大学中文系毕业,原名王敏明,中央电视台著名编导,"走遍中国"栏目策划。

但在这里,我不是想探讨《走遍中国》的节目形态,而是想表达我是怎么面对这些变化的。回头看了一下这近 10 年,在《走遍中国》栏目我拍摄制作的 60 多期节目和策划的近百期节目中,我总结了两个字:发现。

世界是在不断的"发现"中向前发展的,发现包含着创新,在制作电视节目中,还包含着独特的视角和见解。当很多编导都在为栏目的形态变化而烦忧不已的时候,我却从来没有为栏目形态的变化而发过愁,因为我是带着"发现"走遍中国的。当你在每期节目中有了价值的发现,谁还会在乎你的形态? 就像伟大的发明家爱迪生,谁会在乎他是穿西装,还是穿休闲装,亦或是穿 T 恤衫呢?

我对自己的要求是,在短短的一期 30 分钟的节目里,不论是策划的还是拍摄制作的节目,都必须要有我自己的发现,哪怕只有一个细节。

如何在发现中走遍中国,我举两个实例。

2006 年,我到辽宁的抚顺去策划一个系列节目,当时的《走遍中国》是以城市为平台拍摄系列节目的,通常是一个地级市拍摄七期节目,播出一周,因为《走遍中国》是一个日播栏目。抚顺系列是我担任栏目的执行主编后,独立去策划的第一个系列节目。后来在策划的七期节目中,有一期节目叫《雷锋照片背后的故事》。

从小就听着雷锋的故事长大。雷锋是在抚顺当兵,也是在抚顺去世的。一个城市出了这么一位名人,《走遍中国》理所当然要关注。但我清晰地记得,当时我最想放弃的正是这个选题,原因很简单,雷锋成名很早,这么多年来,关于雷锋一切的一切,都已被写得彻彻底底,我不可能有这样的能力去发现或挖掘出一点新东西了。但这样一位心中的英雄,他的纪念馆是我来到抚顺后,最先想去的地方。就在我走进雷锋纪念馆不到 10 分钟,纪念馆墙壁上一张张雷锋的照片,让我有了发现。

纪念馆里雷锋的照片可以分为两类:一类是雷锋早期自己去拍的照片,如加入少先队、入团、在天安门、经过武汉长江大桥、参加团代会、参军等,都是单人留念照,很明显是雷锋为纪念某件人生经历中的重要事情自己去拍的。另一类是专门为宣传雷锋而拍的。由于雷锋生前已是军队的典型,部队里有两位专门为雷锋拍照的摄影师,一位叫张峻,一位叫季增。雷锋从入伍到牺牲的 953 天里,季增平均每 4 天就给雷锋拍摄一张照片,所以后来雷锋虽然突然去世,但我们却能看到他那么多生前的照片。但在雷锋同时代的英雄模范人物中,绝大部分人留下的照片却非常少,很多英雄甚至连一张照片都没有留下,可以说雷锋是那个时代(20 世纪五六十年代,包括 70 年代),生前留下照片最多的一位英雄模范人物。

但让我关注的是雷锋的第一类照片,也就是他自己去拍的照片。在今天,拍照已成为人们不可缺少的生活内容,但在雷锋的年代,拍照却是一件奢侈的事情。洗一张八寸彩色照片要 40 元钱,在那个年代许多人一个月都挣不到这么多钱,所以那个年代能留下照片实属不易。在后来的拍摄中了解到,专门给雷锋拍照的两位摄影师,都没有一张跟雷锋的私人合照,因为当时领出一卷胶卷,就要交回几张底片。那么对于并不富裕,平时省吃俭用的雷锋,为什么对拍照却从不吝啬? 正是基于这样的发现和这样的疑问,于是就有了《雷锋照片背后的故事》。

节目通过照片挖掘出了雷锋生前许多鲜为人知的故事,这里不再详述。重要的是,通过对雷锋照片的解读,我发现了雷锋对自己人生的一种"经营"理念,按另一种说法,就是雷锋会规划自己的人生。当我用"经营"或"规划"去重新解读雷锋短短一生的时候,我理解了雷锋那些好像写给别人看的大量日记,理解了雷锋除了热爱生活,为什么在自己人生经历的重要时刻,他都会毫不吝啬地去留下一张照片,雷锋在我的心中走下了神坛,按照今天的表述,雷锋是一个励志青年的榜样。后来,拍摄这期节目的编导,用"经营"这个理念,写了一本书:《像雷锋那样》,该书成为许多大企业员工的必读书,企业希望员工们像雷锋那样,会规划自己的人生,经营自己的人生。

再剖析一个案例:《霸王别姬》,这是一期我自己策划自己拍摄制作的片子。

霸王别姬的故事,在中国可以说是家喻户晓了。

公元前 206 年,项羽、刘邦一路西进,过关斩将,推翻了秦王朝的统治。同年,这两位并起的反秦武装领袖,在打垮了共同的敌人之后,为了争夺统治权,展开了长达五年的楚汉之争。公元前 202 年 12 月,刘邦亲率 30 万大军,将项羽的 10 万人马围困于今宿州市灵璧县东南的垓下。也是 2006 年,我来到了那场战争的发生地——安徽省的宿州市。

在中国的战争史上,没有哪场战争糅合了这么多荡气回肠的英雄气概、缠绵悱恻的美人情怀!"楚汉河界"、"十面埋伏"、"四面楚歌"、"拔山盖世"、"霸王别姬"、"红颜薄命"等成语,都与这场战争有关。但正是这场战争,也给我们留下了众多未解之谜,霸王别姬就是其中最著名的一出。

霸王别姬的故事在中国流传了 2000 多年,尽人皆知,但几乎没人能说清霸王是在哪里别姬的? 项羽又是怎么别姬的? 在最早记录楚汉战争的《史记》中,司马迁没有一点笔触涉及虞姬自杀。在中国民间,流传最广的是京剧版的《霸王别姬》:楚霸王项羽的爱妾虞姬,为了能让项羽冲出汉王刘邦的包围圈,毅然自刎,留下了一出荡气回肠的霸王别姬。

关于司马迁在《史记》里面为什么没有交代虞姬的结局,钱锺书曾经说这是一种历史的沉默。这个沉默就是有意不写,给后人留下一些遗憾。但也可能是史料选择方面的原因,因为司马迁他听到的各种说法彼此互相矛盾,他也不知道哪一种说法是对的,而《史记》的写作精神是秉笔实录,当确定不了史实的时候,作为一个严肃的历史学家,司马迁选择了沉默。既然《史记》中没有写明虞姬的结局,那么到底是谁给虞姬添上自刎的结局呢?

拍摄时,我查阅了大量史料,发现霸王别姬的故事,最早出现在宋代,当时由于国家局势、民族矛盾、边患危机严重,所以有些诗人就借这个题目开始生发联想。其中有个叫李冠的写了一首词,词中说虞姬是在军营中自杀的。到了元代,就有小说、戏剧、诗词和散曲,都来咏叹这个题材。到了明代就写得更加具体,冯梦龙在他的《情史》里面写道:虞姬是自刎的,为了不拖累项羽,是主动要求自刎的,项羽不忍心,虞姬坚决要求,项王就背着面孔,把剑交给虞姬,虞姬就拔剑自刎了。

冯梦龙的说法影响巨大,由于各种地方戏曲、各种文学作品都沿用了这个题材,到了近代就逐渐形成了一种比较统一的说法:虞姬是拔剑自刎的,而且是在项羽的主帅营帐中自刎。

但是在故事的发生地宿州拍摄时,我们却听到了霸王别姬的另一种版本:虞姬是项羽亲手杀死的。

虞姬难道真的是被项羽杀死的?据《史记》记载,项羽和虞姬的感情非常好。项羽除了生命之外有三样最爱:天下江山、美人虞姬和骏马。项羽有什么理由要杀死虞姬呢?

《史记》记载,"虞兮虞兮奈若何",我们从中可以看出项羽当时矛盾纠结的心理,他没有办法处理虞姬。项羽不甘心虞姬落到别人手里,所以我们也可以推测,项羽为了保住虞姬美好的形象,保住这段珍贵的感情,忍痛把虞姬杀掉了。套句时髦的话,"生命诚可贵,爱情价更高",项羽和虞姬的感情,项羽认为是超过虞姬的生命,也超过了自己的生命,他把虞姬杀掉,是保全他们之间一种美好的印象。

拍摄中我发现,认为虞姬自杀的也有各种版本,有的认为是在军营里面自杀的,有的认为是在突围的路上自杀的,为了不拖累项羽。也有人认为是汉军把虞姬杀掉的。虞姬到底是自杀还是他杀?文学作品和民间传说,到底哪个说法更为准确?随着寻访的深入,霸王别姬的迷雾反而越来越浓。

虽然在拍摄结束时,最终仍无法解开霸王别姬这个千古之谜,但是通过我的发现,至少让观众对霸王别姬有了一个全新的认识。

有发现就有收获。因为在节目中不断有新的发现,从而使我的节目在播出时,总保持在一个较高的收视点。

带着"发现"走遍中国,我在工作中充满了动力,充满了激情。在"发现"中生活和工作,这正是我的恩师任明耀先生一直教导我的。

2013 年 6 月 15 日于北京

走向哈佛

孙崇涛[*]

圣地之圣地

在哈佛大学一圈古老建筑群落中,端坐着约翰·哈佛先生的一尊铜像。铜像主人器宇轩昂,神情坚毅,深邃的目光直视通往铜像的那扇古旧校门与走道,像在目数着一批批从世界各地走向这里的学子、学者、教授以及慕名前来参观的"哈佛迷"们,又目送着他们一一地离开,走向世界各地。三百多年来,日复一日,年复一年。

这里是"哈佛圣地"中的圣地。来哈佛的人,没有一人不会来到这里,没有一人会错过在这里摄影留念的机会。这不单是为了纪念这位知名大学建校人之一、把自己大半财富奉赠学校建设的哈佛先生的功绩,也不单是为了一睹哈佛大学 1636 年建校至今依然保留完好的建筑物神韵,像建于 17 世纪末的旧校门与"哈佛楼",建于 18 世纪初的"麻省楼"与哈佛行政楼等,更由于在这里人们最可以感受到哈佛传统和哈佛精神。

在哈佛,只有此处才有几幢学生集体宿舍,跟四周其他楼房一样,褐红色的门墙显示出建筑的古朴和凝重。踏上台阶,跨进宿舍门,扑面而来的是一股夹带历史因子的气氛。挪动一下脚步,触摸一下墙砖,推拉一次门窗,乃至扫视一眼四周,都会使人立刻想起哈佛校友先人曾在这里冬蛰夏伏、勤习苦读的情景。他们中,有后来叱咤风云的政治家,有改变人们思维方式的哲人,有造福千秋万代的科学家,有把人类带往

---

* 孙崇涛简介:杭州大学中文系毕业,著名戏曲理论家,中国艺术研究院研究员。

外星的宇航家,还有排出一长串姓名的各国总统,数不清的诺贝尔奖得主,道不尽的集团首领、金融巨子、财政寡头。校方规定:凡是初进哈佛校门的大学本科新生,都需要在这几幢宿舍内住上一年。校方以这种方式来实行她的"始业教育",用意不言而喻。

不能走进哈佛,或理想自己将来也能走向哈佛的人,来到此处是为了追寻梦想。一些人的虔诚程度,简直不下于信徒对于神明的膜拜、祈祷。久经岁月的哈佛先生铜像已经变黑,而哈佛先生那只前跨、人们伸手可以摸得到的左脚鞋尖,被无数前来瞻仰的人摸得锃亮锃亮,日光下像盏明亮的灯。人们说,摸着它,会给人带来好运,让自己的脚早晚也能跨进哈佛大门。

查尔斯河畔的明珠

跟世界许多别的大学城一样,哈佛也不过是个由众多学院与机构集合而成的"集团"概念。她没有人们设想中该有的"校舍"、"围墙"和"校门",没有固定的学生宿舍楼和教授住宅区,也少见成片的教学楼和实验室,上面所讲的校舍"建筑群落"和"旧校门",只是几百年前哈佛建校初期留给现在的一块历史表记而已。如今,在哈佛您想找到某一个具体部门,没有一份地图在身,必将徒劳。

学校位于美国东北名城波士顿西郊"剑桥"(Cambridge),坐上地铁,顷刻可以到达市区繁华地带。波士顿是美国最古老的城市之一,人称是"美国的雅典"。1607年英人在弗吉尼亚州詹姆斯城建立起它在美国的第一个殖民地不久,1620年"五月花"号船舰驶抵波士顿海湾,在那儿又逐步建立起首批13个殖民地。如今波士顿市内的许多建筑物,包括它的市政府,还十足呈现出中世纪欧洲的建筑风格。还有相似的街心公园和纵横交错的古旧地铁,都会使我联想到大英帝国首府伦敦。举世闻名的波士顿交响乐团,跟它周围许多文艺娱乐场所,构成人们戏称的"波士顿百老汇"。那儿华灯耀目,珠光宝气,浓烈地交汇着传统与现代的声气。而波士顿博物馆内琳琅满目的公元前的藏品之富之珍,实在很难同只有二百多年历史的美国想到一块。最近北京嘉德拍卖行以2530万元人民币拍出宋徽宗《写生珍禽图》,创下中国画拍卖价的当前最高纪录。那位神秘的买主,据说就来自波士顿博物馆。往日仰人鼻息的殖民旧痕与当今超级大国的财大气粗,都毫不保留地刻写在这座城市之内。有着 366 年历史的哈佛在这里崛起,并同 834 岁的老牛津、796 岁的老剑桥一起,长期领衔西方高等教育世界,好像十分顺理成章。

哈佛大学与她周围的麻省理工学院、波士顿大学等美国名校一起,像明珠似的散落在美丽的查尔斯河畔。宽阔、宁静而洁净的查尔斯河,白天把大片蓝天与团团白云拢进自己的怀抱,夜间周身闪烁起繁星般的灯火,给哈佛平添无限妩媚和生机。那里是学生们户外读书、休闲、锻炼身体的好场所,到处洋溢着青春奋进的气息。它又是美国大学生进行划艇竞赛的赛场,一年一度的哈佛、耶鲁两校对抗赛传统体育项目,吸引着全美体育爱好者们的关注。当簇集两岸的助威人群狂呼呐喊的时刻,可以想见那是多么活力迸发的场景。

最初,由于包括约翰·哈佛先生在内的 70 名建校委员会委员全都在英国剑桥大学受过教育,他们心仪母校,故学校初名"剑桥大学"。两年后,为了纪念约翰·哈佛先生的捐赠,才改名为哈佛大学,而学校所在地,则仍旧保留"剑桥"旧名。学校一座座的学院楼、研究所、图书馆以及其他建筑设施,跟剑桥的民居、公寓、商场、店铺、市政办公楼等"杂群而居",实在看不出、辨不清哪是"校内",哪是"校外"。学生们背挎书包,教授们手提臂裹教材,从四面八方的大街小巷中走出,或从绕着剑桥行驶的校车走下,或从自驾的轿车内跨出,大家来到一处,聚集一起,这就构成实际意义的一个个"哈佛细胞"——学院、系科、课堂、研究所或实验室什么的。

好像一切都是那么安静。街上行人稀疏,汽车不会轻易鸣笛。春寒料峭,孤寂的树梢在轻风中摇曳身姿,默默地书写天空。鸽群悠闲地散步在空旷场所,飞鹅毫无顾忌地在你脚边踯躅……

于无声处听惊雷,是的,这里需要安静。在这安静中,查尔斯河畔的颗颗璞玉在雕琢成珠;在这安静中,最高等的思维化作震惊世人的发现;在这安静中,人类的文明脚步在匆匆赶路。

燕京楼

哈佛究竟有多大？实在叫人难识她的庐山真面目。哪怕您在那儿待的时间再久，也只能看清一点点自己经常去的地方。

我经常的去处，自然是跟我专业相关的"东亚语言文明系"。我是应该系邀请到它那作学术访问和演讲的。"东亚语言文明系"与"哈佛燕京学社"及"哈佛燕京图书馆"三家，像是三胞同生兄弟，难舍难分。它们共处一楼，不详楼名，不妨称它"燕京楼"。两层楼的左半是图书馆，右半上层为东亚系，下层为燕京学社及会议室、演讲厅等三家公用场所。楼外大门两侧，同美国别的一些大学东亚系相仿，也蹲立一对石狮子。它像一幅"图腾"，标志着出入这幢楼房的部落"生存方式"。它更似一篇文章篇题，点明了楼内人们所做"文章"的主题。

哈佛大学之谓"东亚语言文明系"，跟伯克利、斯坦福等校所称的"东亚语言文化系"，华盛顿、普林斯顿等校所称的"东亚语文系"，实质没有区别。它们都从事东亚各国——主要是中、日、韩三国——语言与文学及其相关文化的教育与研究工作。系的规模不大，师生合计，也就两三百来人光景。在这些"泱泱大国"的国际名校里，它只够称得上是个"小部落"而已。"部落"即使再小，对于五脏六腑必须俱备的哈佛等校来说，却是断不可少。特别是在西方经济低迷，东亚经济强劲，东方文化日益焕发亮光的今天，小小东亚系的名望与日俱增，就连蹲在门口的那对石狮子也好像扬眉吐气起来。

进进出出"燕京楼"的人们，个个面带笑意，见面抬手招呼，表明大家全是"同舟共济"的老相识。系内研究生人数超过大学本科生。他们除来自中、日、韩三国为主外，还有好些白皮肤与黑皮肤。中国留学生以前几乎全来自台湾、香港两地，近些年来也开始陆续招进少数大陆学生。教授来自世界各国，其中也有个别出身港台、留学或定居美国的华裔学者。

作为研究机构的"哈佛燕京学社"，成立于1928年。它的性质类似上述美国各著名大学亦都设立的"东亚研究所"及其所属"中国研究中心"、"日本研究中心"、"韩国研究中心"，从事组织与进行东亚各国学术研究工作。近些年，学社同仁在韩南教授、杜维明教授等人率领下，把研究工作搞得有声有色。他们每年从各国选拔一些获取过博士学位的中青年优秀学者,来学社做定期访问学者,训练出一批批东方学的学术新锐,使学社事业如日中天,成为人们特别是各国年轻学者十分向往的学术胜地。

至于"哈佛燕京图书馆",早已闻名四海。宽大的图书阅览室内,四壁挂满中外名人题词,其中叶恭绰的题词,称它"海外琅嬛",十分恰当;"琅嬛",传说海外神仙藏书之处。哈佛建校至今,藏书总量已达1300余万册。中文图书专藏,始置于1897年。学社建立之初,附设"汉和图书馆",收藏中、日文图书,1965年改称"哈佛燕京图书馆"。1976年由燕京学社转属校图书馆系统,图书馆仍袭旧名。建馆70多年来,从首任馆长裘开明到现任馆长郑炯文,与上下同仁竭力经营,多方搜求,累积藏书近百万册,新旧期刊1400余种,缩微胶卷6万余件。藏量之富,绝对居欧美各大学东亚图书馆之首。它与华盛顿"国会图书馆"中文部与伯克利加州大学"东亚图书馆",人称美国三大中文藏书中心,是所有在美研究汉学的人士都希望光顾的地方。我也不例外地齐备了这三家借书证。想把这三家中文图书哪怕是仅限自己专业相关的部分都浏览一遍,简直不可能。走马看花式地在书架前随便蹓跶,检阅图书目录,给人的基本印象是,三家各有千秋:"国会"以量过人,"伯克利"以质取胜,"燕京"则在量、质两方面与二家平分秋色。如我最关心的中国古典戏曲善本书籍,在"燕京"就藏有不少,光是其中那些闻所未闻的传奇孤本,已够使我惊骇不已。

哈佛讲坛

"燕京楼"入门甬道两壁是广告栏,上头贴满层层叠叠的各色广告,面目隔三岔五地更换。内容有校方要事通知,学生社团活动公告,还有书籍出版发售信息等,而更多的还是各种学术演讲海报——有关我的那份,也忝列其间。

所谓"海报",其实不"海"。小小16开纸张上,稍作编排设计,印上几项同演讲相关的内容,按照主次,排列字体大小和顺序:最大、最显眼的是主讲者姓名,其次演讲题目,再次是演讲者单位及演讲时间、地址等,而演讲者身份、职务、职称之类,则不加标明。或许在哈佛看来,能到她那里做演讲就是一种"身份",至于什么来头,并不重要。

演讲完了之后,主办者特意送给我两份海报,说是"留作纪念"。我仔细端详一番,发现这张表面看似很普通的海报,竟像美元一样,纸芯隐藏着防伪字样,这时我才意识到它的分量以及所说"留作纪念"的真实含义。

后来我又了解到,去哈佛演讲,绝不是谁想去就可以去,或要谁去谁就能去。它需事先经过严格而烦琐的审批程序:先由某教授提出申请及理由,然后经过教授委员会集体审议,讨论通过,同时确定讲题与时间,最后向演讲者发出邀请通知。我是因为近年在美国西海岸的伯克利加州大学任客座教授,我的同行老友、哈佛东亚系伊德曼教授,在得知我今春要去华盛顿参加亚洲学会年会的消息,便事先举荐我访问哈佛,可谓天时、地利、人和三者兼得,才使我有此"殊荣",而绝非由于我在学术上有什么特别过人之处。

人们多把登上哈佛讲坛,看作是个人事业达到世界峰巅的标志,是人生值得纪念和自豪的荣耀。世界学术界的各路神仙,都利用各种机会,争取到哈佛讲坛一显身手,使哈佛门庭永远没有冷落的一天。哈佛讲坛还是世界新闻媒体聚焦之处,各国元首、政要来到美国,也常要借它登台亮相,告示全球,这使得哈佛师生对于太多的"名人"司空见惯。人们说,哈佛学生如果每天都要去听自己感兴趣的演讲,去见自己想见的"名人",他就甭看书,上课也来不及,因而他们对听讲选择必然严格而挑剔。

深知我学术底细的伊德曼教授,为我提出一个切合我近年研究实际的讲题《风月锦囊与中国戏曲研究》,要我把中国最早戏曲选本、现藏西班牙皇家图书馆的海外孤本《风月锦囊》的发现意义以及个人研究成果,介绍给大家,把对此问题感兴趣的学生吸引到了讲堂。有趣的是,哈佛给我定的这个讲题,同华盛顿年会要我做的"特别报告",和后来斯坦福大学邀我去做的演讲题目,竟然不谋而合,这使我十分惊叹美国同行对于学术信息的了然程度。

伊德曼教授曾长期担任荷兰莱顿大学汉学研究院院长,跑过世界许多地方,任教过不少国际名牌大学,能通八种语言,可称见多识广。

他曾经对我说起,根据他的感受,哈佛大学的最大优势就是学生水平较高。我从哈佛学生听我演讲的提问中,也确实领教到这一点。如一位学生曾向我发问:《风月锦囊》是不是个舞台演出本?另一个学生则问:《风月锦囊》向我们展示的中国明代戏曲研究的新课题,应该如何具体着手进行?还有一个学生的提问,更别出心裁:中国唐诗、宋词之类的版本区别,跟戏曲版本的不同呈现形式,两者有什么本质区别?像这些切中肯綮、对讲题带有关键性的提问,出自不曾具体接触《风月锦囊》这本书而且多数不是专攻戏曲研究方向的年轻学生之口,实在叫人感到惊讶。我想,哈佛之所以能不断制造出各类精英,重要原因,就在于她的学生不是跟别人站在同一条起跑线上。

哈佛在招手

哈佛之行,使我感觉到我们离走向这所"国际大学"还有许多距离。哈佛的中国学生,尤其大陆学生,跟别国相比,人数实在还显得寥寥。任教哈佛的中国教授,更是屈指可数。走向哈佛讲坛的中国学者,别的学科专业我不清楚,但就我的同业者来看,还有更多、更出色的人才在等待哈佛发现。

在全球逐渐步入知识经济时代的今天,"哈佛"二字,如似福音,四海遥布,八方景从。它也在强烈地激荡起我们中国人的心中祈愿。去哈佛留学,是无数学子梦寐以求的择校首选。哈佛经济论坛,几度火爆京城,入场券价高数万,依然一票难求。"哈佛人"是作家高兴捕捉的写作题材,是读者感到神秘而有兴趣的阅读对象。一位"哈佛女孩"家长所写的书,洛阳为之纸贵,成为无数盼女成凤家长捧读的现代版"女儿经"。一位学成归国的哈佛女生,带着她的"蓝色基因"理念,撒播中华大地,使人们对上千年造就儿孙的中国传统施教模式生出种种疑虑……中国人是多么向往哈佛,需要哈佛!

哈佛在招手,让更多的同胞走向哈佛,这是我哈佛之行后挥之不去的心愿。

2002 年 5 月 12 日写于美国伯克利
12 月 31 日改于北京

胡同口的遐想

——漫论传统戏曲与现代文化

周育德[*]

　　谈到中国传统戏曲，不由地就会想到北京的胡同。胡同和戏曲，两者的命运和前途确有共同之处。

　　"胡同"一词，据说来自蒙古语。它是指由大大小小的四合院和杂院连接而成的纵横交织的一条条街巷。这是古老的北京城的一大特色。老北京世世代代生于斯，长于斯，特色鲜明的"京味儿文化"就是在这大大小小的胡同里孕育而成的。关汉卿、王实甫的杂剧杰作在元大都的胡同里写成，元大都的勾栏瓦舍也分布在胡同里。直到现在，北京的胡同里还遗存着不少的历史文化名人的故居，可以供人凭吊。有些红墙碧瓦的王公故宅和宫观寺宇，也散布在胡同里，成了应该保护的文物。住在胡同里的北京的老百姓们，终日体会的则是胡同里特有的和谐与温馨。不知有多少作家用他们的生花妙笔，描绘和赞美过胡同的门楼、门墩儿，还有小院里的枣树、槐树。可是，时至今日，北京城里的胡同正在一条一条地、一片一片地被新建的西式高楼大厦所取代，北京城的古都特色正在消失。于是，人们高呼保护历史遗产，保护胡同文化。中国人在呼吁，外国人也在呼吁。1999年4月29日德国《明星》画刊著文《旧中国在死亡》，文中说道："10年前还有二分之一的北京人住在胡同里，现在只有十分之一了。老建筑必须让位于汽车马路、购物中心和大高楼。原来的居民被分到城市边缘新楼里的公寓房。这些住房更舒适，但是远离朋友、学校和工作单位。据清华大学调查，只有

---

　　* 周育德简介：杭州大学中文系毕业，中国戏曲学院原院长，著名戏曲理论家，著有戏曲理论著作多部。

20％的居民觉得住新居比住老房子愉快。""曾被誉为世界最美城市之一的北京,现在与亚洲其他大城市如曼谷和雅加达几乎没有什么区别。八车道的环形路、玻璃外墙的办公大楼和饭店使整个的城区改变了模样。"1999 年 6 月 27 日法新社题为《中国领导人探索城建新政策》云:"到北京参加建筑师大会的外国建筑师对老北京建筑的毁坏程度感到震惊。""一位英国建筑师说,这是'一个社会灾难',其他建筑师也表示他们对此感到难以置信。""法国建筑师让·努韦儿说:'显然,要把保留民族遗产同经济发展结合起来是很难的。'为了解决这个问题,北京市政府已经任命了一位美籍华人建筑师作为政府顾问。他的任务就是保住北京正在失去的古典美。"虽然这都是"参考消息",但足以发人深思。

其实,想想中国传统戏曲的处境,与北京的胡同何其相似! 中国戏曲是中国独特的传统文化品种。它体现着源头古老而发展充分的文化传统。它原则上是属于古代文明,但是又以其顽强的生命力而延伸到近代,延伸到当代。正像胡同之对于老北京一样,在中国近代历史发生巨大变革以前,传统戏曲和中国古代的历史是协调一致的,有着极大的稳定性,并以一种强大的力量影响到中国人的心灵,成为民族精神的表现。然而,当近代的历史帷幕拉开以后,中国戏曲所凝聚的文化精神,便常常显出与新时代的距离来。中国历史迈进了近代的门槛以后,作为传统文化的各个品种都面临着如何适应急剧变化的新时代的问题,不独戏曲为然。中国戏曲界的有识之士带着这个具有历史意义的大课题,探讨了一个世纪了。有经验,也有教训。在 21 世纪的晨钟即将敲响的今天,对这个问题的回答似乎显得更加迫切。当今的文化市场已经形成多极化的态势。各种文化品种异彩纷呈。像胡同正在被高楼取代一样,传统戏曲早已失去上个世纪的覆盖天下的地位,收缩了自己的地盘。年轻的一代,成了必须争取的对象。如何使传统戏曲在文化市场的激烈竞争中得以存活,并且得以弘扬和持续发展,如何使传统戏曲成为现代文化中的一种活跃因素,已是所有对民族文化富有感情或负有责任的人士必须认真研究的问题。

想一想北京的胡同,对于回答这个问题或许有些帮助。如何使北京现存的有价值的胡同得以保存,并且发挥古城优势,使胡同成为京城中可以开发、可以展现古都风貌、可以与高楼大厦并立而交相辉映的有机部分？原封不动或者听其自然，结果必定会被高楼慢慢地或者快快地吃掉。积极而有效的办法是经过认真的规划与论证，对有价值的胡同进行可持续发展的意义上的改造。历史经验告诉我们，可行的办法有三：一是清理，二是翻修，三是新建。对待传统戏曲，道理也是一样的。

胡同里有些本来不错的宅院，年代久了，院子里搭了些乱七八糟的棚子，房顶墙头长满了蒿莱，甚至水道不通，污秽遍地，实在看不过眼儿。但只要认定这个院落有保存价值，那就动手清理它。拆除违章建筑，拔除房顶乱草，疏通阴沟水道，还它一个干净的院子，人们依然可以继续在里面健康地生活。在戏曲，这叫作"整理"。整理的本身就含有清理的意思。远在 20 世纪初，一些有识之士就提出了改良戏曲的口号，随之而来的是主张清理剧目，清除陋习，查禁内容有涉及迷信神怪色彩或诲淫诲盗之旧戏。清理和改革戏曲的大规模运动则是开始于 20 世纪 50 年代。传统剧目凝结着不同时代许多艺术家的智慧与创造，有的可说是经过千锤百炼。但是它们流传久远，也难免染上某些尘土污垢，需要清理打扫。新中国建立后，对全国各剧种的剧目进行了审定，问题严重者则停演。审定与修改的剧目数量相当可观。整理的重点则是各剧种比较流行的优秀剧目，其中包括大师级艺术家演出的剧目。比如，梅兰芳的《贵妃醉酒》、周信芳的《坐楼杀惜》。由于有艺术家的亲自参与，谨慎的整理与修改是成功的。剧本的修改并未伤筋动骨，表演的精华完全保留，但舞台面貌却大为改观。其他剧种，如川剧《秋江》、黄梅戏《打猪草》、楚剧《葛麻》、湖南花鼓戏《刘海砍樵》、锡剧《双推磨》、滇剧《牛皋扯旨》、高甲戏《桃花搭渡》、常德汉剧《祭头巾》等，都是保留精华，剔除糟粕，去芜取菁，而后焕然一新。这些经过整理与修改的剧目，构成了中国戏曲舞台的主体。它们已经是中国现代文化的生动活泼的构成部分，与现代中国人的精神生活是和谐的。直到今天，戏曲舞台上演的"传统剧目"，大体上还是这批剧目。老一代的观众差不多已忘记它们的本来面目，新一代的观众更少有人去考察它们的原貌。不过，一个重要的事实是半个世纪过去了，这些曾经面貌一新的剧目在今天又成了老戏。老戏有老戏的用处。它可以供人研究，也可以供人欣赏。但是,它们的欣赏者多数已是老年人。传统剧目要想获得青年一代的欣赏,必须进行新一轮的整理,用当代人的审美情趣去重新过滤。老剧目应当常演常新。经验告诉我们,这是可能的,更是必要的。现代文化需要现代的年轻人的积极参与。老演老戏,老戏老(的)演(法),只会抛弃观众,不仅仅是年轻人。试看胡同里的老房子,不是经常地清理修茸吗? 道理再简单不过。

　　胡同进入当今时代,还有更深层次的新生之法,那就是翻修。有些四合院的主人已经不满足老房子的活法,他们追求现代的生活方式,按现代人的要求来改造原来的四合院。他们不是修修补补,而是重新规划。有时要抽梁换柱,有时要换砖换瓦,还要装电话,装煤气管道,装空调机。室内要装修美化,室外要栽花种草。临街屋还得改造成汽车库。在戏曲,这叫作"改编"。中国戏曲有着改编的老传统。宋元明清以来,各种各样的剧目不断地被改造,以求适合不同时代、不同地域观众的口味。但最终结果仍然离不开中国戏曲特有的表演艺术体系,就像翻修过的四合院仍然是四合院格局。

　　半个世纪以来,为了解决传统戏曲与现代文化的矛盾,对于传统剧目大规模整理的同时,开展了大规模的改编,有些改编是很成功的。经过时间淘汰,有些剧目至今依然光彩照人。这方面的例子,举不胜举。越剧《梁山伯与祝英台》的改编,提供了成功的经验。改编者在保留原剧主要关目《书馆共读》、《十八相送》、《楼台会》等健康的骨架与基调的基础上,又进行了合理的净化与适当的创造。表演、导演、音乐、舞台美术,也得到全面的革新。于是此剧成了全国公认的佳作。与此同时,同一个优美的故事在川剧《柳荫记》的成功改编中也展现了新的魅力。在传统戏曲的改编大潮中,田汉堪称领袖。田汉改编的京剧《白蛇传》,至今仍脍炙人口。在20世纪50年代戏曲舞台上活跃的一系列神话故事中,陆洪非改编,严凤英、王少舫主演的黄梅戏《天仙配》,恐怕是最有人缘的优美之作。传统戏曲的改编,由昆剧《十五贯》改编的大获成功而达到高潮,"一个戏救活了一个剧种"。在50年代的戏曲界,号称"海滨邹鲁"的福建的剧作家展现了突出的活力。陈仁鉴由莆仙戏《施天文》改编而成的《团圆之后》,由《邹雷霆》改编而成的《春草闯堂》,被誉为点铁成金、脱胎换骨之作。传统戏曲的改编,始终是备受当代观众欢迎的有效之举。70年代末,又出现了一个新的改编热潮。由于人们思想的解放,新改编的剧目富有更为实事求是的现实意义,剧中人物的精神世界展示得更加丰富多彩。莆仙戏《状元与乞丐》、楚剧《狱卒平冤》等可视为成功的代表作。90年代,上海京剧院改编演出的《盘丝洞》、《王英与扈三娘》、《狸猫换太子》,又以其一派新气而轰动海内外。

传统戏曲的改编演出,需要有推陈出新的创新意识,需要有超越前人的艺术功力。在实际操作中,需要用当代人的审美标准对传统的故事、传统的人物作出新的解释,需要导演、演员、音乐工作者、舞台美术工作者与作家的通力合作,调动起新的技术手段,做前人不曾想到或者想到而不能做到的事。成功的改编实际上就是一种新的创造,一种有传统依托的创造。从元代杂剧《金水桥陈琳抱妆盒》到清代地方戏的《抱妆盒》,到20世纪前期上海的连台本京戏《狸猫换太子》,到现在上海京剧院几经锤炼而成的三本连台大戏《狸猫换太子》,提供了这种有依托的创造随时代而更新的成功例子。

住进翻修过的四合院,人们会有一种似曾相识而又不曾有过的全新感觉。看过改编过的好戏,观众也会有似曾相识而又焕然一新的感觉。这种感觉是当代文化生活中的一种无可取代的特殊精神享受。

在胡同的保存与开发的过程中,还有更加积极的举措,那就是新建,问题在于按照什么格局来建。如果在胡同里建造高楼洋房,那无疑会破坏胡同的和谐,也无助于胡同的观瞻。谁想盖大楼,干脆到北京城外新建小区的楼群里去一比高低,不必跟平房较劲。胡同里的新建筑,最好还是保持四合院的格局与风格。但是,现代文明毕竟是人们所向往的。没有哪个正常的人会留恋拥挤、肮脏的贫民区,也没有哪个正常的人会盼望再盖一座低矮潮湿的小屋,白纸糊窗,煤球炉子煽火,住进去发思古之幽情。胡同里的新建筑应该吸收现代人所应享受的一切文明设施,同时又能发扬高楼所无法取代的四合院的优越性。现在北京城里拆迁后新建的"菊儿胡同"是一个较好的例子。整条的菊儿胡同建成了一条新的楼房街,但是一座座的二层小楼又围成了一个个的四合院。原来的住户搬回新居,既能享受现代北京人的物质文明,又不失掉老邻居间的和谐与温馨。胡同里更多的新建筑,是现代化的平房四合院。住在这样的四合院里,绝对不会向往高楼公寓;已经住进高楼公寓的人,看到这样的四合院,说不定还会投以羡慕的眼神儿。

　　这种新建工程,在戏曲来说可叫作"创作"。新的创作永远是不可少的,它是艺术生命力的根本体现。自古以来,人们作了那么多的温州杂剧,那么多的北曲杂剧,那么多的传奇,那么多的乱弹戏,那都是前人的创作,它们形成了中国戏曲的历史长河。这条长河流到了今天,流到了 20 世纪末年,如果还要继续地流往未来,只靠传统剧目的整理和改编是不行的。必须有源源不断的创作,才能永流而不竭。在议论传统戏曲怎样在新的历史时期与现代文化接轨的时候,创作似乎是更应该重视的话题。

　　谈到戏曲的创作,重要的问题是如何既能遵照戏曲艺术的规律,又要有新的艺术追求。在中国特殊的历史文化背景中孕育和形成的中国戏曲,早已形成了以歌舞演故事的根本传统。在此基础上,又展现了综合性、虚拟性、程序性等一系列特色。这些在中国观众看来早已是习以为常而不以为奇的特性,如今却正在被越来越多的外国艺术家所接受,引起他们的叹赏,引起他们的模仿。有趣的是近几年戏剧界的不少有才华的人士,倒是把许多注意力投入了"音乐剧"。"音乐剧"的确是一种不可忽视的文化现象。"音乐剧"流行于美国的百老汇,使美国人如醉如痴;"音乐剧"流进德国,使《魔笛》受到威胁;"音乐剧"也流进中国,赢得了一部分中国观众,尤其是一部分年轻人。据说,中国各地已经有一百多部音乐剧在上演,尽管没有太成功的。面对这种情景,我想中国戏曲创作更加应该充满信心。说到底,"音乐剧"在艺术精神上和中国戏曲是相通的,走的同样是以歌舞演故事的路,实践的是中国人的老祖宗在两千多年前就提出过的"言之不足,则长言之;长言之不足,则咏歌之;咏歌之不足,则不知手之舞之,足之蹈之"的艺术原理。中国戏曲在一千多年前的初生期早已玩过,并且早已玩得烂熟的玩意儿,今天出现在外国人的手里,便成了新鲜货。既然"音乐剧"能够走红,那么戏曲创作更应当信心百倍。中国的戏曲工作者完全可以用自己纯熟的手段,发扬自己的优势,创造出外国人无法替代的中国式的艺术精品来。

　　20 世纪以来,为戏曲艺术编演新戏,已不是新鲜事。编新戏以"开启民智",成了辛亥革命时期一些先进人物的行动口号。当时的汪笑侬、田际云、范紫东、孙仁玉、黄吉安等,创作了大批的新戏,有的流传至今,成了现代文化的新鲜血液。抗战时期,田汉、欧阳予倩、马健翎等,又以高度的爱国热情创作了大批新戏,不仅在当时鼓舞人心,有的至今仍有艺术生命。新中国成立后,尽管有极"左"思潮的干扰,戏曲的新戏创作仍然顽强前进,成果丰硕。改革开放以后,人们思想解放,眼界大开。新戏创作不仅有了前所未有的精神活力,而且综合了前所未有的更加丰富多彩的舞台艺术手段,各剧种都有精品出台。景况之灿烂,令人鼓舞。

　　以戏曲表现古代题材,比较得心应手。京剧《杨门女将》、越剧《红楼梦》名扬四海,至今魅力不减。《汉宫怨》、《正气歌》、《司马迁》、《唐太宗》、《新亭泪》、《秋风辞》、《袁崇焕》、《皇亲国戚》、《徐九经升官记》、《易胆大》、《巴山秀才》、《望夫云》、《五女拜寿》、《凤冠梦》、《画龙点睛》、《喜脉案》等,都是当代观众欢迎的佳作。京剧《曹操与杨修》的问世,更证明了戏曲艺术不仅能赢得老年人的欢心,而且能赢得现代文化支撑者和创造者中最为活跃的群体——当代大学生的欢迎与欣赏。

　　以戏曲表现现代题材,似乎比较困难。但是,只要认真地遵循戏曲艺术特有的规律,精心制作,依然能大放光彩。50 年代初期出台的沪剧《罗汉钱》、评剧《小女婿》、《刘巧儿》、吕剧《李二嫂改嫁》、眉户《梁秋燕》等,在广大观众中产生了震撼人心的效应。陕西农村出现过"看了《梁秋燕》,三天不吃饭;不看《梁秋燕》,白在世上转"的顺口溜。50 年代和 60 年代编演的现代戏,如豫剧《朝阳沟》、沪剧《芦荡火种》、京剧《红灯记》、《智取威虎山》、《沙家浜》、湖南花鼓《打铜锣》、《补锅》等,虽然有的曾被定为"样板",但它们在当时取得的艺术成就始终令人难忘。改革开放以来推出的京剧《一包蜜》、川剧《四姑娘》、莱芜梆子《红柳绿柳》、湖南花鼓《八品官》、京剧《药王庙传奇》、汉剧《弹吉它的姑娘》等,不仅内容富于新意,而且在导演构思、表演程序、音乐创作、舞台设计诸方面都有创新,因而深受当代观众的喜爱。

　　戏曲既是传统的,又是现代的。不可避免的是现代人创作的新戏对传统总要有所突破。比如,戏曲新作大多已不再采取传统的"上下

场"的结构,而是不同程度地吸收了话剧式的分场方法。演员也不再从
"出将""入相"的"鬼门道"(上下场门)出出进进,而是服从导演的新的
舞台调度。舞台上的美术师和灯光师都在大显身手。作曲家甚至在京
剧中来上一段"西皮圆舞曲"。这些做法,已经被现代观众所接受。有
趣的像《粗粗汉和靓靓女》这类作品,正当京剧界的行家们怀疑它是否
姓"京"的时候,场内的青年观众却及时地报以热烈的掌声。现代的剧
作毕竟要融入现代文化中。现代的戏曲所能综合与吸收的艺术因素,
比古人可要多得多了! 只要是符合规律的创作,都有资格进入现代文
化的百花园。

　　传统是一条河,一条流动的河。不断地整理,不断地改编,不断地
创造,传统戏曲必定会在现代文化的天地中再造灿烂的一角,展示她独
有的魅力。传统是非常可贵的,是不应该忘记,也是无法忘记的。

　　住进新式的洋房高楼公寓的人,有时难免会想起昔日的老街。有
篇署名舒婷的散文《回老街走走》写道:

　　　　有支流行歌曲叫《常回家看看》,歌词蛮动人的,唱得一些
　　个做父母的鼻子一阵阵发酸。现代人都住在一格格的火柴盒
　　里,外观千篇一律,里头的装修与格局也大同小异。幸亏游子
　　们再健忘,可能走错楼栋,进错梯道,绝不会叫错爹妈。

　　　　咳,老街。

　　　　我们怀念的不是拥挤、闷热、三代同室的往日时光,而是
　　相濡以沫互通有无的凡间人情烟火。尤其当我们掏出一大串
　　钥匙,打开公共铁门、自家的防盗门、房门,走到被铁栅密密封
　　锁的阳台上,看看上下左右都是同样的铁笼子。你不知道隔
　　壁阳台那个腆着啤酒肚浇花的男人在哪里工作,旁边那位风
　　情万种的女子是不是他的妻子。当然他也不知道你,于是你
　　觉得很安全,不想打破这种默契。

　　　　气闷的时候,孤独的时候,被吊在半空的时候,不妨到老
　　街走走。

有个取名"中原"的爷儿们,说得更认真而深刻:

　　胡同存在于北京已经很久远了。那纵横交错的青灰色巷子，那一座座的大小宅门，那高过房顶绿云也似的槐树枣树，那可院子的花花草草，那月光下顽童的游戏，那墙根下秋虫的吟唱，那从朝到夜交织起来的各种叫卖声，那家家冒出的淡蓝色炊烟，那街里街坊亲亲热热的寒暄笑脸……都使它有一种独特的风韵。论名气北京的胡同是完全可以和北海、天坛、颐和园并驾齐驱的。

　　故此胡同也成了北京文化的一笔财富，有专门拍摄它的影集、研究它的论著行世，而几年前外国游客也开始了他们的"胡同游"。他们坐着三轮穿过大街小巷，又拿着照相机走进庭院人家，比较直观地接触到了中国老百姓的生活，这比单纯地游山玩水更多一些意思。

　　我是在胡同里长大的，我的许多记忆是和瓦屋小院深巷连在一起的。我熟悉胡同生活，这甚至影响到我的语言，使我日常说话都带有较浓的北京味儿。而同是在北京长大，却一直住在机关大院或学校宿舍的人，却没有这个味儿，他们说普通话，基本不带土语，也不太懂土语。胡同对北京人的塑造是起着潜移默化的作用的。

　　今天，胡同正在无可挽回地消失，代之而起的是摩天的大楼，笔直的大道，越来越多的人永远离开了胡同，搬进了三环以外四环以外乃至更远的地区。对于居民来说，舍平房而住楼房，舍不便而就方便未尝不是件好事，但从此关进仅仅属于自家的小天地，与邻舍鸡犬相闻却不相往来，往日的邻里和谐不消说是没有了，连胡同也渐渐淡忘到了脑后，身在北京其实已经尝不到什么北京味儿了。生在楼房里的孩子就更不用说，他们可能压根儿没见过胡同。在他们心目中，北京就是燕莎、赛特、麦当劳，就是立交桥、高速路，就是高楼万丈，广告林立，车水马龙，胡同只存在于老舍、张恨水的小说中，只存在于老影片中和爷爷奶奶唠唠叨叨的回忆里。这个北京一景、中国一景已如雾海中的小船，渐行渐远，模糊一片了。

　　对此我一则以喜,一则以忧。喜的是今日胡同已不适宜居住,越来越多的人乔迁进明亮干爽的楼房,过上了较为舒适的生活,毕竟是个进步;忧的是胡同里有着北京的魂,不到胡同可就枉做了北京人。因之我觉得串胡同是外国人的事,又不限于外国人,我们这些跟胡同绝了缘的北京人,也该去看看,再重温一下旧梦,领略一回那种恬静悠闲的况味,让不识胡同真面目的孩子长长见识。这可以让我们不至于丢了根,忘了本。(《我们也该回胡同瞧瞧》,见《北京日报》1999 年 6 月 4 日第 12 版)

　　这老兄说的是胡同,可我听着怎么像是说戏? 大人不会忘记戏曲,像这位中原兄一样。堪忧的是孩子们,他们如果只知道流行歌曲、日本卡通、美国电影,或者知道一点儿西洋歌剧、交响音乐,对中国戏曲却一无所知,是不是也会有丢了根、忘了本的遗憾?

　　要孩子们串胡同,不能强迫,必须让他们看到胡同的妙处。领孩子们去看的不应该是杂乱、肮脏的陋巷。要年轻人看戏,也不可强迫,必须让他们体味到戏曲的魅力。推上舞台的必须是艺术的精品,而不是粗制滥造的货色。凡是美好的事物总会有人欣赏的,关键是必须提供美妙的可供欣赏的艺术品。

　　老城区的小胡同是可以"扮靓"的。走进北京牛街的"烂漫胡同",家家户户院门、台阶修葺一新,沿墙而立的一溜儿红砖墙体、墨绿木门、石棉瓦顶的小煤棚,这是穆斯林聚居区,很可以一观。"大栅栏"是元朝形成的老街区,如今经过一番打扮,古朴中又添几分新意。各家铺面千姿百态,乘兴一游,感觉颇佳。传统戏曲发展到今天,同样可以焕发新的光彩。在新的世纪,当人们把各种各样认为是新鲜的玩意儿(不管是国产货或是舶来品)都玩过,或者是玩腻了的时候,他们说不定会回过头来瞅瞅,认真地想一想,原来传统的玩意儿还有这么多可爱之处! 那时戏曲艺术的新的春天就到来了。

(载《戏曲之家》2000 年第 4 期)

漫谈绘事答友人

吴奇峰*

按：由于工作关系，我经常与画界同仁、各方友人接触交流，有不少涉及艺术上的话题，现略作整理，并以问答形式成文，以求教于读者。

问：您到新疆30多年了，听说在毕业分配时，您填写的志愿是新疆，请问当时是怎样产生这个想法的？

答：我1961年自浙江美术学院中国画系毕业。当时的想法比较单纯：祖国的需要就是我的志愿。新疆需要人才，可以更大发挥自己的作用，此其一；另外，我喜爱黄胄先生、碧野先生描绘新疆风光的画和散文，爱他们笔下的新疆兄弟民族和多姿多彩的民情风俗，爱屋及乌吧！我自然对这片神奇的土地产生向往之情。

问：多年来您创作了大量作品，有10多件入选全国美展，不少被美术馆、博物馆收藏，可谓成果颇丰。请谈谈你的创作体会。

答：谢谢。我的创作成果还难以说丰厚，入选、被收藏的作品也绝不是十全十美。但有一点，我自信，对于生活，对于艺术，我是真诚的。美术创作是画家情感的载体，即我们常说的"画为心迹"，有动于衷才形之于画嘛。

30多年来，我几乎走遍了新疆农村、城镇，草原荒漠都留下了足迹。瑰丽神奇的山川时刻拨动我眷恋的情丝，而勤劳淳朴的人民更激发我创作的冲动。我以画笔塑造了众多的工人、农民、干部、教师的艺术形象。正是这些平凡的人们在成就着我们伟大的事业，他们是真正

* 吴奇峰简介：杭州高级中学校友，新疆美术家协会原主席，中国实力派动物、人物画画家，作品被中外多家美术馆收藏。

的英雄,我对他们充满真诚的敬意。

问:请结合您的创作,谈一下生活与艺术的关系?

答:我的创作,大多源于现实生活的启示。生活是文艺创作的源泉,离开了生活,文艺创作就会是无源之水,无本之木。好的文艺作品应该是"入世"的。所谓"入世",就是指作品应该直面人生;而"超凡"是指作者对生活独特、深刻的理解和不同凡响的表现手法。这就需要作者丰富的生活阅历和高超的艺术技巧,两者都离不开作者对生活的亲身感受。此外,我以为画家深入生活,除了对人物、环境、道具等作细微的观察和记录外,更重要的还是应置身于群众之中,当作者与群众的情感产生共鸣时,就会产生创作冲动。否则"冷眼旁观看世界"或满足于走马观花,充其量只能是一个艺术上的猎奇者。

问:您积累了数十年的创作经验,艺术上日臻成熟并形成了自己的风格,请简略谈谈这个问题。

答:画了几十年是事实,说"成熟"不敢当。实际上我经常感到力不从心。艺无止境,如果我感到自己已经成熟,无可挑剔,也许我的艺术生命就结束了,古人云:画到生时是熟时。我还远未达到这个境界。

我的创作追求一种清新典雅、朴素天然的艺术趣味并崇尚写实手法。套用诗论中"豪放"与"婉约"之说,我的作品也许可以归于后者。

问:您是新疆美协主席,您的艺术追求与审美情趣会不会影响到对别人作品的评价?

答:我的兴趣是多方面的。不论是什么画种,手法上无论是具象、意象、抽象,只要是好的我都喜欢。梁楷的简笔人物令我拍案叫绝,任伯年的线描人物画也使我佩服得五体投地。我以为,艺术上的千人一面是令人厌恶的。我们需要画坛百花齐放、万紫千红的景象,这样才称得上美术的繁荣。

问:随着市场经济的发展,绘画已进入市场,不少人担心这会导致美术作品的"商品化",对此,您有何见解?

答:美术作品进入市场,是社会的一大进步。画家是从事精神产品生产的,但也需要具备一定的物质基础。美术作品进入市场,作者取得报酬,有利于扩大艺术再生产,有利于促进艺术的发展,有利于满足人民群众对精神产品的需求,可谓一举多得。因此,我以为不能把美术作品进入市场简单斥之为美术"商品化"。

真正的艺术家总是把作品的社会效益放在首位,他们在从事艺术创作时,总是力求精益求精,追求作品的完美。当他们的艺术成果得到社会的承认,受到人们的喜爱,就会得到最大的满足。这也许就是下海从商浪潮席卷全国时,新疆美术人仍甘于在他那块艺术天地默默耕耘的原因所在。

问:时下向画家"索要"之风甚盛,各种"笔会"也颇为流行,我听说您对此多有微词,是吗?

答:画家的作品受到别人喜爱总是好事,因此,只要条件许可,我都会满足朋友的要求。但是过多的"应酬画",往往会分散画家创作的精力,因为画家需要一个心无旁骛的创作环境。

我也并非一般地反对"笔会"或当众作画。作为艺术交流,这倒是一种好形式,我本人就从这种直观的形式中获益匪浅。只是我自己习惯于在安静的环境中作画,对于众目睽睽之下挥毫不太适应。绘画终究不是"表演艺术"。作者的水平,作品的好坏并不取决于动作的潇洒、作画的速度或其他什么,过多的绘画"表演",给画家付高额的报酬,举办高规格的宴请并非一定是对画家的尊重,而画家满足于自己十分熟练的几刷子,恐怕也谈不上是严肃的创作态度。

好了,我的话题似乎已离开美术创作本身了,就此打住。

人文教育与大学使命

丁东澜[*]

步入 21 世纪以来,大学生的人文素养伴随着各自不同的成长过程、现实条件和教育环境,呈现出多样、多维、多层的状况。在一些学生身上,反映出矛盾的价值取向。一方面他们崇尚远大的志向、宽广的胸怀、善良的心地、丰富的情感、开朗的性格、坚强的意志、渊博的知识、健康的体魄、广泛的兴趣、大方的仪态等;另一方面,他们又表现出理想信仰迷茫、社会责任感缺乏、进取精神不强和文化底蕴不足等问题。媒体曾曝光的与大学生人文素养有关的几个"案件"和"事件",虽属极端,但着实让社会忧虑:我们的青年学生怎么了?

大学生作为掌握现代科学文化知识,代表"民族希望"、"祖国未来"的青年群体,人文思想素质的缺失,意味着社会发展和民族命运的某种危机。着眼国家未来,直面大学校园,深入思考人文素养的内涵及其与"做人"的关系,研究人文素养的培养过程和教育要素,分析大学在人文教育上的特殊使命,探讨大学人文教育的实施途径,对于高教战线来说,既责无旁贷,又刻不容缓。

一

"人文"一词较早见于《周易·贲》:"刚柔交错,天文也;文明以止,人文也。观乎天文以察时变,观乎人文以化成天下。"这里的"人文"是教化的意思。根据周易的观念,"刚柔交错"质文相当,这是自然之理,故谓之"天文";而"文明以止",即文明有节制,有限度,恰如其分,从容

---

* 丁东澜简介:杭州师范大学原副校长、教授,高校人文教育研究专家。

中道,这靠人来把握,故谓之"人文"。今天我们理解的"人文",内涵更为丰富,可以泛指理想之"人性"的思想观念。作为"人文"核心的"人文精神",则是一种基于对人之为人的哲学意义上的态度和理念。有的学者认为它"是整个人类文化所体现的最根本的精神,或者说是整个人类文化生活的内在灵魂。它以追求真、善、美等崇高的价值理想为核心,以人的自由和全面发展为终极目的"。至于"人文素养",则是指理想之人性的具体修养,体现在个体身上,可分为不同的层次。高层次的人文素养主要表现为关爱生命和自然,追求真理,伸张正义,使命感强,具有人格魅力;有丰富的人文学科知识,对艺术有较高的悟性,能优雅、生动地运用母语和熟练地应用一门外语,思维敏捷,思想深刻,善于创新,言行得体且优雅。这应该是大学生努力的方向。

人文素养对于一个人成其为人和发展为人才至关重要。人不仅是自然存在物,而且是社会存在物。人的属性中包含着人的自然属性和人的社会属性,但人的本质不在于人的自然属性,而在于人的社会属性。如果生理机制是一个生命体成其为人的物质条件,那么人文素养则是决定这个生命体是人还是非人,或是人才还是非人才的最主要的内在因素之一。孟子说过:"人皆有不忍人之心。无恻隐之心,非人也;无羞恶之心,非人也;无辞让之心,非人也;无是非之心,非人也。"他还说:"恻隐之心,仁之端也;羞恶之心,义之端也;辞让之心,礼之端也;是非之心,智之端也。人之有四端也,犹其有四体也。苟能充之,足以保四海;苟不充之,不足以事父母。"孟子所说的"四端",充之以时代内涵,不就是我们所说的人文素养的核心内容吗?

二

人文素养是后天的。人以先天的遗传因素为物质前提,在后天的环境、教育因素影响下,身心获得发展。在影响人的发展的诸多因素中,教育是主导性的。教育活动的基本矛盾是作为"个体"的人的个性发展与社会发展的要求之间的矛盾。教育的本质是通过传承和创新文化使个体社会化的活动,并促进社会的发展和个体的全面发展。

教育传承和创新文化,主要通过传递和更新知识来实现。这个过程对教育对象人文素养的形成和提高意义重大,一个人的人文素养总是和学习、掌握、积累知识相联系。英国哲学家培根说过:"求知可以改进人的天性","读史使人明智,读诗使人聪慧,演算使人精密,哲理使人深刻,伦理使人有修养,逻辑修辞使人善辩。总之,'知识能塑造人的性格'"。其实,培根的话是 2000 多年前孔子有关告诫的遥远回响。孔子说:"好仁而不好学,其弊也愚;好知而不好学,其弊也荡;好信而不好学,其弊也贼;好直而不好学,其弊也绞;好勇而不好学,其弊也乱;好刚而不好学,其弊也狂。"就是说,一个人的"人性",只有和知识相结合,才能达到完善的地步。

系统的知识可分为人文科学、社会科学和自然科学。以人的精神世界为主要研究对象的人文科学,引导人们发展人性,完善人格,升华人生,其对提高人文素养的作用是不言而喻的。但有必要指出的是在人文学科教学中人文内涵的丢失问题,即把人文类课程作为纯粹的"知识"来教学,忘却了它们是一种评价性、体验性的学问,忽视了其中所包含的人文思想,其结果削弱了人文学科的教化作用。

社会科学的任务是研究各种社会现象及其发展规律。从人文教育的角度来讲,学习社会科学重要的是要认识和遵循各种社会现象的发展变化规律,理解人是一定历史条件和一定社会关系下的实践主体,领悟发展人性,实践人生,既要讲人的能动性,顺应社会的发展趋势,站在时代的前列;又要讲人的受动性,自觉协调人与自然、人与社会、人与人的关系。

以物质世界为主要研究对象的自然科学,其任务是研究自然界的物质形态、结构性质和运动规律。任何自然科学的发现和进步,都伴随着科学精神的发扬。所谓科学精神,就是人类从事科学活动所体现的精神,或者说人类创造科学文化所体现的精神,其内涵主要表现在"对真理和知识的追求并为之奋斗"上,其中包括自由探索的精神、勇于批判的精神、大胆创新的精神、严谨求实的精神、锐意进取的精神、为真理献身的精神等等。从这个意义上说,科学活动在创造物质文明的同时也在创造着精神文明,在追求知识和真理的时候也在追求着人类自身的进步和发展。因此,科学活动也具有人文性,科学世界本身也是一个丰富的人文世界。进行科学教育,不能忽视对科学精神的赞颂和弘扬。

三

　　大学是最高层次的教育机构,大学在人文教育中负有特殊的使命。自古以来,我国就有自己明确的教育理念,《大学》开宗明义第一句就是"大学之道,在明明德,在亲民,在止于至善"。强调学习首先要学如何做人,以达到崇高的境界。蔡元培先生曾说:"教育是帮助被教育的人给他能发展自己的能力,完成他的人格,于人类文化上能尽一分子的责任,不是把被教育的人造成一种特别器具。"就是说,教育要注重被教育者能力的发展和人格的健全。今天,"大学为何存在"、"大学如何存在"的讨论,再一次提醒我们,大学存在的"根"是为了培养人才,为了人的全面自由的发展。"大学不仅是研究学问、追求真理的地方,同样也是大学知识人展开其'创造性的文化生活'的地方,是他们'文化'地生活的地方。"大学是人类传承历史与孕育理想的殿堂,是人文精神的创造源和传播源。

　　大学要坚守自己的定位,但不能遗世独立。它是"时代之表征",它应该倾听社会的呼声,反映时代的精神。当今发展之中国,"坚持以人为本,树立全面、协调、可持续的发展观"已确立为建设小康社会的重要战略思想,这一科学发展观包含着多少人文思想和精神;构建"民主法制、公平正义、诚信友爱、充满活力、安定有序、人与自然和谐相处"的社会主义和谐社会的蓝图已经绘就,而人文思想和精神无疑是实现这个整体社会价值目标最基本的文化价值资源;中共中央、国务院新近发出《关于进一步加强和改进大学生思想政治教育的意见》,由人文精神支撑的理想信念教育是思想政治教育的核心。大学坚持人文教育,弘扬人文精神,意义现实而深远。

　　当今世界,文化与经济和政治相互交融、相互渗透。文化的力量,深深熔铸在民族的生命力、创造力和凝聚力之中,成为综合国力和国际竞争力的重要组成部分。与世界经济全球化和政治多极化的趋势密切相关,文化的发展呈现出一体多元、和而不同、相异相生的格局,这种格局对大学的文化使命提出了新的要求。大学有责任通过人文教育,弘扬人文精神,把发展民族文化和繁荣世界文化联系起来,为发展民族文化和繁荣世界文化作出应有的贡献。

近代以来,大学教育始终伴随着"人文"与"科学"之争。19世纪,自然科学和社会科学取得了突破性进展,由此带来科学教育在大学教育中的兴起和发展。科学是把双刃剑,它在极大地推动经济社会发展的同时,也给人性和社会以不留情的打击。人性往哪里走?谁来拯救社会?如果说科学扫除了愚昧,那么,没有人性的科学是什么?在严酷的现实面前,科学主义与人文主义从相互排斥走向相互融合,于是,科学人文主义便应运而生了。它以科学主义为基础和手段,以人文主义为方向。有专家预测,科学人文主义将成为21世纪重要的教育思潮。一方面,未来教育必须以科学教育为基础;另一方面,未来教育又必须以人文教育为社会价值取向。杨叔之教授指出:人文文化,确立为人之本;科学文化,奠定立世之基;科学人文,同源共生相通,互补互异互融。李政道教授则把科学与人文比作是一个硬币的两面,而这个硬币就是"文化"。在这场端倪渐显的文化思潮和教育改革中,大学自有其义不容辞的历史使命。

(载《光明日报》2006年6月1日)

踏雪寻梅

——《梅兰芳戏曲表演形态论》写作始末

池 浚[*]

梅香一缕飘入梦

1999 年 10 月,梅葆玖老师的一封回信,改变了我的人生轨迹。那年我 20 岁,还是浙江大学人文学院中文系本科一年级的学生。梅老师是我人生中第一位称我为"先生"的人,也是从来不会把我的名字写错的人。从此我与戏曲结缘,与梅派结缘,对梅兰芳先生更多了一份特殊的情感。2000 年 11 月 28 日晚,我在上海第一次跟梅葆玖老师和吴迎老师见面,促膝长谈至凌晨,心中便埋下了"要做齐如山"、研究梅派艺术的种子,正如吴迎老师所言:"不虚此行。"那天梅葆玖老师对我说:"我父亲的中和之美跟孔老夫子的中庸之道是一脉相承的。"①想不到事隔十三年之后,梅老师的这句话成为我如今写作这篇博士学位论文的缘起。

梅兰芳跟孔夫子到底是什么关系? 其实不是梅兰芳跟孔夫子的关系,是梅兰芳作为一个中国艺术家,传承了中华民族的文化,体现在他的表演艺术里。梅葆玖老师经常对我说:"要从文化层面来研究我父亲的艺术。"②梅兰芳是一座灯塔,看到灯塔就知道航向;梅兰芳是一扇门,打开门就看到一片天。研究梅兰芳不是为了揣测梅兰芳个人,而是

---

* 池浚简介:浙江大学中文系毕业,中央戏剧学院博士,梅派艺术研究专家,中国戏曲学院讲师。

① 梅葆玖口述,池浚记录。

② 梅葆玖口述,池浚记录。

为了透过梅兰芳看那一代的艺术家对于中国传统文化的体现,通过对技术的解密来寻求文化之根,把梅兰芳的精神传承下来,适用在新的时代和新的社会环境。

2002年夏天,我问梅葆玖老师:"我实在是喜欢戏曲,也愿意从事这方面的研究,您看我将来专业从事戏曲理论研究好不好?"梅老师稍作思考,温和而正色地说:"你一定要想好。你看你现在学的是中文,面比较宽,搞戏曲终归面比较窄。如果你想好了,你就投身其中。"说到"投身其中",他用手在空中画了个圈,向下一指,"如果你干了这行,以后觉得不合适,再退出来,那对你的人生是个浪费。"我深感梅老师的坦诚相见和贴心教诲,经过慎重抉择,后来果真"投身其中"。一路走来十余年,经历了读研、留校任教、读博,越往戏曲百花深处,越感曲径通幽,难以退身,也不愿退身了。同时,我心中守护着的那一株红梅,也在一天天发芽抽枝,含苞待放。在我读博之初,梅老师对我说:"多跟老师学,跟更多的老师学。"在博士临近毕业的时候,我试着培育一枝,企盼着疏影横斜,暗香浮动,作为当年梅缘的新起点。

说不尽的梅兰芳

1931年梅兰芳、余叔岩偕同齐如山等发起成立北平国剧学会,首次提出把京剧艺术当作学术来研究和整理的课题。"愈信国剧本体,固有美善之质;而谨严整理之责任,愈在我剧界同人。所冀以转移风俗,探求艺术之工具,收发扬文化,补助教育之事功。"[1]我们将梅兰芳表演艺术作为一门学问,研究梅兰芳表演形态,也是对这种责任的接力,为的是不把戏曲艺术陷落在"玩意儿"里,而要"把中国戏曲在世界艺术场中占一个优胜的位置"[2]。在戏曲学基础上,戏剧家黄宗江提出了"梅学"的概念。"我在黑板上写下了英语Meiology,汉译为'梅学'。课

---

[1]　梅兰芳、余叔岩:《国剧学会缘起》,原载《戏剧月刊》1932年第1期,翁思再主编:《京剧丛谈百年录》(增订本),中华书局2011年版,第399页。

[2]　梅绍武:《"把中国戏曲在世界艺术场中占一个优胜的位置"——记父亲创办国剧学会》,《我的父亲梅兰芳·续集》,百花文艺出版社2004年版,第72页。

后,我的洋学生说,教授此字,英语词典中尚无,但将来要有的。"①戏剧研究家、"莎学"专家任明耀先生也是"梅学"的倡导者:"建立梅学,从事梅兰芳全方位的研究,已经刻不容缓了。我们期待在未来的岁月里,有更多的梅派剧目演出,更多举办梅兰芳表演体系的学术研讨会,并加强研究梅兰芳著作的出版。德国诗人歌德对莎士比亚研究有一句名言:'说不尽的莎士比亚!'当我们开展梅学研究的时候,难道不是也有'说不尽的梅兰芳'的感觉吗?"②我过去曾对梅葆玖老师说:"'梅学'是实学,不是不可捉摸的玄学。"梅老师点头称是:"对,咱不能给它说'玄'了,'玄'了就没法儿办了。"③我们要研究其中的规律,要强调可知性、可操作性,努力探索一条破解梅兰芳密码、窥探梅兰芳艺术精髓的途径。

　　"我们面临着时代的挑战,如何使前辈们创造的宝贵的艺术财富在新的时代发扬光大,如何像梅兰芳那样继往开来,接过旧的、完善当时的、发展将来的,已成为迫在眉睫的事了。"④"我们不只是运用一些京剧的锣鼓节奏和某些身段手势,而应该从深刻体会传统戏曲剧本的创作方法、描写技巧入手,我们要使中国话剧也接受梅兰芳学派,如许多国际戏剧家所期待的,在传统戏曲与欧洲式的话剧之间建立一座金桥。这将保证中国戏剧找到自己真正的道路,而取得无比辉煌的发展。"⑤我们应从梅兰芳和他所从事的戏曲艺术中寻找一种思维方法、一种创作理念、一种精神支柱,探索中国学派的演剧道路,让中国戏剧从戏曲的精髓中更透出中国味儿。

　　从 20 世纪 20 年代起,无数学者投身对梅兰芳的研究中,产生了众多相关成果。内容涉及梅兰芳个人及其家族的经历,梅兰芳剧目的剧情结构、思想内容、艺术价值、人物形象、版本比较,梅兰芳表演的身段

　　①　梅绍武:《"梅学"在国外》,《我的父亲梅兰芳:续集》,百花文艺出版社 2004 年版,第192 页。

　　②　任明耀:《京剧奇葩四大名旦》,东南大学出版社 1994 年版,第 54 页。

　　③　梅葆玖口述,池凌记录。

　　④　吴迎:《从梅兰芳到梅葆玖》,中国青年出版社 2011 年版,第 209 页。

　　⑤　田汉:《纪念梅兰芳逝世一周年》,《漫说梅兰芳》,大象出版社 2009 年版,第 79 页。

谱、曲谱、经验总结、评论,梅兰芳的视频、音频、图片、文物、文献资料。但对于其舞台表演艺术最核心部分的研究却多少显得有些不足。在前人的基础上做进一步研究的时候,可以逐步从共性走向个性,从外围走向本体,戏剧学是一门实学,是立足于实践的科学。舞台是梅兰芳最展现光彩的地方,表演艺术是梅兰芳最光辉、最迷人的魅力,把握梅派之魂的关键所在是重视梅兰芳舞台艺术,对梅兰芳表演本体进行研究,多说"场上人语",寻求梅派真谛。

要研究梅兰芳,首先要进入梅兰芳的世界。表演研究的本质是研究如何把一个生活人变成一个艺术人,如何把一个作为毛坯的梅兰芳塑造成一个艺术品的梅兰芳。与梅兰芳进入同一个艺术法则,才能谈梅兰芳表演艺术的问题。"他在艺术创作中,善于辨别精、粗、美、丑,自始至终贯穿着一种独特风格,一种追求美、雅致和崇高的意向。"①梅兰芳一方面非常注重对规范的严格遵守,强调技术的重要性,强调巧夺天工的艺术加工,一方面又极其重视自由,把"学死了"和"用活了"做成了同一件事。"他们看了我的戏以后,对中国戏曲的表演方法,有过这样的评价:中国戏曲的表演法则是'有规则的自由动作'。"②这种规则就是东方艺术把生活的真实变成艺术真实的规则,梅兰芳给观众最强烈的印象不只是他的唱腔、身段,也不只是他演的杨贵妃、虞姬、赵艳容等几个人物,而是"梅派"整体的艺术风格,这是笼罩在他所扮演的所有人物之上的,是梅兰芳表演艺术中最为引人入胜、动人心弦之所在。世上的形象到他身上都能变成梅派之美,让观众生活在他所创造的另外一个世界里。他用海纳百川的再创造能力,把自己所想到、看到的古代、现代的女性,以自己的标准淘洗、过滤、重塑一遍。梅兰芳把自己的眼中所看到的大千世界变成了一个"梅派"的世界,"梅派"的世界中所有的东西看起来都跟真实世界不太一样,但在精神层面上却是完全相同的。

---

① 梅绍武:《总序》,《梅兰芳全集》第一卷,河北教育出版社 2000 年版,第 3 页。

② 梅兰芳:《为着人民,为着祖国美好的未来,贡献出我们的一切——在舞台生活五十周年纪念会上的讲话》,《梅兰芳戏剧散论》,《梅兰芳全集》第三卷,河北教育出版社 2000 年版,第 7 页。

"梅兰芳的艺术,可以在探讨他艺术之根的前提下,学其何以如此之神,而不必叹止其如此之绝。"①我们研究梅兰芳不是为了赞叹他、颂扬他表演艺术的成就,不是为了评价他、吟咏他的结果,而是为了探寻他的过程,研究他可能是在什么观念指导下,以什么方式做到这个结果的,这么做能给我们以什么样的启示。至于做得对不对,好不好,这个结果是否值得吟咏,不是我们研究的范畴,留与后人评说。继承梅兰芳的艺术不能只满足于模拟外在的"体",更要体味其艺术个性的"魂"。我们继承梅兰芳的艺术,就是继承支撑他、引导他进行这种表演的思维方式,而不是停留在研究梅兰芳到底有多美的问题上。

踏雪访踪溯源流

我们沿梅香、探梅迹、访梅踪,踏雪而来,寻梅而去。梅兰芳已经过世,我们看到的是一个结果,但是对他来说是一个过程。我们只能根据一些文献,根据他已做成的成品往回追溯,从结果反推过程。我们从梅兰芳表演艺术的形态入手,进入他的理念,研究的是作为艺术家的梅兰芳所思、所为。他心里一定有一把判断精粗美恶的尺子,我们要找到这把尺子,用它来正确对待艺术的问题,使自己的艺术向一个健康的方向发展。这种追溯和归纳有的可能是他本人或创作集团的提法,也有可能是我们的一种分析,但完全复原成他原来的样子几乎是不可能的。"我们是今天的现代人,我们在总结、梳理梅兰芳戏剧体系时,要搞明白前人留下的宝贵遗产,要搞清楚它们的灵魂是什么和有什么用途。我们需要进行艰苦的梳理工作。"②我们今天在谈梅兰芳表演形态的时候,有些话题梅兰芳并不一定想过,但没想过并不代表我们说的是自己臆想的。他可能没有刻意梳理过,但前代艺人一直都在那么做,他就会按这种方式做到了,应该是存在某种原理的。事物发展有其规律,有时不必特意去想,但已经潜在地遵循了这个规律,所谓天道有常。

---

① 翁偶虹:《梅兰芳的意象美学意识》,中国戏剧出版社编:《说梅兰芳》,中国戏剧出版社 2011 年版,第 98 页。
② 徐城北:《梅兰芳与二十一世纪》,中国社会科学出版社 2000 年版,第 183 页。

对梅兰芳表演形态的研究是一种对实践、对创作的研究,创作是艺术效果为上,"万物为我所用"的。因此,我们追溯梅兰芳创作思想根源的时候,有些根源很深,基于中国文化或人类的本能,有些根源又很浅,可能只是舞台技术或跟观众的交流,当这些混在一起的时候,有时候很难做区分,我们也尽量试着把这几种或远或近的不同情况列在一起,深的就按深的说,是浅的就按浅的说。争取避免流于技术层面就事论事的描述,避免脱离技术分析以空对空的概念之争,避免对技术进行穿凿附会的升华与归纳。

梅兰芳首先是一个戏曲演员,一个剧种的演员,一个行当的演员,然后才是流派和他自己。不能说梅兰芳的表演跟其他任何旦角都不一样,跟其他任何京剧演员都不一样,这是很难区分的。他的表演形态中有的是独创的,有的则是共性的。我们尽量多谈他独创的、有别于他人的个性东西,但又不可避免地谈到共性,但有时也难免把共性跟个性要放一起说。有些虽是共性,但由于梅兰芳特别强调,或是因他强调而成为共识,也值得一谈。

我们以梅兰芳表演所产生的文化现象为范畴,着重对梅兰芳的演剧、戏文、歌声、舞容、舞美等形态进行分析论述,并试提出梅兰芳在这些形态中可能存在的局限。我们力求抓基础与提炼的两头,走一条以舞台技术为起点、以理论研究为终点的道路,关注梅兰芳戏曲表演形态特征,努力为表演艺术核心的技术设计和处理找到理论层面的思维根源,希冀对当今的戏曲研究,尤其是戏曲表演理论研究有所裨益,不揣鄙陋地努力为当代戏曲表演理论体系的建构添砖加瓦。

吴晓铃先生曾说:"我们是多么企盼着能够出现一部《梅兰芳传》,一部《梅兰芳论》,一部《梅兰芳表演艺术体系》,一部或多部这类的专著呀! 哪怕是一部或多部《梅兰芳文献长编》、《梅兰芳年表》和《梅兰芳年谱》以及《梅兰芳身段谱》、《梅兰芳扮相谱》、《梅兰芳指法》、《梅兰芳歌曲谱》和《梅兰芳演出剧本全集》之类的导乎先路的资料性编纂工作呢,都是迫切需要的,而且这与为个人树碑立传毫无关系,这是关系我们民族文化的大事因缘，包括精神文明和物质文明。"①我们恐怕短期内没办法完成梅兰芳表演艺术体系，但是做这篇论文是为了从戏曲表演形态的角度进行论述，为表演艺术体系添砖加瓦，做一种初步的探索。我愿意在这件大事中做一点基础性的工作，无论能否做到这个程度，都向这个目标勉力为之。

归根到底是文化

"梅兰芳身处 20 世纪，但总想把自己的脚步回到古典去，再从那里出发走到现实，以历史为起点，以自我为结点，用整个艺术生涯在中间徘徊游走。梅兰芳依据自己的艺术追求和自己本身的技术风格，竭尽全力地从传统文化、古典艺术中吸收营养，从历史中尽量地挖掘更多的宝藏，最大限度地吸收传统的东西为我所用，巧妙地化在自己身上，尽量地长在自己的身上，用自己的身体通过戏剧形式表现出来，创造出一套不同于他人的艺术品，给现代的观众看。他学古而不泥古，遵循着古代又不被古代所囿，在传承的时候烙上自己的烙印，充分发挥自己的优点作出自己独有的贡献。他一面转过身去回望历史，一面回过脸来面对现实，把古代的东西通过自己的身体传达给时代和市场的人，梅兰芳的价值就在于此。"②我们跨越百年，研究梅兰芳的表演艺术，与梅兰芳隔空对话，可能会从他所经历的事件，所获得的经验和教训中受到启发。我们接过梅兰芳手中的接力棒，传承的是艺术的精神、梅兰芳精神，希望把这种精神穿越时空，留在当代，传诸后世，为未来创造出美的艺术，我们今天研究梅兰芳的意义就在于此。

梅兰芳不自觉地把自己放在一个文化传承者的位置上。他一开始也是可能是朦胧的，像一个普通的艺人那样学戏演戏，一招鲜吃遍天，靠很好的技术去吸引人，挣钱养家，但是后来他的理想似乎已经不止于此了。"从青年时代起就认真钻研古典文学、国画、民族音乐、民族舞蹈、民俗学、音韵学和服饰学等多方面的祖国传统文化，并把这些知识

---

① 吴晓铃：《序》，梅绍武：《我的父亲梅兰芳》，百花文艺出版社 1984 年版。

② 麻国钧口述，池浚记录。

融合到他的艺术中去。"①这种思想很可能是从他身边的人来的,在跟文化人的交流中,他将这些文化的养料融入自己身上,并逐渐明确自己身上所承担着的文化责任。"到日本演出很成功,他就觉得京剧应该走向国际,京剧不是完全国内的艺术,应该是世界的艺术,因为它代表中国文化,而不是说我今天唱一段戏,过一段瘾,他认为是一种中国文化、历史文化。"②他走出国门后,强调中国文化的理念从自发变成了自觉,越来越有在中国文化中寻根的意识。

梅葆玖老师说:"归根结底,还是文化。"③梅兰芳表演艺术也是中国传统文化和中国美学精神的体现,"梅学"也是国学的有机组成部分。"梅兰芳艺术的古典美,俞振飞艺术的书卷气,都和他们的文化涵养密切联系着。"④"他对于戏曲传统广泛的继承,不光是接受了丰富的技术和技巧,必然地,他把传统的美学观点也继承过来了。"⑤梅兰芳的艺术并不是一门孤立的艺术,他把民族的美学观点凝练成自己的美学观点。"梅兰芳是前卫的,时尚的。他的前卫不是昙花一现的,他是非常深刻的,是下了大工夫的,这个深刻是建立在他的文化上。只有文化支撑,才有可能。"⑥他是一个对于前代的纵向继承和对于同代的横向借鉴的集大成者,从他的精粗美恶标准中可以看到民族艺术的审美标准。

梅兰芳的艺术不完全是他个人以一己之力完成的艺术,"梅兰芳表演艺术对世界戏剧所产生的影响是作为中国国粹的京剧本体的特征而决定的。"⑦梅兰芳可能是冰山一角,我们将梅兰芳作为个案来分析。"梅兰芳是京剧演员,是演旦角的,我们把他的艺术和中国传统的人文

① 梅绍武:《总序》,《梅兰芳全集》第一卷,河北教育出版社 2000 年版,第 2 页。
② 梅葆玖口述,池浚记录。
③ 吴迎:《从梅兰芳到梅葆玖》,中国青年出版社 2011 年版,第 130 页。
④ 任明耀:《梅兰芳九思——纪念梅兰芳 100 岁诞辰》,《梅兰芳九思》,中国戏剧出版社 2004 年版,第 34 页。
⑤ 张庚:《一代宗匠——重读梅兰芳同志遗著的感想》,中国戏剧出版社编:《说梅兰芳》,中国戏剧出版社 2011 年版,第 34 页。
⑥ 吴迎:《从梅兰芳到梅葆玖》,中国青年出版社 2011 年版,第 88 页。
⑦ 梅葆玖:《前言》,吴迎:《从梅兰芳到梅葆玖》,中国青年出版社 2011 年版,第 24 页。

精神联系起来,说在他的艺术中体现了这种不同于西方的文化精神。"①梅兰芳虽只是京剧旦角,但他的表演体现了中国戏曲表演体系中的某些要素和规律,研究他的艺术精神、表演原理于戏曲表演会有一定的启示作用。"从他的表演艺术中,可以去探索出中国戏曲表演具有永恒魅力的奥秘。"②梅兰芳的成就不是他个人的成就,"他的艺术成就,完全扎根于中国文化的土壤中。"③我们不只是研究土壤中开出的花,更是研究开出花朵的土壤,要把梅兰芳放在一个时代,放在一个环境中去看待,努力从微观拓展到宏观,从技术层面提升到文化层面,从他的表演艺术中探索中国戏曲表演魅力的奥秘,研究他所传承的中华民族的时代品格、美学观点和文化精神。

写梅兰芳是我的一个梦,到今天远远不能说是圆了梦,只能说是梦的开始。每一个人都应该以自己的方式,用自己的力量为推进人类文明的进程作出或轻或重、或多或少、或远或近的贡献。不管梅兰芳的贡献是大是小,我们去弄清他努力地作了什么样的贡献,他用了多少力去推,我们就研究到什么程度。梅兰芳是推动历史的前进、为整个人类文明添砖加瓦的一员,我们也沿着他的脚步继续做我们该做的工作。

志虑忠纯怀感恩

从论文的构思到写作,首先要衷心感谢我敬爱的导师麻国钧教授。麻老师将中戏严谨的学风带给了我,让我重又找回了做学生刻苦攻读的充实感和幸福感。麻老师的雄健豪迈充满了人格魅力,刚入学时他就对我说:"我认为人品第一,人品不好,学问也上不去。"他多次表达他的导师理念:"导师不能限制学生的个性,让学生做自己的复制品,要引导学生按最适合自己的道路发展,发挥学生最大的长处,将来在学术上才能有更多的建树。"人言麻老师在生活上随和开阔,在学术上却眼里

① 叶秀山:《论艺术的古典精神——纪念艺术大师梅兰芳》,《古中国的歌——叶秀山论京剧》,中国人民大学出版社 2007 年版,第 329 页。

② 叶秀山:《中国戏曲表演体系在世界戏剧表演流派中的地位》,《古中国的歌——叶秀山论京剧》,中国人民大学出版社 2007 年版,第 395 页。

③ 周姬昌:《梅兰芳与中国文化》,武汉大学出版社 1994 年版,第 2 页。

不进沙子,我却觉得他更是个慈父而非严父。他总是随着我的自觉,极少对我做硬性规定,我深深为麻老师对我的保护、体谅、宽容而感动,同时又深感惭愧和惶恐,有时甚至会想,是不是我太不成才,以致麻老师无奈而没法严格要求我?我真的怕让他失望。如果不是因为麻老师的迁就,我恐怕没法按自己的意愿写梅兰芳。我忘不了麻老师冒雨与我相见,转了好几条街好不容易找到一个僻静之所谈论文,现场审阅、现场指导。出来时我们共撑一把伞,身上都淋湿了,我说:"真难为您了。"他说:"谁让你是我的博士生啊!"我想那情景我会记一辈子。此刻只有深深地表达我的敬意、谢意和歉意。我要终生追随麻老师,学做人,学做事,学做学问。不管在读还是毕业,不管昨天、今天还是明天,我永远是您的学生。

我觉得应该感谢梅兰芳大师,有了他那精妙的艺术和深邃的文化,才有我们今天可以研究的主题,在探索中与梅大师神交,何等快哉。感念已故的刘曾复、傅雪漪、姜凤山、李慧芳、刘乃崇、蒋健兰等前辈曾经赐予我的教诲,要是如今还能身受你们指教,那该多好。我很怀念和感激我那已经逝去的朱文相老师,当年您总是问一答十,我觉得您从未离开,您的思想至今仍在教育着我,您给我上的最后一课,这次我也写在了论文里……

感谢梅葆玖老师一直以来对我的关爱和青睐,您是我的理想与信念之源。感谢吴迎老师多年来对我毫无保留的教诲和引导,您是我在梅派艺术之路上前进的领路人。感谢任明耀老师胜似亲人的关怀,您让我从戏曲爱好者走向戏曲研究者,您对梅派艺术的酷爱也是我热衷和执着梅派研究的主要动力。您对我的影响是终生的,我的耳边一直回响着您嘱咐的"要多写文章,多出成果"!我是您的孩子,您是我在杭州最大的牵挂,您的健康长寿是我最大的福气。感谢孙崇涛老师每每在我迷茫时为我指明航向,给我无私和贴心的关爱,您是我的指路明灯。感谢毕谷云老师十几年来一路带着我这个小学生,万分荣幸与您成为忘年交,您是我崇敬的榜样!感谢王元骧老师、叶盛华老师,从大学时代至今,与你们的师生缘让我铭记。感谢周龙老师一路对我的关怀、呵护和提携,跟着您前行充满力量,人生中能遇上您,是我的福分。

感谢刘小军老师做我考博的推荐人之一，您和苏东花、陈民等领导在我读博期间给了我很大的支持和空间。感谢王绍军老师在表演理论上对我的指导。感谢蔡美云、吴竑、武亚军三位老师对我开题报告中肯而有效的建议和指导。感谢我的爸爸、妈妈、哥哥对我无微不至的关切，为了让我安心写作，妈妈以反向探亲的方式来北京陪我过年。感谢我最好的朋友颜全毅总是像兄长一样，以你的睿智和体察，拨云见日般为我切中要害。感谢我的女友李娜给了我生活上最大的温暖，你无私的爱不可替代，你是我生命中不可缺少的人。感谢我的同学冯淼、张慧、张赢、吕波、付文芯、武英洁等，相互支撑给了我动力。感谢我的学生张丹、刘维、毕筱旭等，你们给了我很大的帮助。还有很多未及一一提名的老师、朋友和学生，就请恕纸短情长啦。

这篇论文实在是让人汗颜，写作时间没有把握好，写作规划没有掌控好，写作方式没有考虑好，总之是一篇费了我有生以来最大的劲，却依然捉襟见肘的文章。好在我还会继续努力，更重要的是，论文之外我有更大的收获。论文的写作改变了我的处事观，原本总觉得做大事一定要有大块时间，越重视越无从下口，以致有了拖延症。现在我发现随时随地都能做很重要的事，日积月累就能集腋成裘。论文的写作改变了我的学习观，我又重拾了阅读、思考和写作的快乐，我很享受这种快乐，只是希望这种快乐不是只在被逼的时候才去享受。我希望我能一直坚持阅读，坚持思考，坚持写作，主动让人生一贯如此，会是多么有质量，多么幸福的一生啊！

毕业后就要告别中戏了，我想以下面这样一段小文，作为我对中戏的怀念，也作为对我博士生涯的回味。有人说这是首诗，不敢当，就是一篇随笔吧：在校园里走走，好久没来了，来了又快要走了。忽然很感慨，意识到自己与这里的生活渐行渐远，不久将要失去它了……春寒料峭中，几分萧索，几分冷寂。南锣鼓巷的喧嚣，拾贝书店的静谧，北兵马司的红火，常青藤的绿意，都是我的记忆。喜欢重新背上书包走在上学路上，这幸福温暖却转瞬凋敝。喜欢当学生坐在教室里用心听讲，这安宁专注却淹没在纷乱的头绪里。堂皇的开端，裹挟的过程，仓皇的收束，这便是我最后一段学习生涯的足迹？努力抓取却抵挡不住滑落，用心珍惜却眼睁睁目送远去,这便是我倾注真情的诚意？珍藏相识的惊喜,留恋相聚的人气,怀念初始的甜蜜,却临近离别的限期。不要说我不曾走近你,你早已铭在我心里。我虽未必是你的嫡系,你却是我的母体。亲爱的你,我的中戏！

第十一辑

亲情可贵

亲情是人生道路上的温馨港湾,这对一个人的健康成长是何等的重要啊,特别对父母的恩情不能忘,万事孝为先,这是人生的真理。

我的祖父任文华和杭州老字号《广合顺》

我祖父的一生很有传奇色彩。他原籍绍兴,出生在一个名叫任家畈的小村子。他年轻时生活贫困,挑着一副简单的行李独自到杭州来闯天下了。

他没有什么手艺,到了杭州为了谋生,学习做皮匠生意,为人修鞋。后来他结交了一些好朋友,在杭州中山中路保佑坊保佑桥旁开设了一家广合顺号,由于他办事能干,大家推他为经理。这家商号专营皮革鞋料,由于经营得法,商号越开越大,成了杭州市的名牌老字号。

广合顺包含着和谐合作的意思,经营强调薄利多销的原则,讲究质量,讲究诚信,老小无欺。由于信誉卓著,杭州市所有的鞋庄、皮鞋店、皮件店都从这家商号进货,后来发展到全省各地的鞋店,再后来发展到独家经营上海大中华橡胶厂的产品、套鞋、车胎等。生意越做越大,收益也越来越高,每年分红每家股东都可以拿到许多红利,生活也越来越好了。

我的祖父后来在附近的后市街买了一座住宅,84号,大约数百平方米,有前后两个花园,还有花厅、池塘、花廊,环境非常优美舒服,池塘的水直接从西湖引进来,是清澈的活水。花廊一边开着窗户,微风吹来,非常舒适。我们就在窗边放一张八仙桌,坐在那里吃饭,简直美极了,因此我的童年生活非常幸福。

我的父亲任炳熙是独子,小学没读几年,就进店学做生意了,不到20岁就结婚了,先后生下了七八个孩子。母亲是家庭妇女,没有文化,孩子全靠三个保姆照顾。

祖父治店十分严格,他坐在店堂里,亲自管理店务,每个店员和学徒都对他十分敬畏。他以身作则，所以大家对他又十分敬重。凡是学徒都包吃包住，他自己也在店里吃饭，不搞特殊化，从不回家吃饭。

我在童年时期，和大哥、三弟常去店里玩。偷偷跑到楼上，将祖父卧房里的一大瓶酒浸黑枣偷偷地吃光。他虽知道是我们三兄弟干的坏事，但他并不责怪我们，可见他对孙子十分宠爱。

我的祖母早年过世，我从未见过，祖父也未续弦，每次回到家中，住在花厅里，从不管家务。由于工作辛劳，在63岁那年患黄疸肝病亡故。当时我在小学读书，不懂事。我记得丧事办得很大，许多人前来吊祭，后在茅家埠做了一座大坟，每年清明节都有家人和店员前去拜祭。

关于广合顺的发家过程，有一本关于杭州老字号的书，由杭州某出版社出版，详细记载了它的发展过程和经营之道，值得今日商界的参考。

父爱如山

我的父亲任炳熙,只有小学文化,他是独子,由于事业上的需要,祖父早早让我的父亲从小学休学,到广合顺学生意去了。我的祖父 63 岁患黄疸肝病逝世,父亲担任了广合顺的协理工作。

父亲结婚很早,和一家鞋店老板的大女儿结婚,先后生下了六男三女,可说是一个大家庭。家住后市街 84 号,墙门房,离广合顺不远,面积有数百个平方米,有前后花园、池塘、花厅,可算十分宽敞了。

父亲对大哥明馨、我和三弟明瑞三个兄弟十分严格。我们三兄弟从小十分顽皮,经常留级,有一年老师发成绩报告单时,称我们是"难兄难弟",我至今印象深刻。我们的小学同在一条街上,名叫醋务小学。我们三兄弟留级了,父亲严厉地用板刷打我们的手心,毫不手软,因此我们从小就怕父亲,不怕母亲。

父亲自己没有什么文化,可是对我们三兄弟的教育十分严格,每天要在书房练大字。我学的是柳公权体,他的严格要求,影响了我一辈子爱好书法艺术。他不懂外语,但是感到外语的重要性,小学放学以后,他逼着我们到柳翠井巷源茂里一位姓袁的先生家学英语。这位袁先生对我们要求不严,我又生性好玩,虽然名义上在向他学习英语,其实我学了 26 个英文字母以后,啥也没学到。可是英语的启蒙教育也影响了我一辈子,进入初中后,我的英语成绩最好,经常拿 100 分。进入高中以后,我的英语成绩也不错,特别是在上海圣约翰大学出身的方持衡老先生的教导下,使我对英语产生兴趣。莫泊桑的小说《项链》的内容,至今记忆犹新,特别是方老先生的英语发音那么动听、流利简直使我入迷。后来我考入暨南大学,读的就是外文系。在许多名教授,钱锺书、曹未风、李健吾的教导下,使我日后有条件在大学从事外国文学的教学、研究、翻译工作。如今我在莎士比亚研究领域取得的小小成就,饮水思源,我不能不感谢父亲从小对我的严格教育,这倾注了他的心血。

我在写作上有一些基础,这也和父亲对我的鼓励分不开。他文化水平低,我在宁波高中读书时,经常写信向他汇报我的学习情况和生活情况。他每次收到我的信,喜不自胜,将我的信拿着给店中人看,可是他不会写信,回信往往由我的小娘舅徐益仁执笔代写。小娘舅在店中担任会计工作,文化程度虽然不高,可是他的优秀书法和简洁的文字,使我受益无穷。

父亲在生活上对我的关爱也使我深深感动。抗日战争初期,我家逃难到诸暨枫桥乡下义沿头生活。那时生活不安定,终日担惊受怕。我病倒了,生的是伤寒病,病情越来越严重,连舌头也大了起来,父亲打听到枫桥镇上有一位名老中医,能治伤寒病,毅然决然为我雇了一座由四人抬的轿子,将我抬往枫桥镇,沿途我见父亲紧跟在轿子后面,将我送到老中医处急诊。经老中医的悉心诊治,开了药方并在镇上配了中药,又急急将我抬回义沿头。我服了中药后,病情有了好转,连服数帖后,我的病慢慢地好了起来。至今回想起来,如果没有父亲的当机立断,我早就见阎王爷了。父亲是我的救命恩人,没有父亲的救治,也就没有我的今天,至今回忆父亲风尘仆仆紧跟轿子的形象,深深地印在我的脑海深处。朱自清有《背影》记录了他父亲的慈父形象,可见天下父亲都一样,"父爱如山",没有父爱哪有儿女们的美好明天!

2012 年 7 月 13 日写于西天目山农家乐

母爱似水

我的母亲徐玉琴,出生在杭州一家鞋店老板的家中,她有一兄,一弟,一妹,她排行第二,是家中的大小姐。哥哥早亡,留下二子三女。这个大舅舅我出生时已亡故了,弟弟徐益仁早年学做生意,后来在广合顺当高级职员,育有四子三女都很优秀。大儿子是化学专家、院士,已故;次子是药学专家;三子是化学专家,名叫徐端军,原浙大化学系主任,博士生导师,其余的子女有的是医师、糖尿病专家,有的是高中化学教师,一家门都是大学生,十分少有。我的母亲和二姨妈均没有读过书。那时讲究"女子无才便是德",不让女儿读书,二姨妈早年丈夫病死,青年时就守寡了,育有一个女儿。我的外公早亡,我的外婆很宠爱这几个外甥。

母亲早婚,十七八岁就和父亲结婚,育有一大堆子女,共有六子,三女。

母亲平日里喜欢打麻将,很少管教子女,让我们自由成长。

我小时候曾被母亲打过一次屁股,因为我和大弟弟明瑞打架,将他的头打出了血。母亲特别宠爱这个弟弟,所以对我施暴,但仅此一回。

抗日战争初起,我们全家逃难到诸暨乡下,我患了重病,几乎死去。那时候她经常坐在我的床边安慰我。我说病好以后,要吃很多很多好东西,她总说:"你病好以后一定会满足你的要求,你放心养好病。"我深切感觉到母爱的温暖。

那时候,我们三兄弟在小学读书,一回到家,看到母亲第一句话就是:"三个铜板拿来,快快快。"母亲一边骂我们没礼貌:"三个小浮尸,前世少欠你们的。"却又一边从袋里摸出九个铜板,分别将三个铜板交到我们的手中。我们拿了铜板就飞快地跑出去买闲食了。骂就是爱,我也体会到母亲对我们的爱心。

杭州解放以后,家中的经济情况发生了大的改变。保姆全走了,她担起了家务的重任,也吃不消了,精神状况严重衰退,以致发生了精神分裂症。我看到此情况,也感到不安。我常常将她带到西湖边散心,虽然西湖风景依旧美丽,但她根本无心赏玩西湖的美丽,母亲后来进了杭州精神病院治疗。

她后来从精神病院回家养病,全家人都为她担心不已。

母亲对她的亲人怀着浓浓的亲情,由于我家住房比较宽大,她将自己的妹妹、弟弟都请到家里来住了。

她十分同情妹妹的寡居生活,就将妹妹和她的女儿接到家中住下,全部包吃包住,不收一分钱。

后来她将弟弟全家人也请进来了。虽然有点拥挤,给生活带来不便,她毫无怨言,她的手足之情是值得赞扬的。

以后,她的子女每次遇到一些困难,在经济上,以及其他方面,她都竭尽所能给予帮助。

有一件事,也使我终生难忘。

那时候,我已在小学念书,不知从何处弄到了一枚二角钱的假币,我高兴不已,这对我来说是飞来横财。一天我去源茂里补习英语时,遇到一个小贩。他挑着担,在卖肉丸子和细沙丸子,我感到味道十分甜美,一下子吃了好几碗,将这枚假币用出去了,我不知道自己犯了一个严重的错误,还沾沾自喜。过了一段时间,我早就将这件事忘到九霄云外了,忽然一天下午,我正在门口玩得开心,这位小贩突然找到我的家门,一见我就说,"你这小子,竟用假币欺骗我,我是小本生意,蚀不起本,你应该将真币还我。"他一边说一边将那枚假币放在我的手中。我一时慌了手脚,不知如何是好。刚好我母亲这时也在门口看街景,她见我很狼狈,一把将假币从我手中拿去,将一枚真币交给那位小贩。她立即解了我的围,使我感激不尽。小贩走远了,妈妈轻声对我说:"孩子,今后不能使用假币,这是做人的道理。"话虽不多,使我永远铭记在心。

我母亲活到八十余岁,因病去世了。我在追悼会上,看到妈妈的遗容,伤心不已。我的兄弟姐妹们见我如此涕泪不止,也不知道怎么回事,今天我将真相说出来,也使他们感到母爱的伟大。

人无完人,金无足赤。我的母亲,虽有这样那样的缺点。可是一个家庭如果有双亲在,顿觉家庭十分温暖,如果是单亲家庭,必然影响孩子的健康成长。家庭是人生最温暖的港湾,遇到大苦大难,如有家庭的温暖必然会使孩子振作精神,闯过难关。如果孩子在外面遭批斗,回到家来,再遭亲人的批斗,只好自杀,含恨而去。这类悲剧令人深思。

我和妻子年轻时没有节制生育,结果生了一大堆孩子,不但自己吃苦,也连累孩子吃苦,这是深刻的教训。以后政府提倡只生一个孩子,由于有好的生育政策,我们的第二代都只生育了一个孩子,好好培养,如今他们都成了幸福的一代。第三代更是幸福无比,成就辉煌,成了各方面的专业人才。四代同堂令人羡慕,可是我们都老了,但我一生无怨无悔,可以含笑"回家"了。百事孝为先,凡是孝敬父母的人,他们都会享受到无穷的乐趣。我常常以弘一法师的名言——为善最乐,读书便佳——教育孩子,"为善使你的道德高尚,读书使你成为有知识的人,有此两项,你们的人生境界自然美妙"。

2012 年 8 月 7 日—8 日

贤妻驾鹤西天去　日夜思念泪满襟

贤妻吴新楣于 2011 年 2 月 1 日驾鹤西去了,享年九十岁。

我和她早在 20 世纪 40 年代抗日战争时期在福建浦城结婚,相伴已有六十多个春秋。我们共同养育了六个孩子:二男四女,生活上备尝艰苦。回首往事,常常使我泪流满面。印象最深刻的有以下几件事:

一、对孩子慈爱

她对六个孩子非常慈爱,从不打骂,特别对幼女、幼子更加宠爱。幼女出生时她亲自取名新影,非常宝贝。五个子女支农、支边全在外地,身边只留下这个小女儿,初中毕业以后,她留在杭州医疗机械厂当工人,小女儿学习成绩出色,多次获奖,她一直小心保存着这些获奖证书。"文革"期间政府号召,不在城里吃闲饭,保姆一律回农村劳动。她无法想象,小女儿一度寄养在农村。她十分牵挂小女儿的生活,一待政策放宽,她立即将女儿召回,让她进幼儿园接受教育,小儿子燕平出生时,她抱着这个可爱、漂亮的男婴,喜不自胜,深感做一个母亲是何等的幸福。小儿子在这次遗体告别会上代表众儿女致悼辞,诉说母亲的恩情,使在场儿女都泣不成声,场面十分感人。大女儿笑影最像她妈妈。她每次回家都带上好吃的东西,在妈妈病逝前还为她带来了一双新棉鞋,可惜妈妈没有穿上这双新鞋就走了,这使她悲痛不已。二女儿晴影本性善良,支农多年,吃了不少苦,粉碎"四人帮"以后,她决心自己减少收入,让女儿顶职早日回杭,看到他们一家三口团聚的情景,妈妈内心是多么的欣慰。三女儿文影性格文静从小长得可爱,有一年她得了百日咳病,病情凶险,为了挽救她的小生命,妈妈不惜拿出金戒指换取进口针剂,才挽回了她的小生命。大儿子有成,是家中的顶梁柱,妈妈病重时他匆匆从金华返回杭州来照顾妈妈,妈妈见他回家,十分高兴地说:"救命菩萨回来了。"有成日夜照顾妈妈,每日为妈妈烧制可口的饭菜,可是妈妈病情越来越重,每日回到家中,他和我一起垂泪,担心她的生命。有成深刻地回忆自己童年时期,妈妈夏天常为他打扇,冬天常为他捂脚,母亲对他的慈爱,永远铭记在他的心中。

二、她有一颗孝心,挽救了父亲的性命

她从小是父母的乖女儿,从小就孝顺父母,生活节俭,她外出读书,父母给她的零用钱,往往在寒暑假回家时大部分交还父母。抗日战争时期他们家住在武义县。有一次,爸爸因为生意难做,深感担子很重,病倒在床。病情日渐严重,他紧急召她回来。她回来以后,看到爸爸的病情严重,不吃不喝,非常焦虑,她就日夜守护在爸爸的床边,轻声呼唤:"爸爸,心宽宽,气耐耐。"连续呼唤了几天,奇迹发生了,爸爸病情好转了。他终于在爱的呼唤声中,恢复了健康,这一奇迹在亲友中传为美谈。

三、鼓励我考大学

高中毕业以后,我就结婚了。婚后生活甜美。我只知玩乐,不思上进。第一次投考大学失败,于是她规定我按时复习功课,在她的鼓励和督促下,1944 年我第二次投考大学,结果被几所大学录取了,后来我选中国立暨南大学,从此改变了我的人生走向,这其中也有她的功劳。

四、患难与共,携手前进

"文革"期间,我受到审查,受到批判,进了学习班,连春节也不能回家,当时我走进了人生的低谷,夫妻两地生活,她留杭,我被调往金华浙师大工作,六个子女除小女留杭进工厂,其余两个男孩支农、支边当农民,二女儿支农当农民,大女、三女在山区工作,深感前途茫茫,做人没有意思,不如早日离世。在我最消沉的时候,她写信鼓励我说:"要挺住活下去,即使你以后失去了工作,我也会以微薄的工资养活你。"她与我

患难与共的精神使我深深感动了。我终于挺住一切艰难困苦，直到粉碎"四人帮"以后，通过多方努力全家除大儿子留在金华，终于团聚在杭州。如今这两个儿子大学毕业以后都当上了公务员，第三代个个出色，大学毕业以后有房有车，生活美满。我已四代同堂能不感到幸福吗？

五、工作出色，人际关系和谐

我家是个大家庭，兄弟姐妹众多，相互之间难免有些矛盾。但她为人宽厚大方，和他们之间关系和谐，从不吵架。她工作出色，任劳任怨，得到好评并多次得奖。她常常留宿在城里幼儿园，有时回到家中，忙着为孩子们缝缝补补，第二天蒙蒙亮，她就急急赶回城里上班去了。在合肥工作的五弟得知她去世的消息十分悲痛，马上写信来表示深切的哀悼，他在信中说，每次来杭探亲，二嫂对他关怀备至，如沐春风，她知道他工资低常常塞钱给他，希望他在杭多住几天。长嫂为母，她真有"为母"的风范。我朋友多，学生也多，家中常常有客人来访。凡客人来访，她必然热情招待他们吃饭，这是我家的家风。我将老伴去世的消息告知绍兴的夏春娟老师（杭大中文系学生）（绍兴文理学院附中高级语文老师），她立即给我写来慰问信，她在信中说："拜读来信，不胜悲痛，往事一一涌上心头。师母是个非常端庄、非常善良的人。这么多年来，我在杭州这段日子里（她退休以后曾被杭州某中专聘为高中语文教师）到您老家的次数不少，师母对我很亲切，也很照顾。记得有一天晚上，她陪我去西湖边赏月，那情那景，是我最美好的回忆之一，我一直难以忘怀，您喜迁新居后，我和悦勤（50年代的杭州君毅中学的学生）到府拜望，见师母身体尚可，笑容慈祥，感到非常温暖。没想到，现在已天各一方，牵挂和感恩之情油然涌出，不禁热泪盈眶。任老师，不论什么人，都有解脱，到达彼岸的时候，您一定要节哀，要善待自己，您能度过至痛至哀的日子，平平安安快快乐乐地生活，就是对子女们的关爱，也是对学生们的关爱。当然师母走了以后，生活上会有许多改变，要慢慢适应，情感上的不适，要慢慢忘却，让自己健康地安度晚年，让我们放心一些，总之千万保重，让逝者安息。"从这封来信中可以看出我的老伴是一位多么善良的贤妻呀！

　　往事"如烟",对我来说,却是"如昨"。往往呆坐家中,精神空虚,如今我已成为一个孤独老人了,恩爱夫妻不可能同年同月同日离世,她先我而去,这是她的幸福。我有儿女照顾,也是我的幸福,他们对我更加关爱,更加孝顺,使我倍觉亲情的可贵。今天是元宵佳节,先前她和我约定,遇到节假日的夜晚,和我一起坐在新居阳台上,面向保俶塔的美景同赏节日的火树银花,那是多么的幸福啊。如今她先我进入天国,我只能独自一人在晚上观赏元宵之夜的美景,却感到孤寂无味,可是一想起小儿子燕平日前向我报告一个喜讯,我的玄孙已于2月9日降临人间,这对我来说,无异是一个特大喜讯,有悲有喜才是真实的人生,老的去了,新的来了,世界才会更美丽,人民生活才能更富足,如此一想,我应该早日走出阴影,化悲痛为力量,面对光明的未来愉快坚强地生活下去! 贤妻,你安息吧!

2011年元宵之夜写于浙大启真名苑

（载《暨南渝讯》2011年第6期）

后　记

当我在垂暮之年编完最后一部著作时,我感触良多。

第一,我要感谢我的师友,没有师友对我的培养教育和帮助,也就没有今天这部著作。

第二,我要感谢生活对我的磨炼。没有生活的磨炼,我也写不出这部著作。目前我经历 92 个春秋,生活中的甜酸苦辣我都深深感受到了,总的来说,新中国成立以后,经历了各种政治运动,我都挺过来了。反右期间,杭州大学党委多次通知我去党委鸣放,都被我拒绝了,算我运气好躲过一劫。我一辈子没有贴过一张大字报,"文革"期间,大家都在闹革命,我却躲在房内练书法,学英语,翻译小说。"文革"结束后,书法和英语对我大有用处。书法成了我的养生之宝,学习英语使我有条件出国参加国际莎学会议,同时也结交了不少国际友人。

第三,我要感谢校、系领导对我的关心和支持。在我退休以后,多次得到原杭州大学校长郑小明教授的批准,让我有机会参加在国内外举办的重要的学术会议。在这些学术会议上,得到不少知名专家学者对我的教益和大量的学术信息。前不久,我访问了他,谈及我出这本新书,需要一张近照做封面之用,他二话不说,立即拿起相机给我拍了几张。中文系领导还介绍了章诗苑同学帮我整理文稿、打印复印、查找资料,为我做了大量的工作。还有浙江大学出版社宋旭华先生为我仔细审稿,并提出不少合理化建议。他为出版这部书稿,付出了大量的心血。所有这一切,都使我感恩杭州大学,没有杭州大学浓厚的学术气氛对我的滋养,也没有我今天在学术上的小小成就。

第四,我一生从事教育工作,和许多可爱的年轻人结交了朋友,他们的活力、聪明、能干,使我永生难忘。他们如今都成了各条战线上的知名教授专家学者,变成了我的学习榜样和老师。法国文学专家傅雷先生在他的家书中写道:"儿子长大成人以后,从父子的关系转化成为朋友的关系,这是何等的幸福。"(大意)如今,我深切地感受到,昔日的师生关系转化为今日的朋友关系也是何等的幸福! 在这次出书的过程中,有些昔日的青年才俊,对我关怀备至,他们用各种方式鼓励我,使我感慨不已。1957年中文系毕业生孙崇涛研究员系知名戏曲专家,他写信给我:"老师年事已高,要把它当成茶余饭后的消遣,切勿劳累。"话说得何等亲切,使我热泪盈眶。还有中文系毕业的池浚同学,他读书期间我已退休,有一天,中文系美学专家王元骧教授,带来了一位年轻人访问我,他就是池浚。因为阅读了我的著作——《京剧奇葩四大名旦》,很想见一见我这位老教师。我见他朴素好学,对他有了良好的印象。后来他邀请我参加校园歌手演唱会,我高兴地接受了他的邀请。到了会场,只见他先演唱一首流行歌曲,十分动听,哪知唱完了这首歌,又唱了京剧老生戏《野猪林》那段著名的《大雪飘》。那苍凉、浑厚的马派唱腔,一下子把我迷住了。接着他又演唱梅派名剧《霸王别姬》中著名的南梆子《看大王》,那梅韵十足的唱腔,让我简直不敢相信,这位小伙子竟然有如此功力。从此我对他刮目相看,平日多了交往。以后,他决心献身京剧事业,考进了中国戏曲学院的研究生,之后又考入中央戏剧学院攻读博士学位,成了年轻一代的梅派研究学者,现任中国戏曲学院表演系讲师、教研室主任。今年5月25日,他突然来访,给我惊喜。他带来了新的科研成果——博士论文《徘徊在历史与自我之间——梅兰芳戏曲表演形态论》和《梅兰霓裳创作剧本》(根据梅派名剧《太真外传》改编)及一本精致的《梅兰霓裳》演出节目单,成了一位实力派的梅派艺术研究专家了。青出于蓝而胜于蓝,这使我兴奋不已。我们见面以后,倾心交谈梅派艺术,真有说不完的话,诉不完的情。像这类例子还有不少,如另一位杭州大学中文系毕业的青年才俊,也是研究梅派的张一帆博士,现任中国人民大学讲师。我未教过他,但他称我为老夫子,今年夏天,他来访问我,给我带来了三张近照,其中一张为他和美国洋贵妃魏丽莎教授的合照,其中有我送给魏丽莎教授的书法,上面写了八个大

字——"京剧知音,誉满全球"。他在照片的背后还题了字:

　　明耀太夫子惠存

　　2013 年 5 月 18 日在北京第五届京剧学研讨会上与美国夏威夷大学魏丽莎教授、池浚师弟合影,手持太夫子赠予洋贵妃的书法作品。

　　　　　　　　小门人　张一帆　敬奉　2013 年 5 月 26 日于杭州

　　他的题字使我愧不敢当,我是一位平凡的老教师,怎敢当他的"太夫子",但浓浓的情谊也使我激动不已。

　　第五,我也要感谢孩子们对我的关怀和帮助。我的六个孩子从小生活艰苦,没吃没穿,长大以后,支农支边支工去了,他们是受苦的一代。如今的第三代,是幸福的一代,他们大学毕业,各有专攻,聪明能干,如今有房有车,都过上了幸福的小康生活。两个支农支边的儿子大学毕业以后都当上了干部,如今六个孩子全部退休了,他们对我出书也给予了支持,有的给我打字,有的给我拍照,有的给我找资料……他们做了力所能及的工作,使我感激不已。我一生清贫,没有物质财产留给他们,我的精神财富——几本著作和文稿,留给他们做作纪念。希望他们牢记弘一法师的格言:"为善最乐,读书便佳",永远做一个富于爱心、有益于人民的好人。

　　第六,我深深感谢浙江大学中文系两位女生:任思怡、林静,她们学习很忙,特别挤出时间来帮忙查找资料、校对等,对书稿贡献尤多。

　　岁月如流,我已垂垂老矣,今后我将在文化养生中度过我的余生。书画活动是一种气功活动,可以养生,我将每日练习书法和画画。京剧是我的至爱,年轻时我会唱会拉,是我的业余爱好;如今老了,不唱不拉。有时去票房活动,只做听众,听票友们的生旦演唱,何等快乐!有时邀请一些好友、票友,同去西湖景区农家乐,喝茶、吃饭、唱戏,使我欢乐无比。回顾我的一生,虽然愚鲁平凡,没有什么成就,但清白做人,我留下的这些粗陋的文字资料,如能得到读者们对我的批评指教,则幸甚。我一生无怨无悔,哭着来到世界,如今我将笑着离开世界,去另一个世界和我亲爱的家人和朋友见面,能不感到愉快吗?如今我有了新居以后,每日清晨,在阳光照耀下,面对保俶山美景,在阳台上呼吸新鲜空气,我心中不由唱起一首歌:

生活在改革开放的年代，
国泰民安，
人人有个中国梦，
齐心奔小康，
知识分子有福了，
全国人民有福了！

2013 年 6 月
于浙大西溪校区启真名苑